51~
51법	괴도천문관격정	343
52법	강색귀호임모위	345
53법	양사협묘흉난면	351
54법	호시봉호력난시	355
55법	소모다졸봉나망	360
56법	천망자과이초비	364
57법	비유여이득부족	368
58법	용파신심무소귀	373
59법	화개부일인혼회	378
60법	태양사택옥광휘	380

61~
61법	간승묘호무점병	383
62법	지승묘호유복시	387
63법	피차전상방양손	396
64법	부부무음각유사	398
65법	간묘병관인택폐	403
66법	지분재병여정계	406
67법	수호극신위병증	409
68법	제귀지위내양의	435
69법	호승둔귀앙비천	443
70법	귀임삼사송재수	447

71~
71법	병부극택전가환	452
72법	상조전봉괘효의	455
73법	전후핍박난진퇴	466
74법	공공여야사휴추	472
75법	빈주불투형재상	477
76법	피차시기화상수	491
77법	호생구생범사익	496
78법	호왕개왕좌모의	503
79법	간지치절범모결	507
80법	인택개사각쇠리	513

81~
81법	전묘입묘분증애	516
82법	불행전자고초시	524
83법	만사희혼삼육합	528
84법	합중범살밀중비	533
85법	초조협극불유기	536
86법	장봉내전소모위	541
87법	인택좌묘감초회	547
88법	간지승묘각혼미	551
89법	임신정마수언동	557
90법	래거구공기동의	563

91~
91법	호임간귀흉속속	570
92법	용가생기길지	576
93법	망용삼전재복이	578
94법	희구공망내묘기	581
95법	육효현괘방기극	593
96법	순내공망축유추	615
97법	전서불입잉빙류	619
98법	분점현류물언지	620
99법	상문불응봉길상	621
100법	이재흉도반무의	624

부록
필법부 100부의 요약	631
육임명칭과 서적소개	651
찾아보기	656
참고문헌	665
후기	668

大六壬畢法賦

대육임필법부

원저 능복지凌福之	**평주 우산**愚山 **이수동**李洙銅

생몰연대 미상.
남송 이종대의 육임가이다.
남송 고종때의 소언화가 지은
『육임구감』을 인용하여
칠언시 백구로 주석을 단
『대육임필법부』를 저술하여
육임의 이론을 체계화하였다.
이 책은 현대에 이르기까지
육임의 정론으로 인정받고 있다.

1963 경북 김천시 황악산 자락에서 출생.
1991 한국기공연합회 기공사, 감사 역임.
2005 『운명 바꿀 것인가 따를 것인가』에
　　　한국의 대표 역학인 10人에 소개됨.
2006 『육임입문 1·2·3』 출간.
2009 『육임실전』 출간.
　　　석사논문 「대육임필법부 번역연구」.
　　　「대육임필법부 이론체계연구」,
　　　「조선시대 잡과 중 음양과의 개관」
　　　학술지에 게재.
2010 (현재) 원광대학교 한국문화학과 박사 재학중.
　　　동국대학교 사회교육원 강사.
　　　서라벌대학교 풍수명리과 외래 교수.
　　　원광대지털대학교 동양학과 강사.
　　　(학술단체) 고려육임학회 학회장.
　　　네이버에 고려육임학회 카페 운영.

대육임필법부 평주

초판인쇄 2010년 5월 15일 | **초판발행** 2010년 5월 20일
　　저자　이우산　|　**편집** 이연실 김순영
　발행인 윤상철　|　**발행처**　대유학당
　출판등록 1993년 8월 2일 제 1-1561호
　　주소 서울 동대문구 휘경동 258 서신빌딩 402호
　　전화 (02)2249-5630~1　|　http://www.daeyou.net

ISBN 978-89-6369-016-2　　　값 **35,000원**

잘못된 책은 바꾸어 드립니다. 이 책은 저작권법에 따라 보호를 받는 저작물이므로
무단전제와 무단복제를 금지하며, 이 책 내용의 전부 또는 일부를 이용하려면 반드시
저작권자와 대유학당의 서면동의를 받아야 합니다.

大六壬畢法賦

대육임필법부

추천사

南宋代에 발간된 『大六壬畢法賦』는 徐道符가 저술한 『六壬心鏡』과 明末에 편집되고 淸初에 발간된 『六壬大全』과 더불어서 육임의 3대 명서로 손꼽힌다. 또한 六壬學史에서 『大六壬畢法賦』가 차지하는 비중은 거의 절대적이라 볼 수 있다.

大六壬畢法賦에서의 '畢'은 완성을 뜻하고, '法'은 심오한 이치를 뜻하며, '賦'는 시를 뜻한다. 다시 말해서 '대육임의 이치를 완성하는 시'라고 한 문장으로 귀결할 수 있다. 만약 100가지 법칙의 필법부 이론을 정독하여 이해한다면 육임의 상당 부분을 터득할 수 있으며, 일상생활에서도 폭넓게 응용을 할 수 있을 것이다.

현대 육임의 이론은 南宋 理宗 때에 凌福之가 저술한 『大六壬畢法賦』 이론의 범위를 크게 벗어나지 못하고 있다. 따라서 육임학을 배우려는 학도들은 이 책을 이해하지 않고는 육임을 습득할 수 없고, 육임을 제대로 해석하기는 더욱 어렵다. 결국 이 책은 중세는 물론이고 현대 육임 해석에 있어서도 열쇠가 되는 중요한 서책이지만, 국내에는 『大六壬畢法賦』 이론을 훼손하지 않고 온전한 번역서가 없다는 것이 매우 안타까운 현실이다.

그나마 다행스러운 것은 비록 원문이 생략되고 체계적이지 못하며 원문의 해설내용이 다소 삭제 내지 오역되었지만 국내 『大六

『壬畢法賦』의 해설서가 다수 있다는 것이다. 이러한 시점에 한층 더 원문에 충실하고 체계적인 연구로 원문 중심의 해석과 주석을 담은 『大六壬畢法賦』의 해설서가 발간되어 육임을 배우고자 하는 많은 학도들에게 많은 도움을 줄 수 있는 책으로 사료된다.

학문의 왕도는 뜻을 세우고, 끝까지 노력을 경주하는데 있다고 한다. 육임학사에서 육임의 定論으로 평가받는 『大六壬畢法賦』를 수 회 정독하여 육임의 究其堂奧하길 삼가 기원한다.

庚寅年 立春 연구실에서
서라벌대학 풍수명리과 학과장 김종섭

 머리말

오늘 전국적으로 봄을 재촉하는 봄비가 내려 대지를 촉촉하게 적셔주고 있다. 대지에서 숨 쉬고 있던 숱한 생명들에게 여간 반가운 비가 아닐 수 없다.

3년 6개월에 걸친 원고 작업과 편집 작업이라는 길고 긴 산고(産苦) 끝에 『육임입문』을 丙戌년에 출간한 이후, 상담업에 종사하는 분들을 위한 『육임실전』을 己丑년에 출간하였다. 이 책들은 동국대학교 사회교육원과 서라벌대 풍수명리과의 강의용 교재로 채택되었다. 이번에 『大六壬畢法賦』 원전을 번역하고 주석을 단 책을 세상에 출생시킨다.

육임학사에서 『필법부』가 차지하는 비중은 거의 절대적이다. 이 책이 나온 이후로 육임을 공부하는 사람이라면 이 책의 이론을 인용하지 않고는 육임을 이야기 할 수 없고, 이 책의 내용을 말하지 않고는 육임의 이론을 펼칠 수도 없을 정도이다. 이러한 실정은 현대 육임에서도 마찬가지다.

청나라 초기에 편집된 사고전서총목제요에 『필법부』의 가치는 여실히 드러난다. "처음 당대 서도부가 육임심경이라는 육임에 관한 간결하고도 알기 쉽게 책을 지었는데, 그 후 송나라 건염(1127~1130) 연간에 소언화가 『육임구감』이라는 책을 지어 서도부의 설을 계승하였다. 그 후에 속된 사람들이 서도부의 이론을 자의적으로 해석하여 육임에 관한 설들을 함부로 지어냄으로써 육임의 이론이 어지러워지게 되자, 송나라 이종 보경(1225~1227년) 연간에 능복지가 소언화의 이 책을 인용하여 칠언시 100구절로 주석을 단 『필법부』를 지음으로써 당시에 잡다하고 어려운 상태로 유행했던 육임의 이론을 정리하여 육임의 약진을 가져왔다." 라고 기술하고 있는 바와 같이, 이 책의 중요성은 이루 말할 수 없을 정도이다.

금년 봄 역학계에 큰 획을 긋는 경사가 생겼다. 그 경사는 4년제 학부인 원광디지털대학교에 역학과 수행에 관련된 동양학과가 신설된 것이다. 수천 년을 이어온 역학이 학문으로 인정되어 이 땅에 굳건하게 뿌리를 내리는 순간이다. 이 아카데미에서 점진적으로 체계적인 연구를 하여 동양문화의 한 축으로 기여할 수 있는 계기가 되었다는 것은 내리고 있는 봄비만큼이나 기쁜 일이다. 이러한 분위기에서 『필법부』의 원전을 싣고 번역 주석한 책이 나오게 되니 더욱 감개무량하다.

나는 수강생들에게 가끔 이렇게 말하곤 한다. "역학은 아름다운 시나 사람의 심금을 울리는 수필과 같은 문학이 아니다. 역학의 생명은 이론적 근거에 의한 정확한 길흉 예측에 있다." 라고 말하곤 한다. 그리고 "한번 맞췄다고 자만하지 마시라. 맞춘 것이 이론에 맞지 않으면 다음에는 반드시 크고 작은 실수를 저지르게 된다." 라고 하면서 정확한 길흉 예측은 정확한 이론에서만 나오는 것이라는 점을 강조한다. 『필법부』는 바로 이러한 요구에 부응하는 책이다.

아무쪼록 인생에서 부딪치는 많은 일들에서 길흉 예측에 정확한 학문적 바탕이 되는 『필법부』가 많은 분들의 애독서가 되었으면 한다. 그리하여 이웃에게 복(福)은 부르고 화(禍)는 멀리하는 역학인 본연의 소명을 다하시길 기원한다.

庚寅년 登明氣에 노량진 寓居에서
愚山 이수동 序

 # 『대육임필법부』의 학술적 가치

필법부는 다음과 같은 세 가지 측면에서 학술적 가치가 있다.

첫째, 당과 명·청을 연결하는 가교 역할을 하는 문헌이다.
당나라 때의 대표적인 육임서인 서도부의 육임 이론이 송나라에 영향을 미쳐서 소언화의 육임설로 이어져 육임을 간결하면서도 쉽게 이해할 수 있게 되었다. 그 뒤에 속된 사람들이 육임에 관한 설들을 함부로 지어내어 점차 이해할 수 없게 되었다. 이러한 상황에서 능복지는 소언화의 주석을 이용하여 필법부를 편찬함으로써, 그 당시 잡다하고 난해한 채로 전해지던 육임 이론을 정리하여 후대에 연결하는 가교 역할을 하였다.

둘째, 육임의 정수를 담고 있는 문헌이다.
사고전서와 고금도서집성에 수록된 『육임대전』은, 당과 송 이후에 나온 육임에 관한 서책을 모아서 소개한 권위를 가지고 있는 저작으로서, 명·청 이후의 육임 술사들이 가장 많이 접한 서적이라 할 수 있다. 육임대전 내의 『대육임필법부』는 이 중에서도 육임의 보서이다. 육임의 핵심이론을 인사별로 분류하고 다시 알기 쉽게 해설한 저서로서 이후에 나온 육임의 저서들에 큰 영향을 미친 점에서 주목할 필요가 있다. 특히 청대 선종대의 유적강이 지은 『육임수언』 권1에는 「필법보담」이 수록되어 있어 육임의 핵심을 파악하는 길잡이 역할을 하고 있다.

셋째, 육임설의 정론(定論)의 역할을 하는 문헌이다.
송대에 출간된 필법부가 후대의 육임 이론에 영향을 미쳐, 육임설의 정론의 역할을 한 점을 살펴보면 다음과 같다.
먼저 청대의 유적강이 쓴『육임수언』권1의「필법보담」은 립과와 경과와 요장으로 구성되어 있는데 육임 이론의 근간이 된다. 이후 청말 오사청의 육임요결 육임 720과 해석에서 필법부가 인용되었다.
다음으로 근세 일본의 아부태산이 인용한 필법부가 대만에서『천문역학육임신과감정비건』으로 출판되어 있다.
한편 필법부는 현대에 간행된 국내외 여러 서적에도 많은 영향을 미쳐 국내에서 출간된 수권의 서책에서 필법부를 인용하고 있다.
그리고 현재 대만에서 활동하고 있는 진서생이 쓴『대육임예측학』에서 필법부를 인용하였고, 왕뢰지도 그의 저서『대육임실점백례정해』와『대육임현대예측지남』에서 필법부를 인용하는 등, 필법부는 송나라 이후 현대에 이르기까지 육임 해석에서 정론의 역할을 하고 있다.

 # 『대육임필법부』의 특징

1. 필법부가 실려 있는 문헌과 번역서

   사고전서와 고금도서집성의 예술전 『육임대전』에 실려 있다. 또한 청대의 금정음이 찬집한 『대육임비본』 및 오사청 가장본인 『제일선본육임고판』 상중하집에도 실려 있다. 그리고 국내에는 국립중앙도서관에 간행 연대 미상의 『대육임필법부』 목판본이 소장되어 있고, 규장각에도 간행 연대 미상의 『육임필법정문』 목판본이 소장되어 있다.

   현대에 이르러서는 필법부를 해석한 여러 권의 저서들이 나왔는데, 특히 대만의 진서생이 쓴 『정주상해대육임필법부』에서는 비교적 자세하게 필법부를 연구한 흔적이 엿보인다. 이 외에도 홍콩의 노양재와 진자미가 쓴 『대육임현대응용학』과, 왕뢰지가 쓴 『대육임현대예측지남』이 있다. 한편 국내에서도 육임을 공부하는 연구자들이 필법부를 연구한 단행본이 여러 권 나와 있는 실정이다.

   1987년도에 신육천은 『육임정단』에서 필법부를 해설하였고, 그 이듬해에는 김태균·김상연이 『대육임신단극비전』의 부록에 필법부를 해설하였으며, 그리고 박재현은 『대육임진결필법부』에서 필법부 해제와 더불어서 내용상 가장 원문의 뜻에 가깝게 번역하였다. 또한 정민현이 아부태산전집의 제20권에서 아부희작의 『육임천문역칠백이십과감정비건』에 있는 필법부를 번역하였고, 이을로가 『육임대전』의 부록에 필법부를 싣는 등, 필법부를 번역 내지 해설한 책들이 수 권 나와 있다.

2. **필법부의 구조**

① 칠언백구의 100법으로 구성되어 있고, 그 100법에는 칠언의 소제목이 있으며, 그 뒤를 이어서 전쟁에서의 단어 또는 역경의 효사로 주석이 붙어 있다.

② 각 법에 대한 해석이 있고, 다음으로는 과의 예제가 차례로 붙어있어 초학자가 육임의 이론을 익히기에 수월하게 구성되어 있다. 특히 주목할 점은 한 가지 법에서 충분한 설명을 위해 풍부한 예제를 두었다.

③ 필법부 100법에는 각 법에서 파생된 속격들이 있다. 속격에서는 각 법에 대한 더욱 자세한 이론을 전개하여, 정단하는 일의 길흉에 대하여 구체적으로 설명하고 있다. 필법부는 인사(人事)에서의 주요 일들을 거의 다루고 있다는 점이 특이하다.

3. 필법부 원전에서 생략된 육임이론

① 점시와 월장의 정의 및 적용방법이 생략되어 있다.

② 〈천지반도〉와 〈과전도〉를 조식하는 방법과 원리가 생략되어 있다.

③ 길흉을 예측하는 주요 이론인 음양오행학설이 생략되어 있다.

④ 육임에서 주로 쓰이는 길신류인 구보와 흉신류인 팔살, 그리고 기타 요소에 대한 이론이 생략되어 있다.

⑤ 12천장에 대한 이론이 생략되어 있다.

4. 필법부 원전에서 쓰인 주야귀인기례법

현대에 주로 쓰고 있는 천을귀인접지 방법과 필법부 원전의 천을귀인접지 방법과는 조금 차이가 있다. 이를 표로 나타내면 아래와 같다.

구분 주야 십간	현대		필법부 원문	
	낮	밤	낮	밤
甲	未	丑	丑	未
乙	申	子	子	申
丙	酉	亥	亥	酉
丁	亥	酉	亥	酉
戊	丑	未	丑	未
己	子	申	子	申
庚	丑	未	丑	未
辛	寅	午	午	寅
壬	卯	巳	巳	卯
癸	巳	卯	巳	卯

5. 필법부 원전에서 쓰인 12운성의 적용

　12운성에는 양생음사의 이론과 동생동사의 이론이 있지만, 필법부 원전에서는 동생동사의 이론을 적용하고 있다. 가령 본문 중의 필법부 제65법에서 乙의 묘신을 未로 본 것은 동생동사의 이론을 적용한 것이다.

오행동생동사의 12운성

운성 10간	장생	목욕	관대	록관	제왕	쇠	병	사	묘	절	태	양
甲乙	亥	子	丑	寅	卯	辰	巳	午	未	申	酉	戌
丙丁 戊己	寅	卯	辰	巳	午	未	申	酉	戌	亥	子	丑
庚辛	巳	午	未	申	酉	戌	亥	子	丑	寅	卯	辰
壬癸	申	酉	戌	亥	子	丑	寅	卯	辰	巳	午	未

　필법부 원전에서는 12운성 중 장생·사신·묘신·절신·태신·사신을 간혹 수토동궁(水土同宮)의 방법을 적용하였다.

 일러두기

① 이 책은 역주자의 원광대학교 동양학대학원 석사 논문인『대육임필법부』번역연구의 일정 부분을 요약·보완한 책으로, 기존에 출간된『육임입문』『육임실전』의 책에서 다룬 내용은 제외하였다.
②『대육임필법부』는 중세 육임의 대표작인 송대 능복지에 의해 저술된 책으로, 필법부의 원전을 신고 번역 연구한 전문 연구서이다. 필법부 한문 원전은『사고전서』판본을 저본으로 하고『고금도서집성』판본을 보조로 사용하였다. 이 외에 규장각과 국립중앙도서관에 소장된 판본을 참고하였다.
③『육임대전제요』에 의하면 필법부 주석자는『육임대전』편찬에 직접적 관련이 있는 원상이나 곽재래로 추측된다. 주석을 원문 옆에 실어 참고하도록 하였다.
④ 필법부 해석과 필법부가 후대 육임 서책에 미친 영향을 파악하기 위해『육임심경』·『육임대전 과경편』·『육임수언』의 이론을 번역하여 800여개에 달하는 각주에 실어 놓았다.
⑤ 현대의 언어로 번역은 했지만, 어려움이 예상되는 문장의 좀 더 쉬운 이해를 위해 각주, 구성이론, 정단원리에 역주자의 해설을 실었다.
⑥ 필법부 원전에서 쓰인 신살은 도표로 정리하여 각주에 실었다.
⑦ 부록으로 1~100법의 제목과 조건, 해석과 적용을 표로 정리하여, 이론의 핵심을 한 눈에 알 수 있게 하였다.
⑧ 육임관련 서적을 소개하였으며, 찾아보기를 두었다.

필법부 보는 법

필법부 번호 필법부 원문과 정음 필법부 주석

第 1 法 前後引從陞遷吉 引干宜進職 引支宜遷宅
전 후 인 종 승 천 길   일간¹⁾을 이끌면 관직자의 승진에 좋고, 일지²⁾를 이끌면 이사에 좋다.

해설 앞과 뒤에서 이끌고 따르면 승진과 이사에 길하다.

각주 : 매 페이지다 번호를 새로 부여하여 페이지 아래쪽에 실었다. 『육임대전』 『육임수언』 『육임심경』 『육임지남』 등의 책을 번역하여 비교하여 참고할 수 있도록 하였다.

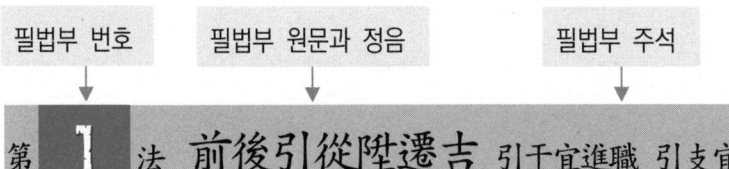

원문 해설시 필요한 과전도와 천지반도를 그려 넣었다.

1) 일간 : 구관 정단에서 일간은 수험생 또는 관직자를 가리킨다.
2) 일지 : 가정 정단에서 일지는 가택을 뜻한다.

大六壬畢法賦

상권
제1법~제50법

第 1 法 前後引從陞遷吉　　引干宜進職 引支宜遷宅
전 후 인 종 승 천 길

일간1)을 이끌면 관직자의 승진에 좋고, 일지2)를 이끌면 이사에 좋다.3)

해설 앞과 뒤에서 이끌고 따르면 승진과 이사에 길하다.

> 夫前引後從格者有二等. 如遇初傳居干前爲引 末傳居干後爲從 値此格者 必陞擢官職.

무릇 전인후종격에는 두 가지 종류가 있다.

첫째, 만약 초전이 일간 전에 머물면서 일간을 이끌고 말전이 일간 후에 머물면서 일간을 따르면 이 격에 합당하게 되어, 반드시 관직은 승진·발탁된다.4)

---

1) 일간 : 구관 정단에서 일간은 수험생 또는 관직자를 가리킨다.

2) 일지 : 가정 정단에서 일지는 가택을 뜻한다.

3) 『육임대전』「과경2」인종과, "무릇 이 과는 일진에서 간지의 전후 상신이 발용이 되어 초전과 말전이 되면 인종과이다. … 이로써 귀인을 만나는 일에서 앞에서는 이끌고 뒤에서는 따르므로 '인종'이라고 한다. 『역경』의 59번째 괘명인 환괘와 통하는 과체로서, 별이 수레와 말을 호위하는 과이다."

『육임수언』「필법보담6」전후인종승천길, "이르기를 과에서 초전이 간지의 전에 머물면서 인도하고 말전이 간지의 후에 머물면서 쫓으면 인종과이다. 아래와 같이 나눠진다."

4) 구재 정단에서 초전과 말전에서 일간을 인종하면 사업주에게 유리하고, 일지를 인종하면 사업장에 유리하다고도 추리할 수 있다.

> 又如遇初傳居支前爲引 末傳居支後爲從 値此格者 必遷修家宅
> 二事皆吉.

　　둘째, 만약 초전이 일지 전에 머물면서 일지를 이끌고 말전이 일지 후에 머물면서 일지를 따르면 이 격의 조건에 합당하다. 반드시 가택의 이사와 보수 등 두 가지 일에서 모두 길하다.[1]

　　【구성이론】 일간과 일지, 천을귀인, 일록.
　　【정단원리】 구관 정단에서 관직자를 뜻하는 일간을 인종하면 승진과 발탁에 이롭고, 가택 정단에서 가택을 뜻하는 일지를 인종하면 가택의 보수와 이사에 이롭다. 다른 정단에서도 이와 같이 추론하면 된다.

---

1) 가택을 뜻하는 일지를 초전에서는 이끌고 말전에서는 따르므로 가택의 이사와 보수에 좋은 이유가 된다.

第 1-1 法 拱貴格
공 귀 격   양쪽에서 귀인을 껴안고 있는 격[1]

> 引從天干格內 如庚辰日 寅加酉爲初傳 子加未爲末傳 此乃初末引從. 庚干在內 干上丑爲晝貴人 兼三傳下賊上 豈不應陞擢官職也. 夜占乃墓神覆日亦無畏. 緣中傳未作天乙沖破丑墓 仍爲吉課也.

〈과전도〉 庚辰일 8국

戊	癸	丙	
寅	未	子	
酉○	寅	未	
丁	壬	○	戊
貴丑	午	酉	寅
庚申	丑	辰	酉○

이는 인종천간격에 속한 것이다.

가령 庚辰일 8국을 예로 들면, 寅이 酉에 가하여 초전이고 子가 未에 가하여 말전이다. 이 곳 초전과 말전에서 천간(庚)을 이끌고 따른다.[2]

일간 庚금 내의 8국에서, 간상 丑은 낮 귀인이고 아울러 삼전이 지반에서 그 천반을 극하니, 어찌 관직에서 승진과 발탁이 되지 않겠는가?

---

1) 『육임수언』「필법보담6」 간지공귀인격, "① 가령 甲子일에서 간상은 寅이고 지상은 子인데 낮 정단에서 귀인 丑을 껴안는다. ② 庚午일에서 간상은 申이고 지상은 午인데 밤 정단에서 귀인 未를 껴안는다. ③ 己酉일에서 간상 酉이고 밤 정단에서 귀인 申을 껴안는다. 모두 귀인에게 요청하는 것은 좋고 성사한다."

『육임대전』「과경2」 인종과, "… 가령 庚辰일에서 간상 丑에는 낮 귀인이 타고 초전에서 酉에 가한 寅이 일간의 전이 되고 말전에서 未에 가한 子가 일간의 후에 머무니, 일간은 앞에서 이끌고 뒤에서 따르는 것을 득하여서 일간을 껴안고 다시 귀인을 껴안는다. 관직은 승진 발탁되고 모든 일은 최길하다."

2) 이 예제는 초전 寅목이 지반이 공망이므로 이러한 길한 작용은 나타나지 않는다. 단지 공망이 메워지는 酉년, 酉월, 酉월장에는 가능하다.

밤 정단에서는 묘신1)이 일간을 덮지만 두렵지 않은 이유는, 중전 未가 천을귀인을 부려서 묘신 丑을 충하여 깨트리기 때문이다. 이리하여 마침내 길한 과가 되는 것이다.

---

1) 장생과 묘신을 정하는 방법에는 두 가지가 있다. 첫째, 오행으로 정하는 방법이다. 둘째, 10간으로 정하는 방법이다. 육임에서는 가장 오래된 고서의 하나인 당나라 때의 『육임심경』 이후 『필법부』 등에서 전통적으로 전자를 쓰고 있다.

『육임심경』「권3」 천망괘, "발용과 점시에서 동시에 일간을 극하면 천망사장 … 未는 乙의 묘이다. 「권6」 관송문, 출옥의 여부에 대하여 우려를 하는 정단, 『입식』에서 말하기를 甲乙일은 未가 묘이다."

『육임대전』「권1」, "묘는 잠복의 신이다. 오행의 묘는 사계에 있다. 음과 양을 생과 사로 나눠서, 양간의 사지가 음간의 생이 된다. 따라서 未는 甲癸의 묘, 戌은 丙戊乙의 묘, 丑은 庚丁己의 묘, 辰은 壬辛의 묘이다. 여기서 戊己는 丙丁이 순과 역으로 나눠지는 것을 따랐는데, 그 이유는 자식은 어머니에게 의지하기 때문이고, 이로써 金을 생하는 것이다."

『육임수언』「필법보담6」 변비십칙, 오행십간생묘, "장생과 일묘를 일으키는 법에는, 오행과 십간으로 정하는 방법이 있다. 오행으로 보는 방법은 음양을 논하지 않고, 한 가지 방법인 순행만을 쓴다. 10간으로 보는 방법은 음과 양을 순과 역으로 나누는데, 양의 사지가 곧 음의 생지이다. … 진공헌, 곽어청 두 선생이 임상한 과에서는 모두 오행의 장생과 묘신을 썼고, 10간의 장생과 묘신을 쓰지 않았다."

같은 책, 간묘지묘각혼회, "묘는 매몰의 신이다. 未는 木의 묘, 戌은 火土의 묘, 丑은 金의 묘, 辰은 水의 묘이다."

甲子일 제5국은 일간의 장생인 亥에 묘신인 未가 임한다. 「어정육임직지」, 甲子일 제5국 단왈, "중심의 괘 … 묘(未)가 생(亥)에 임하니 밝던 일이 오히려 어두워진다."

第 1-2 法 兩貴引從天干格
양 귀 인 종 천 간 격 양 귀인이 천간을 이끌고 따르는 격[1]

> 如壬子日 初傳巳加子爲晝貴 末傳卯加戌爲夜貴. 亦是墓神覆日 賴中傳之戌沖辰不畏墓也. 凡值此例 必得上人提攜 或兩處貴人引薦成事. 如辰爲月將尤妙也.

〈과전도〉 壬子일 8국			
乙	庚	○	
貴巳	戌	貴卯	
子	巳	戌	
甲	己	乙	庚
辰	酉	巳	戌
壬亥	辰	子	巳

가령 壬子일 8국 초전에 巳가 子에 가하여 낮 귀인이 타고 말전에 卯가 戌에 가하여 밤 귀인이 탄다.[2]

비록 묘신이 일간을 덮고 있지만 중전의 戌에서 辰을 충하여 없애므로 묘신은 두렵지 않다.

무릇 이 예에 해당하면 반드시 윗분의

---

1) 『육임수언』「필법보담6」 전후인종승천길, 인종간신격, "… 이르기를 ① 癸酉일 간상 午를 초전 未에서 인도하고 말전 巳에서 쫓는다. 귀인이 출행하여 인도하고 쫓으니, 관직은 오르고 천거를 받으며 고시생은 높은 성적으로 합격한다. ② 庚辰일에서 간상 丑을 초전 寅에서 인도하고 말전 子에서 쫓는다. 낮 정단에서 丑이 귀인을 만드는 '공귀격'이니 더욱 길하다. 밤 정단에서 묘신이 일간을 덮지만 꺼리지 않는다. 그 이유는 중전 未가 귀인을 만들어서 묘신 丑을 충하여 깨트리기 때문이다. ③ 壬子일 8국이 있다. … 다만 이 세 과를 제외한 나머지에는 이러한 예가 없다.

『육임대전』「과경2」 인종과, "壬子일 8국이 있다. … 웃어른의 인도 또는 많은 귀인의 인도와 추천으로 일을 이루는 데에 크게 이롭다."

2) 초전의 귀인과 말전의 귀인이 인종한다고 하지만, 이 예에서는 그렇지 못하다. 그 이유는 양 귀인 중의 하나인 말전의 천을귀인이 공망이기 때문이다. 공망이 메워지는 卯년, 卯월, 卯월장이면 가능하다.

이끌어줌을 득하는데, 두 곳에 있는 귀인의 인도로 천거는 성사된다. 만약 辰이 월장이면1) 더욱 신묘하다.

---

1) 추분에서 상강 사이에 해당한다. 『육임지남』「심인부」, "8월의 추분 후에 태양은 수성지차 궤도인 辰궁에 드니 곧 월장은 천강(辰)이다."

第1-3法 初末引從地支格
초말인종지지격   초전과 말전에서 지지를 이끌고 좇는 격1)

如己亥日 初傳巳加子 末傳卯加戌 亦係引從地支格. 雖初末加其干墓覆支 賴中傳之戌沖辰亦無畏. 宜遷修家宅則吉.

〈과전도〉 己亥일 8국

○	戌	癸
白巳玄	朱戌朱	玄卯白
子	巳○	戌
庚	○	丁
貴子勾	白巳玄 常辰常	合酉蛇
己未	子 亥	辰○

가령 己亥일 8국에서 초전 巳가 子에 가하고 말전 卯가 戌에 가하므로 인종지지격에 속한다.2)

비록 일간묘신이 일지를 덮고 있는 것을 초전과 말전에서 인종하지만, 중전의 戌이 지상의 辰을 충을 하여 없애므로

---

1) 『육임수언』「필법보담6」 전후인종승천길, 인종지신격 : ① "… 이른바 甲子일에서 지상은 亥이고 초전은 子이며 말전은 戌이다. ② 己亥일에서 지상은 辰이고 초전은 巳이며 말전은 卯이다. ③ 壬戌일에서 지상은 卯이고 초전은 辰이며 말전은 寅이다. 모두 인종지신이고 가택의 이사와 수리에 가장 길하다. ④ 여기에 속한 것 중에서 壬戌일 밤 점단에서 卯가 귀인을 부리고 다시 공귀격이니 더욱 길하다. ⑤ 그리고 丁亥일에서 지상은 辰이고 초전은 巳이며 말전은 卯인데 주야 천장 모두 백호가 타니 어찌 두렵지 않겠는가? 그러나 중전 戌에 등사가 타서 충을 하므로 해가 되지 않는다. 만약 점단인의 행년과 본명이 巳의 자리에 머물면 더욱 묘하다. 다만 이 네 개의 과 외에는 이러한 예가 없다."

『육임대전』「과경2」 인종과, "… 甲午일에서 초전 子가 일지의 전에 머물고 말전 戌이 일지의 후에 머물면서 전후에서 인종하여 지지 亥를 껴안는다. 가택의 이사와 보수에 크게 이롭다."

2) 이 예제는 초전이 공망이므로 인종하지 못할 뿐만 아니라 지상에 있는 辰이 다시 공망이므로 이 격의 설명으로 부적당하다. 단지 원리는 취할 만하다.

두렵지 않다. 따라서 가택의 이사와 보수에 마땅히 길하다.

> 又如丁亥日 初傳巳加子 末傳卯加戌 亦初末引從地支格 奈晝
> 夜天將皆是白虎居于支上 豈宜遷修宅舍乎. 殊不知亦賴中傳戌
> 蛇沖辰虎 不爲害也. 如用辰爲月將尤爲妙也. 或占人行年本命
> 又居巳位 以巳上二戌沖辰 衆凶皆散矣.

〈과전도〉 丁亥일 8국

癸	丙	辛
空巳常	蛇戌蛇	常卯空
子	巳	戌

戌	癸	壬	乙
后子合	空巳常	白辰白	朱酉貴
丁未	子	亥	辰

다시 예를 들면, 丁亥일 8국에서 초전에서 巳가 子에 가하고 말전에서 卯가 戌에 가하여 인종지지격이지만, 주야 천장이 모두 백호가 지상에 머물고 있으므로 어찌 가택의 이사와 보수에 좋겠는가?

그러나 미처 몰랐던 것은 중전의 戌蛇에서 辰虎를 충하기 때문에 해가 되지 않는다는 것이다.

만약 월장 辰을 쓰면 더욱 신묘하고, 또한 정단하는 사람의 행년과 본명이 巳에 자리하면 巳 위의 두 戌에서 辰을 충을 하므로 여러 가지 흉은 모두 흩어진다.

第 1-4 法 晝夜貴人臨干支上
주 야 귀 인 임 간 지 상   주야귀인이 간지 위에 임한 격[1]

> 拱其年命在內者. 宜告貴用事 必得兩貴人成就. 如丁酉日 酉加丁 亥加酉 占人年命在申. 丁巳日 亥加丁 酉加巳 占人年命在午. 癸亥日 巳加癸 卯加亥 占人行年在子.

주야귀인이 일간과 일지에 임하여 양 귀인 안에 있는 행년·본명을 껴안는 것이다. 당연히 귀인을 뵙고 부탁하는 일은 반드시 양 귀인에 의하여 성취한다.

가령 丁酉일 11국에서 酉가 丁에 가하고 亥가 酉에 가하며 정단인의 행년·본명이 申에 있다.[2]

가령 丁巳일 9국에서 亥가 丁에 가하고 酉가 巳에 가하며 정단인의 행년·본명이 午에 있다.[3]

〈과전도〉 丁酉일 11국

丁		己		辛
酉貴	貴亥			丑
未		酉		亥

丁		己		己		辛
酉貴	亥	貴亥				丑
丁未	酉			酉		亥

---

1) 『육임수언』「필법보담3」 천을왕상간귀길, 귀부간지가지, "① 조건 : 이른바 일간과 일지에 주야 귀인이 모두 타는 것이다. ② 해설 : 가령 甲申일에서 간상 丑이고 지상 未이다. 庚寅일에서 간상 未, 지상 丑이다. 양 귀인의 주선을 득하여 성사한다. 이 예를 뺀 팔전과 5일 외에 다시 甲申·庚寅·己卯·己亥·癸卯·癸亥일의 여섯 과가 있다."

『육임대전』「과경2」 인종과, "庚午·己酉일 복음과는 밤 귀인을 껴안고, 甲子일 복음과는 간지에서 낮 귀인을 껴안는다. 간지가 귀인을 껴안으므로 귀인에게 요청하여 처리하는 모든 일에 좋다."

2) 가령 행년이나 본명이 申이면 그 상신 戌을 간지에 있는 양 귀인에서 인종한다.

가령 癸亥일 9국에서 巳가 癸에 가하고 卯가 亥에 가하며 정단인의 행년·본명이 子에 있다.1)

凡干支夾拱 在下層惟 甲子 甲辰 癸亥 癸卯. 在上層惟庚午 庚戌 丁巳 己未 己酉.

〈과전도〉甲子일 1국		
丙	己	壬
青寅蛇	朱巳勾	后申白
寅	巳	申
丙	丙	甲	甲
青寅蛇	青寅蛇	白子后	白子后
甲寅	寅	子	子

무릇 좌의 일간과 우의 일지에서 껴안는 것이 하층(지반)에 있는 예로는 甲子·甲辰·癸亥·癸卯가 있고, 상층(천반)에 있는 예로는 庚午·庚戌·丁巳·己酉가 있다.2)

3) 가령 행년이나 본명이 午이면 그 상신 戌을 간지에 있는 양 귀인에서 인종한다.
1) 가령 행년이나 본명이 子이면 그 상신 辰을 간지에 있는 양 귀인에서 인종한다.
2) ① 여기서 말하는 이론은, 간지에서 어느 것을 껴안으면 그에 관련된 일이 이루어진다는 이론이다. 간지에서 껴안는 것은 기궁과 지진 사이에 하나가 비어 있어야 한다.
② 60일진에서 이를 살펴본다. 甲子순에서는 甲子일·己巳일·庚午일이 있고, 甲戌순과 甲申순에는 없으며, 甲午순에는 丁酉일·癸卯일이 있고, 甲辰순에는 甲辰일·己酉일·庚戌일이 있으며, 甲寅순에는 丁巳일·癸丑일이 있다.
③ 가령 甲子일을 예로 든다. / 1국은 일지 子와 일간기궁 寅이 甲일의 밤 귀인 丑을 껴안으므로 귀인에게 부탁하는 일은 좋다. / 2국은 패신인 子를 간지가 좌우에서 껴안는다. / 3국은 재성인 戌을 간지가 좌우에서 껴안는다. / 4국은 관성인 申을 간지가 좌우에서 껴안는다. / 5국은 자손효 午를 간지가 좌우에서 껴안는다. / 6국은 관성인 申을 간지가 좌우에서 껴안는다. / 7국은 재성인 未를 간지가 좌우에서 껴안는다. / 8국은 자손효 午를 간지가 좌우에서 껴안는다. / 9국은 자손효 巳를 간지가 좌우에서 껴안는다. / 10국은 재성인 辰을 간지가 좌우에서 껴안는다. / 11국은 양인인 卯를 간지가 좌우에서 껴안는다. / 12국은 일록인 寅을 간지가 좌우에서 껴안는다.
④ 그리고 丁酉일 11국을 예로 든다면, 일상신은 밤 귀인 酉이고 지상신은 낮 귀인

第1-5法 二貴拱年命格
이귀공년명격   양 귀인에서 행년과 본명을 껴안는 격[1]

> 如癸未日 初傳巳加子 末傳卯加戌 占人行年本命在亥 宜告貴
> 成事名 末助初財初德 亦貴人助貴人也.

〈과전도〉 癸未일 8국

辛	甲	己
貴巳陰	青戌青	陰卯貴
子	巳	戌
壬	乙	丙	辛
蛇午玄	空亥勾	白子合	貴巳陰
癸丑	午	未	子

가령 癸未일 8국의 초전에서 巳가 子에 가하고, 말전에서 卯가 戌에 가한다. 정단인의 행년과 본명이 亥에 있다면, 귀인에게 부탁하면 당연히 성사한다.[2]

또한 말전 卯에서 초전의 재물과 일덕인 巳[3]를 돕고, 또한 귀인이 귀인을 돕는다.

亥이다. 정단인의 행년이나 본명이 申이라고 가정하면, 申의 행년·본명상신 戌을 간상신 酉와 지상신 亥에서 좌우에서 껴안으니 양 귀인에 의해 성취하게 된다.

1) 『육임수언』「필법보담6」, 간지협공이명수, "① 가령 壬子일과 癸未일에서 초전은 巳이고 말전은 卯인데, 정단인의 행년·본명이 亥라면 귀인에게 요청하는 일은 성사된다. 그리고 말전에서 초전을 도우니 또한 귀인이 귀인을 돕는다. ② 이 외에 丙申일이 있는데 삼전 酉戌亥이다. ③ 丁未와 丁巳일에서 삼전 酉辰亥이다. ④ 여섯 癸일에서 삼전이 卯戌巳인 아홉 과가 있다."

2) 행년·본명이 亥이면 행년·본명상신 辰을 양 귀인인 卯와 巳에서 정단인을 받드는 상이 되므로 귀인에게 부탁하는 일은 성사된다.

3) 일간 癸의 재신과 일덕은 모두 巳이다.

第 1-6 法 干支拱定日祿格
간지공정일록격 간지가 일록을 껴안아서 정하는 격[1]

> 惟伏吟卦爲的. 如丁巳 己巳 癸亥 皆伏吟. 宜占食祿事. 癸亥爲嫌祿空.

〈과전도〉 丁巳일 1국		
丁	庚	甲
空 巳 勾	玄 申 蛇	合 寅 白
巳	申	寅
己	己	丁	丁
常 未 朱	常 未 朱	空 巳 勾	空 巳 勾
丁未	未	巳	巳

오로지 복음괘가 적당하다.

가령 丁巳[2] · 己巳 · 癸亥의 모든 복음이 해당되는데 식록사 정단에 좋다.

그러나 癸亥일에서는 일록이 공망되므로 이를 싫어한다.[3]

---

1) 『육임수언』「필법보담6」, 간지협공이명수, 간지공일록격, "① 가령 丁巳일과 己巳일에서 간상 未와 지상 巳에서 일록 午를 껴안는다. ② 癸亥일에서 간상 丑과 지상 亥에서 일록 子를 껴안으니 모두 식록사 정단에 좋다. ③ 癸亥일은 록이 공망이다. 위의 두 예는 모두 복음과가 적당하다."

『육임대전』「과경2」인종과, "丁巳 · 己巳 · 癸亥일 복음은 간지에서 일록을 껴안으므로 식록 정단에 좋다."

2) 지상신 巳와 간상신 未와의 사이에 있는 일록 午를 끌어들이는 작용을 한다.

3) 癸亥일의 일록은 子인데 순중의 공망이 된다.

第 1-7 法 干支拱夜貴晝貴格
간지공야귀주귀격 간지가 밤 귀인과 낮 귀인을 껴안는 격[1]

> 惟伏吟爲的 如庚午 己酉 支干拱夜貴. 甲子支干拱晝貴 皆伏吟卦 宜告貴人求事.

오로지 복음이 적당하다.
가령 庚午일과 己酉일은 일지와 일간에서 밤 귀인을 껴안고,[2] 甲子일은 일지와 일간에서 낮 귀인을 껴안는다.[3] 이들은 모두 복음괘로서 귀인에게 부탁하여 구하는 일은 좋다.

〈과전도〉 庚午일 1국

壬	丙	己
白申后 蛇寅青	勾巳朱
申	寅	巳
壬	壬	庚	庚
白申后	白申后	青午蛇	青午蛇
庚申	申	午	午

〈과전도〉 己酉일 7국

○	己	○
玄卯白	合酉蛇	玄卯白
酉	卯○	酉
癸	丁	○	己
后丑青	青未后	玄卯白	合酉蛇
己未	丑	酉	卯○

1) 『육임대전』「과경2」인종과, "丁酉일에서 밤 귀인 酉가 일간 丁에 가하고 낮 귀인 亥가 일지 酉에 가한다. 행년·본명이 申에 있다면, 양 귀인이 일간과 일지에 임하여 행년·본명을 껴안으므로 귀인에게 요청하는 일은 반드시 양 귀인에 의해 성취한다."

2) 庚午일의 밤 귀인 未를 지상신 午와 간상신 申에서 껴안고, 己酉일의 밤 귀인 申을 지상신 午와 간상신 申에서 껴안는다.

3) 甲子일의 낮 귀인 丑을 지상신 子와 간상신 寅에서 껴안는다.

第1-8法 初中拱地盤貴人格
초중공지반귀인격   초전과 중전에서 지반귀인을 껴안는 격

如庚午日 干上戌 支上申 乃支干并初中拱夜貴也. 又庚午日 干上酉 支上未. 又庚午日 干上午 支上辰 乃支干初中皆拱地盤之夜貴 皆宜告貴而成合事. 餘皆倣此.

〈과전도〉 庚午일 11국		
壬	○	甲
白申后	玄戌玄	后子白
午	申	戌○
○	甲	壬	○
玄戌玄	后子白	白申后	玄戌玄
庚申	戌○	午	申

가령 庚午일 11국에서 간상은 戌이고 지상은 申이다. 간지와 더불어서 초중전에서 밤 귀인을 껴안는다.[1]

그리고 庚午일 12국에서 간상은 酉이고 지상은 未이다. 그리고 庚午일 3국에서 간상이 午이고 지상이 辰인 일지와 일간 그리고 초전과 중전 모두에서 지반에 있는 밤 귀인을 껴안는다.[2]

위의 모두는 당연히 귀인을 뵙고 일을 성합한다. 나머지도 모두 이와 같다.

---

1) 초전의 지반 午와 중전의 지반 申에서 庚일의 밤 귀인 未를 껴안는다.
2) 이 격은 간지와 초중전에서 나란히 지반에 있는 귀인을 껴안는 상으로서, 이는 천반에서 귀인을 껴안는 것과 같은 뜻이 성립된다.

第 2 法 首尾相見始終宜 攻必取 戰必勝
수 미 상 견 시 종 의 공격을 하면 반드시 성취하고, 전쟁을 하면 반드시 승리한다.

해설 순수와 순미가 마주 보이면 처음부터 끝까지 좋다.[1]

謂干上有旬尾 支上有旬首 名周而復始格 亦名一旬周遍格. 凡值此者 占事不脫 所謀皆成. 占赴試 宜代工. 占訟 宜換司易局. 占交加用事 去而復來. 惟不宜占釋散事. 如有憂疑 其事儘在未能決斷.

이른바 간상에 순미가 있고 지상에 순수가 있으면, 한 순의 한 주기를 다 돌았다는 뜻의 '주이부시격'이다. 무릇 이 격에 해당하면 정단하는 일은 일탈되지 않고 도모하는 일은 모두 이루어진다.

과거 응시 정단은 하늘의 일을 대신할 정도의 막중한 임무를 맡게 되고, 소송 정단은 담당하는 사람과 관청을 바꾸는 것이 좋으며, 서로 왕래하는 용무는 갔다가 다시 온다.

그러나 풀리고 흩어져야 하는 일에 대한 정단은 나쁜데, 만약 근심과 의심스러운 일이 있다면 그 일은 결국 끊어지지 않는다.

---

[1] 『육임대전』 「과경2」 폐구과, 일순주편격, "무릇 순미가 일간에 가하고 순수가 일지에 가하면 일순주편격이다. 다만 일진이 서로 3위를 떨어지면 정단사는 일탈되지 않으므로 소망하는 것은 모두 성취하고, 시험은 남이 대신 보는 것이 옳으며, 소송은 관청을 바꾸는 것이 좋고, 교역은 갔다가 다시 온다. 그러나 의혹이 풀려야 되는 일인 질병은 물러나지 않는다."

> 惟乙未 辛丑 丙申 壬寅 戊申五日有之. (干支隔四位方有. 前四日俱甲午旬 惟戊申乃甲辰旬.)[1] 干上有旬首 支上有旬尾 惟乙丑 辛未 丙寅 戊寅 壬申五日有之 諸占亦照前斷. (惟戊寅乃甲戌旬 其餘四日俱甲子旬.)

〈과전도〉 乙未일 2국

戊	癸	甲	
陰戌	陰青卯合	朱午空	
亥	辰○	未	
癸	壬	甲	○
青卯合	空寅朱	朱午空合巳青	
乙辰	卯	未	午

오로지 乙未,[2] 辛丑·丙申·壬寅·戊申의 5일에만 있다.[3] (간지가 4위를 떨어져서 있는 것에서, 乙未·辛丑·丙申·壬寅의 전4일은 모두 甲午순에 있고, 戊申일만 甲辰순에 있다.)

간상에 순수가 있고 지상에 순미가 있는 것으로는 乙丑·辛未·丙寅·戊寅·壬申의 5일에만 있는데,[4] 모든 정단은 또한 앞의 판단에 비추어 보면 된다. (여기서 戊寅은 甲戌순에 속해 있고, 나머지 네 날은 모두 甲子순에 속해 있다.)

【구성이론】 일간과 일지, 년월일시, 사과, 삼전.

【정단원리】 일간과 일지 위에 순의 첫 자(순수)와 끝 자(순미)가 모두 임하면, 어떠한 일이 끊어지지 않고 끝없이 순환되는 상이다. 길경사는 계속 이어지므로 더욱 좋지만, 우환사는 더욱 나빠진다.

---

1) (干支隔四位方有. 前四日俱甲午旬 惟戊申乃甲辰旬.): 이하 ( )를 친 곳은 모두 『고금도서집성』에 있는 『필법부』 내용을 보완한 것이다.
2) 지상에는 甲午순의 순수인 午가 보이고, 간상에는 순미인 卯가 보인다.
3) 乙未일은 2국, 辛丑일은 8국, 丙申일은 9국, 壬寅일 9국, 戊申일은 5국에 있다.
4) 乙丑일은 5국, 辛未일은 6국, 丙寅일은 6국, 戊寅일 8국, 壬申일은 12국에 있다.

第 2-1 法 天心格
천 심 격 [1]   하늘의 뜻을 받드는 격[2]

乃年月日時皆在四課之內 凡占乃非常之事 卽日而成. 或干天庭之事 定然成就. 如占陰私 常用鄙俚之事 反成咎也.

태세와 월건과 일건과 시건 모두가 사과 안에 있으면, 무릇 정단에서 일상사가 아닐 경우에는 그날 바로 이루어지고, 설령 조정의 일을 맡더라도 정해진 법대로 성취한다.

그러나 만약 음사 정단에서 일상의 저속한 일은 허물이 되어 돌아온다.[3]

---

1) 『육임대전』「과경2」반주과, 천심격, "가령 甲子년 7월 乙巳일 酉시 巳월장 정단에서 제5국은 년월일시가 사과에 보이는 천심격이다. 일상적이지 않은 원대한 일인 조정사를 성취한다."

2) 『육임수언』「필법보담6」사건전봉천작합, "① 조건 : 이른바 연월일시가 사과에 있고 과전에 모두 갖춘 것이다. 만약 하늘이 합을 지으면 '천심과'이다. ② 해설 : 아래에서 나눠서 열거한다." ❶ "사건이 사과에 모두 있는 예, 가령 甲子년 壬申월 乙巳일 酉시 巳월장 정단이다. 1과는 子乙, 2과는 申子, 3과는 丑巳, 4과는 酉丑이다. 연월일시를 사과 내에 갖추면 일상적이지 않은 일을 그날 바로 이루고, 일을 조정에 아뢰면 정연히 성취한다. 그러나 질병과 소송과 출산 등의 우환과 의혹사는 나쁜데, 만약 12신과 12천장이 흉하면 풀리지 않는다." ❷ "사건이 모두 삼전에 있는 예, 己巳년 丁丑월 癸酉일 巳시 丑월장 정단에서 삼전은 巳丑酉이다. 연월일시가 모두 삼전 내에 갖춰지고 연월일시가 순서로 가니 먼 일은 일찍 취하고, 늦춰지던 일은 속히 얻는다. 만약 천공과 주작이 태세에 타서 발용이면 조정으로부터의 연락이 오는 데에 더욱 적당하다."

3) 이 격은 태세신, 월건신, 일건신, 시건신이 사과에 모두 모여 있으므로 길상스러운 기운이 모두 모여 있다. 관직자가 관직을 구하는 일에는 길하게 작용하지만, 사적인

일에는 재앙이 된다. 가령 앞의 乙未일 2국에서 제1과는 卯, 제1과는 寅, 제3과는 午, 제4과는 巳이다. 만약 巳년 午월 寅일 卯시에 정단하면 천심격에 해당한다.

第 2-2 法 回還格
회 환 격   되돌아오는 격[1]

乃三傳在四課之中. 如辛亥日 干上酉 亥上戌 三傳戌酉申是也.
此以不備言之. 至于干支自作三合者 內多回還格 乃干支相會
不可作不備言之.

이는 곧 삼전의 12신이 사과 안에 모두 있는 것이다.

가령 辛亥일 2국에서 간상은 酉이고 亥상은 戌이며 삼전은 戌酉申이다. 이를 '불비'라고 한다.[2]

간지에 이르러 스스로 삼합을 만든 '내다회환격'에서 간지에 서로 모이면 '불비'를 만든다고 말해서는 안 된다.

〈과전도〉 辛亥일 2국

庚	己	戊	
常戌常	白酉玄	空申陰	
亥	戌	酉	
己	戊	庚	己
白酉玄	空申陰	常戌常	白酉玄
辛戌	酉	亥	戌

---

[1] 『육임대전』「과경4」반주과, 회환격, "① 조건 : … 가령 辛亥일 제2국은 삼전에 있는 12지가 사과에도 모두 보이는 회환격이다. ② 길흉 : 모망사는 이루고, 길사와 흉사 모두 이룬다."

[2] 간지를 음양으로 보고 사과를 사상으로 본다. 이 예제의 사과에서 제1과와 제4과가 동일한 12신이다. 따라서 사상(四象)에서 하나가 부족하므로 '불비'라고 한다. 그리고 삼전에 있는 12신이 사과에도 모두 있으므로 '회환격'이라고 부른다.

> 如丁卯 丁亥 己卯 己亥 皆干上卯 或干上亥 諸如此類 占凶凶
> 成 占吉吉就. 凡事只宜守舊 不能動作. 如占病 其病難退 訟不
> 解. 如女命占得干加支 男命占得支加干 來意占婚 尤驗.

〈과전도〉 丁卯일 5국			
辛	丁		○
常 未 陰	勾 卯 空		貴 亥 朱
亥○	未		卯
丁	○	○	辛
勾卯空	貴亥朱	貴亥朱	常未陰
丁未	卯	卯	亥○

가령 丁卯일 5국과 9국·丁亥일 5국과 9국·己卯일 5국과 9국·己亥일 5국과 9국은 모두 간상 卯 또는 간상 亥[1]이고 모두 같은 종류이다.

흉사 정단은 흉을 이루고, 길사 정단은 길을 이룬다. 그리고 일상사에서 다만 옛일을 유지하는 데에는 마땅하지만, 움직여서 일을 할 수는 없다.[2]

만약 질병 정단이면 그 병은 물러가기 어렵고, 소송 정단이면 그 소송은 풀리지 않는다.[3] 만약 여명이 정단하여 일간이 일지에 가하거나, 남명이 정단하여 일지가 일간에 가하면 방문 온 목적은 혼인 때문임이 더욱 확실하다.

> 宜詳其生 剋 脫 刑 沖 破 害 墓言也.

마땅히 생·극·탈·형[4]·충[5]·파[6]·해[7]·묘를 살펴서 말

---

1) 삼전에서의 亥卯未목국을 이룬 것이 사과로 되돌아오므로 회환격이지만, 사과에서의 亥卯未목국처럼 국을 이루면 불비로 보지 않는다.
2) 울타리 속에 갇혀있는 상이기 때문이다.
3) 질병과 소송 등은 더욱 흉하다. 그 이유는 이러한 우환이 탈출구가 보이지 않는 상이기 때문이다.

하면 된다.

---

4) 『육임대전』「권1」, "형은 상하게 하는 것(傷)이고 죽이는 것(殘)이다."
5) 『육임대전』「권1」, "충은 움직이는 것(動)이고 치는 것(格)이다."
6) 『육임대전』「권1」, "파는 흩는 것(散)이고 이동하는 것(移)이다."
7) 『육임대전』「권1」, "해는 의심(阻)이고 투쟁(鬥)이다."

第 3 法　簾幕貴人高甲第　班超封萬里之侯

염막귀인고갑제　반초[1]가 만리 영토의 제후로 발령을 받는 것과 같다.

해설　염막귀인은 높은 성적으로 장원급제 한다.[2]

> 簾幕官者 如晝占乃夜貴. 夜占乃晝貴. 如占科目 專視此神 臨于占人年命之上 或臨日干上 試必高中矣. 凡庶人占得簾幕得林下官扶持 如有官人占得之 爲休官之象.

'염막관[3]'이란 낮에 정단하면 밤귀인이 염막관이고, 밤에 정단하면 낮귀인이 염막관이다. 만약 과거응시 정단이면 오로지 이 신을 보아, 정단인의 행년과 본명 위에 임하거나 일간 위에 임하면 시험은 반드시 높은 성적으로 합격한다.

무릇 일반인의 구관 정단에서 염막관을 얻으면, 보이지 않는 귀인의 도움을 받아 관직을 잡는다. 만약 관직자가 정단하여 이를 얻으면 관직을 사직하는 상이다.

---

1) 반초 : 후한 안릉사람. 자는 중승. 집안이 가난하여 관청에서 책을 베끼는 일로 노모를 봉양하다가 서역을 정벌한 공으로 서역도호의 벼슬에 오름. 『漢書』를 지은 반표의 아들, 반고의 동생.

2) 『육임수언』 「필법보담3」 천을왕상간귀길, 막귀임간격, ① 해설 : "가령 여섯 甲일 낮 정단에서 간상 未이다. 여섯 乙일 낮 정단에서 간상 申이다. ② 길흉 : 염막귀인이 내 몸에 임하므로 관직자가 이를 얻으면 관직을 물러나는 상이다. 고시 정단에서는 합격하고, 일반인이 정단하여 이를 얻으면 재야 퇴직관의 도움을 얻는다. 만약 일간의 귀살이 일간에 가하면 병자는 반드시 하늘 귀신과 땅 귀신의 해를 받는다."

3) 염막귀인 : 드리워진 주렴(발) 뒤에 몸을 숨기고 있는 귀인이란 뜻이다.

> 旬首作簾幕官者 臨年命日干之上 尤的. 惟乙己辛日有之. 又
> 辰戌作旬首 臨年命日干者 必中魁元. 乃甲辰 甲戌兩旬二十日
> 有之.

　　순수가 염막관을 만들어서 본명·행년과 일간 위에 임하면 더욱더 확실하다.

〈과전도〉 乙酉일 9국		
甲	戊	壬
貴申勾	勾子貴	常辰常
辰	申	子
甲	戊	己	癸
貴申勾	勾子貴	青丑后	玄巳白
乙辰	申	酉	丑

　　이러한 예는 단지 乙일[1]과 己일과 辛일에만 있다.[2]

　　그리고 辰과 戌이 순수를 만들어서 행년·본명과 일간 위에 임하면 반드시 장원급제 한다.[3]

　　이러한 예는 甲辰과 甲戌 두 순의 20일에 있다.[4]

【구성이론】 천을귀인, 염막귀인, 일덕.

【정단원리】 고시 정단에서 염막관은 숨어서 합격을 도와주는 귀인으로 쓰였다.

---

1) 가령 乙酉일 9국 밤 정단에서 염막관인 申이 간상에 있다.
2) 가령 甲申순에서는 乙酉일 9국 밤 정단과 己丑일 12국 낮 정단이 해당하고, 甲午순에서는 辛丑일 5국 낮 정단이 해당한다.
3) 『육임수언』「지남회전」고시제3, "강(罡)은 두강이고 괴(魁)는 하괴이다. 천강(辰)은 영수(領袖)의 신이고 하괴(戌)는 문명(文明)의 별이다. 甲辰순과 甲戌순에서 辰이나 戌이 일간이나 본명에 임하면 반드시 합격이다."
   『육임대전』「권2」12신, "하괴는 곧 천괴이고 두괴 제1성이다."
4) 甲辰·甲戌 11국, 乙巳·乙亥 1국, 丙午·丙子 2국, 丁未·丁丑 4국, 戊申·戊寅 2국, 己酉·己卯 4국, 庚戌·庚辰 5국, 辛亥·辛巳 7국, 壬子·壬午 8국, 癸丑·癸未 4국이 해당한다.

第 3-1 法 斗鬼相加格
두 귀 상 가 격
斗인 丑과 鬼인 未가 서로 가하는 격[1]

> 或丑加未 或未加丑 作年命日干者 亦中魁元. 緣丑有斗 未中有鬼 斗鬼二字 合而爲魁故也.

丑이 未에 가하거나 未가 丑에 가하여 행년·본명과 일간에 임하면 장원 급제한다. 그 이유는 丑에 있는 '斗'와 未에 있는 '鬼'의 두 글자가 합하면 '魁'(斗+鬼=魁)가 되기 때문이다.[2]

---

1) 각 순 丁·己일의 7국과 각 순 癸일의 7국이 해당한다.
2) 동양천문학 28수 이론에서, 丑궁에는 斗가 있고 未궁에는 鬼가 있다. 子와 丑이 서로 모이면 '鬼' 글자와 '斗' 글자가 합쳐져서 '魁' 글자가 된다는 이론이다. '魁'는 곧 문명(文明)의 별이다.

第 3-2 法 亞魁星
아 괴 성   차석 별자리인 아괴성(종괴성)

> 天盤酉臨年命日干者 占試必高中 緣酉爲從魁也. 諸說 忌空亡.

〈과전도〉 壬辰일 3국

庚	戊	丙
蛇寅合	合子青	青戌白
辰	寅	子

乙	○	庚	戊
空酉常	常未陰	蛇寅合	合子青
壬亥	酉	辰	寅

천반 酉가 행년·본명과 일간에 임하면,1) 시험 정단은 반드시 높은 성적으로 합격한다. 그 이유는 酉가 차석을 뜻하는 종괴2)이기 때문이다.

다만 위의 모든 설명은 공망을 꺼린다.

---

1) 가령 壬辰일 3국에서 간상에는 '종괴'라고 불리는 酉가 보인다.
2) 『대육임묘공귀촬각』, "酉에 속한 종괴의 수는 60이고, 맛은 매운데, 이 곳에는 胃·昴·畢 세 별이 자리한다."
  『육임대전』「권2」, 12신, "… 종괴는 두괴 제2성이다."
  『오행대의』, "酉는 종괴인데 종두의 괴는 제2성이다."

第 3-3 法 德入天門格
덕 입 천 문 격   일덕이 천문에 드는 격[1]

> 乃日德加亥爲用 士人占之必高中. 亥爲天門 德者得也.

일덕[2]이 천문인 亥[3]에 가하여 발용이 되면, 고시생이 정단하면 반드시 높은 성적으로 합격한다. 亥는 '天門'이고 德에는 곧 '得'의 뜻이 있기 때문이다.

---

[1] 『육임수언』「필법보담4」, "덕입천문격, ① 조건 : 이른바 일덕이 亥에 가하여 발용이면 덕입천문인데, 덕은 곧 얻는다는 뜻이다. ② 길흉 : 관직자는 승진의 뜻이 있고, 고시 정단에서 수험생은 합격한다. ③ 해설 : 여섯 壬일 복음과는 亥가 발용이니 가장 적합하다. 그리고 丁亥일 복음과도 亥가 발용이다. 丙·戊·辛·癸 네 천간일 반음과에서 발용이니 모든 정단에서 또한 같다."

[2] 『육임대전』「권1」, "덕은 복의 신이다. 무릇 일간에 임하고 입전하면 능히 흉이 변하여 길하게 된다. 무릇 네 덕이 입전하면 모두 길한데 일덕은 더욱 길하다. 모두 생왕이 좋고 휴수는 나쁘다. 무릇 덕이 입전하더라도 공망을 만나거나, 락공거나, 12신과 12천장이 외전되는 것을 꺼린다. 무릇 덕이 일간에 가하고 발용이 되어 귀살이면 덕으로 판단하고 귀살로 판단하지 않는다. 대개 덕신은 능히 귀살을 변화하여 길하게 한다. … ."

『육임수언』「필법보담4」 덕신회취휴상집, "① 조건 : 이른바 간덕, 지덕, 천덕, 월덕이 과전에 보이면 '덕경과'이다. ② 해설 : 간덕은 甲己일에는 寅, 乙庚일에는 申, 丙辛戊癸일에는 巳, 丁壬일에는 亥에 있다. 대개 양덕은 스스로 거처하고 음덕은 양에 붙는다. 지덕은 지전5위인데, 가령 子일에는 巳, 丑일에는 午가 지덕이다. 네 덕이 교제하여 서로 만나면 흉을 만나더라도 길하게 된다."

[3] 『육임대전』「권2」, "『역·명이』에서 말하였다. 처음에 하늘로 올라 만국을 비쳤다. 그리고 亥는 천문이므로 '등명'이라 부른다."

第 3-4 法 眞朱雀格
진 주 작 격　　　　　참된 주작격

如六己日於四季年占 用夜貴逆布 乃朱雀乘午 占春闈 其文貼上意 必得高中. 緣朱雀主文書 生太歲又生日干 如眞朱雀剋太歲 占訟必達朝廷 罪必致死. 惟申酉歲的. 朱雀乘神剋簾幕官 占試其文不貼主文意. 朱雀乘丁馬 榜將出忌.

〈과전도〉 己巳일 12국

壬	壬	庚	
常申貴	常申貴	空午朱	
未	未	巳	

壬	癸	庚	辛
常申貴	玄酉后	空午朱	白未蛇
己未	申	巳	午

가령 여섯 己일의 사계년에 정단하여 밤 귀인이 거꾸로 분포하고 주작이 午를 탄다. 관리를 선발하는 시험 정단에서 그 시험지가 임금의 뜻에 맞아서 반드시 높은 성적으로 합격한다. 그 이유는 문서를 뜻하는 주작에서 태세[1]를 생하고 다시 일간을 생하기 때문이다.

　만약 진주작에서 태세를 극하면, 소송 정단은 반드시 조정으로 불려가서 죄인은 반드시 죽음에 이르는데 이는 오로지 申酉년에만 이러하다.

　주작이 탄 신에서 염막관을 극하면 시험 정단에서 그 글은 붙지 않는다는 뜻이 된다. 그리고 주작이 정마를 타면 게시판이 장차 밖으로 나가는 뜻이므로 이를 꺼린다.

---

[1] 『육임대전』「권3」, "태세는 인군(人君)의 상이고, 천후는 황후의 상이다."

> 晝夜貴人拱年命者 赴試必中. 如丁酉日 干上酉 支上亥 占人
> 年命在申 大宜占試. 緣干支上神 作晝夜貴人拱年命上河魁.

〈과전도〉丁酉일 11국		
丁	己	辛
朱酉貴	貴亥陰	陰丑常
未	酉	亥
丁	己	己	辛
朱酉貴	貴亥陰	貴亥陰	陰丑常
丁未	酉	酉	亥

낮과 밤 귀인이 본명과 행년을 껴안으면 시험 정단은 반드시 합격이다.

가령 丁酉일 11국에서 간상은 酉이고 지상은 亥이며 정단인의 행년과 본명이 申에 있으면, 시험 정단은 크게 좋다.

그 이유는 간지상신이 주야귀인으로 하여금 행년·본명 위에 있는 하괴(戌)를 껴안기 때문이다.

第 3-5 法 源消根斷格
원소근단격 [1]   근원이 소진되고 뿌리가 잘리는 격 [2]

> 如癸卯日 干上卯 支上巳 年命在寅 大宜占試 不在此論. 緣只
> 取二貴拱年命也. 但高中矣 恐以不攝 終成勞瘵.

〈과전도〉 癸卯일 11국

乙	丁	己
朱未勾	勾酉空	空亥常
巳 ○	未	酉
癸	○	○	乙
陰貴 卯貴	貴巳朱	貴巳朱	朱未勾
癸丑	卯	卯	巳

가령 癸卯일 11국에서 간상은 卯이고 지상은 巳이며 행년·본명이 寅에 있다면 시험 정단은 크게 좋지만, 이 이론은 존재할 수 없다.

그 이유는 단지 두 귀인을 취하여 행년·본명을 껴안기 때문이다.

비록 높은 성적으로 합격하더라도 이를 잡아매지 못하는 두려움이 있다. 드 이유는 결국 피로로 앓게 되기 때문이다. [3]

---

1) 『육임대전』「과경4」 육순과, "… 무릇 오음이 이어지고, 도둑당하는 기운이 계속되어 탈기당하면 원소근단이다. 본명은 음식을 섭취하지 못하고 죽음에 이른다. 모든 정단에서 모두 탈모를 당한다."

2) 『육임수언』「필법보담6」 근단원소세막지, "① 조건 : 이른바 사과의 지반에서 그 상신을 생하면 근단원소이다. ② 해설 : 가령 辛卯일에서 간상은 子이고 삼전은 巳未酉이다. 간지와 삼전은 모두 아래에서 위를 생하니, 계속하여 탈기를 당한다. ③ 길흉 : 질병 정단은 반드시 생명을 유지하지 못하는 지경에 이르고, 모든 정단은 모두 탈모(脫耗)를 입는다. 이 법은 마치 신과 같다. 만약 과전이 음의 12지로만 구성된 육음과라면 탈모는 더욱 심하다. ④ 예제 : 甲辰일 9국의 사과에서는 아래에서 그 상신을 모두 생하지만, 다행인 것은 삼전 申子辰에서 일간을 생하니 오히려 탈진에 이르지는 않는다. 이를 몰라서는 안 된다."

> 簾幕貴人尤分喜畏 細具於後 甲日不喜未墓爲之. 庚日不喜丑
> 墓爲之. 又甲寅日不喜丑空爲之. 庚寅日不喜未空爲之. 丙寅丁
> 卯日不喜亥空爲之. 己卯乙亥日不喜申空爲之. 壬子癸丑日不
> 喜卯空爲之. 壬寅癸卯日不喜巳空爲之. 六辛日不喜午剋爲之.
> 又辛亥日不喜寅空爲之. 空亡尤甚. 使試官置卷不視 徒勞一次.

    염막귀인의 좋음과 나쁨을 더욱 확실하게 구분할 수 있는데, 이를 자세하게 나타내면 아래와 같다.

    甲일은 묘신이 된 未를 좋아하지 않고, 庚일은 묘신이 된 丑을 좋아하지 않으며, 또한 甲寅일은 공망된 丑을 좋아하지 않고, 庚寅일은 공망된 未를 좋아하지 않는다.

    丙寅일과 丁卯일은 공망된 亥를 좋아하지 않고, 己卯일과 乙亥일에는 공망된 申을 좋아하지 않으며, 壬子일과 癸丑일에는 공망된 卯를 좋아하지 않고, 壬寅일과 癸卯일은 공망된 巳를 좋아하지 않으며, 여섯 辛일은 午의 극함을 좋아하지 않는다.

    또한 辛亥일에는 寅의 공망을 좋아하지 않는다. 공망되면 더욱 심하여져서 시험 감독관이 시험지를 볼 수 없게 하므로 한차례 헛되이 애만 쓴 꼴이 된다.

---

3) 이렇게 보는 이유는 간상의 밤 귀인 卯와 지상에 있는 낮 귀인 巳에서 정단하는 사람의 행년·본명상신인 辰을 껴안으므로 좋을 것 같지만, 네 개 과의 지반은 그 천반으로 모두 탈기를 당한다. 또한 무력한 제4과 발용이 공망되었을 뿐만 아니라 다시 요극이 되었으니 흉하다. 이 예는 제3과의 낮 귀인이 공망이므로 행년·본명상신을 껴안지 못한다.

第 3-6 法 占武擧
점 무 거   무관직 과거

> 法以巳爲弓弩 申爲矢箭 申加午必箭中紅心. 如申加寅 申巳亥
> 爲四腳花 以第幾課發用 言其箭中之數 四墓脫垛.

　무관직 과거 정단에서 巳는 활과 쇠뇌를 뜻하고 申은 화살을 뜻한다. 申이 午에 가하면 반드시 화살은 과녁 속의 붉은 칠을 한 동그란 부분인 홍심에 적중되고, 만약 申이 寅申巳亥에 가하면 네 각화에 꽂힌다.
　무과 시험에서 적중하는 화살의 수는 어느 과에서 발용하는지를 본다.[1] 만약 申이 사묘에 가하면 화살은 땅에 떨어진다.

---

[1] 『육임수언』「점고시」, "만약 제1과 발용이면 하나의 화살이고, 제2과 발용이면 두 개의 화살이다."

第 4 法　催官使者赴官期　惟將赴任宜見
최 관 사 자 부 관 기　　장차 부임하는 것을 의당 보게 된다.

해설 최관사자(관리에 임명되는 것을 재촉하는 것)는 관청에 부임하는 기일을 말한다.[1]

> 凡占上官赴任 見日鬼乘白虎加臨日干 或年命之上 乃名催官使者 縱是遠缺 必催速赴任也. 如催官使者空亡 又是虛信或被遣差.

〈과전도〉 壬午일 2국

甲	○		○
白戌白	空酉常	青申玄	
亥	戌		酉○
甲	○	辛	庚
白戌白	空酉常	朱巳貴	蛇辰蛇
壬亥	戌	午	巳

대개 고관직자의 부임 정단에서 일귀[2]에 백호가 타서 일간에 가임하거나 또는 행년·본명 위에 가임하면[3] 이를 곧 '최관사자'라고 한다.

비록 큰 결함이 있더라도 반드시 매우 빨리 부임하게 된다. 만약 최관사자가 공망이면 거짓소식이 되거나 유배를 가게 된다.

---

1) 본 법의 91법에서, "단지 관직자가 부임 정단을 하면 '최관부'라 하여 부임은 지극히 빠르지만, 오히려 제극받거나 공망되면 나쁘다."로 기술되어 있다.

2) 『육임대전』「권1」, "귀는 적해의 신이다. 간지 중에 양에서 양을 극하는 것이 귀이고, 음에서 음을 극하는 것이 귀이다. 『경』에서 말하기를 삼전 내에 귀가 많으면 일마다 불미스럽다. 모망은 불성하고 흉한 재액이 미친다."

3) 가령 여섯 壬일 2국에서 일간의 귀살인 戌에 백호가 타서 일간 壬수에 임한다. 단지 壬申일은 이것이 공망이니 이 예로 부적당하지만, 만약 행년이나 본명이 亥이면 그 상신이 다시 여기에 해당하므로 더욱 길하다.

【구성이론】 백호, 귀살, 역마.

【정단원리】 관직자의 부임 정단에서 일간의 귀살에 백호가 탄다는 것은, 귀살은 관성으로 그리고 백호는 권력의 뜻으로 쓰인, 곧 관직자의 권력을 뜻한다. 만약 일간, 행년·본명에 가임하면 이러한 권력을 곧 누리게 된다는 이론이다.

第 4-1 法 催官符
최 관 부   관리를 재촉하는 부호[1]

> 如官星臨日干年命者 其三傳上神生其官星是也.

만약 관성이 일간이나 행년·본명에 임하고 삼전상신에서 이 관성을 생하면 이것이 '최관부'이다.[2]

---

1) 『육임수언』「지남회전」, "삼합하여 관성을 생하고 이 관성이 일간에 임하는 것인데, 삼전이 합국하여 관성을 생하는 것이 '최관부'이다."

2) 가령 壬寅일 5국의 중전 午에서 일간에 임하고 있는 관성인 未를 火生土하고 있다. 특히 삼전은 寅午戌화국을 이루어서 관성 未土를 힘껏 생하니 더욱 길하다.

〈과전도〉 壬寅일 5국		
戊	甲	壬
寅	戌	午

	青	白	玄	后	蛇	合
	戌	午	寅			

乙	癸	戊	甲
常未	陰貴卯	朱青戌	白玄午后
壬亥	未	寅	戌

第 4-2 法 恩主擧薦

은 주 거 천   　　　천거받는 은택을 입는다.

例傳年日辰有父母爻者 是亦爲食祿之地. 如値長生作貴人 亦如之. 如乙日見日貴爲父母. 己日見夜貴爲長生. 外乙卯日晝貴空. 己卯日夜貴空不用.

예컨대 삼전과 행년과 일진에 부모효가 있으면, 이것이 곧 생계를 뜻하는 식록의 지역이 되고, 만약 장생에 귀인이 타도 또한 마찬가지다.

가령 乙일에 보이는 낮 귀인 子는 부모효이고, 己일에 보이는 밤 귀인 申은 장생이다.[1] 이 외의 乙卯일의 낮 귀인 子는 공망이고, 己卯일의 밤 귀인 申은 공망이므로 쓰지 못한다.[2]

---

[1] 수토동궁의 방법을 적용하였다. 즉 己토의 장생은 곧 水의 장생인 申이 된다. 『육임수언』 「변비십칙」, "戊己의 묘신을 알아본다. 水를 쫓으면 辰을 쓰고, 火를 쫓으면 戌을 쓴다. … 丙과 戊는 巳와 같고, 丁과 己는 未와 같다. 왕록(旺祿) 등의 신은 土는 火를 쫓아서 쓰고, 절(絶)과 묘(墓) 등의 신은 水를 쫓아서 쓰지 않는다."

[2] 乙卯일의 낮 귀인 子는 곧 甲寅순의 공망이고, 己卯일의 밤 귀인 申은 곧 甲戌순의 공망이다.

第 4-3 法 四時返本煞
사 시 반 본 살
네 계절의 기운을 반하는 살[1]

> 占赴任極遲. 夫返本煞者 春得金局 夏得水局 秋得火局 冬得土局是也. 如赴任占得返吟 多不滿任.

부임 정단에서 극도로 지체된다. 무릇 반본살(돌이켜 본명을 해치는 살)이라는 것은 봄에 금국을 얻는 것이고, 여름에 수국을 얻는 것이며, 가을에 화국을 얻는 것이고, 겨울에 토국을 얻는 것이다.[2]

만약 부임 정단에서 반음을 얻으면 임기를 모두 채우지 못하는 경우가 많다.

---

[1] 『육임수언』「사환제4」, "… 사시반본이면 부임은 지체된다."

[2] 봄에 금국을 얻는 예로는 己巳일 9국이 있는데, 삼전은 酉丑巳금국을 이룬다. 여름에 수국을 얻는 예로는 庚午일 9국이 있는데, 삼전은 辰申子수국을 이룬다. 가을에 목국을 얻는 예로는 己巳일 5국이 있는데, 삼전은 亥卯未목국을 이룬다. 겨울에 토국을 얻는 예로는 癸未일 4국이 있는데, 삼전은 戌未辰토국을 이룬다.

第 5 法 六陽數足須公用

隨六三 係丈夫 失小子 隨有求
得 利居貞 揚兵於九天之上

육 양 수 족 수 공 용

『역경』의 17번째 수괘 육삼효에 "장부에게 매이고 소자를 잃으니, 장부를 따름에 구하는 것을 얻지만, 바른 데에 거처함이 이롭다."고 했으니, 『육갑경』에서 말하는 "구천의 위(六甲)에서 군사를 드날리는 것"이다.

해설 육양수가 갖춰지면 모름지기 공적으로 써야 한다.[1]

---

1) 『육임대전』「과경4」 육순과, "무릇 사과삼전이 모두 양이거나 모두 음이면 육순과이다. … 만약 사과가 음에 속하고 그 중의 한 과가 발용이며 중전과 말전이 모두 음이면 육음격이다. 마땅히 아랫사람이 정단하면 음모와 간음에 대한 일이고, 병자는 사망한다."

第5-1法 六陽格
육양격   여섯 양을 과전에서 갖춘 격[1]

謂支干四課三傳 皆居六陽之位是也. 凡占皆利公幹 而不利私謀. 假令庚子日第一課戌加庚. 第二課子加戌. 第三課寅加子. 第四課辰加寅作初傳. 其中傳午加辰. 末傳申加午. 卦名登三天 宜占天庭 事有動達高尊之象. 如君子占之稍畏 初中空亡而減力. 如常人占之 賴初中空卻省力也. 尤未免公幹 明白事理.

이른바 일지와 일간의 사과와 삼전이 모두 육양의 자리에 머물면 이 격이다. 무릇 정단에서 공적인 일에는 모두 이롭지만 사적으로 도모하는 일에는 불리하다.

〈과전도〉 庚子일 11국

○	甲		丙
合辰合	靑午蛇		白申后
寅	辰○		午
戌	庚	壬	○
玄戌玄	后子白	蛇寅靑	合辰合
庚申	戌	子	寅

가령 庚子일 11국에서 제1과는 戌이 庚에 가하고, 제2과는 子가 戌에 가하며, 제3과는 寅이 子에 가하고, 제4과는 辰이 寅에 가하여 초전이 된다. 중전은 午가 辰에 가하고, 말전은 申이 午에 가한다.

괘명은 '등삼천'으로 조정에 관한 정단에 좋은데, 그 일은 높은 벼슬에 오르

---

1) ① 『육임대전』「과경1」삼양과, "정와, 과전 중에 육양이 구비되면 육양과이다. 공적인 용무는 이롭고, 사적으로 도모하는 것은 얻지 못한다."

② 『육임수언』「지남회전」혼인제1, "… 순양은 6양과이다. 양이 극에 이르면 음이 발생하므로 여자이다."

는 상이다.1) 만약 군자가 정단하면 점차 두렵게 되는데, 초중전이 공망이므로 기운이 줄기 때문이다.

만약 일반인이 정단하면 초중전이 공망이므로 오히려 재앙이 물러난다. 공적인 일에서 이를 면하지 못하는 것은 더욱 명확하다.

【구성이론】 사과 삼전에서의 6양지.

【정단원리】 양은 밝음을 뜻한다. 만약 과전이 모두 양이면 더욱 공명정대한 일이 되는 것이다. 특히 육양이 동하는 등삼천(辰午申)은 공적인 일에는 길하고, 사적인 일에는 흉하다.

---

1) 높은 벼슬에 오른다고 하였지만 초중전이 공망이므로 이렇게 말하기는 어렵다. 아마도 辰午申(登三天)의 원의를 말한 것으로 생각된다.

第5-2法 悖戾格亦名倒拔蛇
패 려 격 역 명 도 발 사   '패려격은 도발사(뱀을 거꾸로 잡아당김)'라고도 한다.

> 如甲午日 干上子 雖四課三傳皆處六陽之地 緣三傳退間 主事間阻艱難 兼被初傳戌財引入中末鬼鄉 凡占事皆艱辛 尤不免公用也. 如甲戌日 干上子 四課三傳亦皆處六陽位以上 是自夜傳出晝尤明白.

〈과전도〉 甲午일 3국

戌	丙	甲
玄戌玄 后申白	蛇午青	
子○	戌	申
庚	戌	○	壬
白子后	玄戌玄	合辰合	青寅蛇
甲寅	子	午	辰○

가령 甲午일 3국에서 간상은 子이다. 비록 사과삼전이 모두 육양의 지반에 머물더라도 삼전이 퇴간이면 하는 일은 장애가 생기고 어렵다.

더불어서 초전의 재신 戌이 중말전의 귀살로 끌려들어가므로, 모든 정단하는 일은 모두 힘들고 어렵다. 더욱이 공적인 일이라면 더욱 이를 면하기 어렵다.

〈과전도〉 甲戌일 3국

壬	庚	戌
蛇午青	合辰合	青寅蛇
申○	午	辰
丙	甲	○	壬
白子后	玄戌玄	后申白	蛇午青
甲寅	子	戌	申○

가령 甲戌일 3국에서 간상은 子이다. 사과삼전은 모두 육양의 자리에 서지만, 스스로 낮에서 밤으로 전해지니 더욱 분명해진다.[1]

---

1) 낮 시간인 午에서 밤 시간인 寅으로 전해지니 양에서 음으로 드는 상이다.

第 5-3 法 五陽格
오 양 격   다섯 양을 과전에서 갖춘 격

> 課傳居五陽之上者 或占人年命塡之 亦名六陽 事主公用明白
> 利公不利私也. 此例極多 不暇細具.

　과전에서 오양의 위에 머무는 것이다. 만약 정단인의 행년·본명에서 메우면 '육양격'이 된다. 주로 공적인 일에 밝은데, 공적인 일에는 이롭고 사적인 일에는 불리하다.
　이러한 예는 지극히 많아서, 여유를 가지고 세밀하게 모두를 기록하지 못하였다.

第 6 法 六陰相繼儘昏迷   隨六二 係小子失丈夫. 伏兵於九地之下

육 음 상 계 진 혼 미   수괘의 육이효는 소자에게 매이면 장부를 잃는다. 군사를 깊은 지하에 숨긴다.

해설 육음이 서로 이어지면 혼미해진다.

【구성이론】 과전에서의 6음지.

【정단원리】 음은 어둠을 뜻한다. 과전이 6음이면 거듭 어둡고 연못에 빠지는 상이다. 따라서 공적인 일은 흉하고, 사적인 일은 길하다. 질병은 계속 이어진다.

第 6-1 法 六陰格
육음격 [1]   여섯 음을 과전에서 갖춘 격 [2]

> 謂課傳皆居六陰之位是也. 凡占利陰謀私幹 不利公聞 尤儘昏迷也. 或自晝傳夜 昏迷愈甚.

이른바 과전이 모두 육음의 자리에 머무는 것이다.
무릇 정단에서 음으로 꾸미는 일과 사적인 일은 이롭지만, 공적으로 아뢰는 일은 불리하여 오히려 혼미해진다. 만약 스스로 낮에서 밤으로 전해지면 혼미는 더욱 심하다.

> 如己卯日第一課 酉加己. 第二課亥加酉作初傳. 第三課巳加卯. 第四課未加巳. 中傳丑加亥 末傳卯加丑 課名溟濛. 凡占事必是陰謀奸私之象 兼天將天后 螣蛇 六合 玄武 支干上皆乘盜氣 又是彈射發用坐於空鄕 至費力而不可言也. 占病必死 求望皆爲脫耗. 又己亥日 干上巳同.

1) 『육임대전』「과경4」육순과, 육음과, "… 만약 사과가 음이고 그 중의 한 과가 발용이며 중전과 말전이 모두 음이면 육음격이다. 마땅히 아랫사람이 정단하면 음모와 간사에 대한 일이고, 병자는 사망한다. 이 여섯 음과 여섯 양이 모두 순수하므로 육순이다. 임신 정단에서 양은 남자, 음은 여자이다. 『역경』의 49번째 혁괘와 통하는 과체로서, 하늘과 연못이 현격한 상이다."

2) 『육임수언』「필법보담6」근단원소세막지, "① 조건 : 이른바 사과의 지반에서 그 상신을 생하면 근단원소이다. ② 해설 : … 만약 과전이 음의 12지로만 구성된 육음과이면 탈모는 더욱 심하다."

〈과전도〉 己卯일 11국			
	乙	丁	己
蛇 亥 玄	后 丑 白	玄 卯 青	
酉 ○	亥	丑	
○	乙	辛	癸
合 酉 后	蛇 亥 玄	白 巳 合	青 未 蛇
己 未	酉 ○	卯	巳

가령 己卯일 11국에서 제1과는 酉가 己에 가하고, 제2과는 亥가 酉에 가하여 초전이 된다. 제3과는 巳가 卯에 가하고, 제4과는 未가 巳에 가한다. 중전은 丑이 亥에 가하고 말전은 卯가 丑에 가한다.

과명은 '명몽'이다. 모든 정단하는 일은 반드시 음모와 간통의 상이다. 겸하여 천후·등사·육합·현무의 천장이 간지 위에 모두 타서 기운을 훔치고, 다시 탄사로 발용이며 공망에 앉으므로1) 소모되는 비용은 이루 말할 수조차 없는 지경에 이른다.

질병 정단은 필사이고, 구하는 모망사는 모두 잃게 된다. 그리고 己亥일 3국 간상 巳도 마찬가지다.

---

1) 요극과의 탄사 발용이므로 도적과 음모를 초래하고, 요극이 공망되니 그 흉은 더욱 심하며, 사과의 지반이 천반으로 모두 탈기를 당하므로 그 흉은 배가된다.

第 6-2 法 五陰格
오 음 격   다섯 음을 과전에서 갖춘 격[1]

> 課傳止五陰者 占人年命塡之. 凡占利私不利公 利小人 不利君子.

과전이 오음에서 그치는 것이다. 정단인의 행년·본명에서 메우면, 무릇 정단에서 사적인 일에는 길하고 공적인 일에는 불리하며, 소인에게는 이롭고 군자에게는 불리하다.

---

[1] 『육임대전』「과경4」육순과 "… 무릇 오음이 계속 이어지고, 기운을 계속 도둑당하여 계속 손실을 입으면 원소근단이다. 본명은 음식을 섭취하지 못하고 죽음에 이른다. 모든 정단에서는 모두 탈모를 당한다."

第 6-3 法 源消根斷格
원 소 근 단 격   원기가 소진되고 뿌리가 절단되는 격[1]

如癸卯 癸未 癸巳 干上卯 課傳俱在五陰之位 又是下生上神
迤邐而脫去. 占病緣不攝而致病 豈不危絕乎. 凡占皆脫耗. 其
法如神 切宜秘之.

〈과전도〉 癸卯일 11국

乙	丁	己
朱 未 勾	勾 酉 空	空 亥 常
巳 ○	未	酉
癸	○	○	乙
陰貴 卯貴	貴巳朱	朱未勾
癸丑	卯	卯	巳 ○

가령 癸卯일 · 癸未일 · 癸巳일 간상 卯인 11국에서, 과전은 5음을 갖추었고, 다시 하에서 그 상신을 생하니 연이어서 탈기되어 버린다.

질병 정단은 음식을 섭취하지 못하여 질병에 이르니 어찌 생명이 끝나는 액이 없겠는가?

모든 정단에서 모두를 잃는다.

이 법은 마치 신과 같아서 몹시 신비스럽다.

又如辛卯日 干上子 自干至支 及初中末 迤邐下生上神 儘被脫
盜 雖不係五陰位全 其理一同. 以上例 除占病外 諸占未免脫
耗 日漸消爍也.

---

[1] 『육임대전』「과경4」 육순과, "… 무릇 오음이 계속 이어지고, 기운을 계속 도둑당하여 계속 손실을 입으면 원소근단이다. 본명은 음식을 섭취하지 못하고 죽음에 이른다. 모든 정단에서는 모두 탈모를 당한다."

〈과전도〉 辛卯일 11국		
癸	○	乙
合 巳 后	青 未 蛇	白 酉 合
卯	巳	未 ○
戌	庚	癸 ○
陰 子 空	貴 寅 常	合 巳 后 青 未 蛇
辛 戌	子	卯 巳

　　다시 예를 들면 辛卯일 11국에서 간상은 子이다. 스스로 일간에서 일지에 이르기까지와 초중말은 연이어서 지반에서 천반을 생하므로 탈기를 한껏 당하고 있다. 비록 오음의 자리로 모두 갖춰지지는 않았지만, 그 이치는 매한가지이다.
　　위의 예에서 질병 정단을 제외한 모든 정단에서 손실을 면하지 못하여, 날이 갈수록 점차 소삭(消爍)해진다.

第 7 法 旺祿臨身徒妄作   不戰而屈人之兵
왕 록 임 신 도 망 작   싸우지도 않고 적군에게 굴복한다.

해설 왕록이 일간에 임하면 망령된 행동을 하게 된다.

謂日之祿神又作日之旺神 臨於干上者 切不可捨此而別謀動作. 如乙卯日 干上卯 幸得乘日之旺祿 何不守此 乃捨而就初傳之財 中末之生 殊不知皆是旬內空亡. 旣逢于空 不免囉囉 再歸干上就祿 就旺 誠所謂到處去來 不如在此之語也.

이른바 일간의 록신이 다시 일의 왕신을 만들어서 간상에 임하면 이를 버리고 별도로 도모해서는 절대로 안 된다.

〈과전도〉 乙卯일 2국

		癸
白丑蛇	常子貴	玄亥后
寅	丑○	子○
乙	甲	甲	乙
青卯合 空寅朱	空寅朱 白丑蛇
乙辰	卯	卯	寅

가령 乙卯일 2국에서 간상 卯에 다행스럽게도 타고 있는 일간의 왕록1)을 득하였으므로 어찌 이를 지키지 않을 수 있겠는가? 이를 버리고 초전의 재신과 중말전의 생을 취하면 순내의 공망이 아닌가?

이미 공망을 만나 꼬임을 면하지 못하므로 다시 간상으로 돌아와서 록신을 취하고 왕신을 취하면 된다. 이른바 갔었던 곳으로부터 다시 돌아오는 것은 오히려 가만히 있는 것만 못하다.

---

1) 『육임수언』『필법보담4』 왕록주객수상추, "왕신은 甲乙일에는 卯, 丙丁戊己일에는 午, 庚辛일에는 酉, 壬癸일에는 子에 각각 있다."

又乙酉 乙亥日 干上卯. 癸巳 癸丑日 干上子. 辛卯 辛丑 辛酉日 干上酉. 己亥 己酉 己巳日 干上午. 雖不係己土旺神 亦可用也. 已上皆在鈐內.

〈과전도〉 乙酉일 2국

甲	○	○	
貴申常	蛇未白	朱午空	
酉	申	未○	
辛	庚	甲	○
青卯合	空寅朱	貴申常	蛇未白
乙辰	卯	酉	申

그리고 乙酉일·乙亥일 2국에서 간상 卯, 癸巳일·癸丑일 2국에서 간상 子, 辛卯일·辛丑일·辛酉일 2국에서 간상 酉, 己亥일·己酉일·己巳일 2국에서 간상 午는 모름지기 己토의 왕신에 묶이지는 않지만 쓸 수 있다.

위의 모든 것은 『대육임입성대전검』 내에 있다.

又如辛巳日 雖干上酉爲日之旺祿 奈是旬空 旣旺祿空亡 必所得不償所費 反不宜坐用 未免棄祿而就三傳之財 及別謀改業 遂致亨旺 切不可如前論之.

다시 辛巳일 2국을 예로 들면, 간상 酉는 비록 일간의 왕록이지만 순공에 해당하므로 왕록은 공망이다.[1]

왕록을 득하려고 하면 반드시 득하려고 하는 것을 보상 받지 못

---

[1] 『육임수언』 「필법보담4」 일록영허의세임, 일록공망격, "① 해설 : 이른바 록신이 공망이면 마땅히 삼전을 살펴서 길흉을 정해야 한다. ② 예제 : 가령 辛巳일 2국 간상 酉가 旬중의 공망이니 왕록이 이미 공망이다. 따라서 가만히 앉아 있는 것은 옳지 못하다. 모름지기 록을 폐기하고 삼전에 있는 재신 卯寅丑을 취하여 별도로 개업하면 흥왕해지니 신묘하다. 나머지 예에서도 이와 같이 추리하면 된다."

하고 손실이 되니, 오히려 가만히 앉아 있는 것만 못하다. 록을 버림을 면치 못하므로 삼전의 재신을 취해 별도로 도모하여 개업하면 나중에는 형통하고 왕성해진다. 이는 앞의 그 이론과는 절대로 같지 않다.

〈과전도〉 辛巳일 2국		
己	戊	丁
蛇 卯 合	貴 寅 勾	后 丑 青
辰	卯	寅
○	○	庚	己
白 酉 玄	空 申 陰	朱 辰	朱 蛇 卯 合
辛 戌	酉 ○	巳	辰

又如癸亥日 干上雖乘子 爲日之旺祿 亦是旬空 未免棄祿而就初傳之戌 乃値日鬼乘白虎 又不免向前投中傳酉 又値敗氣 又坐鬼鄕 酉加戌爲鬼鄕也. 迤邐至於末傳申 始逢日之長生. 凡値此課 未免捨空祿而就艱難中 更進一步 始得如意 此意法奇妙. 丁亥日 干上午 乙巳日 干上卯同.

〈과전도〉 癸亥일 2국		
壬	辛	庚
白 戌 白	常 酉 空	玄 申 青
亥	戌	酉
○	癸	壬	辛
青 子 玄	空 亥 常	白 戌 白	常 酉 空
癸 丑	子 ○	亥	戌

다시 예를 들면 癸亥일 2국에서 간상에는 비록 子가 타서 일간의 왕록이지만 역시 순공이므로 록을 버릴 수밖에 없다.

초전의 戌을 취하려고 하니 일간의 귀살에 백호가 타고 있으며, 다시 앞으로 나아갈 수밖에 없어서 중전 酉에 드니 다시 패기이고 다시 귀살향에 앉는다. 酉가 戌에 가하는 것은 귀향이 되는 것을 면치 못한다.[1]

---

1) 중전의 지반 戌은 일간 癸수의 귀살이다.

계속하여 말전 申에 이르러서야 비로소 일간의 장생을 만난다. 무릇 이 과에 해당하면 공망된 록을 버림을 면치 못하고 어려움 중에 한 걸음 전진하면 비로소 뜻한 바를 득하게 되니, 이 법의 뜻은 기묘한 것이다.

丁亥일 2국의 간상 午와 乙巳일 2국의 간상 卯도 이와 같다.1)

外有乙未日 干上卯. 緣是閉口之祿 而不可守 遂投初傳. 奈是昴星不入之財 不免中傳再歸干上 受其旺祿 又不能守致於末傳 棄祿而歸于末傳宅上 受其干墓之鄕 以此占之 乃見食於人 把心不定 終處於家中 受困厄而已.

〈과전도〉 乙未일 2국

戊	癸	甲
陰戌陰	靑卯合	朱午空
亥	辰○	未

癸	壬	甲	○
靑卯合	空寅朱	朱午空	合巳靑
乙辰	卯	未	午

이 외에도 乙未일 2국에서의 간상 卯는 폐구가 된 록이니2) 지킬 수가 없어서 이윽고 초전에 든다.

묘성3)이므로 어찌 들일 수 있는 재물이 되겠으며, 중전이 다시 간상으로 돌아와서 왕록을 받는 것을 면치 못하고, 다시 말전에 이르지만 지킬 수 없어서,4) 록을 버리고 말전과 택상으로 돌아갔더니 일간묘신의 향을 받는다.5)

---

1) 丁亥일 2국의 간상 午와 乙巳일 2국의 간상 卯는 일록이지만 공망이 되었다. 따라서 공망된 록을 버리고 丁亥일 2국은 중말전에 있는 재신인 酉와 申을 취하면 되고, 乙巳일 2국은 지상에 있는 재신인 辰을 취하면 된다.
2) 일록인 卯의 둔반에 癸수가 덮여져 있다. 이것을 '록이 폐구되었다'고 한다.
3) 『육임대전』「권2」, "상에서 이르기를 … 하는 일을 이루기 어렵다."
4) 일간을 탈기하고 있기 때문이다.

이로써 정단하면 타인의 식록을 보면 마음을 잡지 못하므로, 결국에는 가정에 처하여 곤란과 재액만 받을 뿐이다.

【구성이론】 일록

【정단원리】 일록이 일간에 임한다는 것은 나는 이미 직업 또는 생계를 가지고 있다는 뜻이다. 따라서 구태여 다른 일을 생각하지 말라는 것이다.

5) 말전의 지반과 일지의 지반은 일간의 묘신인 未이다.

第 7-1 法 祿被玄奪格
록 피 현 탈 격   직록을 도둑에게 뺏기는 격

> 如辛卯日 干上酉爲日旺祿 緣晝乘玄而夜乘虎 遂不可守. 未免
> 投初傳丑 又是日墓 中傳子 又是脫氣 末傳又是丁亥乘虎 而遙
> 傷日干 自末傳至干 雖欠一位 終不能復投其旺祿也. 此例尙有
> 皆在鈐內甚詳.

〈과전도〉 辛卯일 2국		
己	戊	丁
后丑靑	陰子空	玄亥白
寅	丑	子
乙	甲	庚	己
白酉玄	空申陰	貴未勾	后丑靑
辛戌	酉	卯	寅

가령 辛卯일 2국이다. 간상 酉는 비록 일간의 왕록[1]이지만 낮에는 현무가 타고 밤에는 백호가 타고[2] 있으므로, 결국 이를 지킬 수 없다.

초전 丑에 이르고 보니 다시 일간의 묘신이고, 중전 子에서는 다시 일간을 탈기하며, 말전에서는 다시 丁亥에 백호가 타서 먼 곳에서 일간을 상하는 것을 면하지 못한다.

말전에서 일간에 이르기까지에서 한 가지 흠이라면, 끝내 그 왕

---

[1] 『육임수언』「필법보담4」 일록영허의세임, "이른바 甲丙戊庚壬 5양간은 寅巳申亥가 록이고, 乙丁己辛癸 5음간은 卯午酉子가 록이다."
  위의 책, 왕록주객수상추, "왕신은 甲乙에는 卯, 丙丁戊己에는 午, 庚辛에는 酉, 壬癸에는 子이다. 가령 甲申일 간상은 卯이고 지상은 酉이다."

[2] 『필법부』에서의 귀인접지방법은 현재의 귀인접지법과 상이하다. 현대에는 낮에는 귀인이 寅에 붙고 밤에는 午에 붙지만, 송대에 출간된 필법부에서는 낮에는 귀인이 午에 붙고 밤에는 寅에 붙는다.

록을 회복하지 못한다는 것이다. 이러한 예는 모두 『대육임입성대전검』 내에 매우 상세하게 기술되어 있다.

又辛未日　干上酉　夜乘虎　支上午火　初巳　中歸巳鄕　末丁卯.

〈과전도〉 辛未일 2국		
己	戊	丁
合 巳 蛇	朱 辰 朱	蛇 卯 合
午	巳	辰

癸	壬	庚	己
白 酉 玄	空 申 陰	勾 午 貴	合 巳 蛇
辛戌	酉	未	午

또한 辛未일 2국에서, 간상 酉에는 밤에 백호가 타고, 지상은 午화이며, 초전은 巳이고, 중전에서 巳향으로 돌아가며, 말전은 丁卯이다.[1]

---

[1] 간상에는 비록 일록인 酉금이 있지만, 지상의 午화에서는 일간을 탈기하고, 초전의 巳화에서도 역시 일간을 탈기하며, 중전의 지반 巳화에서 다시 일간을 탈기하고, 말전은 둔반 丁화에서 일간을 제극하니 흉하다.

第 8 法　權攝不正祿臨支　不爲鄰國之遊士　亦作幕府之客臣

권 섭 부 정 록 임 지　이웃 국가를 떠도는 선비가 되지 않으면 막부의 떠돌이 신하가 된다.

해설　록이 일지에 임하면 직위는 임시직으로 정당한 자리가 아니다.[1]

> 謂日干祿神 加臨支辰上者 凡占不自尊大 受屈折於他人. 如占差遣 主權攝不正 或遙授職祿 或正宜食宅上之祿 或將本身之職祿 替于兒男者 斯占尤的. 且夫此例每日有一課 可逐類而言之.

이른바 일간의 록신[2]이 지진 위에 가임하면, 모든 정단에서 스스로 존대해지지 못하고, 타인에 의하여 굴복과 꺾임을 당하게 된다.

만약 사람을 파견하는 차견 정단이면, 임시직을 맡은 것으로 정당한 자리가 아니고, 먼 곳의 직록이 주어지거나, 또는 택상의 록을 먹는 것이 좋고, 혹은 나 자신의 직록일지라도 어렸을 때 어려

---

[1] 『육임수언』「필법보담4」일록영허의세임, "이른바 甲丙戊庚壬 5양간은 寅巳申亥가 록이고, 乙丁己辛癸 5음간은 卯午酉子가 록이다. 록(祿)과 재(財)는 서로 흡사하지만 같지 않다. 재는 밖에서 오는 재물인데 반드시 나의 노력이 있은 후에 얻을 수 있다. 록은 본가의 록인데 만약 관직자이면 관청의 봉록이고, 선비와 일반인에게는 산업에 있는 것인데 밖에서 구함이 없다. 이른바 하나의 록은 천 개의 재에 맞먹는다. 록은 생왕을 요하고 휴수를 요하지 않는다. 만약 간상에 임하면 움직이지 말아야 하고, 가만히 그 이익을 지켜야 한다. 만약 지상에 임하면 굴신을 하지 못하는데, 만약 관직자가 얻으면 임시직으로 관직자가 얻으면 임시직으로 정당한 자리가 아니고 직록도 곁가지로 받을 뿐이다."

[2] 『육임대전』「권3」일진, "진상이 일록이면 억눌림을 당하고, 직위가 바르지 못하다."

웠던 사람이라면 이 정단이 더욱 적중한다.

　무릇 이러한 예에는 하루에 하나의 과가 있는데, 사류를 쫓아서 말하면 된다.

> 假令甲子日 寅加子 乙丑日 卯加丑之類 不暇細具. 皆倣此. 祿被支墓剋脫外

〈과전도〉甲子일 3국		
○	壬	庚
玄戌玄	后申白	蛇午青
子	戌○	申
甲	○	壬
白子后	玄戌玄	后申白
甲寅	子	子	戌○

　가령 甲子일 3국에서 寅이 子에 가하고, 乙丑일 11국에서 卯가 丑에 가하는 것이다.
　한가하지 못하여 상세하게 기록하지 못하니, 나머지도 모두 이와 같이 하라.
　일간의 록이 지상에 가하여 지묘와 지극과 지탈을 당하는 것이 있다.

> 有日干之祿 加支上 被支辰墓其祿 或被支剋其祿神者 必因起蓋房宅而以祿償債.

　이 외에도, 일간의 록신이 지상에 가하여 그 록이 지진에 의하여 묘신을 당하거나, 그 록신이 일지로부터 극을 당하는 것이 있는데, 반드시 록신이 일지인 가택을 덮은 것으로 인하여 그 록의 빚을 갚는 것이다.

| 假令辛丑日 酉加丑 乃祿神受墓. 又乙酉日 卯加酉 乃祿神受宅 |
| 剋. 乙巳日 卯加巳 乃祿神受脫. 此例極多 不暇細具. 餘倣此. |

<과전도> 辛丑일 5국

○	辛	丁
玄巳蛇	蛇丑青	青酉玄
酉	巳○	丑
甲	壬	丁	○
常午貴	貴寅勾	青酉玄	玄巳蛇
辛戌	午	丑	酉

가령 辛丑일 5국에서 酉가 丑에 가하니 록신이 묘신을 받는다.

또한 乙酉일 7국에서 卯가 酉에 가하니 록신이 자택에서 극을 당한다.

그리고 乙巳일 5국에서 卯가 巳에 가하니 록신이 탈기를 당한다.

이러한 예는 지극히 많아서 한가하지 못하여 자세하게 기록하지 못한다. 나머지도 이와 같다.

【구성이론】 일록.

【정단원리】 나의 직업 또는 직위를 뜻하는 일록이 지상으로 갔다는 것은, 나의 직업 또는 직위가 타인에게로 갔거나 또는 지방 또는 한 직으로의 좌천을 뜻한다.

第 9 法 　避難逃生須棄舊 　四面受敵 亦有無敵之處
피 난 도 생 수 기 구 　사면에서 적의 공격을 받으나 적이 없는 곳도 있다.

해설 옛 터전을 버리고 난을 피해 도망가서 산다.

第 9-1 法 避難逃生格
피 난 도 생 격　　　　난을 피해 도망가서 사는 격

如甲子日 戌加子作初傳. 雖曰日財乃是旬空 中傳申金又是日鬼 末傳午火作日之脫氣. 且三傳旣無所益 不免只就干上子水而受生 乃應避難而逃生之語.

〈과전도〉 甲子일 3국

		○	壬	庚	
玄 戌 玄	后 申 白	蛇 午 青
子	戌 ○	申
甲	○	○	壬
白子后	玄戌玄	玄戌玄	后申白
甲寅	子	子	戌 ○

가령 甲子일 3국에서 戌이 子에 가하여 초전이다.

모름지기 일간의 재신은 순내 공망이고, 중전의 申금은 다시 일간의 귀살이며, 말전 午화는 일간을 탈기하니, 삼전은 이익 될 것이 없다.

다만 간상의 子수를 취하여 생을 받을 수밖에 없으므로, 난을 피하여 도망가서 산다는 말에 부합하는 것이다.

丁卯日 干上亥. 乙亥日 干上酉. 戊寅日 干上申. 庚戌日 干上午. 辛未日 干上丑. 戊午日 干上辰. 己巳日 干上酉. 辛酉日 干上亥. 壬申日 干上寅. 庚辰日 干上子.

이 외에도 丁卯일 9국 간상 亥, 乙亥일 8국 간상 酉, 戊寅일 7국 간상 申, 庚戌일 3국 간상 午, 辛未일 10국 간상 丑, 戊午일 2국 간상 辰, 己巳일 11국 간상 酉, 辛酉일 12국 간상 亥, 壬申일 10국 간

상 寅, 庚辰일 9국 간상 子가 여기에 해당한다.

> 避難逃生 如甲子日辰加寅爲初傳 雖曰日財 奈晝夜天將皆是六合 其財受上下夾剋 終不可得. 中傳午火乃日之脫氣. 末傳申金又是日鬼. 三傳旣無所益 不免日干就子支上而受生 亦謂之避難而逃生.

〈과전도〉 甲子일 11국

戊	庚	壬
合辰合	蛇午靑	后申白
寅	辰	午

戊	庚	丙	戊
合辰合	蛇午靑	靑寅蛇	合辰合
甲寅	辰	子	寅

피난도생을 예로 든다.

甲子일 11국에서 辰이 寅에 가한 초전은 일간의 재신이며 낮과 밤 천장 모두 육합이 타지만 이 재물은 상하협극1)이므로 끝내 득하기 어렵고, 중전 午화는 일간을 탈기하며, 말전 申금은 일간의 귀살이니, 삼전은 이익이 되지 않는다. 일간은 일지 子의 위에서 생을 취하지 않을 수 없으므로, 이른바 난을 피하여 도망가서 산다고 하는 것이다.2)

---

1) 초전의 천반 辰은 타고 있는 천장인 육합의 오행인 乙卯목으로부터 극을 받고 있고, 다시 지반 寅목으로부터 극을 받고 있다. 이와 같이 상하로 극을 받는 것을 '협극'이라 한다.

2) 현재의 장소 또는 상황에서 계속하여 살 경우라고 가정한 것이다. 계속하여 살면 초중말전의 어려운 생활을 누리게 되니, 이러한 어려움을 피하여 지상으로 도망가서 새로운 장소 또는 상황에서 생활을 한다면 그 곳으로부터 생조를 받게 된다는 것이다.

> 又如庚子日 子加申 此乃支神上門而脫干 兼三傳水局皆作脫氣
> 及晝夜天將蛇龍武 皆是水中之獸也. 愈擊其水而蝕其金 誠所
> 謂脫耗迍邅而不可逃. 熟視之 天盤申金坐于辰土之上就生 子
> 水坐於申金之上長生 豈能蝕天上之申金 亦爲避難逃生也. 占
> 人本命 作丁神 動搖不安而坐長生之上 亦爲避難逃生.

〈과전도〉 庚子일 9국

	丙	庚
玄辰玄	青申蛇	蛇子青
子	辰○	申
庚	○	○	丙
蛇子青	玄辰玄	玄辰玄	青申蛇
庚申	子	子	辰○

다시 예를 들면 庚子일 9국에서 子가 申에 가한다. 이는 지신상문에서[1] 일간을 탈기하고 겸하여 삼전 水국에서 모두 일간을 탈기하는데, 낮과 밤 천장은 등사와 청룡과 현무가 타니 이들은 모두 물속의 동물이다.

그 水를 공격하여 金을 갉아 먹는다. 이른바 손실이 있으므로 도망은 불가하다.

눈여겨 자세히 보면 천반 申금은 辰토 위에 앉아서 생을 취하고, 子수는 申금 위에 앉아서 장생[2]이니, 능히 천반의 申금을 갉아먹지 못한다. 따라서 난을 피하여 도망가서 살아야 된다.

만약 정단인의 본명이 정마를 만들면 동요되고 불안하니, 장생 위에 앉아서 난을 피하여 도망가서 살아야 된다.

---

1) 지신상문 : 일지 子가 간상으로 온 것을 가리킨다.
2) 子수 기준의 장생은 申이다.

> 避難逃生 而終不能逃生者 例如丁亥日 干上戌 夜占昴宿 三傳
> 午戌寅. 緣始棄干上之墓 遂投初傳之祿 奈是旬空 不免棄空祿
> 而再歸干上. 中傳戌墓 終不可受其久困 又投未之長生. 奈值
> 白虎 未免止居宅中 受驚危之長生爾.

피난도생일지라도 끝내 도망가서 살 수 없는 경우도 있다.

예를 들어 가령 丁亥일 10국에서 간상은 戌이고 밤 정단에 묘성이며 삼전은 午戌寅이다.

〈과전도〉 丁亥일 10국

	○	丙	庚
	青午合	蛇戌后	玄寅白
	卯	未○	亥
丙	己	庚	癸
蛇戌后	陰丑常	玄寅白	空巳勾
丁未	戌	亥	寅

먼저 간상의 묘신을 버리고 초전의 록에 의지하지만 순내 공망이므로 공망된 록을 버릴 수 밖에 없어서 다시 간상으로 돌아온다.

중전의 戌이 묘신이므로 결국 오랜 곤란함을 받을 수밖에 없으며, 말전의 장생을 받아들이고자 하지만 백호가 타고 있으므로 가정에 거주하여 위험한 장생을 받을 수 밖에 없다.[1]

---

[1] 일간은 구점자이지만 일지는 구점자의 가정이다. 가정을 뜻하는 일지 위에 백호가 탄 장생 寅목이 있으므로 이런 표현을 하였다.

第 9-2 法 避難逃生得財格
피 난 도 생 득 재 격
어려움을 피해 도망가서 살면서 재물을 취하는 격

如壬午日 辰加亥作初傳 乃是墓神覆日爲用 三傳辰酉寅 不免棄墓而投中傳酉金之生 又是旬空 遂再投末傳寅木 又是脫氣 然後棄其三傳 而壬干加午而取財也.

〈과전도〉 壬午일 8국

庚	○	戊	
后辰	后空酉	勾蛇寅玄	
亥	辰	酉○	
庚	○	乙	庚
后辰后	空酉勾	勾亥空	后辰后
壬亥	辰	午	亥

가령 壬午일 8국에서 辰이 亥에 가하여 초전인데, 묘신이 일간을 덮고 발용이며, 삼전은 辰酉寅이다.

초전의 묘신을 버릴 수밖에 없고, 중전으로 가서 酉금의 생을 기대해보지만 다시 순내 공망이며, 다시 말전 寅목으로 가지만 탈기이다.

이러하므로 삼전을 버리고 일간 壬이 午에 가한1) 재물을 취한다.

如丙寅日 寅加丙 申財加亥乘玄 三傳亥申巳 緣申見在之財落空 又焉能求外來之財也.

예를 들면 丙寅일 4국에서 寅이 丙에 가한다.
재신인 申에 현무가 타서 亥에 가하고 삼전은 亥申巳이다.

---

1) 壬의 기궁인 亥가 지상으로 가서 일지 午를 취하고 있다.

〈과전도〉 丙寅일 4국		
○	壬	己
朱亥貴	后申玄	常巳空
寅	亥○	申
丙	○	○	壬
青寅合	朱亥貴	朱亥貴	后申玄
丙巳	寅	寅	亥○

비록 申이 보이지만 재신이 지반공망이므로 어찌 밖의 재물을 구해올 수 있겠는가?

第9-3法 捨益就損格

사 익 취 손 격   이익을 버리고 손실을 취하는 격

> 亦名不受福德. 賁初九 賁其趾 舍車而徒. 如壬寅日 不就干上之申金爲長生 願以壬干加寅木而受脫.

또한 복과 덕을 받지 못한다. 『역경』의 22번째 괘인 비괘의 초구는 발꿈치를 꾸밈이니 수레를 버리고 걷는다.

가령 壬寅일 4국에서 장생인 간상의 申금을 취하지 못하는 것은, 일간 壬이 일지 寅목에 가하여 탈기를 당하기 때문이다.[1]

〈과전도〉 壬寅일 4국

○	壬	己	
陰巳貴	蛇寅合	勾亥空	
申	巳○	寅	
丙	○	己	丙
白申玄	陰巳貴	勾亥空	白申玄
壬亥	申	寅	亥

---

[1] 설령 간상의 申금으로부터 생을 받더라도 일지인 寅목으로 탈기를 당한다.

第9-4法 舍就皆不可格
사 취 개 불 가 격   버리고 취하는 모든 것이 어려운 격

如乙酉日 干上亥. 辛丑日 干上未. 唯有庚子日 干上辰乃空亡.
庚午日 干上戌乃空亡.

〈과전도〉庚子일 5국			
庚	丙		○
蛇子青	青申蛇	玄辰玄	
辰○	子	申	
○	庚	丙	○
玄辰玄	蛇子青	青申蛇	玄辰玄
庚申	辰○	子	申

가령 乙酉일 6국 간상 亥, 辛丑일 4국 간상 未가 있다.

庚子일 5국 간상 辰이 공망이고, 庚午일 11국 간상 戌이 공망이다.[1]

---

[1] 乙酉일 6국은 간상 亥와 기궁 辰이 자형이고, 辛丑일 4국은 간상 未와 기궁 戌이 삼형이니 생을 취하기 어렵고, 庚子일 5국과 庚午일 11국은 간상이 공망이니 생을 취하기 어렵다.

第9-5法 墓作太陽格
묘작태양격   묘신이 월장을 만드는 격[1]

謂墓神覆日 卻作太陽處 難中得上人提攜. 共有五等 一就干上之生 二就支上之生 三日干坐地盤之生 四本命乘丁坐地盤長生 五日干下臨財鄕.

〈과전도〉 庚午일 8국

戊	癸		丙
玄辰玄	勾酉朱		后寅白
亥○	辰		酉

乙	庚	○	戊
貴丑空	白午后	朱亥勾	玄辰玄
庚申	丑	午	亥○

이른바 묘신이 일간을 덮을지라도 태양이 머물면[2], 어려운 가운데에 윗사람의 이끌어줌을 얻는다. 모두 다섯 가지가 있다.

첫째, 간상의 생을 취한다.[3]

둘째, 지상의 생을 취한다.

셋째, 일간이 앉아있는 지반의 생을 취한다.

넷째, 본명에 丁이 타고 지반지 장생에 앉는 것을 취한다.

다섯째, 일간이 재신에 임한 것을 취한다.[4]

---

1) 『육임수언』「필법보담5」 묘작태양격, "예를 들면 甲乙일 8국에서 간상에는 묘신 未가 일간을 덮는다. 만약 未가 월장을 만들면 이를 '태양임신'이라 하여 어려운 가운데에 반드시 윗분의 인도를 얻는다. 다시 예를 들면 丙午일 지상에는 묘신 戌이 일지를 덮으니, 가택 정단이면 참으로 유쾌하지 못하다. 그러나 만약 戌이 월장이면 이를 '태양사택'이라 하여 그 가옥은 반드시 밝음으로 나아가서 빛나게 된다."

2) 묘신이 곧 월장에 해당하는 것을 말한다.

3) 가령 丑월장을 쓰는 동지에서 대한 사이의 庚午일 5국 낮 정단이다. 태양인 간상 丑토에서 일간 庚금을 생하고 있다.

4) 둘째의 생은 庚午일 6국에서 지상의 丑토에서 일간을 생한다. 셋째의 생은 庚午일 6국 제4과 지반 丑토에서 일간을 생한다. 넷째의 생은 庚子일 8국에서 본명이 丁酉금이면 지반은 장생인 辰에 앉는다. 다섯째의 생은 庚子일 8국에서 일간 申이 재물 卯에 앉는다.

第 10 法 朽木難雕別作爲

후 목 난 조 별 작 위   썩은 나무로는 조각하기 어려우니 별도로 도모해야 된다.[1]

> 謂斷輪課中 卯爲空亡者 故名朽木不可雕也. 凡値此例 宜改科易業 而別作營生. 如庚戌日 卯加申. 辛亥日 卯加辛 此二者尤的. 餘有癸丑日 卯加申發用.

〈과전도〉 庚戌일 6국

庚	乙	壬
合戌合	常巳陰	蛇子青
卯○	戌	巳

○	庚	乙	壬
陰卯常	合戌合	常巳陰	蛇子青
庚申	卯○	戌	巳

이른바 착륜과[2] 내에서 卯가 공망되면 '썩은 나무'라고 하여 조각하지 못한다.

무릇 이 예에 해당되면 과거 급제를 버리고 일반 직업으로 바꾸어서 별도로 경영하며 살아야 한다.

---

1) 『육임수언』「필법보담6」목피근시륜가치, "① 조건 : 이른바 卯戌巳가 하나의 삼전이면 '착륜'이다. ② 해설 : 卯는 수레바퀴, 申은 도끼이다. 卯중의 乙목과 申중의 庚금이 합을 하여 그릇을 만든다. 구관과 구재는 반드시 처음은 어려움을 겪지만 나중에는 성취하게 된다. 만약 초전이 공함이면 무릇 모망사를 완수하기 어렵다. 마땅히 고시를 산업으로 바꿔서 달리 경영하며 사는 것이 옳다. ③ 길흉 : 이 과에서 임신과 출산 그리고 소송 등의 일을 정단하면 모두 흉하다. 다시 말하기를 寅 또한 나무이지만 왜 착륜이 될 수 없는가 하면, 寅은 큰 들보이므로 쇠가 닿으면 도끼가 부러지고 손상당하기 때문이다. 그러나 卯는 삼림의 나무이므로 모름지기 쪼개고 조각하여 그릇을 만들 수 있다."

2) 『육임대전』「과경2」착륜과, "① 조건 : 무릇 卯에 庚 또는 辛이 가하여 발용이면 착륜과이다. ② 해설 : 卯는 수레바퀴이고 庚辛은 칼과 도끼인데 나무를 취하려면 쇠로 잘라야 되므로 '착륜과'라고 한다. ③ 길흉 : 정단하는 사람은 관록이 높이 오른다. ④ 주역괘 : 『역경』의 27번째 이괘와 통하는 과체로서, 혁고정신의 과이다."

가령 庚戌일 6국에서 卯가 申에 가하고, 辛亥일 8국에서 卯가 辛에 가하므로, 이 두 예는 이 격으로 더욱 적합하다.
이 외에도 癸丑일 6국에서 卯가 申에 가하여 발용이 되었다.

【구성이론】 수레바퀴를 뜻하는 卯, 도끼와 톱을 뜻하는 申酉.
【정단원리】 착륜과에서의 卯는 수레의 바퀴이고 申酉는 도끼와 톱이다. 나무로 제품을 만들려고 하면 도끼로 나무를 찍어야 한다. 만약 卯가 공망되면 썩은 나무이므로 조각하여 제품을 만들 수 없다.

第 10-1 法 斧斤不利格
부근불리격　　　도끼를 쓰지 못하는 격

> 如丁丑日 卯加申爲發用. 乃申酉空亡 卯木加空地 非朽木難雕
> 之例也 凡謀不遂.

〈과전도〉 丁丑일 6국		
己	甲	辛
勾 卯 空	后 戌 蛇	空 巳 常
申○	卯	戌
戌	○	○	己
合寅靑	陰酉貴	玄申后	勾卯空
丁未	寅	丑	申○

가령 丁丑일 6국에서 卯가 申에 가하여 발용이지만 申酉가 공망이므로 卯목이 빈터에 가한다.

썩은 나무로는 조각하기 어려운 예로써 모든 모망사는 이루지 못한다.[1]

---

[1] 『육임대전』「과경2」착륜과, "상에서 이르기를 … 만약 휴수기인 나무에 백호가 타면 시신을 넣는 널이 되고, 공망이 되면 썩은 나무가 되므로 조각하지 못한다. 봄철 甲乙일의 寅卯시에는 도끼가 상하고, 가을철의 庚辛일의 申酉시에는 바퀴가 상하므로 오히려 흉하다."

第11法 衆鬼雖彰全不畏　雖有烏合之敵衆 難當虎豹之雄師
중귀수창전불외
모름지기 까마귀가 모여서 무리로 덤빈다 하더라도, 호랑이와 표범같은 용감한 군사를 감당하기 어렵다.

해설 비록 귀살이 무리를 짓더라도 전혀 두렵지 않다.[1]

假令壬辰日　戌加未爲初傳. 丑加戌爲中傳. 辰加丑爲末傳. 三傳戌丑辰皆是日鬼　誠爲凶也. 殊不知干上先有寅木　可以敵其三傳之土　制鬼賊不能爲害. 兼是萬矢擇比爲用　又坐空鄕　鬼力至輕也. 凡占　未免先值驚危　下稍無畏　但言必有人相謀害　終不能爲禍也.

〈과전도〉 壬辰일 10국

丙	己	壬	
白戌青	陰丑常	蛇辰后	
未○	戌	丑	
庚	癸	○	丙
后寅玄	朱巳貴	勾未朱	白戌青
壬亥	寅	辰	未○

가령 壬辰일 10국에서 戌이 未에 가하여 초전이고, 丑이 戌에 가하여 중전이며, 辰이 丑에 가하여 말전이다.

삼전인 戌丑辰은 모두 일간의 귀살이므로 진정 흉하지만 먼저 간상에 있는 寅목에서 삼전에 있는 적인 土를 대적하여 귀적을 제압하므로 나에게 해를 끼치

---

1) 『육임수언』「필법보담5」 극적무상뢰호지, "① … 다시 예를 들면 己丑일 삼전 寅卯辰에서 일간의 귀살이 스스로 지상에서 발용이고 말전은 다시 귀향으로 돌아간다. 가정의 귀살이 화가 된다. 그러나 간상 申의 힘을 빌어서 스스로 그 화를 푸니 결국 해가 되지 않는다. 만약 밤 정단이면 반드시 귀인의 힘을 얻는다. ② 다시 예를 들면 癸亥일 삼전 辰未戌에서 일간의 귀살이 스스로 간상에서 발용이니 흉은 밖에서 온다. 다행인 것은 지상 寅목에서 대적하니 반드시 가정의 식구가 그 화를 푼다."

지 못한다.

아울러 호시에서 일간과 서로 견주는 것을 발용하였지만[1] 다시 공망에 앉아 있으므로 귀살의 힘은 가벼워진다.

모든 정단에서 놀라운 액을 미처 면하지는 못하지만 시간이 흐를수록 두렵지 않으며, 그리고 타인으로 인한 계략이 반드시 있기는 하지만 결국 화가 되지 않는다.

如用夜貴初乘白虎尚可畏焉. 如用日貴全無畏矣. 且論寅木 切不可作脫氣言之 實爲救神 其寅木論如孔氏門下有子路 能禦侮者也.

만약 밤 귀인을 쓰면 초전에 백호가 타고 있으므로 매우 흉하지만, 낮 귀인을 쓰면 전혀 두렵지 않다. 그리고 寅목에서 일간을 탈기하니 불가능해 보이지만 실하게 되어 구신이 된다. 그 寅목은 공자의 문하에 있는 '자로'와도 같아서, 능히 외부로부터 당하는 모욕을 막아낼 수 있다.

又如壬戌日 干上寅 丙子 丙申 丙辰 干上丑 皆是. 己亥日 干上申夜貴 必得貴人力.

가령 壬戌일 10국에서 간상 寅과 丙子일 5국 · 丙申일 5국 · 丙辰일 5국에서 간상 丑은 모두 이러하다.[2]

---

[1] 9종 10과체에서 요극과의 호시격이다. 4개 과에서는 상하의 직접 극이 없으므로 사선으로의 간접 극인 요극을 썼다. 제3과 未토와 제4과 戌토에서 일간을 극하지만 일간 壬(양)과 견주는 제4과 천반 戌(양)이 발용이 되었다.

그리고 己亥일 12국에서는 간상 申에 밤 귀인이 타니 반드시 귀인의 힘을 얻는다.1)

〈과전도〉 壬戌일 10국

丙	己	壬
蛇辰后	勾未朱	白戌靑
丑○	辰	未
甲	丁	○	丙
后寅玄	朱巳貴	陰丑常	蛇辰后
壬亥	寅	戌	丑○

家鬼取家人 如己丑日 干上申 支上寅爲用. 三傳寅卯辰 如用夜貴 必得貴人解救. 自支寅木發用 中末傳俱歸木鄕 凡値支上有鬼引入鬼鄕者 皆如此說.

〈과전도〉 己丑일 12국

庚	辛	壬
寅	卯	辰
丑	寅	卯
甲	乙	庚	辛
申貴	酉	寅	卯
己未	申	丑	寅

가정의 식구가 귀살인 것을 예로 들면,2) 己丑일 12국에서 간상은 申이고, 지상 寅은 발용이며, 삼전은 寅卯辰이다. 만약 밤 귀인을 쓰면 반드시 천을귀인이 귀살의 해를 풀어서 구한다.

일지 寅목이 스스로 발용이 되었고 중

---

2) 壬戌일 10국의 삼전과 지상에서는 戌丑辰 귀살이 무리를 이루지만 간상에 있는 寅목에서 능히 이들을 제압한다. 그리고 丙子일·丙申일·丙辰일 5국의 삼전에서는 子申辰 귀살이 무리를 이루지만 간상에 있는 丑토에서 능히 이들을 제압한다.

1) 중말전은 일간의 귀살인 寅卯이지만 천을귀인이 타고 있는 간상에 있는 申금에서 능히 이들을 물리친다.

2) 가정을 뜻하는 일지 丑의 귀살이 寅이므로 가정의 귀살인 '가귀'라고 하였고, 이 가귀 寅에서 일지 丑을 극하고 있다.

말전이 모두 木의 장소로 돌아가는 것은, 결국 지상에 있던 귀살을 귀살의 소굴로 끌어들인 셈이다.
  모든 것은 이 설명과 같다.

> 如丙申日 干上丑. 丙寅日 干上辰. 從支陰發用爲鬼 亦以家鬼斷. 賴干上有救 有官人可 病訟凶.

〈과전도〉 丙申일 5국

庚	丙	○
合子蛇	后申玄	白辰靑
辰○	子	申
辛	丁	○	庚
勾丑朱	貴酉陰	白辰靑	合子蛇
丙巳	丑	申	辰○

가령 丙申일 5국에서 간상 丑과 丙寅일 2국에서 간상 辰은 일지음신을 좇아서 발용이 되고 귀살이니, 역시 가택에 있는 귀살인 가귀로 판단한다. 그러나 간상에서 구함이 있으므로 관직자는 무방하고, 질병과 송사는 흉하다.

〈과전도〉 丙寅일 2국

甲	○	○
玄子蛇	陰亥貴	后戌后
丑	子	亥○
戊	丁	乙	甲
靑辰靑	空卯勾	常丑朱	玄子蛇
丙巳	辰	寅	丑

【구성이론】 귀살, 탈설(구신) 또는 생, 천을귀인, 일덕귀인.

【정단원리】 귀살이 여럿 보이더라도 자손효가 과전에 보이면 이를 능히 제복시킨다.

第11-1法 家人解禍格
가 인 해 화 격   식구가 재앙을 해결하는 격

如癸亥日 辰加癸爲用. 三傳辰未戌皆是土神幷來傷干 兼夜天將皆是蛇勾虎 誠爲凶也. 殊不知支上有寅木可以敵鬼 不爲凶咎. 此例必得宅中之人解禍. 餘倣此.

〈과전도〉 癸亥일 10국

丙	己		壬
后辰蛇	朱未勾	靑	戌白
丑○	辰		未

丙	己	甲	丁
后辰蛇	朱未勾	玄寅后	貴巳朱
癸丑	辰	亥	寅

가령 癸亥일 10국에서 辰이 癸에 가하여 발용이다.

삼전 辰未戌는 모두 토신인데 나란히 일간을 상해 오고, 겸하여 밤 천장은 모두 등사와 구진과 백호이니 참으로 흉하다.

미처 몰랐던 것은, 지상에 있는 寅목에서 귀살을 대적하고 있으므로 흉한 재액이 되지 않는다는 것이다. 이 예는 반드시 가족이 재앙을 푼다. 나머지도 이와 같다.

第11-2法 引鬼爲生格
인 귀 위 생 격   귀살을 이끌어서 생하는 격[1]

> 謂初傳日鬼 而生其末傳 來育干者是也.

이른바 초전에 있는 일간의 귀살에서 말전을 생하고, 여기서 다시 일간을 기르는 것이다.

> 如丙子日 並干上子爲初傳. 雖是鬼卻生末傳寅木 作丙火之長生 反不畏干上之子水 亦賴宅土未土爲救. 是丙子日是也.

〈과전도〉 丙子일 6국

丙	癸	戊
合子蛇	陰未常	青寅合
巳	子	未
丙	癸	癸	戊
合子蛇	陰未常	陰未常	青寅合
丙巳	子	子	未

가령 丙子일 6국에서 간상 子가 다시 초전이 된다. 이는 비록 귀살이지만 말전 寅목을 생하여 丙화의 장생을 만드니 오히려 간상의 子는 두렵지 않고, 다시 가택 위의 未토에서 구한다.
또한 丙子일이 이러하다.

---

[1] 『육임수언』「필법보담5」 극적무상뢰호지, 인귀위생격, "① 조건 : 이른바 초전이 일간의 귀살을 만들지만 오히려 말전을 생하여 일으켜서 일간을 기른다. ② 해설 : 가령 丙子일 삼전 子未寅에서 초전은 귀살을 만들지만 오히려 말전의 寅목을 생하여 丙화의 장생을 만들고, 다시 지상 未토에서 귀살을 극제하니 해가 되지 않는다."

> 丙午日 亦有丑土爲救也. 餘不爲救. 己丑日 卯加申. 甲寅 甲午日 酉加寅 乃先凶後吉.

丙午일 6국은 丑토에서 구함이 있지만 나머지는 구해지지 않는다.
己丑일 6국에서는 卯가 申에 가한다.
甲寅일과 甲午일 6국에서는 酉가 寅에 가하고 선흉후길 하다.[1]

---

[1] 간상의 귀살 酉가 발용이지만 말전이 부모효이므로 처음은 흉하고 나중은 길하다.

第 11-3 法 傳鬼爲生格
전 귀 위 생 격   삼전의 귀살에서 생하는 격[1]

三傳皆作日鬼反生起干上之神 而育干者是也. 如庚午日 干上辰 三傳戌午寅火局 雖全傷日干 殊不知三傳反生干上辰土 而育養庚金也.

삼전이 모두 일간의 귀살을 만들어서 오히려 간상의 신을 생하여 일으키고 여기서 다시 일간을 기르는 것이다.

〈과전도〉 庚午일 5국		
○	庚	丙
合 戌 合	白 午 后	后 寅 白
寅	戌○	午
戌	甲	丙	○
玄 辰 玄	蛇 子 青	后 寅 白	合 戌 合
庚申	辰	午	寅

가령 庚午일 5국에서 간상은 辰이다. 삼전 戌午寅화국에서 온전히 일간을 상하지만 미처 생각하지 못했던 것은, 삼전에서 오히려 간상의 辰土를 생하고 여기서 다시 일간 庚금을 키우고 기르는 것이다.

---

[1] 『육임수언』「필법보담5」, 전귀위생격, "① 조건 : 이른바 삼전이 모두 귀살이지만 오히려 간상의 신을 생하여 일으켜서 일간을 생해 오는 것이다. ② 해설 : 가령 庚午일 삼전 戌午寅에서 모름지기 일간을 상해 온다. 미처 몰랐던 것은 오히려 간상의 辰土를 생해 와서 庚금을 기르니 오히려 길한 정단이 된다."

> 又癸巳日 巳加酉 用晝將皆土剋日 殊不知土將生三傳金局 三傳金局生干 乃凶返吉也.

〈과전도〉 癸巳일 5국		
癸	己	乙
貴 巳	勾 丑	常 酉
酉	巳	丑

乙	癸	己	乙
常 酉	貴 巳	勾 丑	常 酉
癸丑	酉	巳	丑

다시 예를 들면 癸巳일 5국에서 巳가 酉에 가하고 낮 천장을 쓰면 모든 토에서 일간을 극한다.

전혀 몰랐던 것은, 토의 천장에서 삼전의 금국을 생하고, 삼전의 금국에서 일간을 생하므로, 흉이 오히려 길하게 된다는 것이다.

第11-4法 貴德臨身消除萬禍格

귀 덕 임 신 소 제 만 화 격   천을귀인과 일덕귀인이 몸에 임하여 만 가지 화를 없애는 격[1]

> 如乙丑 乙巳日 併酉加巳爲初傳 三傳金局 幷來傷其乙干. 如用晝貴凶不可遏. 設用夜貴反爲吉.

〈과전도〉 乙丑일 9국

癸	乙	己
蛇 酉	丑	巳
巳	酉	丑
壬	甲	己	癸
貴申勾	子	巳	酉
乙辰	申	丑	巳

가령 乙丑일 9국·乙巳일 9국은 나란히 酉가 巳에 가하여 초전이고, 삼전 금국에서 나란히 일간 乙을 상해 온다.

만약 낮 귀인을 쓰면 흉을 막을 수 없지만 밤 귀인을 쓰면 오히려 길하다.[2]

---

1) 『육임수언』「필법보담3」 귀덕임신소만화, "이른바 천을귀인이 일덕을 만들어서 일간에 가임하는 것이다. ① 조건 : 가령 여섯 乙일 간상은 申이고 밤 정단이다. ② 해설 : 여섯 丁일 간상은 亥이고 낮 정단이다. 여섯 癸일의 간상이 巳인 정단이다. 귀인이 일덕을 만들어서 일간에 임하니 설령 악살을 만나더라도 화를 면한다. 乙丑일 삼전 酉丑巳가 합국하여 일간을 상하므로 진정 흉한 과이지만, 밤 정단에서 초전에 등사귀살이 타서 상하협극이 되어 일간을 상해오는 힘은 무력하다. 더욱이 간상의 申이 일덕귀인이므로 능히 모든 살을 제복시키므로 화는 그친다. 나머지도 이에 기준하여 추리하면 된다."

2) 낮 천장 천을귀인은 덕신의 뜻이 있어서 흉을 없애는 작용이 있지만, 밤 천장 구진은 흉을 없애는 작용이 없다.

> 言初傳酉金上被螣蛇剋 下被巳火傷 又被中傳丑土來墓 末傳巳火來剋其酉金 全無力來剋干. 縱然干上乘申金又爲貴人 又爲日之德神 臨身能伏諸煞.

　이렇게 말할 수 있는 것은, 초전에서 酉금 위에 타고 있는 등사의 극을 받으면서 아래에 있는 巳화로부터 상함을 받으며,1) 다시 중전의 丑토에 의하여 묘신을 받고, 말전의 巳화에서 극을 해오므로 酉금은 온전히 무력한 상태로 일간을 극해 온다.
　이뿐만 아니라 간상에는 申금이 타고 다시 천을귀인이 타며, 또 다시 일간의 덕신이 내 몸에 임하여 능히 모든 살을 굴복시킨다.2)

---

1) 등사의 오행인 丁巳화에서 酉금을 극하고, 다시 지반 巳화에서 酉금을 극하므로 酉금은 협극되어 크게 파손되었다.
2) 이 외에도 삼전의 귀살 금국을 일간의 수국에서 설기하여 일간을 생하므로 재앙은 더욱 쉽게 사라진다.

第11-5法 天將爲救神格
천 장 위 구 신 격   12천장에서 12신을 구하는 격[1]

如辛巳日 午加辛爲用. 三傳火局 倂來傷干 誠爲凶也. 如觀天將 晝夜皆是貴常勾土神 而竊其火氣 生其日干 亦宜免禍.

〈과전도〉 辛巳일 5국

壬	戊	甲
午貴	寅勾	戌常
戌	午	寅
壬	戊	丁	○
午貴	寅勾	丑靑	酉玄
辛戌	午	巳	丑

가령 辛巳일 5국에서 午가 辛에 가하여 발용인데, 삼전 화국에서 나란히 일간을 상하니 참으로 흉하다.

그러나 천장을 관찰하니 낮과 밤 모두 귀인과 구진과 태상의 토신에서 삼전의 화기를 훔쳐서 일간을 생하므로 당연히 화를 면하게 된다.

---

[1] 『육임수언』「필법보감5」천장위구격, 천장구신격, "가령 辛巳일 삼전 午寅戌이 모두 국을 이뤄서 일간을 극하므로 흉한 과가 아닐 수 없다. 주야 천장을 보니 모두 토신인 귀인, 태상, 구진에서 화기를 훔쳐서 일간을 생하므로 화를 면한다."

第11-6法 脫氣爲救格
탈 기 위 구 격　　　　탈기해서 구하는 격

如壬子日 未加卯爲用 三傳木局 併來脫干. 且此例旣無日鬼
豈宜處于衆鬼 雖彰全不畏者也之例. 三傳木局切不可作脫氣言
之. 如用夜將 緣三傳天將皆是勾常貴人土神 併來傷壬干 反賴
三傳木局去其土將 豈不應斯格也. 餘五壬日 干上卯 夜貴併如
其說. 壬戌 壬子 癸卯 癸亥三傳 未卯亥夜同.

〈과전도〉 壬子일 9국		
丁	辛	○
勾未朱	常亥空	貴卯陰
卯○	未	亥
○	丁	甲	戌
貴卯陰	勾未朱	蛇辰后	靑申合
壬亥	卯○	子	辰

가령 壬子일 9국에서 未가 卯에 가하여 발용이고, 삼전 목국에서 나란히 일간을 탈기한다.

이 예제는 이미 일간의 귀살이 없으므로 어찌 무리귀살이 거처할 곳이 있으며, 비록 드러나더라도 전혀 두렵지 않은 예가 된다.

모름지기 삼전의 목국은 절대로 탈기를 하지 못한다고 말할 수 있다.

만약 밤 천장을 쓰면 삼전의 천장은 모두 구진과 태상과 귀인의 토신에서 나란히 일간 壬을 상해오지만, 오히려 삼전 목국에서 그 천장 土를 제거하므로 어찌 이 격이 성립되지 않겠는가?

나머지 다섯 壬일 9국에서 간상 卯인 낮 정단은 모두 이 설명과 같다. 壬戌·壬子·癸卯·癸亥의 5국에서 삼전 未卯亥인 밤 정단은 또한 위와 같다.

第 12 法 雖憂狐假虎威儀

夫仗他人之力　乞兒向火
何倚冰山之徒

수 우 호 가 호 위 의

모름지기 타인의 힘에 의지하는 격이다. 걸식하는 아이가 火로 향하는 것이니 어찌 빙산을 의지하겠는가?

해설 근심되기는 하나, 여우가 호랑이의 위엄을 빌어 사는 것이다.

【구성이론】 자손효(구제신)
【정단원리】 간상의 귀살을 기궁에서 제극하면 해가 되지 않는다.
※ 송대 필법부에서 처음 소개되는 이론이다.

第12-1法 狐假虎威格
호 가 호 위 격　　여우가 호랑이의 위엄을 빌린 격

> 如丁未日 干上子 其丁火實畏子水所剋 反倚賴支屬土 卻能制其子水 不敢來傷丁干也. 疑丁火喻狐 未土喻虎 故名爲狐假虎威儀之例也. 凡占切不可動謀 如動用離其未土 其子水隨跡而傷丁火也.

〈과전도〉 丁未일 9국			
乙	庚		○
空巳常	蛇戌蛇	常卯空	
子	巳		戌
壬	乙	壬	乙
后子合	空巳常	后子合	空巳常
丁未	子	未	子

가령 丁未일 8국에서 간상은 子이다. 이 丁화는 실제 子수로부터의 극을 두려워하지만, 오히려 土에 속한 12지에 의지하여 능히 子수를 제어할 수 있으므로 감히 일간 丁을 상하지 못한다.

아마 丁화를 여우에 비유했고 未토는 호랑이에 비유했기 때문에 '호가호위'라고 이름해서 예를 든 것일 것이다.

모든 정단에서는 움직여서 도모해서는 절대로 안 된다. 만약 움직여서 기궁 未토를 떠나면 子수의 종적에 의하여 丁화는 상하게 된다.

> 又辛亥日 干上亥 畫虎夜玄皆乘脫氣 尤賴亥水坐於戌土之上 尚懼戌土 不致辛金全脫 尤不宜動作. 稍如前例. 餘五辛日亦可如此說.

〈과전도〉 辛亥일 12국			
癸	○	○	
后丑青	貴寅勾	蛇卯合	
子	丑	寅○	
辛	壬	壬	癸
玄亥白	陰子空	陰子空	后丑青
辛戌	亥	亥	子

다시 예를 들면 辛亥일 12국에서, 간상 亥에 낮에는 백호가 타고 밤에는 현무가 타서 모두 탈기를 한다.

그러나 亥수가 戌토 위에 앉아있어서 오히려 戌토를 두려워하므로 辛금은 완전 탈기에 이르지는 않는다.

하지만 움직여서 작업하지 말아야 되는 것은 앞의 예와 조금 비슷하다.

나머지 다섯 辛일 역시 이 설명과 같다.

第 13 法 鬼賊當時無畏忌　吳釋越而終爲越滅吳
귀적당시무외기
오나라가 월나라를 풀어주었으나, 끝내는 월나라가 오나라를 멸망시켰다.

해설 귀적이 득령하면 두려울 것도 없고 거리낄 것도 없다.

假令戊子日　干上午　三傳寅卯辰皆是日鬼. 如春占木旺誠所畏也. 殊不知木至春令而榮旺 旣貪榮盛而無意剋. 土故戊土 不畏木剋也.

〈과전도〉 戊子일 12국

庚	辛	壬	
蛇寅青	朱卯勾	合辰合	
丑	寅	卯	
○	○	己	庚
青午蛇	空未貴	貴丑空	蛇寅青
戊巳	午○	子	丑

가령 간상이 午인 戊子일 12국에서 삼전 寅卯辰은 모두 일간의 귀살이다.

만약 봄 정단이면 木이 왕성하므로 진정 두렵다. 그러나 木이 봄이 사령하는 때에 이르면 木이 무성하고 왕성해진다는 것을 몰랐다.

이와 같이 이미 木이 번영왕성하므로 극하는 뜻이 없는 것이다. 이 토는 곧 戊토이지만 木의 극을 두려워하지 않는다.

此例雖春占無畏. 防至夏秋 其禍仍發. 如有禍時 便宜斷絶 免致後患. 其餘傳內全逢日鬼者 各詳四季天令而言之. 三合爲鬼格 亦如前說.

이 예제는 모름지기 봄에 정단하면 두렵지 않지만, 여름과 가을이 되면 화가 곧장 일어난다. 만약 화가 있을 때에는 곧 단절함이 바람직한데 이는 후환을 면하기 위함이다.

이 나머지의 삼전 내에서도 만나는 모든 일간의 귀살을 네 계절의 천령을 각각 자세하게 살펴야 한다.[1] 또한 삼합한 귀살 격(鬼格)도 앞의 설명과 같다.

> 【구성이론】 귀살, 득령과 실령.
>
> 【정단원리】 귀살이 득령하면 무해하고 실령하면 유해하다. 귀살에서 극을 하더라도 왕기이면 재앙이 되지 않지만, 단지 그 기가 점차 쇠해지는 때에는 화가 미친다. 이 법은 구관에서의 길흉과 함께 귀수를 포함한 여러 가지 재앙에 적용된다.

---

[1] 귀살이 계절기운을 얻으면 재앙을 일으키지 못한다. 하지만 그 기가 점차 쇠해지는 시기에 화가 닥치므로 일을 신속하게 마무리 지어야 한다. 만약 이러지 아니하면 재앙이 된다.

第 14 法 傳財太旺反財虧   漢黷武而海內空虛
전 재 태 왕 반 재 휴

한(漢)나라가 무(武)를 더럽히니 (정벌을 많이 하니) 나라 안이 공허해졌다.

해설 삼전의 재물이 태왕하면 오히려 재물이 훼손된다.[1]

假令戊申日 干上丑 三傳子申辰皆作日之財 兼晝夜天將皆是水中之獸. 又於秋冬水生旺之月 占求財事卽無財也.

〈과전도〉 戊申일 5국

壬	戊	甲	
蛇子靑	靑申蛇	玄辰玄	
辰	子	申	
癸	己	甲	壬
貴丑空	勾酉朱	玄辰玄	蛇子靑
戊巳	丑	申	辰

가령 戊申일 5국에서 간상은 丑이다. 삼전 子申辰은 모두 일간의 재신이고, 더불어서 낮과 밤 천장은 모두 물속의 짐승이다.

다시 가을과 겨울의 수가 생왕한 달에 구재사를 정단하면 전혀 재물은 없다.

---

[1] 『육임수언』「필법보담4」재휴재왕인시단, "재신이 왕성하면 나쁘다. 왕성하면 나의 재물을 만드는 것이 불가능하므로 따라서 재신은 휴수기여야 길하다. 가령 丁巳일 삼전 申酉戌인 여름 정단에서 재물은 오히려 있는데, 그 이유는 일간이 강해졌기 때문이다. 만약 가을에 정단하면 재물은 스스로 생왕해지지만 일간 丁의 불꽃은 휴수기여서, 무력하게 금을 극하므로 재물을 어찌 능히 득하겠는가? 이른바 살아있는 금은 죽은 불을 두려워하지 않고, 살아있는 물은 죽은 토를 두려워하지 않는 것이 바로 이것이다."

> 如取其財切防反費己財. 緣水自貪其生旺 不能與我作財 只待
> 身旺之月 財氣稍衰之月令 方可取其財. 例尤多 餘亦倣此.

　만약 이러한 재물을 취하려고 할 때에, 오히려 자기의 재물이 손실되는 것을 방지해야 된다. 그 이유는 水가 스스로 생왕해지면 나의 재물을 만드는 것은 불가능하기 때문이다.
　단지 일간이 왕성해지는 달을 기다려서, 재물의 기운이 바야흐로 쇠한 월령에 이르러야 비로소 그 재물을 취할 수 있는 것이다. 이러한 예는 720과에 매우 많다. 나머지도 이와 같다.[1]

【구성이론】 재신, 득령과 실령.
【정단원리】 신약재왕이면 재물을 취하지 못하므로, 신강재약해지는 계절에 취하면 된다는 이론이다. 여기서의 강약은 정단 계절 기준에 의해 정해진다.

---

1) 계절별 재왕 찾는 법

第 14-1 法 進退連茹爲財格
진 퇴 연 여 위 재 격   진연여와 퇴연여[1]가 재신이 되는 격

> 如網江魚之喩. 求財不宜坐財墓 亦忌如鬼墓.

이 격은 그물로 강에서 물고기를 잡는 것에 비유된다.[2]

구재에서 재신이 묘신에 앉는 것을 꺼리고, 또한 귀살이 묘신에 앉는 것을 꺼린다.[3]

---

1) 매 일의 12국(진연여) 또는 2국(퇴연여)에서 적용된다. 720과에서 거의 모든 2국은 퇴연여이고 12국은 진연여이다. 진여나 퇴여가 일간의 재신이면 큰 그물로 재물을 낚는 상이 된다.
  『육임대전』「과경4」연주과, "무릇 용신이 한 방향으로 전해져서 계속하여 중말전으로 이어지면 연주과이다. 가령 삼전 寅卯辰과 같은 유형이다. 무릇 중말전이 맹중계신으로 서로 이어져서 마치 구슬을 꿴 것 같으므로 연여이다. 여(茹)란 풀이다. 풀이 무성하게 연결되어서 계속하여 당기고 있다. 길사를 정단하여 만약 연주이면 좋다. 그러나 흉사를 정단하여 만약 연주이면 나쁘다. 『역경』의 24번째 복괘와 통하는 과체로서, 산 밖에 청산이 이어진 과이다. 퇴연여이면 '실우격'이라 부르기도 하여, 일을 행하려고 하지만 행하지 못하고 타인과의 인정에는 흠이 있다."

2) 퇴연여가 재물이 되는 예로는 癸酉일 2국에서 삼전 未午巳는 방합하여 재국을 이룬다. 진연여가 재물이 되는 예로는 丁巳일 12국에서 삼전 申酉戌은 방합하여 재국을 이룬다.

3) 일간의 재신이 묘신에 앉는 예로는 戊辰일 5국의 초전에서 재신인 천반 子가 지반 辰土에 앉아 있다. 그리고 재신이 귀살에 앉는 예로는 己巳일 5국의 초전에서 귀살인 천반 卯가 지반 未土에 앉아 있다.

〈과전도〉 戊辰일 5국		
甲	壬	戊
蛇子青	青申蛇	玄辰玄
辰	子	申
乙	癸	甲	壬
貴丑空	勾酉朱	蛇子青	青申蛇
戊	巳	丑	辰	子

〈과전도〉 己巳일 5국		
丁	○	辛
合卯白	后亥合	白未后
未	卯	亥○
丁	○	乙	癸
合卯白	后亥合	蛇丑青	玄酉蛇
己未	卯	巳	丑

第14-2法 財神空亡格
재 신 공 망 격   재신이 공망되는 격

求財反費己財 緣見在之財已空 求外來之財 豈有得也. 如辛亥日 干上寅 支上卯 二財皆空. 庚戌日同.

구재하다가 오히려 자기의 재물을 잃는다. 그 이유는 있던 재물이 이미 공망이기 때문이다. 밖에서 오는 재물을 구하려고 하지만 어찌 얻을 수 있으리오!

가령 辛亥일 9국에서 간상이 寅이고 지상이 卯이지만 두 재물은 모두 공망이다. 庚戌일도 마찬가지이다.[1]

〈과전도〉 辛亥일 9국

丁	辛	○
白 未 蛇	合 亥 靑	后 卯 玄
卯○	未	亥

○	丙	○	丁
貴 寅 常	常 午 貴	后 卯 玄	白 未 蛇
辛戌	寅○	亥	卯○

---

1) 庚戌일 10국에서 제2과와 초전의 寅목은 비록 일간 庚금의 재신이지만 甲辰순의 공망이다.

第 15 法 脫上逢脫防虛詐 金以議和于宋 而宋以議合自愚
탈 상 봉 탈 방 허 사
금나라가 송나라에 화친을 논의하려 했는데, 송나라는 항복할 것을 논의하니 스스로 어리석도다.

해설 위에서 탈기하고 다시 탈기를 만나면 헛된 속임을 방지해야 된다.[1]

> 謂日干生其上神 上神又生天將者 故名脫上脫. 凡占儘被脫耗 多虛詐不實之象也.

이른바 일간에서 그 상신을 생하고 그 상신에서 다시 천장을 생하는 것을 '탈상탈'이라 한다. 모든 정단에서 심하게 탈모를 당하여, 속임을 당하고 실속없게 되는 상이다.

> 假令六庚日 干上子 夜將上乘青龍 此乃庚干生上神子水 又生青龍木將 那更三傳皆是水局併來盜日 凡占豈不遭虛詐乎.

가령 여섯 庚일 9국에서 간상 子에 밤 천장 청룡이 그 위에 탄

---

[1] 『육임수언』「필법보담5」 탈상봉탈가지, "① 조건 : 이른바 일간에서 상신을 생하고 상신에서 다시 천장을 생하면 '탈상탈'이라 한다. ② 해설 : 가령 여섯 庚일 9국에서 간상은 子이고 밤 정단에서 청룡(오행木)이 타며, 다시 삼전이 水국이니, 나란히 일간의 기운을 훔쳐 간다. 무릇 정단에서 도난, 손실되는 것은 끝이 없다. 가령 庚子일에서 子가 庚에 가하여, 지상문(子)에서 일간을 탈기한다. 탈모는 더욱 심하다."

『육임수언』「필법보담5」 인택수탈다실모, 만반탈기격, "가령 丁丑・丁未일 복음의 삼전과 사과는 모두 계신(土)이니, 하나의 화에서 아홉 토를 생한다. 모든 과전에서 탈기하므로 우환사는 하나로 그치지 않는다."

다. 일간 庚에서 그 상신 子수를 생하고, 子수는 다시 木의 천장인 청룡을 생하며, 다시 삼전은 모두 水국이 되어 나란히 일간의 기운을 훔쳐간다. 따라서 모든 정단에서 어찌 헛된 속임을 만나지 않을 수 있겠는가?

內有庚子日 子加庚乃支上門來脫干 三傳又來脫之 倂三傳天將夜晝俱是蛇龍玄 儘被脫盜. 倘熟視 其庚居天盤 坐辰土之上受生 子水居申金之上受長生 終不致脫盡 不可不知.

〈과전도〉 庚子일 9국

○	丙	庚
玄辰玄	青申蛇	蛇子青
子	辰○	申

庚	○	○	丙
蛇子青	玄辰玄	玄辰玄	青申蛇
庚申	子	子	辰○

여기에 속하는 것으로 庚子일 9국에서 子가 庚에 가한다.

일지 子에서 일간 庚을 탈기해 가고, 삼전 水국에서 다시 탈기해 가며, 아울러 삼전의 천장은 낮과 밤 모두 나란히 등사와 청룡과 현무가 타서 완전히 탈기하고 훔친다.

만약 자세하게 들여다보면, 그 庚은 천반에 머물면서 辰토 위에 앉아서 생을 받고 있고, 子수는 申금 위에 머물면서 장생을 받고 있다. 따라서 결국에는 탈진상태에 이르지 않을 수 없으니 이를 몰라서는 안 된다.

六甲日干上巳 晝占上乘太常. 六乙日干上午 晝占上乘天空. 六丁日干上丑 晝占上乘太陰.

이 외에 여섯 甲일 10국에서 간상은 巳이고 낮 정단에서 그 위에 태상이 타고 있다.

〈과전도〉 甲子일 10국			
壬	○		丙
蛇申青	勾亥朱	白寅后	
巳	申	亥○	
己	壬	丁	庚
陰巳常	蛇申青	常卯陰	后午白
甲寅	巳	子	卯

여섯 乙일 11국에서 간상은 午이고 낮 정단에서 그 위에 천공이 타고 있다.
여섯 丁일 8국에서 간상은 丑이고 낮 정단에서 그 위에 태음이 타고 있다.

【구성이론】 탈기, 현무.

【정단원리】 자손효인 탈기는 손실을 입히는 12지이고, 현무는 손실을 입히는 천장이다. 만약 간상신이 일간을 탈기하고 간상신에 타고 있는 천장에서 간상신을 다시 탈기하면 손실은 더욱 크다.

第 15-1 法 無依脫耗格
무 의 탈 모 격   의지할 곳 없이 탈모되는 격

惟丁未日反吟 晝占乃干生丑 丑生將 一火逢九土 如憂事不止 一件. 若止見一件 別項又來 必有大災. 六己日 干上酉 夜占上 乘天后.

〈과전도〉 丁未일 반음과

乙	癸	癸
空巳常	陰丑勾	陰丑勾
亥	未	未
癸	丁	癸	丁
陰丑勾	勾未陰	陰丑勾	勾未陰
丁未	丑	未	丑

丁未일 반음과 낮 정단에서, 일간이 丑을 생하고 丑이 천장을 생하는 것은, 하나의 火가 아홉 土를 만난 것이므로 우환은 한 가지로 그치지 않는다.

하나로 그치고 싶지만 다른 곳에서 다시 탈기하여 가니 반드시 큰 재앙이 된다.

〈과전도〉 己巳일 11국

○	乙	丁
蛇亥玄	后丑白	玄卯青
酉	亥○	丑
癸	○	辛	癸
合酉后	蛇亥玄	青未蛇	合酉后
己未	酉	巳	未

여섯 己일 11국에서 간상은 酉이고 밤 정단에서 그 위에 천후(水)가 탄다.

第 15-2 法 脫盜格
탈 도 격   손실과 도난을 당하는 격

乃干上逢脫氣 天將作玄武者 例亦如前說. 六辛日干上亥 夜占 乘玄武. 六壬日干上寅 晝占乘玄武. 六癸日干上寅 晝占上乘 玄武. 餘有甲午日 午加甲 三傳又是火局 併支來盜干 虛詐尤 甚.

간상에서 탈기를 만나고 천장 현무가 탄다. 이 예제 또한 앞의 설명과 같다.

〈과전도〉 辛未일 12국

壬	○	壬
空申陰	玄亥白	空申陰
未	戌○	未
○	甲	壬	癸
玄亥白	陰子空	空申陰	白酉空
辛戌	亥○	未	申

가령 여섯 辛일 12국에서 간상 亥에 밤 정단에서 현무가 타고,[1] 여섯 壬일 10국에서 간상 寅에 낮 정단에서 현무가 타며, 여섯 癸일 12국에서 간상 寅에 낮 정단에서 현무가 탄다.

이 외에도 甲午일 9국에서 午가 甲에 가하고, 삼전은 다시 火局이며, 아울러 일지에서 일간을 훔치니, 헛됨 속임은 더욱 심하다.

內辛亥日 干上亥尤可惡. 緣支干上皆脫 初墓又坐脫方 中末空 亡 晝虎夜玄之將 日上俱值 其凶可見.

---

1) 가령 辛未일 12국 밤 정단에서 간상 亥에 현무가 탄다.

〈과전도〉 辛亥일 12국		
癸	○	○
后丑青	貴寅勾	蛇卯合
子	丑	寅 ○
辛	壬	壬	癸
玄亥白	陰子空	陰子空	后丑青
辛戌	亥	亥	子

여기에 속한 것으로 辛亥일에서 간상 亥는 더욱 나쁘다. 그 이유는 지상과 간상 모두에서 탈기하고, 초전 묘신은 다시 탈방 子에 앉아 있으며, 중말전은 공망이고, 낮 정단에서는 백호가 그리고 밤 정단에서는 천장 현무가 일상에 모두 갖춰졌으므로 그 흉함을 가히 짐작할 수 있다.

第16法 空上乘空事莫追 　陳隋基業于盛唐 五代收功于宋祖

공상승공사막추　　진나라와 수나라가 당나라에게 왕업의 기틀을 쌓아주었고, 5대는 공적을 거두어서 송나라에게 바쳤다.

해설 공망 위에 공망이 타면 일을 이룰 수 없다.[1]

謂上見旬空乘天空者 凡占指空話空 全無實象. 如甲申日 干上未 晝占上乘天空. 餘占日上空亡上乘天空 皆倣此.

이른바 천반에 순내 공망이 보이고 천공이 타면, 무릇 정단은 빈 뜻과 빈말이 되고 전혀 실상이 없다.

가령 甲申일 8국 낮 정단에서 간상 未위에 천공이 탄다.

나머지 정단에서도 일간 위가 공망이고 그 위에 천공이 타면, 모두 이와 같다.

---

1) 『필법부』 16법에서의 이론과 『육임수언』에서의 이론은 차이가 있다.

『필법부』에서는 천반 공망에 다시 천공이 타는 것을 말하고, 『육임수언』에서는 기궁 공망과 간상 공망을 말하고 있다. 참고로 국내 육임책에서는 기궁 공망은 공망으로 보지 않는다고 말하고, 『육임수언』에서는 기궁 공망을 보고 있다.

『육임수언』 「필법보담5」 전과개공사막추, 일간봉공격, "일간에 공망을 만나는 것은 이른바 일간이 공망되는 것을 말하는 것이고, 간상에 공망이 보이는 것을 말하지 않는다. 가령 辛未일에 辛이 공망, 壬申일에 壬이 공망, 庚辰일에 庚이 공망, 乙未일에 乙이 공망, 丁亥·己丑일에 丁과 己가 공망이다. 그리고 丙申·戊戌일에 丙과 戊가 공망, 甲辰일에 甲이 공망, 癸亥일에 癸가 공망인 것을 말한다. 위 10일의 일간신이 공망이니 간상신이 공망에 앉으면, 공망에 다시 공망이니 일신(一身)에 대한 정단이면 가난하게 되고, 질병 정단이면 사망한다."

〈과전도〉 甲申일 8국		
戊	癸	丙
子	巳	戌
未○	子	巳

○	戊	己	○
未空	子	丑	午
甲寅	未○	申	丑

【구성이론】 공망, 천공, 탈기.

【정단원리】 공망과 천공 그리고 탈기는 모두 사기와 손실을 뜻한다. 일간 위에 공망이 있고 여기에 천공이 타거나, 간상의 탈상에 공망이 타는 경우에, 실재의 뜻이 없으므로 길사는 나쁘고 우환사는 좋다.

第 16-1 法 脫空格
탈 공 격 　　　　잃고 텅 비는 격

> 謂干上有脫乘天空 亦名脫空神. 凡占皆無中生有 盡是脫空全無實跡 不足取信也. 如辛卯日 干上子 晝占上乘天空 初傳又是遙剋 中末皆空亡. 凡占盡被脫空. 六辛日 干上子 晝占乘空. 六乙日干上午 晝占乘空. 餘日皆倣此. 但凡遙剋爲用作空亡 或坐空鄕 或乘天空者 凡占皆虛無不實也.

　이른바 간상에 있는 탈기에 천공이 타면 '탈공신'이라고 부른다. 대개의 정단에서 모든 것은 무에서 유를 만드는 것이 되고, 완전히 탈공(脫空)에 이르므로 실제의 행적은 전혀 없고, 믿음을 취하기에는 부족하다.

　가령 辛卯일 11국에서 간상 子에 낮 정단에서는 그 위에 천공이 타고 있고, 초전에서 다시 요극하며, 중말전은 모두 공망이니 모든 정단에서 잃고 텅 비게 된다.

　그리고 여섯 辛일 11국에서 간상 子에 낮 정단에서 천공이 탄다.

　또한 여섯 乙일 11국에서 간상 午에 낮 정단에서 천공이 탄다. 나머지 날도 이와 같다.

　단지 요극과에서 발용이 공망을 만들거나, 공망된 지반에 앉거나 천공이 타면, 무릇 정단에서 모든 것은 허무하고 부실하게 된다.

〈과전도〉 辛卯일 11국

癸	○	乙	
合巳后	靑未蛇	白酉合	
卯	巳	未○	
戊	庚	癸	○
陰子空	貴寅常	合巳后	靑未蛇
辛戌	子	卯	巳

第 17 法 進茹空亡宜退步

坎初六 習坎入於坎窞 凶. 遇此課 宜班師

진여공망의 퇴보

『역경』의 29번째 감괘의 초육은 '습감에 험한 구덩이로 들어가니 흉하다.' 이 과를 만나면 군대를 돌이킴이 마땅하다.

해설 진여[1]가 공망이면 후퇴가 옳다.[2]

> 假令壬子日 干上子 三傳寅卯辰皆是空亡. 旣向前值三空亡 卽宜退步抽身縮首. 卻就支干上子與丑合 反有所得 庶使壬水不被傳木全脫 可以全身遠害 不利託人.

가령 壬子일 12국에서 간상 子이고 삼전 寅卯辰은 모두 공망이다. 앞으로 나가고 싶지만 삼전이 공망이므로 뒤로 물러나서 몸을 빼고 머리를 움츠리는 것이 좋다. 오히려 간지 위의 子와 丑의 합을 취하면 도리어 얻는 것이 있다.

---

1) 『육임대전』「과경4」 연주과 상왈, "… 만약 삼전이 진여이면 전진이 마땅한데 귀인이 순행하면 일은 순조롭고 신속하게 이룬다. 단지 공망이면 물러남이 마땅하고 온 몸은 깊은 해를 입는다."

2) 『육임수언』「필법보담5」 성전공곡수퇴보, "① 조건 : 이른바 진여 삼전이 모두 공망이면 '성전공곡'이라 한다. ② 해설 : 가령 壬子일 12국에서 간상 子와 지상 丑과 삼전 寅卯辰은 모두 공망이다. 앞으로 나아가고 싶지만 공망이므로 뒤로 한걸음 물러남이 옳다. 일지의 삼합을 취하면 바야흐로 몸을 안전하게 할 수 있다. 다시 예를 들면 甲午일 간상 卯이고 지상 未이다. 삼전 辰巳午가 모두 공망이니 물러나는 것이 옳다. 점차 완전한 탈기에 이르지 않을 수 없다. 간지의 전후로 끼어있고 탈기가 안에 있으니 탈공(脫空)을 당하는 것은 끝이 없다. 만약 행년·본명이 丑을 만나면 바야흐로 물러나서 록신 寅을 취하면 된다."

〈과전도〉壬子일 12국		
○ 后寅玄 丑	○ 貴卯陰 寅○	甲 蛇辰后 卯○
壬 玄子白 壬亥	癸 陰丑常 子	癸 陰丑常 子	○ 后寅玄 丑

일반인과 관직자는 壬수가 삼전의 여러 木에 의한 완전한 손실을 피할 수 없고, 온 몸은 깊은 해를 당하므로 다른 사람에게 의탁하는 일은 불리하다.

如甲午日 干上卯 三傳辰巳午亦皆是空亡 亦宜退步 庶乎甲木不被傳火脫盡. 奈支干前後夾定 脫氣在內 盡被脫空 而無窮也. 如遇丑爲年命 始宜退步就其祿神.

〈과전도〉甲午일 12국		
○ 合辰合 卯	○ 朱巳勾 辰○	甲 蛇午靑 巳○
癸 勾卯朱 甲寅	○ 合辰合 卯	乙 貴未空 午	丙 后申白 未

가령 甲午일 12국에서 간상은 卯이다. 삼전 辰巳午가 모두 공망이므로 후퇴가 옳다. 甲목은 삼전의 여러 火에 의한 탈진을 거의 피할 수 없고, 일지와 일간 전후가 끼이고[1] 탈기되니, 바야흐로 탈기와 공망을 당하는 것은 끝이 없다.

만약 행년·본명에서 丑을 만나면 당초에 뒤로 물러나서 록신을 취하는 것이 옳다.

【구성이론】 삼전에서의 진여, 공망.

【정단원리】 3전에서의 진연주는 전진하는 상이다. 그러나 3전이 모두 공망이면 공허한 계곡에 빈 메아리만 있는 셈이고 실의가 없다. 따라

---

1) 간상 卯에서 초중말전 辰巳午와 지상 未로 이어진다. 이를 '협정'이라고 한다.

서 후퇴는 좋고 전진은 나쁘다. 후퇴 도중에 간지나 행년·본명상에
일록이나 재신이 보이더라도 일사무성이다.

第 17-1 法 脫空格
탈 공 격　　　잃고 텅 비는 격

> 如癸丑日干上寅 自是空亡 那更寅卯辰爲三傳 使癸水生其脫空. 雖有千金亦不周其足. 如晝占乘玄武在干上尤甚. 占訟費而不直 占病脫而虛甚 終不能退步.

〈과전도〉 癸丑일 12국			
○	○	○	甲
玄寅后	陰卯貴	后辰蛇	
丑	寅○	卯○	
○	○	○	○
玄寅后	陰卯貴	玄寅后	陰卯貴
癸丑	寅○	丑	寅○

가령 癸丑일 12국에서 간상 寅이 스스로 공망인데, 어찌하여 다시 寅卯辰 삼전을 癸수로 하여금 공망된 탈기를 생하게 하는가? 비록 천금이 있다하더라도 충분하게 충족시킬 수 없다.

만약 낮 정단에서 현무가 간상에 타서 간상에 있으면 탈기는 더욱 심하다.

소송 정단은 비용이 들고 바르지 못하다. 질병 정단은 탈기로 허가 심하여서 결국 물러가기 어렵다.

第 18 法 踏腳空亡進用宜 四課三傳俱退連茹 丁巳日 干
上午 三傳卯寅丑 宜深入重地

답각공망진용의 사과와 삼전이 모두 퇴연여이다. 丁巳일에서 간상에 午가 있고 삼전은 卯寅丑이니, 어려운 처지일지라도 더욱 깊이 들어감이 마땅하다.

해설 답각공망은 나아감이 옳다.[1]

> 謂退步傳全値空亡者 故名踏腳空亡. 旣退後遇空 宜進而不宜退也.

〈과전도〉 丁巳일 2국

乙	甲	○
勾卯空	合寅 白	朱丑常
辰	卯	寅
戊	丁	丙	乙
白午合	空巳勾	青辰青	勾卯空
丁未	午	巳	辰

이른바 퇴보삼전[2]이 모두 공망이면 '답각공망'이라 한다.

이미 물러난 뒤에 공망을 만나면[3] 나아감은 옳고 물러남은 그르다.

---

1) 『육임수언』「필법보담5」 각답공망진용의, "① 조건 : 이른바 퇴여가 공망이면 비유하면 등 뒤에 세 구덩이가 있는 것이다. 한걸음 후퇴하면 발밑에서 구덩이를 밟으니 '답각공망'이라 한다. ② 해설 : 물러나면 공망을 만나므로 전진은 옳고 후퇴는 그르다. … 다시 예를 들면 丙午일 2국의 삼전 卯寅丑에서 일간을 생하는데 어찌하여 다시 공망이 마땅하겠는가? ③ 길흉 : 질병 정단은 사망하는데 부모님의 질병이라면 더욱 더 이러하다. 소송 정단에서 관직자는 내 주장을 펼 수 없는데, 그 이유는 나를 생하는 오행이 공망이기 때문이다."

2) 매 일의 2국에서만 가능하다. 가령 乙卯일 2국에서 삼전 丑子亥는 모두 순공이다.

3) 중전이나 말전을 가리킨다. 이 예제에서는 말전을 가리킨다.

> 如戊申日干上辰 三傳卯寅丑皆作日之鬼. 幸遇鬼空足可以脫災
> 避難 惟不宜守舊. 緣干上乘墓 反宜於三傳之外 向前一步 便
> 逢祿神. 此卻不利有官人占之. 緣官爻空亡故也.

〈과전도〉 戊申일 2국

		癸
朱 卯 勾	蛇 寅 靑	貴 丑 空
辰	卯 ○	寅 ○
甲	○ 丁	丙
合辰合	朱卯勾 空未貴	靑午蛇
戊巳	辰 申	未

  가령 戊申일 2국 간상 辰이다.
  삼전 卯寅丑이 모두 일간의 귀살을 만들지만, 다행인 것은 발이 없는 귀살을 만났으므로 재앙을 벗어나서 피난할 수 있다.
  따라서 옛 것을 유지하고 지킴은 옳지 못한데, 그 이유는 간상에 묘신[1]이 타고 있으므로 오히려 삼전 밖으로 한걸음 앞으로 나아가서 록신을 만나는 것이 오히려 좋다.
  이 격은 오히려 관직자가 정단하면 불리하다. 그 이유는 관귀효가 공망이기 때문이다.

【구성이론】 퇴여, 공망.
【정단원리】 3전에서의 퇴연주는 후퇴하는 상이다. 삼전이 퇴연주이고 모두 공망이면 오히려 전진이 바람직하다.

---

[1] 수토동궁의 방법으로 일간의 묘신으로 보았다.

第 18-1 法 尋死格
심 사 격   　　　　죽을 곳을 찾는 격[1]

> 如丙午日 干上辰 三傳卯寅丑 雖三傳生日 豈宜皆空. 如占病
> 乃尋死格也. 占父母病死尤急. 如占子息病無畏. 占訟理虧 必
> 官人不主張 緣生我者空亡故也.

〈과전도〉 丙午일 2국		
○	○	癸
空 卯 勾	白 寅 合	常 丑 朱
辰	卯○	寅○
甲 ○	乙	甲
青辰青	空卯勾	勾巳空 青辰青
丙巳	辰	午	巳

가령 丙午일 2국에서 간상은 辰이고 삼전은 卯寅丑이다.

비록 삼전에서 일간을 생하지만 모두 공망이므로 어찌 마땅하겠는가?

만약 질병 정단이면 '죽을 곳을 찾는 격'이다. 부모의 질병을 정단하면 사망은 더욱 빠르지만, 자식의 질병 정단이면 두렵지 않다.

소송 정단이면 이치를 잃었기 때문에 반드시 관직자는 내 주장을 하지 못하는데, 그 이유는 나를 생하는 오행인 생아자가 공망이기 때문이다.[2]

---

[1] 『육임수언』「지남회전3」, "공망퇴여가 심사격이다. 역간전이면 질병은 치유되기 어렵다. 일설에는 섭해가 깊으면 반드시 구병이다."

[2] 생아자 : 생아자인 부모효가 공망된 경우, 여기에 관련된 즉 부모님의 건강이나, 관재에서의 유리한 진술이나, 생계에 관한 것을 묻는다면, 마치 죽음을 묻는 것과도 같다.

> 如乙卯日 干上卯 亦若尋死格. 已上例 如背后有三窟坑 豈宜退乎. 如退則脚下踏空 反陷其身. 凡占宜催督.

〈과전도〉 乙卯일 2국

		癸
白丑蛇	常子貴	玄亥后
寅	丑○	子○
乙	甲	甲	乙
青卯合	空寅朱	空寅朱	白丑蛇
乙辰	卯	卯	寅

가령 乙卯일 2국에서 간상은 卯이고 역시 '심사격'이다. 앞의 예와 같이 비유하면, 등 뒤에는 세 개의 굴이 있으니 어찌 물러날 수 있겠는가?

만약 물러나면 차례차례 발로 밟는 공망이므로 오히려 그 몸이 굴속에 빠진다. 따라서 모든 정단에서 다시 살피는 것이 좋다.

第18-2法 踏脚空亡格
답 각 공 망 격 　　　삼전이 차례로 공망되는 격

惟不宜進前者例 但占事虛聲 而無成就耳. 如甲子日 戌加子爲
初傳 乃是本旬之空. 申加戌爲中傳 乃後旬之空. 午加申爲末
傳 乃外後旬之空亡. 故向後全無實意 儘無成就. 甲申日 午加
申. 乙卯日 丑加卯. 丙辰日 丑加卯. 丁巳日 丑加卯.

답각공망이면 앞으로 나아가면 안 된다. 정단하는 일은 허성이 될 뿐이고 성취는 없다.

〈과전도〉 甲子일 3국

	○	壬	庚
玄戌玄	后申白	蛇午靑	
	子	戌○	申
甲	○	○	壬
白子后	玄戌玄	玄戌后	申白
甲寅	子	子	戌○

가령 甲子일 3국에서 戌이 子에 가하고 초전이지만 본 순의 공망이고, 申이 戌에 가하여 중전이지만 다음 순의 공망이며, 午가 申에 가하여 말전이지만 그 다음 순의 공망이다.

따라서 뒤로 향하더라도 실제의 뜻은 전혀 없고 성취 또한 전혀 없다.

이외에도 甲申일 3국에서 午가 申에 가한다. 乙卯일 3국에서 丑이 卯에 가한다. 丙辰일 3국에서 丑이 卯에 가한다. 丁巳일 3국에서 丑이 卯에 가한다.[1]

---

1) ① 초전 午는 甲申순의 공망, 중전 辰은 甲午순의 공망, 말전 寅은 甲辰순의 공망이다. ② 초전 丑은 甲寅순의 공망, 중전 亥는 甲子순의 공망, 말전 酉는 甲戌순의 공망이다. ③ 초전 丑은 甲寅순의 공망, 중전 亥는 甲子순의 공망, 말전 酉는 甲戌순의 공망이다. ④ 초전 丑은 甲寅순의 공망, 중전 亥는 甲子순의 공망, 말전 酉는 甲戌순의 공망이다.

第 19 法 胎財生氣妻懷孕
태 재 ¹⁾생 기 처 회 잉

태신겸재신이 월신살인 생기이면 처의 임신이다.

謂日干之胎神作日之妻財 又逢月內之生氣者 如占妻必孕也. 如壬寅日 干上午 七月占 午加亥爲發用 壬水胎在午 又是日之 妻財 及七月生氣者 如占妻必有孕而無疑.

〈과전도〉 壬寅일 6국

甲	辛	丙	
玄午后	朱丑勾	白申玄	
亥	午	丑	

甲	辛	丁	○
玄午后	朱丑勾	空酉常	后辰蛇
壬亥	午	寅	酉

이른바 일간의 태신²⁾이 일간의 처재효를 만들고 다시 월내의 생기를 만나는 경우, 만약 처 정단을 하면 반드시 임신이다.

가령 壬寅일 6국에서 간상은 午이고 7월 정단이다. 午가 亥에 가하여 발용이

1) 일간별 태재(胎財) 찾는 법

일간	戊己	庚辛	壬癸
태재	子	卯	午
생기	寅월	巳월	申월

2) 태신 찾는 법

일간	태신	육신	비고
甲乙	酉	관귀효	태재에 해당하는 것은 戊己일의 子 庚辛일의 卯 壬癸일의 午이다.
丙丁	子	관귀효	
戊己	子	처재효	
庚辛	卯	처재효	
壬癸	午	처재효	

고, 壬수의 태신은 午에 있으며 다시 일간의 처재효이고 7월의 생기이므로, 만약 처 정단을 하면 반드시 임신한 것을 의심하지 않아도 된다.

> 五壬日 干上午 七月占皆同. 六庚六辛日 干上卯 四月占皆然. 六戊六己日 干上子 正月占亦主孕喜. 何故言 戊己土神胎亦在子 或有用午爲胎神者 不可不知. 未免略具 擬土神歌于后.

그리고 다섯 壬일 6국에서 간상은 午이고 7월 정단은 모두 위와 같다. 또한 여섯 庚일 6국과 여섯 辛일 8국에서 간상 卯는 4월 정단에서 모두 이러하다.

또한 여섯 戊일 6국과 여섯 己일 8국에서 간상은 子이고 정월 정단 역시 임신의 기쁨이 있다. 이렇게 말할 수 있는 이유는, 戊己토의 태신은 곧 子에 있지만 태신을 午로 쓰기도 하기 때문이니,[1] 이를 몰라서는 안 된다.

대략만을 갖출 수밖에 없으나, 뒤의 '토신가'에서 헤아려보라.

> 歌云: 戊己當絕在亥懷 明知子上是胞胎云云. 支之胎神作月內生氣 亦占妻有胎孕亦的. 不必作干之財 惟此胎神 臨妻之年命尤好. 或臨支上亦同 妻財作生氣 縱不作胎神亦作胎神亦可用.

토신가에서 이르기를 "戊己의 절은 亥에 있다. 子의 위가 포태임을 명확히 알아야 하네. 운운"하였으니, 일지의 태신[2]이 월내의

---

[1] 수토동궁을 적용하라는 것이다.

생기를 만들면 처 정단은 또한 태아를 임신한 것임이 분명하다.
 일간의 재신을 반드시 만들지 않더라도 이 태신이 처의 행년·본명에 임하면 더욱 좋고, 또한 지상에 임하더라도 역시 동일하게 좋다.
 처재가 생기1)를 만들면 설령 태신을 만들건 만들지 않건 간에 또한 쓸 수 있다.

【구성이론】 태신(태아), 처재효(부인), 월내 생기(사는 기운)와 사기.

【정단원리】 태신이 일간의 처재효에 해당한다는 것은 부인이 뱃속에 태아를 임신한 것을 뜻하고, 월내의 생기를 만난다는 것은 태아가 무럭무럭 생육하는 것을 뜻한다.

---

2) 일지의 태신에서, 일지는 처이고 태는 태아이다. 따라서 처가 임신한 것으로 보았다.

✽ 생기와 사기 찾는 법

월건	寅	卯	辰	巳	午	未	申	酉	戌	亥	子	丑
생기	子	丑	寅	卯	辰	巳	午	未	申	酉	戌	亥
사기	午	未	申	酉	戌	亥	子	丑	寅	卯	辰	巳

✽ 일지 태신(지태) 찾는 법

일지	子	丑	寅	卯	辰	巳	午	未	申	酉	戌	亥
支胎	午	子	酉	酉	子	子	子	子	卯	卯	子	午

第 19-1 法 損胎格
손 태 격   태아가 손상을 당하는 격

如壬辰日 干上午 爲發用 又七月占. 雖妻財作胎神乘生氣 必後有損孕. 緣午作空亡故也. 餘倣此.

〈과전도〉 壬辰일 6국

	○	己	甲	
玄午后	朱丑勾	白申玄		
	亥	午○	丑	
	○	己	丁	○
玄午后	朱丑勾	勾亥空	玄午后	
	壬亥	午○	辰	亥

가령 壬辰일 6국에서 간상의 午가 발용이고 다시 7월 정단이다.

비록 처재효가 태신을 만든 곳에 생기가 타지만 나중에 태아는 반드시 손상당한다. 그 이유는 午가 공망이기 때문이다. 나머지도 이와 같다.

第 19-2 法 妾孕格
첩 잉 격   첩이 임신한 격

如辛癸巳日 胎神爲生氣 乃妻妾之妹有孕 尤驗. 如丙丁日 胎神在子 如正月占 非妻有孕 卽是偏房也.

〈과전도〉 辛巳일 2국		
己	戊	丁
蛇 卯 合	貴 寅 勾	后 丑 靑
辰	卯	寅
○	○	庚 己
白 酉 玄	空 申 陰	朱 辰 朱 蛇 卯 合
辛戌	酉○	巳 辰

가령 辛巳와 癸巳일에서 태신이 생기[1]이면, 이는 곧 처나 첩의 누이가 임신한 것이 더욱 확실하다.

다시 예를 들면 丙丁일에서 태신은 子에 있고 1월 정단에서 본처가 임신한 것이 아니라 곧 편방을 말한다.

---

1) 辛巳일 2국에서 초전 卯는 일간 辛의 태신이다. 만약 巳월에 정단하면 처첩의 누이가 임신한 것이다.

第 19-3 法 私孕格
사 잉 격   사사롭게 임신한 격

> 如辛癸日 乘玄有私外 有甲乙日胎神在酉十月占 丙丁日胎神在子正月占 非妻有孕 必是偏室婢妾有胎孕也. 如作空乘死氣 必是鬼胎也.

〈과전도〉 辛酉일 2국			
己		○	丁
白 未 蛇	朱 子 空		玄 巳 后
寅	未		子 ○
乙	庚	甲	己
后 卯 玄	空 申 朱	貴 寅 常	白 未 蛇
辛 戌	卯	酉	寅

가령 辛癸일에서 현무가 타면 밖에서 사사로움이 있다.[1]

甲乙일의 태신이 酉에 있는 10월 정단과, 丙丁일의 태신이 子에 있는 1월 정단은 처가 아닌 사람에서의 임신이니, 반드시 편실에 있는 여종이나 첩이 태아를 임신한 것이다.[2]

하지만 만약 공망에 월신살인 사기[3]가 타면 반드시 태아는 사망한다.

---

1) 이러한 예에는 辛일 6국·7국·8국·9국·10국·11국·12국 밤 정단과, 癸일 6국·7국·8국 밤 정단이 있다. 가령 辛酉일 2국 처재효 겸 태신인 간상 卯에 현무가 탄다.
2) 현대에서는 혼인한 부부 외의 사이에서 임신된 태아가 된다.
3) 정단하는 월건의 전5위지이다. 만약 寅월에 정단하면 午가 사기이다.

第 19-4 法 互胎格
호 태 격
간지상이 교차태신이 되는 격

> 如戊寅日 干上酉 乃支之胎神 支上午乃干之胎神. 又作夫妻之
> 行年本命必然妻懷孕喜 不必尋生氣及財神也. 乙丑 己未 癸未
> 干上子 己未 癸丑 己丑 辛未 丁丑 干上午 甲申 干上卯 庚寅
> 干上酉. 已上並是干上得支之胎神 支上得干之胎神也.

〈과전도〉 戊寅일 9국

丁	辛	○	
貴丑空	常巳陰	勾酉朱	
酉○	丑	巳	
○	丁	壬	甲
勾酉朱	貴丑空	白午后	合戌合
戌巳	酉○	寅	午

가령 戊寅일 9국에서 간상 酉는 일지의 태신이고 지상 午는 일간의 태신이다.[1]

다시 남편과 아내의 행년·본명에서 이를 만들면 반드시 처에게 임신의 기쁨이 있다. 이때 생기와 재신을 살피지 않아도 된다.

이 외에도 乙丑일 5국·己未일 8국·癸未일 2국 간상 子, 또한 己未일 2국·癸未일 8국·己丑일 2국·辛未일 5국·丁丑일 2국 간상 午, 또한 甲申일 12국 간상 卯·庚寅일 12국 간상 酉이다.[2] 이상은 나란히 간상에서는 일지의 태신을 득하였고, 지상에서는 간상의 태신을 득하였다.

---

1) 戊寅일 9국에서 간상 酉는 일지 寅의 태신이고 지상 午는 일간 戊의 태신이다. 지상 午가 戊土의 태신이 되는 것은 수토동궁의 방법을 적용한 것이다. 단지 간상신 酉가 공망이므로 교차태신은 되지 않는다.

2) 己未일 8국은 호태이지만 모두 공망이고, 己未일 2국은 수토동궁을 적용한 호태이며, 癸丑 8국·己丑 8국·辛未 5국·丁丑 8국의 지태는 수토동궁을 적용하였다.

第19-5法 憂子格

우 자 격　　　　　　태아에게 우환이 있는 격

> 論孕産 乃六合 三月占加申 四月占加酉 乃月之死氣尅六合.
> 至産則憂子凶. 此二例乃天后六合 爲子母之類也.

　　임신과 출산의 이론에서, 육합이 3월 정단에서 申에 타거나 육합이 4월 정단에서 酉에 타는 것은, 곧 월건의 사기에서 육합을 극하는 것이다.[1] 따라서 출산 시기에 이르러 자식에게 근심과 흉이 있다. 두 예는 천후와 육합이 곧 자식과 어머니의 류신으로 쓰인 것이다.

---

1) 육합의 정오행인 乙卯목을 申금과 酉금에서 금극목하여 태아를 상하게 한다. 가령 3월 정단에서의 사기 申에 육합이 타는 예로는 丙寅일 밤 정단 7국 중전에서 육합이 申에 탄다. 그리고 4월 정단에서의 사기 酉에 육합이 타는 예로는 乙卯일 밤 정단 7국 중전에서 육합이 酉에 탄다.

第 19-6 法 憂母格
우 모 격   임신부에게 우환이 있는 격

如十一月占 天后乘辰. 五月占 天后乘戌. 八月占 天后乘丑.
二月占 天后乘未. 已上者 乃月內死氣剋天后也. 如至産期 必
憂母凶.

〈과전도〉 己巳일 9국

癸	乙	己
酉	后丑	巳
巳	酉	丑

○	丁	癸	乙
亥	卯	酉	后丑
己未	亥○	巳	酉

가령 11월 정단에서 천후가 辰에 타거나, 5월 정단에서 천후가 戌에 타거나, 8월 정단에서 천후가 丑에 타거나,[1] 2월 정단에서 천후가 未에 타면, 이들은 곧 월내 사기에서 천후를 극하므로, 출산 시기에 이르러 반드시 어머니에게 흉한 우환이 있다.

---

1) 己巳일 9국은 8월 정단에서 천후가 丑에 탄다. 천후의 정오행인 壬子수를 천후승신 丑토에서 토극수하여 임신부를 상하게 한다.

第19-7法 子戀母腹格
자 련 모 복 격   태아가 어머니 뱃속을 그리워하는 격

> 如干加支 支加干 而互相生者 乃名子戀母腹 利占孕則保育 不利占產. 如至產期占之 遲生則吉. 外有支加干而尅干者 主產速或無尅亦產. 支爲母俯首已見其子也.

만약 일간이 일지에 가하거나 일지가 일간에 가하여[1] 서로 상생하면, 자식이 어머니 뱃속을 그리워하는 뜻의 '자련모복'이라 하여 임신 정단에서 이로운데, 이유는 보호하여 기르기 때문이다.

그러나 출산 정단에서는 불리하다. 만약 출산 시기에 이르러서 정단하면 지체되어 출산하면 길하다.

이 외에도 일지가 일간에 가하여 일간을 극하면 출산은 빠르고 설령 극이 없더라도 출산한다. 이렇게 보는 이유는 일지인 어머니가 고개를 숙여서 자식을 돌보는 상이기 때문이다.

---

[1] 임신 및 출산 정단에서, 일간은 태아를 뜻하고 일지는 산모를 뜻한다.

第19-8法 損孕格
손잉격　　　　　태아가 손상당하는 격

如壬辰日 午加亥. 癸巳日 午加丑. 庚戌日 卯加申. 辛亥日 卯加戌. 戊午日 子加巳. 己未日 子加未. 甲戌 乙亥日 酉加巳午. 丙辰 丁巳日 子加辰戌丑未. 已上例 緣胎神作空受剋 占產當日便生. 占孕必損.

〈과전도〉 壬辰일 6국

○	己	甲	
玄午后	朱丑勾	白申玄	
亥	午○	丑	

○	己	丁	○
玄午后	朱丑勾	勾亥空	玄午后
壬亥	午○	辰	亥

가령 壬辰일 6국에서 午가 亥에 가하고, 癸巳일 8국에서 午가 丑에 가한다.

庚戌일 6국에서 卯가 申에 가하고, 辛亥일 8국에서 卯가 戌에 가한다.

戊午일 6국에서 子가 巳에 가하고, 己未일 8국에서 子가 未에 가한다.

甲戌일과 乙亥일 9·10국에서 酉가 巳午에 가하고, 丙辰일 2·5·8·11국과 丁巳일 2·5·8·11국에서 子가 辰戌丑未에 가한다.[1]

이상의 예에서 태신이 공망되거나 극을 받으므로, 출산 정단은 당일에 곧장 출생하지만 임신 정단은 반드시 태아가 손상된다.

---

1) ① 태신이 임한 곳으로부터 극을 받는 것은 壬辰일과 庚戌일 6국, 己未일 8국, 甲戌일과 乙亥일 9국과 10국이 있고, ② 태신이 임한 곳으로 탈손을 당하는 것은 癸巳일 8국이 있으며, ③ 태신에서 임한 곳을 극하는 것은 辛亥일 8국이 있고, ④ 태신이 절지에 임하는 것은 戊午일 6국이 있다.

第19-9法 月厭煞
월염살 [1]   월에 꺼리는 살

> 如三月占 不宜申加母年命上. 九月占 不宜寅加母年命上. 緣死氣作月厭 占産必凶. 六月占 巳加母年命. 十二月占 亥加母年命上. 緣生作月厭 占産必速生.

　가령 3월 정단에서 申이 어머니의 행년과 본명 위에 가하는 것을 꺼리고, 9월 정단에서 寅이 어머니의 행년과 본명 위에 가하는 것을 꺼린다. 그 이유는 사기가 월염을 만들기 때문인데, 출산 정단은 반드시 흉하다.

　가령 6월 정단에서 巳가 어머니의 행년과 본명 위에 가하고, 12월 정단에서 亥가 어머니의 행년과 본명 위에 가하는 것은, 생기가 월염을 만든다. 출산 정단은 반드시 신속하게 출산한다.

1) 월염, 사기, 생기 찾는 법

월건\신살	寅	卯	辰	巳	午	未	申	酉	戌	亥	子	丑
월염	戌	酉	申	未	午	巳	辰	卯	寅	丑	子	亥
사기	午	未	申	酉	戌	亥	子	丑	寅	卯	辰	巳
생기	子	丑	寅	卯	辰	巳	午	未	申	酉	戌	亥

第 19-10 法 養神二血法
양신이혈법   양신[1]과 혈지·혈기법

> 如丙丁 戊己日 胎神在子 養神在丑 如在正月占 言血支血忌皆在丑併養神而剋胎神. 如占產生速 如或占孕有損無疑.

가령 丙丁일과 戊己일에서 태신은 子에 있고 양신은 丑에 있다. 만약 정월에 정단하면 요컨대 혈지와 혈기[2]는 모두 丑에 있는데, 양신과 함께 태신인 子를 극한다.

만약 출산 정단이면 신속하게 태어나지만, 만약 임신 정단이면 손상은 의심의 여지가 없다.

1) 양신 찾는 법

신살＼일간	甲	乙	丙	丁	戊	己	庚	辛	壬	癸
양신	戌	戌	丑	丑	丑	丑	寅	寅	未	未

2) 혈기, 혈지 찾는 법

신살＼월건	寅	卯	辰	巳	午	未	申	酉	戌	亥	子	丑
혈기	丑	未	寅	申	卯	酉	辰	戌	巳	亥	午	子
혈지	丑	寅	卯	辰	巳	午	未	申	酉	戌	亥	子

> 如在十二月占 言血支血忌皆在子作胎神. 如占産亦生速. 如占孕亦防損. 已上血忌作空亡或坐空鄉. 占孕占産亦無妨也.

　가령 12월에 정단하면 요컨대 혈지와 혈기는 모두 子에 있고 태신을 만든다. 만약 출산 정단이면 신속히 출생하지만, 만약 임신 정단이면 손상을 방지해야 한다.
　이상에서 혈기가 공망을 만들거나 공망된 지반에 앉으면 임신과 출산 정단은 무방하다.

第 19-11 法 三玄胎格
삼 현 태 격   세 가지의 현태격[1]

> 如寅加亥爲生玄胎 懷孕之時漸有生意 生下男女必興旺家門也.

〈과전도〉 癸巳일 10국

甲	丁	庚
合申青	空亥常	玄寅后
巳	申	亥
壬	○	甲	丁
后辰蛇	朱未勾	合申青	空亥常
癸丑	辰	巳	申

가령 10국은 寅이 亥에 가하는 '생현태'이다.[2] 임신 시기에 점차 생기가 있으므로 출산하는 남녀는 반드시 가문을 흥왕하게 한다.

---

1) 『육임대전』「과경4」, "무릇 맹신이 발용이고 삼전이 모두 사맹이면 원태과이다. 무릇 사맹은 寅申巳亥인데 네 생의 국이고, 오행에서 기운을 받는 곳이다. … 이는 근원 속에 태가 있으므로 '원태'라고 한다. 정단인은 모두 새로운 뜻이 있다. 『역경』의 37번째 가인괘와 통하는 과체로서, 꽃을 피워 열매를 맺는 과이다."
  『육임대전』「과경4」 상왈, "삼전이 장생이면 임신하여 태아를 형성한다. 관직자는 관작이 오르고, 혼인은 미인을 얻고, 질병과 소송은 오래가고 막히며, 재리는 거듭 일어난다. 행인은 도둑을 맞서고, 연생이면 가지 못한다. 연생이란 寅이 巳에, 巳가 申에, 申이 亥에, 亥가 寅에 가하는 것인데, 일은 지체된다. 만약 발용이 천후가 처재효에 타면 처는 반드시 태아를 임신했다. 처재효가 생기에 해당하고 태신이 발용이면 첩이 임신한 것이다."

2) 가령 癸巳일 10국을 예로 들 수 있다. 삼전의 사맹은 모두 장생지에 임하여 생을 받는다.

> 如寅加巳爲病玄胎 如値此懷孕之時母常有病 生下男女多病不甚長進.

〈과전도〉 戊辰일 4국			
丙	○	壬	
蛇寅青	陰亥常	白申后	
巳	寅	亥○	
丙	○	乙	○
蛇寅青	陰亥常	貴丑空	玄戌玄
戌巳	寅	辰	丑

가령 4국은 寅이 巳에 가하는 '병현태'이다.[1] 만약 여기에 해당하면 임신 시기에 어머니에게 평소 질병이 있으므로 출산하는 자녀는 질병이 많고 진정 크게 발달하지 못한다.

> 寅加辰爲衰玄胎掛 惟乙未日 亥加丑 昴星一課是也. 懷孕之時家道日漸衰替. 生下男女身軀衰弱全無生意.

〈과전도〉 乙未일 3국			
己	壬	○	
玄亥后	空寅朱	合巳青	
丑	辰○	未	
壬	庚	○	癸
空寅朱	常子貴	合巳青	青卯合
乙辰	寅	未	巳○

가령 3국은 寅이 辰에 가하는 '쇠현태괘'이다. 가령 乙未일 3국에서 亥가 丑에 가하고 묘성과[2]이다.

임신 시기에 가정의 법도는 날이 갈수록 점차 쇠체해지고, 또한 출산하는 자식의 몸은 쇠약하고 전혀 생기가 없다.

---

1) 가령 戊辰일 4국을 예로 들 수 있다. 삼전의 사맹은 모두 탈기하는 지반에 임하여 탈손된다.

2) 『육임대전』「권6」, "무릇 사과의 상하가 무 상극이고 또한 무 요극이면 종괴(酉)의 상하신을 발용으로 하는 것을 '묘성과'라고 한다. 무릇 묘성이란 酉 중의 묘수를 말한다."

第 19-12 法 昴星格
묘성격

> 剛日生女 或柔日虎視生男 取俯仰而生故也.

　　강일에는 여아를 낳는다. 혹 유일에는 호랑이처럼 고개를 돌려 보는 남아를 낳는데, 구부렸다가 올려다보면서 태어나는 상을 취하기 때문이다.

第 19-13 法 胎受剋絶格
태 수 극 절 격   태신이 절지에 앉아서 극을 받는 격

胎神臨本日及臨絶受剋. 六壬日午加亥 六庚日卯加申乃胎臨本日 (占)產可言當日便生 (且安)好

〈과전도〉 壬申日 6국			
庚	乙	壬	
玄午后	朱丑勾	白申玄	
亥 ○	午	丑	
庚	乙	丁	○
玄午后	朱丑勾	貴卯朱	青戌白
壬亥	午	申	卯

태신이 일간에 임하고 절신으로부터 극을 받는 것이다.

가령 여섯 壬일 6국에서 午가 亥에 가하고, 여섯 庚일 6국에서 卯가 申에 가한다.[1]

태신이 일간에 임하니 출산 (정단)은 바로 당일에 낳고 (또) 좋다.

或六癸日午加亥 六辛日卯加申 乃胎神臨絶受剋 占孕占產 俱畏. 六戊日子加巳 同六甲日亦如前說 且占產稍不畏矣.

또는 여섯 癸일 6국에서 午가 亥에 가하고, 여섯 辛일 6국에서 卯가 申에 가한다.[2] 태신이 절지에 임하여 극을 받으므로 임신 정

---

1) ① 가령 壬申일 6국에서는 일간 壬의 태신인 午화가 일간 壬수로부터 극을 받고 있고, ② 가령 庚寅일 6국에서는 일간 庚의 태신인 卯목이 일간 庚금으로부터 극을 받는다. 일간에 임한 태신이 절지에 앉으니 안전하게 당일에 출산하는 이유가 된다.

단과 출산 정단은 모두 두렵다.

　여섯 戊일에서 子가 巳에 가한 것은 여섯 甲일과 동일하게 앞의 설명과 같고, 출산 정단은 조금도 두렵지 않다.1)

---

2) ① 가령 癸亥일 6국의 제3과에서 일간 癸의 태신인 午화가 亥수에 임하여 지반으로부터 극을 당하고 있다. ② 가령 辛丑일 6국의 초전에서 일간 辛의 태신인 卯목이 申금에 임하여 지반으로부터 극을 당한다. 일간에 임하지 않은 태신이 절지에 앉으니 위험한 이유가 된다.

1) 가령 戊辰일 6국의 초전에서, 일간 戊의 태신인 子수가 巳화에 가하니, 태신에서 그 지반을 극하는 셈이 되고 따라서 출산 정단은 두렵지 않다. ② 또한 甲子일의 태신 酉가 寅에 가하고 있으므로, 같은 이유로 두렵지 않은 것이다.

第19-14法 小產法
소 산 법   유산되는 경우

> 如母之年命上神 冲剋胎神者 縱作生氣 必是小產. 此法極驗.

만약 어머니의 행년·본명상신에서 태신을 충극하면, 설령 태신이 생기일지라도 반드시 유산이다. 이 법은 지극히 적중한다.

第19-15法 胎神坐長生格
태신좌장생격 태신이 장생에 앉는 격

如丙丁 戊己日 子加申. 庚辛日 卯加亥. 壬癸日 午加寅. 甲乙日 酉加巳. 大宜占孕 惟不利占產. (占得此者)反凶.

〈과전도〉 戊辰일 9국

甲	戊	壬
蛇子青	玄辰玄	青申蛇
申	子	辰

癸	乙	壬	甲
勾酉朱	貴丑空	青申蛇	蛇子青
戌巳	酉	辰	申

가령 丙丁일과 戊己일 9국에서 子가 申에 가하고,[1] 庚辛일 9국에서 卯가 亥에 가하며, 壬癸일 9국에서 午가 寅에 가하고, 甲乙일 9국에서 酉가 巳에 가한다.

임신 정단은 크게 좋다. 그러나 출산 정단은 불리하게 되어, (정단하여 이를 얻으면) 오히려 흉하다.[2]

---

1) 가령 戊辰일 9국에서 일간의 태신 子가 태신의 장생지인 申에 앉아 있다.
2) 출산 정단에서 이를 얻으면 태아가 점점 어머니의 뱃속에서 생육되는 상이므로 만산의 우려가 있다.

第19-16法 腹胎格
복 태 격   임신부의 배가 태신에 가한 격

> 腹加胎神 丑爲腹也. 如甲乙日 丑加酉. 丙丁 戊己日 丑加子.
> 庚辛日 丑加卯. 戊己 壬癸日 丑加午. 如值此來意妻必有孕 緣
> 胎在腹內 丑爲腹之類 加臨胎神故也.

이 격은 배(腹)가 태신에 가한 것인데, 여기서 丑은 배가 된다. 가령 甲乙일에서 丑이 酉에 가하고, 丙丁일과 戊己일에서 丑이 子에 가하며, 庚辛일에서 丑이 卯에 가하고, 戊己일과 壬癸일에서 丑이 午에 가한다.[2]

만약 이와 같으면 점치러 온 사람의 뜻은 반드시 처가 임신한 것이다. 태아가 뱃속에 있다고 보는 이유는, 배의 류신인 丑이 태아를 뜻하는 태신에 가임하기 때문이다.

〈과전도〉 乙丑일 9국[1]

癸	乙		己
蛇 酉 合	青 丑 后		玄 巳 白
巳	酉		丑

壬	甲	己	癸
貴 申 勾	勾 子 貴	玄 巳 白	蛇 酉 合
乙辰	申	丑	巳

---

1) 乙丑일 9국 중전에서 배를 뜻하는 丑이 일간의 태신 酉에 가한다.
2) 수토동궁의 방법을 적용하였다.

第 19-17 法 腹空格
복 공 격   임신부의 뱃속이 텅 빈 격

> 如天盤之丑作空或落空 如占産則生速. 緣腹空而必已誕其子.
> 占孕必損孕.

만약 천반의 丑이 공망 또는 락공되었다면[1] 출산 정단은 속히 낳는다. 그 이유는 배가 비었다는 것은 반드시 이미 자식이 태어났다는 뜻이 성립되기 때문이다.

그러나 임신 정단이면 반드시 태아는 손상당한다.

---

[1] 이 격은 甲寅순에만 적용된다. 甲寅순의 공망은 子丑이기 때문이다. 가령 壬戌일 6국 중전에서 배를 뜻하는 丑이 일간의 태신 午에 가하지만 순공이다.

〈과전도〉 壬戌일 6국

戊	○	庚
玄午后 朱丑勾 白申玄		
亥	午	丑○
戊	○	丁 ○
玄午后 朱丑勾 陰巳貴 合子青		
壬亥	午	戌	巳

第 19-18 法 全傷格
전 상 격   자식과 어머니가 모두 상하는 격

> 支干全傷 子母俱凶. 獨支受傷害母. 獨干受傷害男. 如産期以本月之內 破胎之日生 或害胎之日生 或刑胎之日生 或月內生氣之日生 或以子息爻中長生之日生 或以五行養處生.

 일지와 일간이 모두 상하면 자식과 어머니는 모두 흉하다. 홀로 일지만 상하면 어머니가 상해를 입고, 홀로 일간만 상하면 사내아이가 상해를 입는다.
 출산 시기는 ① 본월 내에서의 태신을 파(破)하는 날에 낳거나, ② 태신을 해(害)하는 날에 낳거나, ③ 태신을 형(刑)하는 날에 낳거나, ④ 월내의 생기일[1]에 낳거나, ⑤ 자식효의 장생일[2]에 낳거나, ⑥ 12운성의 양(養)이 거처하는 날에 낳는다.

> 如甲乙日以戌爲養神 或以逐季之天喜神所臨之日生 妙矣. 夫天喜者 乃逐季養神也. 以上不利占孕 反有損. 納音法 又妻本命納音之胎神 沖破之日生産 尤驗.

[1] 12운성의 장생이 아니라 월건 신살인 생기를 가리킨다. 생기는 1월 子에서 일으켜서 순행 12支이다.

[2] 甲乙일이면 寅일, 丙丁일이면 寅일, 戊己일이면 巳일, 庚辛일이면 申일, 壬癸일이면 亥일이 된다.

가령 甲乙일에서 양신인 戌에 낳거나, 각각의 계절에 따른 천희신이 임한 날에 낳으면 신묘한데 천희[1]는 계절에 따른 기르는 신이다. 그러나 이상은 임신 정단에서는 불리하여 오히려 태아가 손상을 당한다.
　그리고 납음법[2]으로 처의 본명납음의 태신을 충파하는 날에 낳으면[3] 더욱 신묘하다.

---

1) 『육임대전』「권1」 신살류, 봄(寅卯辰) 戌, 여름(巳午未) 丑, 가을(申酉戌) 辰, 겨울(亥子丑) 未이다.

2) 육십갑자납음

해중금		노중화		대림목		노방토		검봉금	
甲子	乙丑	丙寅	丁卯	戊辰	己巳	庚午	辛未	壬申	癸酉
산두화		간하수		성두토		백랍금		양류목	
甲戌	乙亥	丙子	丁丑	戊寅	己卯	庚辰	辛巳	壬午	癸未
천중수		옥상토		벽력화		송백목		장류수	
甲申	乙酉	丙戌	丁亥	戊子	己丑	庚寅	辛卯	壬辰	癸巳
사중금		산하화		평지목		벽상토		금박금	
甲午	乙未	丙申	丁酉	戊戌	己亥	庚子	辛丑	壬寅	癸卯
복등화		천하수		대역토		차천금		상자목	
甲辰	乙巳	丙午	丁未	戊申	己酉	庚戌	辛亥	壬子	癸丑
대계수		사중토		천상화		석류목		대해수	
甲寅	乙卯	丙辰	丁巳	戊午	己未	庚申	辛酉	壬戌	癸亥

3) 가령 甲子년에 태어난 임신부의 납음오행은 해중금이다. 金의 장생이 巳이므로 이를 충하는 亥일에 낳는다.

第19-19法 夾定三傳格[1]
협 정 삼 전 격　일간과 일지가 삼전에 의해 끼이는 격[2]

如干支夾定三傳 或初末六合. 如占産 子母俱不可保 緣氣塞於
中故也. 如約母之年命 透出支干之外 可免母之凶也.

〈과전도〉 戊子일 12국		
庚	辛	壬
蛇 寅 靑	朱 卯 勾	合 辰 合
丑	寅	卯
○	○	己　　庚
靑午蛇	空未貴	貴丑空　蛇寅靑
戊巳	午○	子　　丑

가령 간지가 삼전에 의하여 끼이거나[3] 또는 초전과 말전이 육합을 하는 경우이다. 만약 출산을 정단하면, 자식과 어머니는 모두 보호받지 못하는데, 그 이유는 기운이 중간에서 막혔기 때문이다. 만약 어머니의 행년과 본명이 일지와 일간 밖으로 나가면 어머니는 흉을 면할 수 있다.

---

1) 『육임대전』 「과경4」, 연주과, 상왈, "무릇 일진의 전후가 삼전 내에 협정되면 협정삼전격이다. 일상사에서 진퇴는 모두 부자유스러운데 그 이유는 협정되기 때문이다. 위에서 질병과 소송 등 풀리고 제거되어야 되는 일은 불리하고, 재물을 묻거나 성합사는 가히 좋다."

2) 『육임수언』 「필법보담7」, 전협정성합격, 협정삼전격, "① 해설 : 일진의 전후가 삼전 내에서 꼭 끼면, 일상사에서 진퇴 모두 부자유스럽다. 그 이유는 좌우에서 꼭 끼기 때문이다. ② 길흉 : 성합사에는 길하지만 해제사에는 흉하다. 만약 삼전 내에서 공함되더라도 공망으로 판단하지 않는다. ③ 예제 : 가령 庚子일 2국에서 간상은 未이고 지상은 亥이며 삼전은 戌酉申이다."

3) 戊子일 12국을 예로 든다. 임신부를 뜻하는 지상신 丑을 삼전 寅卯辰이 이어받아서 태아를 뜻하는 간상신 午로 이어지므로, 마치 임신부와 태아가 삼전에 의하여 끼이는 형상이다.

第 20 法 胎財死氣損胎推
태 재 사 기 손 태 추
태신 겸 재신이 사기이면 태아는 손상된다.

戊己日 子爲胎財 七月死氣在子. 庚辛日 卯爲胎財 十月死氣在卯. 壬癸日 午爲胎財 正月死氣在午. 甲乙日 酉爲胎鬼 四月死氣在酉. 甲戌旬鬼胎空亡. 餘亦倣此 全如前篇論 但凡胎神作月內死氣 婦孕不育.

〈과전도〉 7월 戊辰일 5국		
甲	壬	戊
蛇子青	青申蛇	玄辰玄
辰	子	申
乙	癸	甲	壬
貴丑空	勾酉朱	蛇子青	青申蛇
戌巳	丑	辰	子

戊己일에서 子는 태재이고 7월의 사기는 子에 있다. 庚辛일에서 卯는 태재이고 10월의 사기는 卯에 있다.

壬癸일에서 午는 태재이고 정월의 사기는 午에 있다. 甲乙일에서 酉는 태귀이고 4월의 사기는 酉에 있다.

甲戌순의 귀살태신인 酉는 공망이다.

나머지도 이와 같이 모두 전편에서 논한 것과 같다. 태신이 월내의 사기를 만들면 부인이 임신한 태아를 키우지 못한다.

【구성이론】 일간의 태신, 처재효, 월내의 사기.

【정단원리】 태재는 처재효가 곧 태신인 것을 말하고, 태재가 사기에 해당한다는 것은 태아의 사망을 뜻한다.

第 21 法　交車相合交關利　臨機應變　或戰或守　或退或和
在課體而行焉

교 차 상 합 교 관 리　임기응변을 해야 한다. 때에 따라 공격하기도 하고 수비하기도 하며, 물러나기도 하고 화친을 하기도 해야 한다. 과체를 보고 처세하면 된다.[1]

해설 교차상합이면 왕래에 이롭다.

且夫交車合者 十等論 內有交車長生 有交車財 有交車脫 有交車害 有交車空 有交車刑 有交車剋 有交車冲 有三交交車 有三合交車 視干支上神 交互合也 分具于後.

다시 말하자면 '교차합'[2]을 열 가지 종류로 논할 수 있다. 여기에 속한 것으로는 '교차장생', '교차재', '교차탈', '교차해', '교차공', '교차형', '교차극', '교차충', '삼교교차', '삼합교차'가 있다.

간지상신이 교호합이 되는지를 보면 된다. 이를 구체적으로 나누면 아래와 같다.[3]

---

[1] 이 법은 사과에서 일간과 일지를 비교, 대조하여 대인관계에서의 득실관계를 알아보는 격이다. 결혼 정단이면 일간은 신랑이 되고 일지는 신부가 된다. 임신 정단이면 일간은 태아이고 일지는 임신부가 된다. 국가간의 회담을 한다면 일간은 아국이 되고 일지는 타국이 된다. 모임을 간다면 일간은 나가 되고 일지는 모임 장소가 된다. 간지를 자세하게 살핀다면 모든 인간관계에서의 길흉, 득실, 이해를 알 수 있을 것이다.

[2] 『육임대전』 「권1」, "합은 화순의 신이다. 무릇 일간에 임하고 입전하면 화합 성취의 기쁨이 있다. 음양이 배합하고, 기이하게 교섭한다. 따라서 일상사는 모두 성취한다."

[3] 『육임수언』 「필법보담4」 교차호합공유지, "이른바 간지가 교차육합하는 것을 예로 들면 甲子일 2국에서 간상 丑이고 지상 亥이다. 庚午일 2국에서 간상 未이고 지상 巳이

【구성이론】 사과에서 제1과와 제3과와의 생, 합, 탈, 형, 충, 극, 해의 작용.

【정단원리】 모든 대인관계에서 나를 뜻하는 일간과 타인을 뜻하는 일지를 교차 대입하면 대인관계에서의 이해와 득실을 알 수 있다.

다. 왕래 교역은 이룬다. 우려되는 것은 질병과 소송과 실탈 등의 일에서는 나쁘다.
이 예 외에 팔전과 5일과 그리고 매일에 한 과가 있다. 아래에서 그 길흉을 나눠서 열거한다.

✻ 교차희격, "❶ 첫째 생합(生合), 가령 甲申일 10국에서 간상의 巳는 일지의 장생이고 지상의 亥는 일간의 장생이다. 투자금을 합쳐서 경영하는 것은 좋다. ❷ 둘째 재합, 가령 辛丑일 11국에서 간상의 子는 일지의 재신이고, 지상의 卯는 일간의 재신이다. 왕래하여 재물을 취하는 데에 좋다.

✻ 교차기격, ❶ 첫째 형합(刑合), 가령 癸卯일 4국에서 간상 戌과 지상 子는 교차하여 육합한다. 간지가 스스로 형을 하니 화미한 가운데에 반드시 다툼이 있다. ❷ 둘째 해합(害合), 가령 丁丑일에서 간상 子이고 지상 午이니 교차하여 육합이다. 스스로 간지가 해를 하니 합을 도모하는 가운데에 암해가 있다. ❸ 셋째 충합(沖合), 가령 甲申일 11국에서 간상은 巳이고 지상은 亥이다. 교차육합이지만 그 상신인 巳亥는 상충이다. 따라서 먼저 합하고 나중에 헤어진다. ❹ 넷째 극전(克戰), 가령 庚子일 8국에서 간상 丑은 일지 子를 극하고 지상 巳는 일간을 극한다. 따라서 교섭 중에 반드시 논쟁한다. ❺ 다섯째 공합(空合), 가령 辛亥일 9국에서 간상 寅과 지상 卯는 모두 旬중의 공망이니, 시작은 있되 끝은 없다. 가령 戊辰일 9국에서 간상의 酉는 일지 亥를 탈기하고 지상의 申은 일간을 탈기한다. 서로 교섭 중에 서로 뺏는 뜻을 가진다.

✻ 교차육합 중에서 일간과 간상신이 둔반에서 오합을 하는 격은, 간지가 교차 육합을 하고 간상의 둔간은 다시 간상신과 오합을 한다. ❶ 가령 甲戌일 12국에서 간상 卯에서 卯와 戌은 합을 하고, 甲과 己는 다시 오합을 한다. ❷ 丙辰일 9국에서 간상 酉와 辰은 육합이고, 申과 丙은 다시 육합을 한다. 인정은 환희이고 공명과 이익은 마땅히 충만하다. ❸ 이 외의 10과에 있고 불비하다. 교차육합 중에 두 음신이 재차 합을 하는 격이 있는데, 이른바 간지가 교차 육합을 하고 음신이 다시 육합을 하는 것이다. 가령 乙丑일 5국에서 간상이 子이고 지상이 酉인데, 일간의 음신 申이 다시 일지의 음신 巳와 서로 육합을 한다."

第21-1法 交車長生
교차장생　　　교차하여 장생이 되는 격

> 大宜合本而作營生. 庚寅干上亥 支上巳. 甲申干上巳 支上亥.
> 戊申伏吟 戊寅返吟.

〈과전도〉 庚寅일 10국

甲	丁		庚
青申蛇	朱亥勾		后寅白
巳	申		亥

丁	庚	癸	甲
朱亥勾	后寅白	常巳陰	青申蛇
庚申	亥	寅	巳

밑천을 합쳐서 경영하면 대단히 좋다. 가령 庚寅일 10국에서 간상은 亥이고 지상은 巳이다.[1] 甲申일 10국에서 간상은 巳이고 지상은 亥이다.[2]

戊申일 1국 복음과와[3] 戊寅일 7국 반음과이다.[4]

---

1) 간상신 亥는 일지 寅의 장생이고, 지상신 巳는 일간 庚의 장생이다.
2) 간상신 巳는 일지 申의 장생이고, 지상신 亥는 일간 甲의 장생이다.
3) 간상신 巳는 일지 申의 장생이고, 지상신 申은 일간 戊의 장생이다. 단지 지상신 申은 수토동궁의 방법을 적용하였다.
4) 간상신 亥는 일지 寅의 장생이고, 지상신 申은 일간 戊의 장생이다. 단지 지상신 申은 수토동궁의 방법을 적용하였다.

第 21-2 法 交車合財
교 차 합 재   교차하여 재물을 합하는 격

惟宜交關取財 以財交涉 最好. 辛丑干上子 支上卯. 辛巳干上申 支上卯. 壬申返吟 辛卯伏吟 癸未午加癸子加未.

오로지 왕래하여 재물 취득에 좋은데, 재물 교섭에 가장 좋다.

가령 辛丑일 11국에서 간상은 子이고 지상은 卯이다.[1] 辛巳일 3국에서 간상은 申이고 지상은 卯이다.

壬申일 7국의 반음과와 辛卯일 1국의 복음과가 있다. 癸未일 8국에서 午가 癸에 가하고 子가 未에 가한다.[2]

〈과전도〉 辛丑일 11국

癸		〇	乙	
蛇卯	玄	合巳	后未	青蛇
丑		卯	巳	〇
庚	壬	癸	〇	
陰子	空貴	寅常	蛇卯	玄合巳后
辛戌	子	丑	卯	

---

1) 간상신 子는 일지 丑의 재신이면서 일지와 육합이고, 지상신 卯는 일간 辛의 재신이면서 기궁 戌과는 육합이다.

2) 辛丑일 11국과 辛巳일 3국은 교차합재이고, 壬申일 7국과 癸未일 8국은 자재이다.

第21-3法 交車脫
교차탈   교차하여 탈기당하는 격[1]

雖相交涉而用事 彼此各懷相脫之意. 如壬午干上未 支上寅.
乙亥寅乙 戊辰酉戊. 丁卯戌丁 甲申巳甲 庚寅亥庚 各自脫. 壬
辰酉壬 乙未午乙自脫.

비록 서로 교섭하지만 하는 일은 서로 탈기의 뜻을 지닌다.

가령 壬午일 5국에서 간상은 未이고 지상은 寅이다.[2] 乙亥일 3국에서 寅乙, 戊辰일 9국에서 酉戊이다.

丁卯일 10국에서 戌丁이다. 甲申일 10국에서 巳甲이다. 庚寅일 10국에서 亥庚은 모두 자탈이다.[3]

그리고 壬辰일 3국에서 酉壬과 乙未일 11국에서 午乙은 자탈이다.[4]

〈과전도〉 壬午일 5국

甲	壬		戊
青戌白	玄午后		蛇寅合
寅	戌		午
癸	己	戊	甲
常未陰	貴卯朱	蛇寅合	青戌白
壬亥	未	午	寅

---

1) 『육임수언』「필법보담5」 피차시기해상수, 교차상탈격, "가령 壬午일 간상 未와 지상 寅은 교차상탈이다. 교섭에서 서로 탈모의 뜻을 가진다."

2) 지상신 寅목은 일간 壬수를 탈기하면서 육합이고, 간상신 未토는 일지 午화를 탈기하면서 육합한다.

3) 壬午일 5국과 乙亥일 3국과 戊辰일 9국은 교차탈이고, 丁卯일 3국과 甲申일 10국과 庚寅일 10국은 모두 자탈이다.

4) 원문의 오류이다. 壬辰일 3국은 교차탈이고, 乙未일 11국은 자탈이다.

第21-4法 交車害
교차해
교차하여 육해가 되는 격[1]

彼此各相謀害 但不宜相交用事 各有戾害. 辛酉伏吟 乙卯伏吟 丁丑 午丁 己丑 午己.

피차 서로를 해하려고 한다. 서로 교제하는 일은 확실히 좋지 못하고, 그르치는 해가 모두에게 있다.

辛酉일 복음과와 乙卯일 복음과와 丁丑일 2국에서 午가 丁에 가하고, 己丑일 2국에서 午가 己에 가한다.[2]

〈과전도〉 辛酉일 복음과

辛	壬		己
白酉玄	常戌常	青未后	
酉	戌		未
壬	壬	辛	辛
常戌常	常戌常	白酉玄	白酉玄
辛戌	戌	酉	酉

---

1) 『육임수언』「필법보담5」교차육해격, "가령 丁丑일에서 간상 午이고 지상 子이다. 기궁 未와 간상신 午가 합을 하고 일지 丑과 지상신 子가 비록 육합이지만, 간상 午와 일지 丑이 그리고 지상 子와 기궁 未가 교차육해를 한다. 이 예에 해당하면 고요하게 기다리는 것이 길하다. 만약 교섭하면 피차 반드시 해가 있다."

2) 辛酉일에서 기궁 戌과 지상신 酉 그리고 일지 酉와 일상신 戌은 교차해이다. 丁丑일에서 기궁 辰과 지상신 卯 그리고 일지 卯와 일상신 辰은 교차해이다. 己丑일은 간상 午와 일지 丑 그리고 지상신 子와 기궁 未는 교차해이다.

第21-5法 交車空
교차공
교차하여 공망되는 격

> 如占事 始初相交之時 極和極美 後總成畵餠 靡不有初 鮮克有終(也).

만약 정단하여1) 처음에는 서로의 교제가 지극히 화미하지만, 나중에는 그림의 떡이 되고 만다.

처음에는 누구나 착한 성품을 갖고 태어나지만, 착한 성품을 죽을 때까지 유지하기는 어렵다(처음에는 계획대로 하지만 끝까지 유종의 미를 거두기는 어렵다).

---

1) 가령 辛亥일 9국이다. 일간 辛(戌)과 지상신 卯, 일지 亥와 간상신 寅은 모두 교차 육합이다. 그러나 모두 공망이므로 모두 허성이 된다.

〈과전도〉 辛亥일 9국

丁	辛	○	
白 未 蛇	合 亥 靑	后 卯 玄	
卯○	未	亥	
○	丙	○	丁
貴 寅 常	常 午 貴	后 卯 玄	白 未 蛇
辛戌	寅○	亥	卯○

第21-6法 交車刑
교 차 형
교차하여 형이 되는 격[1]

如結交朋友 正和美中 必致爭競 各無禮也. 丙寅 戊寅伏吟 辛未 辛丑伏吟.

〈과전도〉 丙寅일 복음과		
己	壬	丙
勾巳空	蛇申玄	白寅合
巳	申	寅
己	己	丙	丙
勾巳空	勾巳空	白寅合	白寅合
丙巳	巳	寅	寅

붕우와의 교제를 맺고자 하지만 진실로 화미한 가운데에 반드시 다툼에 이르고 모두는 무례해진다.

가령 丙寅일과 戊寅일 복음과[2]와 辛未일과 辛丑일 복음과가 있다.

---

1) 『육임수언』「필법보담5」 빈주상벌형재상, 교차형격, "가령 丙寅·辛丑일 복음과는 교차상형이다. 교섭시에 반드시 다툼이 있다."

2) 丙寅일과 戊寅일 복음과에서 기궁 巳와 지상신 寅이 형을 하고, 일지 寅과 일상신 巳가 형을 한다. 그리고 辛未일과 辛丑일 복음과에서 기궁 戌과 지상신 未 또는 丑이 형을 하고, 일지 未 또는 丑이 일상신 戌과 형을 한다.

第21-7法 交車冲
교 차 충   교차하여 충이 되는 격

> 不論親疏 先合而後離. 夫婦 父子 兄弟 客主皆然. 丁丑 癸未 甲申 庚寅俱伏吟.

친함과 소원함을 막론하고 먼저 화합한 뒤에 이별한다. 부부·부자·형제·객주는 모두 이러하다.

가령 丁丑일 복음과, 癸未일 복음과, 甲申일 복음과, 庚寅일 복음과[1]는 모두 이러하다.

〈과전도〉 丁丑일 복음과

丁	甲	癸
朱 丑 常	后 戌 后	常 未 朱
丑	戌	未
癸	癸	丁	丁
常 未 朱	常 未 朱	朱 丑 常	朱 丑 常
丁未	未	丑	丑

---

1) ① 丁丑일 복음과에서 간상신 未는 일지 丑과 그리고 지상신 丑은 기궁 未와 서로 충을 한다. ② 癸未일 복음과에서 간상신 丑은 일지 未와 그리고 지상신 未는 기궁 丑과 서로 충을 한다. ③ 甲申일 복음과에서 간상신 寅은 일지 申과 그리고 지상신 申은 기궁 寅과 서로 충을 한다. ④ 庚寅일 복음과에서 간상신 申은 일지 寅과 그리고 지상신 寅은 기궁 申과 서로 충을 한다.

第 21-8 法 交車剋
교 차 극   교차하여 극이 되는 격

> 乃蜜裏砒　笑裏刀之喻也．匿怨而友其人如相交涉　必至爭訟．
> 庚子　丑庚　庚戌　卯庚　辛未　午辛自剋．

〈과전도〉 庚子일 8국		
○	戊	癸
常 巳 陰	合 戌 合	陰 卯 常
子	巳 ○	戌
辛	甲	○	戊
貴 丑 空	白 午 后	常 巳 陰	合 戌 合
庚申	丑	子	巳 ○

이는 곧 꿀 속에 비소가 있고 웃음 속에 칼이 있다. 원한을 숨기고 그 사람과 교제하지만, 만약 서로 교섭을 한다면 반드시 쟁송에 이른다.

가령 庚子일 8국 丑庚과[1] 庚戌일 6국 卯庚은 교차 극이다.

辛未일 5국 午辛은 간상신에서 일간을 극하고 지상신에서 일지를 스스로 극한다.[2]

---
1) ① 庚子일 8국에서 일상신 丑은 일지 子를 그리고 지상신 巳는 기궁 申을 교차극을 한다. 단지 지상신 巳가 공망이므로 사실상 일간 庚금을 극하지는 못한다. ② 庚戌일 6국에서 일상신 卯는 일지 戌을 그리고 지상신 巳는 기궁 申을 교차극을 한다.
2) 辛未일 5국은 간상신 午화에서 일간 辛금을 극하고, 지상신 卯목에서 일지 未토를 극한다.

第21~9法 交車三交
교 차 삼 교 　　　　교차하여 삼교하는 격

乃三交爲三傳. 凡因交關用事 必有奸私 或相交涉二三事. 己酉 辰己 丁卯 戊丁 丁酉 辰丁 己卯 戊己 子午日無.

〈과전도〉 己酉일 4국

丙	○	壬
空午陰	合卯白	貴子勾
酉	午	卯 ○
甲	癸	丙 ○
勾辰常	蛇丑青	空午陰合卯白
己未	辰	酉	午

삼전이 삼교[1]이면 무릇 왕래하는 일에서 반드시 간음이 있거나, 또는 두서너 개의 일로 서로 교섭하는 일이다.

가령 己酉일 4국에서 辰이 己에 가한다.[2] 丁卯일 4국에서 戊가 丁에 가한다.[3] 丁酉일 4국에서 辰이 丁에 가한다. 己卯일 4국에서 戊가 己에 가한다.[4]

---

1) 여기서는 삼전 子午卯酉를 말한다. 『육임대전』「과경1」삼교과, "무릇 사중일에 정단하여 사중이 일진에 가하고 삼전이 모두 사중신이며 태음과 육합을 만나면 삼교과이다. 사중이란 패신인 子午卯酉이다. 사중일에 정단하여 사중이 지진에 가하니 음양이 일교이고, 삼전이 모두 사중이니 이교이며, 중신에 태음과 육합이 타니 삼교이다. 이 셋은 연속으로 서로 뒤섞이니 삼교이다. 정단에서 일의 사태는 올가미가 씌어지고, 구괘와 통하는 과체로서 풍운을 알 수 없는 과이다."

2) 己酉일 4국에서, 지상신 午와 기궁 未 그리고 간상신 辰과 일지 酉는 교차 육합하고, 제3과 午가 발용이 되고 삼전은 午卯子 패신이다. 간지는 비록 육합이지만 도화의 뜻을 지닌 패신이 육합을 하고 이러한 기운이 삼전이 되었으므로 간음이 있다고 하였다. 그리고 일간은 네 계신으로만 구성되어 있고 일지는 네 중신으로만 구성되어 있으므로 두서너 개의 교섭사가 되는 것이다.

3) 丁卯일 4국은 辰이 丁에 가하는 것이 옳다. 원본이 틀려있다.

4) 己卯일 4국은 辰이 己에 가하는 것이 옳다. 원본이 틀려있다.

子午일에는 이러한 예가 없다.

第21-10法 交車三合
교차삼합   교차하여 삼합하는 격

> 乃三合爲(三)傳 又支干交車相合 亦名交合格. 凡値此者 家合仁義 外人相助而有成. 惟忌空亡.

이는 곧 삼전이 삼합이고 다시 일지와 일간이 교차삼합하는 것을 '교합격'이라고 부른다.

무릇 이 격에 해당하면 가정은 인의로 합하고 외인과는 서로 도와서 이룸이 있다. 단지 공망을 꺼린다.

> 乙丑 子乙三傳巳丑酉 辛未 午辛三傳卯亥未之類. 巳上謂日干與支上神作六合. 地支與干上神作六合 故名交車合.

〈과전도〉 乙丑일 5국

	己		乙		癸	
玄	巳	青	青	丑	蛇	蛇 酉 玄
	酉		巳		丑	
	甲		壬	癸	己	
勾 子 貴		貴 申 常		蛇 酉 玄		玄 巳 青
	乙辰		子		丑	酉

가령 乙丑일 5국에서 子가 乙에 가하고 삼전은 巳丑酉이다.[1] 辛未일 5국에서 午가 辛에 가하고 삼전은 卯亥未와 같은 종류이다.[2]

위와 같이 이른바 일간과 지상신이

---

[1] 乙丑일 5국에서 기궁 辰은 지상신 酉와 일지 丑은 일상신 子와 육합이니 교차육합이고, 다시 삼전이 巳丑酉 삼합을 하고 있다.

[2] 辛未일 5국에서 기궁 戌은 지상신 卯와 일지 未는 일상신 午와 육합이니 교차육합이고, 다시 삼전이 卯亥未 삼합을 하고 있다.

육합이고 지지와 간상신이 육합이면 '교차합'이라고 부른다.

> 凡占 皆主交關交易 交加交換而成合也. 惟不利占解散諸事矣.
> 此例如六十日內 除甲寅 庚申 丁未 己未 癸丑五日係八專日
> 干支不分 交車無合 其餘五十五日每日一課 更宜詳其相合凶吉
> 而言之.

무릇 정단에서는, 왕래하여 교역하는 모든 일과 왕래하여 교환하는 모든 일을 이루지만, 다만 해산에 관련된 모든 일에서는 불리하다.[1]

이러한 것을 예로 들면 60일 내에서 甲寅·庚申·丁未·己未·癸丑 5일 팔전일은 간지가 나눠지지 않은 것이므로 교차합이 없고, 이것을 뺀 나머지 55일에서 매일 하나의 과가 있다.

다시금 마땅히 상합의 길흉을 상세하게 살펴서 말하면 된다.

> 內有伏吟相會合者 如同其說. 內辛未日 干上午 支上卯 三傳
> 卯亥未 如占交易 後必齟齬. 始見齟齬後卻和合 因發用乘丁也.
> 又丙寅日返吟亦同.

여기에 속한 것으로 복음과에서의 상회합이 있는데, 위의 설명과 같다.

여기에 속하는 것으로 辛未일 5국에서 간상은 午이고 지상은 卯

---

[1] 합은 어떠한 기운을 만들고 맺게 하므로, 풀고 흩어져야 되는 일 즉 관재나 구설수 등에서는 불리하다.

이며 삼전은 卯亥未이다.1)

<과전도> 辛未일 5국

丁	○	辛
后卯合	合亥白	白未后
未	卯	亥 ○

庚	丙	丁	○
常午貴	貴寅勾	后卯合	合亥白
辛戌	午	未	卯

만약 교역 정단이면 나중에 반드시 틀어지고 어긋나게 된다. 그러나 처음에 틀어지고 어긋났다면 오히려 나중에는 화합하게 되는데, 그 이유는 발용에 정마가 탔기 때문이다.

그리고 丙寅일 반음과도 역시 이와 같다.2)

---

1) 기궁 戌과 지상신 卯, 일지 未와 일상신 午는 교차육합이다. 그리고 삼전은 卯亥未 삼합이다.

2) 여기에서 기궁 巳와 지상신 申, 일지 寅과 일상신 亥는 교차육합이다. 그러나 삼전 寅申寅은 상하와 좌우로 충이므로 모든 모망사는 깨진다.

第 22 法 上下皆合兩心齊   上下同心 三軍協力
상 하 개 합 양 심 제

장수와 병졸이 한마음이고 삼군이 협력한다.

해설 상하가 모두 화합하니 서로의 마음이 같다.[1]

> 謂支干上神作六合 地盤支干亦作六合 如乙酉 丙申 戊申 辛卯 壬寅 此五日伏吟者是也.

〈과전도〉 乙酉일 복음과

壬	乙	辛
勾辰勾	后酉玄	靑卯合
辰	酉	卯
壬	壬	乙	乙
勾辰勾	勾辰勾	后酉玄	后酉玄
乙辰	辰	酉	酉

이른바 지간상신이 육합하고 간지의 지반이 다시 육합하는 것이다.

가령 乙酉[2]·丙申·戊申·辛卯·壬寅 5일의 복음과가 여기에 해당한다.

---

1) 『육임수언』 「필법보감4」 간지화합정환열, 간지내외구합례, "① 조건 : 이른바 간지상신이 육합을 하고 일간과 일지가 스스로 육합하는 것이다. ② 예제 : 가령 乙酉일 복음과에서 辰과 酉는 합을 하고, 丙申과 戊申일 복음과는 巳와 申이 합을 한다. 辛卯일 복음과는 卯와 戌이 합을 하고, 壬寅일 복음과는 寅과 亥가 합을 한다. 위와 아래가 한마음이고 내외가 협력한다. 실탈과 도망과 은닉사는 나쁘다. 이 예는 복음과에서 적합하다."

2) 乙酉일 복음과에서 지상신 辰과 지상신 酉가 상합하고, 기궁 辰과 일지 酉가 상합한다. 거의 모든 대인관계는 주객으로 나눠진다. 대체로 일간은 나이고 일지는 타인이다. 혼인에서는 일간은 신랑이고 일지는 신부이다. 국가 간의 회담에서는 일간은 아국이고 일지는 타국이다. 사업에서는 일간은 나이고 일지는 상대방이다. 이와 같이 간상신과 지상신이 육합하니 이러한 모든 인사는 화미하다.

【구성이론】 일간과 일지

【정단원리】 주객 관계에서 일간은 나이고 일지는 상대이다. 따라서 모든 대인관계에서의 이해득실에 적용이 가능하다.

第 22-1 法 干支相會格
간 지 상 회 격   간지가 서로 모이는 격[1]

如乙酉日 酉加乙 或乙加酉. 丙申日 申加丙 或己加申. 戊申日
申加戊 或巳加申. 辛卯日 卯加辛 或戌加卯. 壬寅日 寅加亥
或壬加寅. 緣上下作六合者.

〈과전도〉 乙酉일 8국

	○	戊	癸
	后未青	勾子貴	玄巳白
	寅	未○	子
	乙	庚	庚	○
	蛇酉合	空寅陰	空寅陰	后未青
	乙辰	酉	酉	寅

가령 乙酉일 8국에서 酉가 乙에 가하고,[2] 6국에서 乙(辰)이 酉에 가한다.

丙申일 10국에서 申이 丙에 가하고, 4국에서 巳가 申에 가한다.

戊申일 10국에서 申이 戊(巳)에 가하고, 2국에서 巳가 申에 가한다.

辛卯일 8국에서 卯가 辛(戌)에 가하고, 6국에서 戌이 卯에 가한다.

壬寅일 10국에서 寅이 亥에 가하고, 4국에서 壬(亥)이 寅에 가한다. 이러하므로 이들은 상하가 육합을 한다.

---

1) 『육임수언』「필법보담4」 간지화합정환열, 간지상합육합격, "① 조건 : 이른바 간지가 서로 모여서 육합하는 것이다. ② 해설 : 가령 乙酉·丙申·戊申·辛卯·壬寅 5일에서 일간이 일지에 가하거나, 일지가 일간에 가한다. 위의 모든 예는 모두 공망을 꺼린다."

2) 일지 酉가 간상으로 와서 일간 乙에 임하니, 간지가 서로 모인 것이다.

第 22-2 法 上下俱合格
상 하 구 합 격   간지가 모두 상하로 합을 하는 격[1]

> 如日干與上神作六合 地支亦與上神作六合者. 例如甲申日 干上亥 與甲干作六合. 支上巳 與地支申作六合. 丁丑日 干上午 支上子. 己丑日 同癸未日 干上子 支上午. 庚寅日 干上巳 支上亥.

곧 일간과 그 상신이 육합하고, 일지 또한 그 상신과 육합하는 것이다.

〈과전도〉 甲申일 4국		
癸	庚	丁
朱 巳 勾	青 寅 蛇	常 亥 陰
申	巳	寅
丁	甲	癸	庚
常 亥 陰 后 申 白 朱 巳 勾 青 寅 蛇		
甲寅	亥	申	巳

가령 예를 들면 甲申일 4국에서 간상 亥는 일간 甲과 육합이고 지상 巳는 일지 申과 육합이다. 丁丑일 2국에서 간상은 午이고 지상은 子이다.

己丑일 8국과 癸未일 2국에서 간상은 子이고 지상은 午이다.[2] 庚寅일 4국에서 간상은 巳이고 지상은 亥이다.

---

1) 『육임수언』 「필법보담4」 간지화합정환열의 내용과 예문이 겹쳐있다.
   간지상하상합격, "이른바 간지와 상신이 육합하는 것이다. 가령 甲申일 간상 亥이고 지상 巳이다. 丁丑일 간상 午이고 지상 子이다. 정단은 앞의 예(간지내외구합례)와 같다."

2) 癸未일 2국은 간상 子와 기궁 未, 지상 午와 일지 未가 상하육합이다. 그러나 己丑일 8국은 간상 子와 일지 丑, 지상 午와 기궁 未가 교차육합이다.

第22-3法 獨支干上神作六合格

독 지 간 상 신 작 육 합 격 지간상신만 홀로 육합하는 격[1]

> 如戊辰日 干上丑 與支上子作六合. 又戊辰日 干上未 與支上午作六合. 辛未日 干上寅 又干上申. 乙亥日 干上酉 又干上卯. 丙子日 干上卯 又干上酉. 戊子日 干上卯 又干上酉.

〈과전도〉 戊辰일 5국

甲	壬	戊
蛇子靑	靑申蛇	玄辰玄
辰	子	申
乙	癸	甲	壬
貴丑空	勾酉朱	蛇子靑	靑申蛇
戊巳	丑	辰	子

가령 戊辰일 5국에서 간상 丑과 지상 子는 육합이다. 戊辰일 11국에서 간상 未와 지상 午는 육합이다.

辛未일 9국에서 간상 寅이고 3국에서 간상 申이다.[2] 乙亥일 8국에서 간상 酉이고, 2국에서 간상 卯이다.[3]

丙子일 3국에서 간상 卯이고, 9국에서 간상 酉이다.[4]

---

1) 『육임수언』「필법보담4」 간지화합정환열, 간지상신상합격, "① 조건 : 이른바 간지상신이 육합하는 것이다. ② 예제 : 가령 戊辰일에서 간상 丑이고 지상 子이다. 辛未일에서 간상 寅이고 지상 亥이다. 또한 앞의 예(간지내외구합례)와 같다."

2) 9국은 간상신 寅과 지상신 亥가 육합이고, 3국은 간상신 申과 지상신 巳가 육합이다.

3) 8국은 간상신 酉와 지상신 辰이 육합이고, 3국은 간상신 卯와 지상신 戌이 육합이다.

4) 8국은 간상신 卯와 지상신 戌이 육합이고, 3국은 간상신 酉와 지상신 辰이 육합이다.

戊子일 3국에서 간상 卯이고, 9국에서 간상 酉이다.1)

---

1) 3국은 간상신 卯와 지상신 戌이 육합이고, 9국은 간상신 酉와 지상신 辰이 육합이다.

第22-4法 交互六合格
교호육합격   교차 육합하는 격

> 如干上神與支作六合 支上神與干作六合. 如乙丑日 干上子 支上酉. 丙寅日 干上亥 支上申. 戊辰日 干上酉. 辛未日 干上午. 乙亥日 干上寅. 丙子日 干上丑. 戊寅日 干上亥. 每日皆有 內有一字空亡 反爲凶咎. 已上相合 凡占主客相順 神合道合之象.

만약 간상신과 지진이 육합이고 지상신과 일간이 육합하면 이 격이다.

〈과전도〉 乙丑일 5국

己		乙		癸	
玄	巳青	青	丑蛇	蛇	酉玄
酉		巳		丑	
甲		壬	癸		己
勾子貴	貴申常	蛇酉玄		玄巳青	
乙辰		子	丑		酉

가령 乙丑일 5국에서 간상 子이고 지상 酉이다.[1]

丙寅일 7국에서 간상 亥이고 지상 申이다.[2] 戊辰일 9국에서 간상 酉이다.[3]

辛未일 5국에서 간상 午이다.[4]

乙亥일 3국에서 간상 寅이다.[5]

丙子일에서 간상 丑이다.[6] 戊寅일에서 간상 亥이다.[7]

---

1) 기궁 辰과 지상신 酉 그리고 지진 丑과 일상신 子는 교호육합이다.
2) 기궁 亥와 지상신 寅 그리고 지진 寅과 일상신 亥는 교호육합이다.
3) 기궁 巳와 지상신 申 그리고 지진 辰과 일상신 酉는 교호육합이다.
4) 기궁 戌과 지상신 卯 그리고 지진 未와 일상신 午는 교호육합이다.
5) 기궁 辰과 지상신 酉 그리고 지진 亥와 일상신 寅은 교호육합이다.
6) 기궁 巳와 지상신 申 그리고 지진 子와 일상신 丑은 교호육합이다.

매일에 있지만 한 글자라도 공망되면 오히려 흉액이 있다. 위의 상합은 모든 정단에서 나와 상대는 순조로워서 천신에 합하고 천도에 합하는 상이다.

---

7) 기궁 巳와 지상신 申 그리고 지진 寅과 일상신 亥는 교호육합이다.

第22~5法 外好裏槎芽格

외 호 리 사 아 격   겉으로는 좋지만 속으로는 해하는 격[1]

> 凡占 皆如其言 緣支干上神雖作六合 奈何地盤支干 卻作六害也. 如壬申日 干上寅 與支上亥作六合. 殊不知壬干與申支作六害. 乙卯日 干上丑與支上子作六合 其支干辰卯卻作六害. 況合空亡 而害實在. 凡事空喜而實害.

무릇 정단에서 모든 것은 다음과 같다. 즉 지간상신이 비록 육합일지라도 지반의 지간이 무엇인지에 따라 오히려 육해를 만들기도 한다.[2]

〈과전도〉 壬申일 10국

己	壬	○
朱巳貴	青申合	常亥空
寅	巳	申

丙	己	○	丙
后寅玄	朱巳貴	常亥空	后寅玄
壬亥	寅	申	亥○

가령 壬申일 10국에서 간상 寅과 지상 亥는 육합하지만, 오히려 일간 壬(亥)과 일지 申은 육해가 되는 것을 몰랐다.

乙卯일 4국에서 간상 丑과 지상 子는 육합하지만, 그 지간 辰卯는 오히려 육해이다. 하물며 합이 공망이므로 모든

---

1) 『육임수언』「필법보담4」 간지화합정환열, 외호리사아격, "① 조건 : 이른바 간지상신이 육합하지만 지반이 육해하는 것이다. ② 예제 : 가령 辛酉일 간상 未와 지상 午는 육합이지만, 일간 戌과 일지 酉는 육해를 만든다. 겉모습은 비록 호의적이지만 속으로는 오히려 백번이나 베고 으깬다. 만약 합이 旬중의 공망이면 해는 오히려 실재하니 더욱 두렵다."

2) 지간상신이 육합이므로 겉으로는 서로 화합하지만 지간이 육해이므로 속으로는 서로 화합하지 못한다.

일은 공허한 기쁨이 되고 해로움은 실재한다.

辛酉日 干上丑 與支上子作六合 俱空 獨留支干酉戌六害. 又 辛酉日 干上未 與支上午作六合 支干酉戌自作六害. 乙卯日 干上未 與支上午作六合 卯辰支干自作六害. 丙寅日 干上寅 與支上亥作六合 干己與支寅卻作六害. 戊寅日 干上寅 與支上亥作六合 干巳與寅支干作六害.

〈과전도〉 辛酉日 10국

乙	戊	辛
蛇卯玄	勾午貴	白酉合
子○	卯	午

○	丙	○	乙
后丑白	朱辰陰	陰子空	蛇卯玄
辛戌	丑○	酉	子○

가령 辛酉일 10국에서 간상 丑과 지상 子는 육합하지만 모두 공망이고, 홀로 머무는 지간인 酉戌은 육해이다.

그리고 辛酉일 4국에서 간상 未와 지상 午는 육합하지만, 지간 酉戌은 스스로 육해를 만든다.

乙卯일 10국에서 간상 未와 지상 午는 육합하지만, 지간인 卯辰은 스스로 육해를 만든다. 丙寅일 4국에서 간상 寅과 지상 亥는 육합하지만, 일간 巳와 일지 寅은 오히려 육해를 만든다.

戊寅일 4국에서 간상 寅과 지상 亥는 육합하지만, 일간 巳와 일지 寅은 육해를 만든다.

第 22-6 法 日辰鄰近格
일 진 인 근 격 　　　일간과 일지가 이웃이 되는 격[1]

> 緣干支相會上神作六合者 凡占 皆主有變換 彼我共謀求合之事
> 也.

일지와 일간은 서로 모이고 그 상신은 육합하는 것이다. 무릇 정단에서는 모두 변환이 있고, 피아가 공동으로 도모하여 구하는 일은 합해진다.

> 如壬子日 子加亥 與支上丑作六合 又是支加干兼支干相鄰近
> 也. 戊午日 干上午與支上未作六合 又是支加干兼支干相鄰近.
> 丙午日 同值此例者 客主相順 神和道合.

가령 壬子일 12국에서 子가 기궁 亥에 가하여 지상 丑과는 육합하고, 일지가 일간에 가하여 일지와 일간은 서로 이웃이 된다.[2]

---

1) 『육임수언』 「필법보담4」 간지화합정환열, 간지인근상합격, "① 조건 : 이를 설명하면 일간과 일지가 서로 모여서 상신이 육합하고 다시 일간과 일기(一氣)가 되는 것이다. ② 예제 : 가령 壬子일 간상 子와 지상 丑이다. 일지 子가 일간에 가하여 다시 기궁 亥와는 일기이다. 丙午일과 戊午일 간상 午와 지상 未에서 일지가 일간에 가하고 다시 일간신 巳와 일기이다. 천신에 합하고 도에 합한다. 일을 속성한다. 나머지에는 예가 없다."

2) 일지 子는 일간 壬과 같은 오행이다. 대인 관계에서 일간은 나·신랑·고용주·아국원수·태아이고, 일지는 타인·신부·종업원·타국원수·임신부이다. 이들 상호간

〈과전도〉 壬子일 12국			
○	○	甲	
后寅玄	貴卯陰	蛇辰后	
丑	寅○	卯○	
壬	癸	癸	○
玄子白	陰丑常	陰丑常	后寅玄
壬亥	子	子	丑

戊午일 12국에서 간상 午와 지상 未는 육합하고, 다시 일지가 일간에 가하여 더불어서 일지와 일간은 서로 이웃이 된다. 丙午일도 이 예와 같다.[1]

상대와 나는 서로 화순하여 천신에 화합하고 천도에 합한다.

의 교제는 뜻이 합쳐지고 매사 순조롭다.

1) 丙午일 12국에서 간상 午와 지상 未는 육합하고, 다시 일지 午가 일간 丙에 가하여 더불어서 일지와 일간은 서로 이웃이 된다.

第 22-7 法 干支相會格
간 지 상 회 격   간지가 서로 만나는 격[1]

> 緣上神相合而不相鄰近者 例亦可相共謀而成合事. 丙寅日 寅加巳. 亥加寅. 丙戌日 戌加巳 及卯加戌. 戊戌日 戌加巳 及卯加戌. 壬辰日 辰加亥 及酉加辰.

이 격은 상신은 상합하지만 인근과는 상합하지 않는 것이다.[2] 이 예 또한 서로 공동으로 도모하면 일을 성합한다.

〈과전도〉丙寅일 4국			
○	壬		己
朱亥貴	后申玄		常巳空
寅	亥○		申
丙	○	○	壬
青寅合	朱亥貴	朱亥貴	后申玄
丙巳	寅	寅	亥○

가령 丙寅일 4국에서 寅이 巳에 가하고 亥가 寅에 가한다. 가령 丙戌일 8국에서 戌이 巳에 가하고 卯가 戌에 가한다. 가령 戊戌일 8국에서 戌이 巳에 가하고 卯가 戌에 가한다. 가령 壬辰일 8국에서 辰이 亥에 가하고 酉가 辰에 가한다.

---

1) 이 내용은 아래 책과는 차이가 있다.『육임수언』「필법보담7」삼전회환수구의, 간지상회격, "① 조건 : 이른바 사과 안이 불비이고 간지가 회환하며 스스로 삼합을 지으면 간지상회이다. ② 해설 : 가령 丁卯일에서 1과는 卯이고 2과와 3과는 모두 亥이며 4과는 未이며, 삼전은 未亥卯이다. ③ 길흉 : 길사는 길함을 이루고, 흉사는 흉함을 이룬다. 만약 혼인 정단이면 반드시 이룬다."

2) 22-1 간지상회격 : 일간(기궁)이 지상으로 가서 일지와 육합하거나 일지가 간상으로 와서 일간(기궁)과 육합한다. 22-6 일진인근격 : 일지가 간상으로 와서, 지상과 육합하고 일간(기궁)과 동일 오행이다. 22-7 : 일지가 간상으로 와서, 지상과 육합하고 일간(기궁)과 다른 오행이다.

第23法 彼求我事支傳干 *彼有事 必來求於我者*
피 구 아 사 지 전 간 타인이 가지고 있는 일을 반드시 나에게 와서 구한다.

해설 타인이 나에게 일을 구하는 격[1]

> 謂初傳從支上起 末傳歸干上者 凡占必主他人委托我幹謀事體 吉凶皆成 故占吉則吉遂 占凶則凶成. 行人至 求取得. 如癸酉日 初傳從支上巳起 末傳至干上酉止 乃三傳巳酉丑也.

〈과전도〉 癸酉일 5국		
己	乙	癸
貴巳陰	勾丑朱	常酉空
酉	巳	丑
癸	己	己	乙
常酉空	貴巳陰	貴巳陰	勾丑朱
癸丑	酉	酉	巳

이른바 초전이 지상에서 일어나고 말전이 간상으로 돌아오는 것이다.

모든 정단은 반드시 타인이 주요 모망사를 나에게 위임, 부탁하게 되고 길흉은 모두 성립된다. 따라서 길사 정단은 길하고 흉사 정단은 흉하다. 행인은 도착하고, 구재는 얻는다.

가령 癸酉일 5국에서 초전은 지상 巳에서 일어나고, 말전은 간상 酉에 와서 그치며, 삼전은 巳酉丑이다.

---

[1] 『육임수언』「필법보담7」조간조지별존비, 지신조간격, "가령 丁酉일 2국에서 간상은 午이고 지상은 申이며 삼전은 申未午이다. 스스로 지상에서 발용하여 삼전으로 전해지고 일간으로 돌아와서 강하게 충천한다. 만약 12신과 천장이 길하면 길사를 이루고 구하지 않더라도 이룬다. 무심결에 가히 얻는다. 만약 12신과 천장이 흉하면 화가 생기는 것은 이루 다 짐작할 수 없다."

【구성이론】 일간과 일지.

【정단원리】 일지는 상대이고 일간은 나이다. 지상이 발용이고 말전이 간상으로 돌아온다는 것은, 상대에서 비롯된 일이 결국 나에게 귀결되는 상이 된다. 이때 천장이 길하면 길사는 이루고 구하지 않더라도 뜻하지 않게 득하게 된다. 그러나 흉장이 타면 예측하지 못했던 화가 생긴다.

第24法 我求彼事干傳支
아 구 피 사 간 전 지   내가 타인에게 일을 구하는 격[1]

> 謂初傳從干上起 末傳歸在支上者. 凡事勉强 不免俯求于人 亦
> 爲人抑勒 難自屈伸 旺相尤吉 死囚不安.

이른바 초전이 간상에서 일어나고 말전이 지상으로 돌아오는 것이다. 모든 일에서 강제로 타인에게 고개를 숙여서 구함을 면치 못하고, 또한 타인의 압력으로 스스로 굴신하기는 어렵지만 시령으로 왕상하면 오히려 길하고 만약 사수이면 불안하다.

> 又主爲卑下所屈 兼禮下求人之意. 只宜低心下意 不宜高上.
> 百事不擧 家宅不和. 行人未來 病者難愈 死.

그리고 주인이 아랫사람[2]에게 몸을 낮춰서 예의를 갖추고 타

---

1) 『육임수언』 「필법보담7」 간신조지격, "① 가령 丁亥일 11국에서 간상은 酉이고 지상은 丑이며 삼전은 酉亥丑이다. 스스로 간상에서 발용이 되어 지상으로 전해져서 돌아온다. 묻는 일은 타인에게 허리를 숙이는 것을 면치 못하고 스스로 굴신하기 어려운데, 왕상하면 오히려 좋지만 휴수이면 더욱 흉하다. ② 그리고 지상에서 스스로 발용이 되어 일지로 돌아오는 것으로는, 癸未일 묘성과에서 지상은 申이고 삼전은 申寅申이다. ③ 그리고 다른 곳에서 스스로 발용이 되어 일지로 돌아오는 것이 있는데, 가령 己酉일 묘성과에서 지상은 申이고 삼전은 戌午申이다. 비하인에게는 유리하고 존장자에게는 불리하다. 타인에게는 유리하고 나에게는 불리하다."

2) 여기서의 주는 구점자이고 비하는 타인이다. 임금이 신하를 구하는 일이라면 주는 임금이 되고 비하는 신하가 된다.

인의 뜻을 구해야 한다. 오로지 마음을 비우고 뜻을 낮추되 높이 올려서는 안 된다. 모든 일은 시작하지 못하고, 가정은 불화하며, 행인은 아직 오지 않고,[1] 병자는 낫기 어렵고 사망한다.

如丁亥日 自干上酉作初傳 至支上丑作末傳止也.

〈과전도〉丁亥일 11국

乙	丁	己
朱酉貴	貴亥陰	陰丑常
未○	酉	亥

乙	丁	己	辛
朱酉貴	貴亥陰	陰丑常	常卯空
丁未	酉	亥	丑

가령 丁亥일 11국에서, 간상 酉가 스스로 초전이 되고 지상 丑이 말전이 되어 멈춘다.

【구성이론】 일간과 일지.
【정단원리】 제23법과는 반대의 상이다.

---

[1] 행인 정단은 여행 간 사람이 무사히 귀가하는지 알아보는 것이다. 여기서 여행자인 일간이 초전이 되었다가, 여행의 중간 과정인 중전을 거쳐서, 여행 목적지인 말전으로 가는 것이다. 이와 같이 여행을 가는 상이므로 이와 같이 본 것이다.

第25法 金日逢丁凶禍動 海內方寧 不料盜賊蜂起

금 일 봉 정 흉 화 동   나라 안이 평안하면 도적이 봉기할 것을 생각하지 못한다.

해설 金일에 정마1)를 만나면 흉화가 일어난다.2)

如有官人占之 則赴任極速 不宜欲占人行年 上神剋去 六丁所乘之神. 常人占之 反宜制丁乘神 謂庚辛二干三傳 年命日辰 逢旬內六丁神者 必主凶.

만약 관직자가 정단하면 부임은 지극히 빠르다. 하지만 정단인의 행년상신에서 여섯 丁이 타고 있는 신을 극하면 그렇지 못하다.

일반인이 정단하는 경우, 오히려 丁이 타고 있는 신을 제극하는 것이 옳다.

이른바 庚辛 두 날에서 삼전, 행년·본명, 일간·일지에 순 내의 여섯 정신을 만나면 반드시 흉하다.

---

1) 금일정마격 찾는 법

일	정마	작용
庚午·辛未	丁卯	처첩에 의한 흉이 발생한다.
庚辰·辛巳	丁丑	존장에 의한 흉이 발생한다.
庚戌·辛亥	丁未	존장에 의한 흉이 발생한다.
庚寅·辛卯	丁亥	자손에 의한 흉이 발생한다.
庚子·辛丑	丁酉	형제에 의한 흉이 발생한다.
庚申·辛酉	丁巳	관청에 의한 흉이 발생한다.

2) 『육임수언』 「필법보담3」 정작동신량기단, '금일봉정례'와 내용이 같다.

動如乘勾陳 必被官詞勾追 如乘月之死氣 必親族在外府郡報死亡 而動往 乘貴人 必貴人差往. 乘玄武 主逃或妻有血災. 蛇雀尤的.

정신에 구진이 타면 반드시 관사(官詞)를 입게 되고, 만약 월내의 사기가 타면 반드시 외부의 지역에 사는 친족의 사망 소식을 받고 가게 된다.
천을귀인이 타면 반드시 귀인의 파견이 있고, 현무가 타면 도주를 하거나 처에게 피에 관련된 재앙(血災)이 있으며, 등사나 주작이 타면 더욱 더 이러하다.

如庚午 辛未二日見卯 是丁神 則因妻而凶動. 不然 取財而禍起. 或先得財而後凶.

〈과전도〉 庚午일 6국

○	己	甲
合戌合	常巳陰	蛇子青
卯	戌○	巳
丁	○乙	壬
陰卯常	合戌合貴丑空	青申蛇
庚申	卯午	丑

가령 庚午와 辛未의 두 날에서 卯는 정신이다.
처로 인하여 흉이 발생하거나 그렇지 않으면 재물을 취한 뒤에 재앙이 발생한다.[1]

---

1) 가령 庚午일 6국에서 간상에는 재물이 임하고 그 위에는 귀살 丁이 타고 있다.

> 庚辰 辛巳二日見丑 是丁(神) 則因父母之墓田而凶 動尤. 分旺
> 相爲田 死囚爲墓 內辛巳日晝將順行 丑乘白虎作丁神 而遙傷
> 日干 其凶動尤速.

庚辰과 辛巳의 두 날에 보이는 丑은 정신이다.
부모의 묘지와 전답으로 인한 흉은 더욱 신속하게 발생한다. 왕상과 사수로 나누면 왕상은 전답이고 사수는 묘분이다.
여기에 속하는 예로는 辛巳일 낮 천장은 순행한다. 丑에 타고 있는 백호가 정신을 만들어 멀리에서 일간을 상하니, 그 흉이 발생하는 것은 매우 신속하다.

> 庚寅辛卯二日見亥 是丁神 則因子息而凶動. 內辛卯日晝將逆
> 行 亥乘白虎 凶動尤速.

庚寅과 辛卯의 두 날에 보이는 亥는 정신이다.
자식으로 인하여 흉이 발생한다.
여기에 속하는 예로는 辛卯일에서 낮 천장은 역행한다. 亥에 백호가 타니 흉이 발생하는 것은 더욱 신속하다.

> 庚子 辛丑二日見酉 是丁 則因兄弟或己身而凶動 尤分庚日是
> 兄 辛日是弟 及己身及祿有動 遙內辛丑日夜將順行 酉乘(白虎
> 其凶尤速).

庚子와 辛丑의 두 날에 보이는 酉는 정신이다.
형제 또는 자신으로 인하여 흉이 발생한다.

이를 나눠서 보면 庚일에는 형으로 인하여, 辛일에는 동생으로 인하여 자신의 식록에 동함이 있다.

여기에 속하는 예로는 辛丑일에서 밤 천장은 순행한다. 酉에 백호가 타니 (그 흉은 더욱 신속하다.)

庚戌 辛亥二日見未 是丁 則因父母長上而凶動. 內辛亥日夜將 逆行 未乘白虎 其凶亦速.

庚戌과 辛亥의 두 날에서 보이는 未는 정신이다.
부모와 웃어른으로 인하여 흉이 발생한다.
여기에 속하는 예로는 辛亥일에서 밤 천장은 역행이다. 백호가 未에 타니 그 흉은 신속하다.

庚申 辛酉二日見巳 是丁(神) 則因官鬼 及長上而凶動. 尤分庚 日主鬼動 辛日主官搖動.

庚申과 辛酉의 두 날에 보이는 巳는 정신이다.
관귀로 인하여 웃어른에게 흉이 발생한다.
이를 庚일과 辛일로 나눠서 보면, 庚일에는 주로 귀살이 동하고 辛일에는 주로 관성이 요동한다.

【구성이론】 정마, 귀살, 백호, 등사, 주작.
【정단원리】 庚辛일에 과전과 행년·본명상이 정마이면 그 흉은 신속하게 발생하여 예측하지 못했던 재앙이 닥친다는 것은 주체인 庚辛의 귀살이 丁화가 되기 때문이고, 속히 흉이 발생하는 것은 정마에는 신속의 뜻이 있기 때문이다.

第 25-1 法 火鬼蛇雀剋宅格

화 귀 사 작 극 택 격 화귀[1]에 등사나 주작이 타서 가택을 극하는 격

緣火鬼乘朱雀而剋宅神 其末傳又乘丁而遙剋日干者 例惟庚辰日 卯加辰 冬占用晝將是也. 如值此課 必遭天火焚伐 而無怨也. 餘有火鬼乘蛇雀 而剋宅者例.

〈과전도〉 庚辰일 2국

己	戊	丁
朱卯	寅	丑
辰	卯	寅

癸	壬	己	戊
未	午	朱卯	寅
庚申	未	辰	卯

이는 화귀에 주작이 타서 택신을 극하고 말전에 다시 정신이 타서 일간을 멀리에서 극하는 것이다.

가령 庚辰일 2국에서 卯가 辰에 가한 겨울에 정단하여 낮 천장을 쓰는 경우이다.[2]

이 과에 해당하면 반드시 저절로 불이

1) 화귀살 찾는 법

정단 월건	봄(寅卯辰)	여름(巳午未)	가을(申酉戌)	겨울(亥子丑)
화귀	午	酉	子	卯

2) 화재가 나는 계절별 일진

봄	甲申・戊申・庚申 3국
여름	甲寅・庚寅・戊寅 6국, 乙卯・己卯・丁卯 7국
가을	甲午・庚午・戊午 7국・丁巳・辛巳 6국
겨울	甲辰・戊辰・庚辰 8국・癸未 5국・辛丑 11국・壬辰일 2국

나서 재앙을 당하지만 원망할 곳이 없게 된다.
　이 외에도 화귀에 천장오행이 화인 주작이나 등사가 타서 가택을 극하는 예가 있다.

春占火鬼是午 如甲申 戊申 庚申三日幷午加申 用夜將乘螣蛇而剋宅 已後例宜以井底泥塗竈禳之.

　봄 정단에서의 화귀는 午이다.
　가령 甲申·戊申·庚申 세 날의 3국은 나란히 午가 申에 가하고 밤 천장을 쓰면 등사가 타서 가택을 극한다. (우물에 있는 진흙을 부엌에 발라서 물리치는 것이 옳다.) 뒤의 예도 또한 같다.

夏占火鬼是酉 如甲寅 庚寅 戊寅三日 酉加寅 用夜將乘朱雀而剋宅. 乙卯 己卯二日 酉加卯 (用)夜將乘朱雀而剋宅. 丁卯日 酉加卯 (用)晝將乘螣蛇而剋宅.

　여름 정단에서의 화귀는 酉이다.
　가령 甲寅·庚寅·戊寅의 세 날 6국은 酉가 寅에 가하고 밤 천장을 쓰면 주작이 타서 가택을 극한다.
　乙卯·己卯의 두 날 7국은 酉가 卯에 가하고 밤 천장을 쓰면 주작이 타서 가택을 극한다.
　丁卯일 7국은 酉가 卯에 가하고 낮 천장을 쓰면 등사가 타서 가택을 극한다.

> 秋占火鬼是子 如甲午 庚午 戊午三日 幷子加午 (用) 晝將乘螣
> 蛇而剋宅. 丁巳日 子加巳 晝將乘螣蛇而剋宅. 辛巳日 子加巳
> 夜將乘朱雀而剋宅.

   가을 정단에서의 화귀는 子이다.
   가령 甲午·庚午·戊午의 세 날 7국은 나란히 子가 午에 가하고 낮 천장을 쓰면 주작이 타서 가택을 극한다.
   丁巳일 6국에서 子가 巳에 가하고 낮 천장인 등사가 타서 가택을 극한다.
   辛巳일 6국에서 子가 巳에 가하고 밤 천장인 주작이 타서 가택을 극한다.

> 冬占火鬼是卯 如甲辰 戊辰 庚辰三日 幷卯加辰 晝將乘朱雀而
> 剋宅. 癸未日 卯加未 晝將乘朱雀而剋宅. 辛丑日 卯加丑 夜將
> 乘螣蛇而剋宅. 壬辰日 卯加辰 晝將乘朱雀而剋宅.

   겨울 정단의 화귀는 卯이다.
   가령 甲辰·戊辰·庚辰의 세 날 8국은 나란히 卯가 辰에 가하고 낮 천장인 주작이 타서 가택을 극한다.
   癸未일 5국에서 卯가 未에 가하고 낮 천장인 주작이 타서 가택을 극한다.
   辛丑일 11국에서 卯가 丑에 가하고 밤 천장인 등사가 타서 가택을 극한다.
   壬辰일 2국에서 卯가 辰에 가하고 낮 천장인 주작이 타서 가택을 극한다.

第25-2法 人宅罹禍格
인 택 리 화 격   사람과 가택이 재앙을 입는 격

緣日上神剋日 而辰上神乘丁又剋日 主身宅皆凶 人且災而宅必動搖. 惟有官人占赴任極速 宜乎晝將. 凡六庚日巳加庚 六辛日午加辛者 皆丁神臨宅.

〈과전도〉 庚辰일 4국		
辛	戊	乙
勾巳朱	蛇寅青	陰亥常
申○	巳	寅
辛	戊	丁	甲
勾巳朱	蛇寅青	貴丑空	玄戌玄
庚申	巳	辰	丑

일상신에서 일간을 극하고 지상신에 정신이 타서 다시 일간을 극하면, 사람과 가택은 모두 흉하여져서 사람에게는 재앙이 닥치고 가택은 반드시 동요된다.

그러나 관직자가 정단하면 부임이 지극히 빠른데 낮 천장이 적당하다.

무릇 여섯 庚일 4국에서 巳가 庚에 가하고,[1] 여섯 辛일 3국에서 午가 申에 가하므로 모두 정신이 가택에 임한다.

---

1) 庚辰일 4국에서 사람을 뜻하는 일간에서의 간상신 巳화는 일간 庚금을 극하고, 가택을 뜻하는 일지에서의 지상의 둔반 丁화가 다시 일간을 극한다. 따라서 가족과 가택 모두에게 화가 미친다.

第 25-3 法 蛇虎遁鬼格

사 호 둔 귀 격 [1]   등사와 백호가 숨은 귀살이 되는 격

> 專論蛇虎二爻 謂六甲日 遁旬內之庚乘白虎 在六處併辛日 遁旬內之丁乘螣蛇 在六處者. 凡占 至凶至危 至怪至動 縱空亡 不能解救.

오로지 등사와 백호 두 효만 거론한다.

이른바 여섯 甲일에서 둔순 내의 庚에 백호가 타고, 아울러 辛일의 6처에 둔순 내의 丁에 등사가 타서 6처에 있는 것이다.

모든 정단에서 지극한 흉과 지극한 액이 있고 지극한 괴이와 지극한 움직임이 있으니, 설령 공망되더라도 풀리지 않고 해소되지 않는다.

> 如甲子日 庚午加戌 三傳戌午寅 又庚午加子 返吟 又庚午加丑 三傳辰申子 幷用晝將 此乃遁旬內之庚 乘白虎而遙傷日干者.

가령 甲子일 5국에서 庚午가 戌에 가하고 삼전은 戌午寅이다. 또한 7국에서 庚午가 子에 가한 반음이다.

---

1) 사호둔귀격 찾는 법

사둔귀	甲子일 5국·7국·8국 낮 천장
호둔귀	辛巳일 5국·8국·9국 밤 천장

그리고 8국에서 庚午가 丑에 가하고 삼전은 辰申子이다.

이들은 모두 낮 천장을 쓰고, 이들은 둔순 내의 庚에 백호가 타서 멀리에서 일간을 상한다.

〈과전도〉 甲子일 5국

○	庚	丙
合戌合	后午白	白寅后
寅	戌○	午

○	庚	壬	戊
合戌合	后午白	蛇申青	玄辰玄
甲寅	戌○	子	申

例辛巳日 丁丑乘蛇 加巳臨宅 三傳午寅戌. 又丁丑加申 三傳
卯申丑 丁在末傳 又丁丑加酉 三傳酉丑巳 丁在中傳 併用夜將
此乃遁旬內之丁 乘螣蛇而遙傷日干者例.

〈과전도〉 辛巳일 5국

壬	戊	甲
常午貴	青寅勾	勾戌常
戌	午	寅

壬	戊	丁	○
常午貴	貴寅勾	蛇丑青	青酉玄
辛戌	午	巳	丑

가령 辛巳일 5국에서 丁丑에 등사가 타서 巳에 가하여 가택에 임하고 삼전은 午寅戌이다.

또한 8국에서 丁丑이 申에 가하고 삼전은 卯申丑이며 말전에는 丁이 있다.

그리고 9국에서 丁丑이 酉에 가하고 삼전은 酉丑巳이며 중전에는 丁이 있다.

모두 밤 천장을 쓴다.

이들은 모두 순내의 丁에 등사가 타서 멀리에서 일간을 상하는 예들이다.

第 25-4 法 凶怪格
흉괴격   흉하고 괴이한 격

謂月厭 大煞 天目 墓神 丁神皆主怪異凶灾. 幷臨年命日辰 如 乙巳日 干上未 四月占. 庚辰 辛巳日 干上丑 十月占. 此主極怪極凶.

〈과전도〉 乙巳일 10국

丁	庚	癸	
蛇未青	陰戌朱	白丑后	
辰	未	戌	
丁	庚	戊	辛
蛇未青	陰戌朱	貴申勾	玄亥蛇
乙辰	未	巳	申

이른바 월염·대살·천목1)·묘신2)·정신은 모두 괴이한 흉재를 주관한다. 이들이 나란히 행년·본명과 일간·일지에 임하면, 가령 乙巳일 10국에서 간상 未인 4월 정단과, 庚辰일 8국과 辛巳일 10국에서 간상 丑인 10월 정단은 모두, 지극히 괴이하고 지극히 흉하다.

1) 월염, 대살, 천목 찾는 법

월건\신살	寅	卯	辰	巳	午	未	申	酉	戌	亥	子	丑
월염	戌	酉	申	未	午	巳	辰	卯	寅	丑	子	亥
대살	午	卯	子	酉	午	卯	子	酉	午	卯	子	酉
천목	辰	辰	辰	未	未	未	戌	戌	戌	丑	丑	丑

2) 묘신 찾는 법

일간	甲乙	丙丁戊己	庚辛	壬癸
묘신	未	戌	丑	辰

第25-5法 馬載虎鬼格
마 재 호 귀 격　　역마[1]가 백호귀살을 태운 격[2]

> 如甲寅日　申加午爲末傳　晝將又乘白虎　又伏吟　又申加戌　又申
> 加亥　併用晝將. 戊午日　寅加未　晝將. 戊辰日　寅加未　又寅加
> 酉　又寅加亥　幷用夜將　白虎剋干.

〈과전도〉甲寅일 11국

丙	戊	庚	
辰	午	后申白	
寅	辰	午	

丙	戊	丙	戊
辰	午	辰	午
甲寅	辰	寅	辰

가령 甲寅일 11국에서 申이 午에 가하여 말전이고 다시 낮 천장 백호가 탄다. 또한 1국인 복음과와, 申이 戌에 가한 3국과, 申이 亥에 가한 4국은 모두 낮 천장이다.

戊午일 6국에서 寅이 未에 가하고 낮 천장이다.

戊辰일 6국에서 寅이 未에 가한 것과 8국에서 寅이 酉에 가한 것과, 10국에서 寅이 亥에 가한 것은 모두 밤 천장인 백호에서 일간을 극한다.

---

1) 『육임대전』「권1」역마, "申子辰일에는 寅, 寅午戌일에는 申, 巳酉丑일에는 亥, 亥卯未일에는 巳이다."

2) 『육임수언』「필법보담3」 호귀재마흉위심, "이른바 백호가 역마에 타서 일간을 극하는 것을 예로 들면, 여섯 甲일 삼전은 辰午申이다. 낮 정단에서 申에 백호가 타고 다시 역마이다. 흉한 화가 신속하게 발생한다. 소송 정단은 반드시 원방으로 가는 죄형 받는데, 만약 순공이면 이를 면한다. 관직자는 부임이 가장 빠르지만, 그러나 공망은 마땅하지 않다."

> 餘甲戌及戊申 此二日雖有此例 賴鬼空亡 不能爲害. 其餘日辰
> 極多 不暇細具. 凡占主凶速.

　이외의 甲戌과 戊申의 두 날도 비록 이 예에 해당하지만, 귀살이 공망이므로 해를 일으키지 못한다.

　이러한 예의 나머지 일진은 무수히 많아서 여유롭게 모두 기록하지 못한다.

　이 격에 해당하면 모든 정단에서 흉은 신속하다.

第 25-6 法 蛇虎乘丁格
사호승정격   등사와 백호가 정신에 탄 격

如乙亥日丑加亥. 辛亥日未加亥者 乃丁作白虎 而剋支辰 必因
家宅而有動. 不然 屋宇塌倒 以致損人口 或染災病而不可免.
餘日鬼乘丁作螣蛇 尤凶尤怪.

〈과전도〉 乙亥일 11국

○	甲	丙
貴申勾	陰戌朱	常子貴
午	申○	戌
壬	○	丁	己
朱午空	貴申勾	白丑后	靑卯玄
乙辰	午	亥	丑

가령 乙亥일 11국에서 丑이 亥에 가하
고 辛亥일 5국에서 未가 亥에 가한 곳에
정신이 백호를 부려서 지진을 극하니,
반드시 가택에 움직임이 있다.

그렇지 않으면 가택이 무너져서 식구
가 상하게 되거나, 병재에 감염되는 재
앙을 면치 못한다.

나머지 날에서 일귀에 정신이 탄 곳에 등사를 만들면 더욱 심한
흉괴가 된다.

乙未日 干上酉 夜乘螣蛇 亦凶. 外有丁神作日鬼 乘白虎而剋
日干者 未免本身有凶動也. 惟有己巳一日 卯加巳 夜將乘白虎
而剋干者是也.

가령 乙未일에서 간상 酉에 밤 천장인 등사가 타니 흉하다.
이외에도 정신이 일간의 귀살을 만든 곳에 백호가 타서 일간을
극하면 내 몸에 흉이 동함을 면치 못한다.

이에 해당하는 것으로 己巳일 3국이 하나 더 있는데, 卯가 巳에 가하고 밤 천장인 백호가[1] 타서 일간을 극하는 것이 바로 이것이다.

---

[1] 밤 천장인 백호는 원문의 오류이다. 밤 천장은 백호가 아닌 청룡이다.

第 26 法 水日逢丁財動之　掠敵人之糧 必得
수 일 봉 정 재 동 지　적의 군량미를 빼앗고자하면 반드시 얻는다.

해설 水日에 정신을 만나면 재물이 빠르게 움직인다.[1)2)]

> 惟畏占人行年上神 剋去六丁所乘之神 則財不動. 謂壬癸二日 三傳年命日辰之六處 逢旬內之丁神者 必主財動 及遠方封寄財物 付本身之象. 如未有妻 則有娶妻之喜. 如已有妻 則主別妻之憂.

하지만 정단인의 행년상신에서 여섯 정신이 타고 있는 신[3)]을 극하여 없애면 재물은 동하지 않는다.

1) 『육임수언』「필법보담3」 정작동신량기단, 수일봉정례와 내용이 같다.
2) 수일정재격의 내용

일진	정마	水日에 정신을 만나서 재물이 움직이는 내용
壬申·癸酉	丁卯	卯는 壬癸의 자손이므로 자손으로 인한 재물의 움직임이 있다.
壬午·癸未	丁丑	丑은 壬癸의 관귀이므로 관사로 인한 재물의 움직임이 있다.
壬辰·癸巳	丁亥	亥는 壬癸의 형제이므로 형제로 인한 재물의 움직임이 있다.
壬寅·癸卯	丁酉	酉는 壬癸의 부모이므로 부모로 인한 재물의 움직임이 있다.
壬子·癸丑	丁未	未는 壬癸의 관귀이므로 관사로 인한 재물의 움직임이 있다.
壬戌·癸亥	丁巳	巳는 壬癸의 처재이므로 처나 첩으로 인한 재물의 움직임이 있다.
※ 정단인의 행년상에서 정신에 타고 있는 12지를 극하면 재물은 움직이지 않는다.		

3) 정신이 타고 있는 천반 12지를 가리킨다.

이른바 壬癸 두 날에서 6처인 삼전, 본명·행년, 일간, 일지에서 순 내의 정신을 만나는 것이다.

반드시 재물은 움직이는데 먼 곳에서 보낸 재물이 나에게 이르는 상이다. 만약 처가 아직 없는 사람이면 처를 취하는 기쁨이 있고, 만약 처가 있는 사람이면 처와 이별하는 근심이 있다.

(如) 壬申 癸酉二日見卯是丁 則因子息動 而有財. 內癸酉日 因門戶之財動 或爲子息而得財.

〈과전도〉 壬申일 9국			
辛		○	丁
勾未朱	常亥空		貴卯陰
卯	未		亥○
丁	辛	甲	戊
貴卯陰	勾未朱	玄子白	蛇辰后
壬亥	卯	申	子

(가령) 壬申과 癸酉 두 날에서 정신인 卯가 보이니 곧 자식으로 인한 재물의 움직임이 있다.

여기에 해당되는 것으로는 癸酉일이 있는데, 대문으로 재물의 움직임이 있거나 또는 자식으로 인하여 재물을 얻는다.

壬午 癸未二日見丑是丁 則因官鬼之財動. 內癸未日伏吟 與癸丑日同說.

가령 壬午와 癸未 두 날에서 정신인 丑이 보이니 곧 관귀로 인한 재물의 움직임이 있다. 여기에 해당되는 것으로는 癸未일 복음과 癸丑일 복음이 있다.[1] 설명은 같다.

---

1) 癸未일 복음과는 관귀효 丑에 정신이 타고, 癸丑일 복음과는 관귀효 未에 정신이 탄다.

> 壬辰 癸巳二日見亥爲丁 則因己身或兄弟之財動. 內有癸巳日
> 見亥 丁馬交加 財動又速.

　가령 壬辰과 癸巳 두 날에서 정신인 亥가 보이니 곧 자신 또는 형제로 인한 재물의 움직임이 있다.
　여기에 해당되는 것으로는 癸巳일에서 亥가 보이고 정마가 가하니 재물의 움직임은 신속하다.

> 壬寅 癸卯(二)日見酉是丁 則因父母或長上而財動. 內癸卯日
> 又因門(戶)之財動.

　가령 壬寅과 癸卯 두 날에서 정신인 酉가 보이니 곧 부모나 웃어른으로 인한 재물의 움직임이 있다.
　여기에 해당되는 것으로는 癸卯일에 출입문으로 재물의 움직임이 있다.

> 壬子 癸丑二日見未是丁 則因官鬼之財動. 內癸丑日 干上未
> 并初傳是丁緣 三傳皆鬼 不可取財.

　가령 壬子와 癸丑 두 날에서 정신인 未가 보이니 곧 관귀로 인한 재물의 움직임이 있다.
　여기에 해당하는 것으로는 癸丑일 7국에서 간상이 未이고 아울러 초전이 丁이기 때문이다. 다만 삼전이 모두 귀살이니 재물을 취할 수 없다.

> 壬戌 癸亥二日見巳是丁 則因妻之財動. 內有癸亥巳爲丁馬交
> 加 財動尤速. 離妻娶妻更的.

가령 壬戌과 癸亥 두 날에서 정신인 巳가 보이니 곧 처로 인한 재물의 움직임이 있다.

여기에 속하는 것으로는 癸亥와 癸巳에서 정마가 가하니 재물의 움직임은 더욱 신속한데, 이 예는 처와의 이별 또는 처를 취함에 더욱 적합하다.

【구성이론】 정신, 재신.
【정단원리】 水일에 정신을 만나면 재물이 빠르게 움직이는 이유는, 壬癸 기준의 丁은 재신에 해당하면서 동신이므로 이와 같은 뜻이 성립된다.

第 26-1 法 財乘丁馬格
재 승 정 마 격   재신이 정마를 탄 격

緣財神乘丁 或爲驛馬者 必因出入求財 或因妻動用(者). 如丁馬交加 必因妻財而非細之動.

이는 재신이 정마를 타거나 혹은 역마가 되는 것이다. 반드시 출입에 의한 구재이거나 처로 인한 움직임이 있다. 만약 정마가 가하면 반드시 처와 재물로 인한 적지 않은 움직임이 있다.

如己丑日 (亥爲財乘丁馬 甲辰 乙巳見未 丙申 丁酉見酉 戊子日見)亥 甲戌 乙亥日見丑.

〈과전도〉 己丑일 9국

乙	己	癸
合酉蛇	后丑靑	白巳玄
巳	酉	丑
丁	辛	癸	乙
蛇亥合	玄卯白	白巳玄	合酉蛇
己未	亥	丑	巳

가령 己丑일 9국에서 (재신인 亥에 정마가 탄다.

이 외에도 甲辰일과 乙巳일에 보이는 未, 丙申일과 丁酉일에 보이는 酉, 戊子일에 보이는) 亥와, 甲戌일과 乙亥일에 보이는 丑이 있다.

太常乘日之長生 臨日干上者 來人必占婚姻之喜 或有錫賜物帛之事.

태상이 일간의 장생을 타고 일상에 임하면 구점자에게 오는 사람은 반드시 혼인의 기쁨이 있거나 재물과 옷감을 받는 일이 있다.

> 如六甲日 亥加寅 夜將乘太常 六己申加未 晝將乘太常. 癸亥日 干上亥 夜常未巳卯皆財.

〈과전도〉 甲戌일 4국

○	辛	戊	
申	巳	寅	
亥	申○	巳	
乙	○	癸	庚
常亥	申	未	辰
甲寅	亥	戌	未

가령 여섯 甲일 4국에서 亥가 寅에 가하고 밤 천장인 태상이 탄다.[1]

여섯 己일 12국에서 申이 未에 가하고 낮 천장인 태상이 타며,[2] 癸亥일 3국에서 간상 亥에 밤에는 태상이 타고 삼전인 未巳卯는 모두 재신이다.[3]

> 太常乘日之長生 臨支上者 宅中必有婚禮之喜 或宜開綵帛鋪 或開酒食店肆 後有長進.

태상이 일간의 장생을 타고 지상에 임하면 가정에는 반드시 혼례의 기쁨이 있고, 만약 옷과 비단 품목의 가게를 열거나 술과 음

---

1) 甲戌일 4국에서 간상 亥에 태상이 亥에 타고 있다.
2) 간상의 申이 장생인 것은 수토동궁의 방법을 적용한 것이다.
3) 원문의 오류이다. 간상 亥에는 주야귀인 천공 또는 구진이 탄다. 그리고 정단일의 일간이 癸일이므로 재신은 중전의 巳만이 해당된다.

식 가게를 열면 나중에 크게 발달한다.

如甲子日夜占亥加子 作太常 爲日長生 又是交車合并 甲戌日 亥加戌 夜將亦是交車合乘 太常作日之長生 斯二例古婚尤的. 甲寅日 亥加寅 夜. 己未日 申加未 晝.

〈과전도〉 甲子일 2국

甲	○	○
子	常亥	戌
丑	子	亥○
乙	甲	○	○
丑	子	常亥	戌
甲寅	丑	子	亥○

가령 甲子일 2국 밤 정단에서 亥가 子에 가한 곳에1) 태상이 타고 일간의 장생이 되어 교차합병이 된다.2)

그리고 甲戌일 12국에서 亥가 戌에 가하고 밤 정단에서 또한 교차합에 태상이 일간의 장생에 탄다.3)

두 예는 고혼에서 더욱 적합하다.

이 외에도 甲寅일 4국에서 亥가 寅에 가한 밤 정단이고,4) 己未일 12국에서 申이 未에 가한 낮 정단이 있다.5)

---

1) 일간장생인 亥에 태상이 타서 지상에 임하지만 공망이므로 이러한 뜻은 사라진다. 단지 공망이 메워지면 적합한 예가 될 것이다.
2) 일간기궁 寅과 지상신 亥가 육합이고 또한 일지 子와 일상신 丑이 육합이다. 따라서 '교차합병'이라고 표현하였다.
3) 기궁 寅과 지상신 亥, 일지 戌과 간상신 卯는 교차 육합이다. 그리고 천지반도에서는 장생 亥에 태상이 탄다.
4) 낮 정단에서 일간 甲의 장생인 亥에 태상이 타서 간상에 임한다.
5) 낮 정단 일간 己의 장생인 申에 태상이 타서 간상에 임한다. 여기서의 장생은 수토동궁의 방법을 적용하였다.

第 26-2 法 牛女相會格
우 녀 상 회 격   견우와 직녀가 상봉하는 격

緣丑中有牛宿 子中有女宿 子與丑合 乘太常爲用.

　丑에는 우수1)가 있고 子에는 여수2)가 있는데, 子와 丑은 합이 되고 여기에 태상3)이 타서 발용이 되는 것이다.4)

1) 『천문류초』「이십팔수」, "[우]라는 별은 여섯 별로 이루어져 있는데, 주천도수 중에서 8도를 맡고 있다. [귀]라는 별과 마주보고 있는데, 12황도 궁 중에서 마갈궁에 해당하고, 丑의 방위에 있으며, 오나라에 해당한다."

2) 『천문류초』「이십팔수」, "[여]라는 별은 네 별로 이루어져 있는데, 주천도수 중에서 12도를 맡고 있다. [류]라는 별과 마주보고 있는데, 12황도 궁 중에서 보병궁에 해당하고, 子의 방위에 있으며, 제나라에 해당한다."

3) 『육임대전』「천장총론」 태상론, "득지하면 옷과 비단이다."

4) 12支에 배당된 28수

亥궁	室·壁	戌궁	奎·婁
酉궁	胃·昴	申궁	觜·參
未궁	井·鬼	午궁	柳·星
巳궁	翼·軫	辰궁	角·亢
卯궁	氐·房	寅궁	尾·箕
丑궁	斗·牛	子궁	女·虛

동방칠수	角	亢	氐	房	心	尾	箕
북방칠수	斗	牛	女	虛	危	室	壁
서방칠수	奎	婁	胃	昴	畢	觜	參
남방칠수	井	鬼	柳	星	張	翼	軫

> 如乙丑 己丑 子加丑 丙子 壬子 丑加子. 乘太常 大宜占婚姻.
> 內壬子日是蕉淫體 後必不成.

〈과전도〉 己丑일 2국

戊	丁	丙
貴子常	后亥玄 陰戌陰	
丑	子	亥
○	癸	戊	丁
空午朱	青巳合	貴子常	后亥玄
己未	午○	丑	子

가령 乙丑일 2국과 己丑일 2국은 子가 丑에 가하고,1) 丙子일 12국과 壬子일 12국은 丑이 子에 가하여 태상이 탄다.2) 혼인 정단에서 매우 좋다. 여기에 해당하는 것 중에서 壬子일 12국 무음체는3) 나중에 반드시 불성이다.

---

1) 乙丑일 2국은 낮 정단 초전에서 子가 丑에 가한 이곳에 태상이 타고, 己丑일 2국은 밤 정단 초전에서 子가 丑에 가한 이 곳에 태상이 탄다.

2) 丙子일 12국은 낮 정단 지상에서 丑이 子에 가한 이 곳에 태상이 타고, 壬子일 12국은 밤 정단 초전에서 丑이 子에 가한 이 곳에 태상이 탄다.

3) 壬子일 12국의 사과에서 제1과는 子인 양이고, 제2과와 제3과는 음인 丑이며, 제4과는 양인 寅이다. 제2과와 제3과가 같은 12지이니 하나로 본다. 사과는 1음2양의 상 즉 1녀에 2남의 상이니 음일한 뜻의 '무음체'라고 부른다.

『육임대전』「과경3」, "① 조건 : 무릇 사과에 극이 있고 결일하여 불비이며 일진이 서로 상극이면 무음과이다. ② 해설 : 소언화 선생이 말하기를 사과가 불비를 얻으면, 강일은 일상에서 일으키는 한 과를 따르고, 유일에는 진상에서 일어나는 한 과를 따른다. 무릇 2양1음이 보이면 음불비로서 두 남자를 한 여자가 다투는 것이고, 2음1양은 양불비로서 두 여자가 한 남자를 다투는 것이다. 일진 교차상극은 각자 스스로 서로 생을 하는 것이다. 이는 부부 모두에게 사통이 있으므로 서로의 정이 등을 져서 황음무도하므로 '무음'이다. ③ 길흉 : 정단에서 가정이 바르지 못하고 음란사가 많다. ④ 주역괘 : 『역경』의 9번째 소축괘와 통하는 과체로서, 금슬 부조의 과이다."

第 27 法 傳財化鬼財休覓　不宜掠軍糧 不可受敵賄賂
전 재 화 귀 재 휴 멱　군량미를 뺏으려 해서는 안 되고, 적의 뇌물을 받아서도 안 된다.

해설 삼전의 재신이 귀살로 변하니, 재물을 구하지 마라.

謂三傳皆作日之財而生起干上日鬼而傷 其日干者 必因取財而致禍 及防妻與鬼交而損失 餘生支上鬼者 主破家. 如辛亥日干上午 三傳未卯亥皆作木局爲日之財. 其財且不可取 欲待不取 奈財在目前爭忍捨之 設取其財 卽生起干上之午火 而傷辛金 難免其凶禍也. 此財如在虎口 又喩如刀上蜜 焉可舐

이른바 삼전이 모두 일간의 재신이 되어서 간상의 일귀를 생하여 일으켜서 다시 일간을 상하는 것이다. 반드시 재물 취득으로 인하여 화가 미친다. 처와 귀살이 교섭하여 손실시키는 것을 미연에 방지해야 된다.

나머지 지상의 귀살을 생하면 가정은 깨진다.

가령 辛亥일 5국에서 간상은 午이다. 삼전 未卯亥 모두는 木局을 이루어서 일간의 재물이 되지만 이 재물을 취할 수 없다.

기다려도 취하지 못하니 재물이 목전에 있더라도 인내하고 포기하여야 한다.

만약 그 재물을 취하면 곧 간상에 있는 午화를 생해서 辛금을 상하게 하므로 흉화를 면하기 어렵다.

〈과전도〉 辛亥일 5국

丁	○	辛
未	卯	亥
亥	未	卯 ○

丙	○	丁	○
午貴	寅	未	卯
辛戌	午	亥	未

이 재물은 마치 범의 입속에 있는 것과 같고, 칼날에 있는 꿀과도 같으니 어찌 꿀을 핥을 수 있겠는가?

稍識事 君子見其財自禍而出 必不取之 庶得全身遠害. 此例雖不利取財 惟宜以己財而告貴人 成其事 言用晝貴 乃以財生貴 必宜僥求關節 事可諧也.

대개 군자는 재물을 보면 저절로 화가 생기니 절대로 취해서는 안 되고, 일반인은 재물을 온전하게 얻고 몸에 해로움도 멀어진다는 것을 차츰 알아야 한다.

이 예는 모름지기 재물 취득에는 불리하지만, 자신의 재물을 가지고 귀인에게 부탁하는 일에는 좋아서 그 일을 성사한다.

낮 귀인을 쓰면 재물로 귀인을 생하므로, 반드시 바라고 구하는 일은 마땅히 이룬다.

餘辛卯 辛未二日 干上午 同前說. 丁巳 丁丑二日 干上亥. 若丁酉日 干上亥 三傳亥卯未 全生. 但日上見鬼耳 幸爲貴德 宜告貴得益 宜爲長上占之.

이 외에도 辛卯일과 辛未일 두 날 5국의 간상은 午인데 설명은 앞과 같다.1) 丁巳일과 丁丑일 두 날 9국의 간상은 亥이다.2)

---

1) 삼전의 재신인 亥卯未목국에서 일간의 귀살 午화를 생해서 귀살로 하여금 일간 辛금에게 상해를 끼치게 한다. 다행인 것은 귀살을 생하는 삼전이 비록 삼합을 하지만 두 곳이 공망이므로 세력이 많이 약해졌을 뿐만 아니라, 특히 辛卯일 5국의 간상에 있는 귀살 午화가 공망이므로 흉이 사라진다.

가령 丁酉일 9국의 간상 亥를 삼전인 亥卯未 모두에서 생을 한다.

비록 일상신이 귀살이기는 하지만 다행스럽게도 천을귀인과 일덕귀인이다. 마땅히 귀인에게 부탁하는 일은 이익을 취득하고, 마땅히 웃어른 정단에서 좋다.

〈과전도〉丁酉일 9국		
己	癸	乙
貴亥陰	常卯空	勾未朱
未	亥	卯

己	癸	辛	○
貴亥陰	常卯空	陰丑常	空巳勾
丁未	亥	酉	丑

若壬戌日 干上未 夜乘太常三傳全脫 占病 則因傷食 以致邪崇侵纏 尤恐不救. 如得占人年命 去其干上之鬼 稍輕.

〈과전도〉壬戌일 5국		
己	乙	癸
常未陰	貴卯朱	勾亥空
亥	未	卯

己	乙	戊	甲
常未陰	貴卯朱	玄午后	蛇寅合
壬亥	未	戌	午

가령 壬戌일 5국 밤 정단에서 간상 未에 태상이 타고 삼전에서는 일간을 온전히 탈기한다.

질병 정단은 상한 음식으로 온 것이며 귀신에 의한 흉한 작용인 사수가 침입하여 옭아맨 것이므로 매우 두렵지만 이를 구할 수는 없다.

만약 정단인의 행년과 본명에서 간상의 귀살을 제거하면 흉은 점차 가벼워진다.

2) 삼전의 재신 酉丑巳금국에서 일간의 귀살 亥수를 생해서 귀살로 하여금 일간 丁화에게 상해를 끼치게 한다. 다행인 것은 귀살을 생하는 삼전이 비록 삼합을 하지만 두 곳이 공망이므로 세력이 많이 약해졌다는 것이다.

> 內有丁丑日 干上亥 三傳酉丑巳 其金財不能生亥水 言初中空
> 陷 末作天空 夜占三傳 天將皆土 能剋去亥鬼 致使財亦不可取
> 禍亦不傷身 未免經緯 此二事後始無一成. 并丁巳 丁酉二日
> 各視天將言之.

〈과전도〉 丁丑일 9국		
○ 丁	辛	
酉貴	丑常	空巳勾
巳	酉○	丑
乙	己	辛 ○
貴亥陰	常卯空	空巳勾 朱酉貴
丁未	亥	丑 巳

이에 속하는 것으로 丁丑일 9국에서 간상은 亥이고 삼전은 酉丑巳이다.

재국인 金에서 亥水를 생하지 못하는 이유는, 초중전이 공함이고 말전에 천공이 타기 때문이다.

밤 정단에서 삼전에 있는 천장은 모두 土이므로 귀살 亥를 충분히 극하여 물리칠 수는 있지만 재물을 취하지 못하고, 재앙 역시 내 몸을 상하게 하지 못한다.

이러한 이유로 두 가지 일을 시종 하나도 이루지 못한다. 그리고 丁巳와 丁酉 두 날은 나란히 모두 천장을 보아야 한다.1)

【구성이론】 재신, 귀살.

【정단원리】 오행의 이론에서 재신은 귀살을 생한다. 만약 6처에 재신이 있고 귀살이 다시 보인다면, 이는 곧 재물 또는 여자 취득 후 재앙이 된다.

---

1) ① 丁巳일 밤 정단 9국의 삼전은 酉丑巳금국이고 여기에 타고 있는 천장인 귀인·태상·구진은 모두 土의 천장이다. 천장의 오행 土에서 귀살인 간상의 亥수를 충분히 물리친다. 하지만 삼전의 재신을 취하지 못하는 이유는 삼전의 재물을 취하면 간상의 귀살을 생해서 바로 재앙이 닥치기 때문이다. ② 그리고 丁酉일 낮 정단 9국의 삼전은 亥卯未목국이고 여기에 타고 있는 천장인 귀인·태상·구진은 모두 土의 천장이다. 천장의 오행 土에서 귀살인 간상의 亥수를 충분히 물리친다.

第27-1法 傳財化鬼格
전 재 화 귀 격   삼전의 재물이 귀살로 변하는 격[1]

> 緣三傳作日之財 而返生起支上神而來傷日干者 此等禍害 必自宅中而發. 惟要行年本命上神 剋制其鬼 庶不致深害.

　삼전이 일간의 재신을 만들어서 오히려 지상신을 생하여 일으켜서 일간을 상해 오면, 이러한 재앙의 해가 반드시 저절로 가정에서 발생한다. 그렇지만 단지 행년과 본명상신에서 그 귀살을 제극하면 일반인에게 깊은 상해를 끼치지는 못한다.

> 如乙巳未乙三傳未戌丑 支上申　乙亥丑乙三傳丑戌未 支上申 丁亥申丁三傳申酉戌 支上子 惟宜納粟得官 或以財告貴 買恩澤而補授 極妙. 但有官人占之 則吉 必陞擢官職也.

　가령 乙巳일 10국에서 未가 乙에 가하고 삼전은 未戌丑이며 지상은 申이다.
　가령 乙亥일 4국에서 丑이 乙에 가하고 삼전은 丑戌未이며 지상

---

1) 『육임수언』「필법보담4」생귀화재자세추, 전재생귀격, "이른바 삼전이 재물을 만들어서 간지상의 귀살을 생하여 일으키는 것이다. ① 가령 辛亥일 삼전 未卯亥에서 간상의 午火를 생하여 일간을 상한다. ② 乙亥일 삼전 丑戌未 재신에서 지상의 申金을 생하여 일간을 상한다. 위의 두 예는 반드시 재물을 취함으로써 화가 닥친다. 정단인의 행년·본명상신에서 제극하면 장차 허물이 되지 않는다. 곡식을 납부하여 관직을 구하는 데에 좋다."

〈과전도〉 乙巳일 10국		
丁	庚	癸
蛇未青	陰戌朱	白丑后
辰	未	戌
丁	庚	戌	辛
蛇未青	陰戌朱	貴申勾	玄亥蛇
乙辰	未	巳	申

은 申이다.1)

　가령 丁亥일 12국에서 申이 丁에 가하고 삼전은 申酉戌이며 지상은 子이다.2) 곡식을 바쳐서 관직을 얻는 일에 좋고 또한 재물로 귀인에게 부탁하는 일에 좋아서, 은택을 부르고 도움을 받으니 지극히 신묘하다. 오로지 관직자가 정단하면 길해져서, 반드시 관직은 승진 발탁된다.

又如四己日 己卯 己亥 己酉 己未 干上亥 雖爲日財 奈三傳曲直木局 幷來傷干 亦宜納粟求官．

〈과전도〉 己卯일 9국		
乙	己	癸
蛇亥合	玄卯白	青未后
未	亥	卯
乙	己	癸	乙
蛇亥合	玄卯白	青未后	蛇亥合
己未	亥	卯	未

　다시 예를 들면 네 己일인 己卯일・己亥일・己酉일・己未일의 간상은 비록 일간의 재신이지만 삼전의 곡직인 목국에서 나란히 일간을 상한다.3)

　이 역시 곡식을 바쳐서 관직을 얻는 일에 좋다.

1) 乙亥 4국에서 지상에 있는 귀살 申이 공망이므로 실제로는 큰 해가 되지 않는다.
2) 삼전 申酉戌이 방합하여 일간 丁화의 재국을 만들지만, 초전 申금이 공망이므로 약화된 세력이 되어 지상의 子수를 생하므로 조금은 다행이다.
3) 己卯일・己亥일・己酉일 9국은 모두 일상신은 일간의 처재효인 亥수이다. 삼전 亥卯未목국에서 일간 己토를 극해 온다.

第 27-2 法 因財致禍格
인 재 치 화 격   재물로 인하여 재앙이 미치는 격

> 或畏妻室 如帶凶將 或被妻傷者 緣財爻返剋干上之神者是也.
> 如庚辰日 干上丑 初傳寅木 爲財 乘白虎而傷干上丑土 必被妻
> 傷其命. 又被丑旬中之丁 作墓而覆日 亦是命運災衰以致然耳.
> 不然 娶惡妻而不孝於父母.

또한 처가 두렵다. 만약 흉장을 꿰차면 처로 인하여 상함을 받는다. 그 이유는 재신에서 오히려 간상의 신을 극하기 때문이다.

〈과전도〉 庚辰일 8국

戊	癸	丙	
后寅白	空未貴	蛇子靑	
酉○	寅	未	
丁	壬	○	戊
貴丑空	白午后	勾酉朱	后寅白
庚申	丑	辰	酉○

가령 庚辰일 8국에서 간상은 丑이다. 처재효인 초전 寅목에 백호가 타서 간상의 丑토를 상하므로 반드시 아내로 인하여 수명이 손상을 받는다.[1]

다시 丑이 旬중의 정신에 해당하고 묘신이 되어 일간을 덮고 있으므로, 수명이 쇠해지는 재앙에 이르게 된다.

그렇지 않다면 악처에게 장가든 뒤에 부모에게 불효하게 된다.[2]

---

1) 여기서의 부모효 丑은 일간을 生하므로 수명으로 보았다.
2) 여기서의 부모효 丑을 부모님으로 보았다.

第27-3法 財遁鬼格
재 둔 귀 격   재신에 둔귀가 임하는 격

緣日上神作財 却遁旬中干鬼 必因財致禍 爲食喪身 因妻成訟.
如甲戌日 干上庚辰 甲辰日 干上庚戌. 乙丑日 干上辛未. 乙未
日 干上辛丑. 丙寅日 干上壬申. 壬戌日 干上戊午. 癸酉日 干
上己巳. 丁卯日 干上癸酉. 戊辰日 干上甲子.

일상신이 재신을 만들지만 오히려 둔반이 旬中의 귀살이면, 반드시 재물로 인하여 화가 미쳐서 음식으로 사망하거나 또는 처로 인하여 송사를 부른다.[1]

〈과전도〉 甲戌일 11국

庚	壬	○
合辰	蛇午	后申
合	青	白
寅	辰	午

庚	壬	丙	戊
合辰	蛇午	白子	青寅
合	青	后	蛇
甲寅	辰	戌	子

가령 甲戌일 11국에서 간상은 庚辰,[2] 甲辰일 5국에서 간상은 庚戌, 乙丑일 10국에서 간상은 辛未, 乙未일 4국에서 간상은 辛丑이다.

丙寅일 10국에서 간상은 壬申, 壬戌일 6국에서 간상은 戊午, 癸酉일 9국에서 간상은 己巳, 丁卯일 11국에서 간상은 癸酉, 戊辰일 6국에서 간상은 甲子이다.

---

1) 여기서의 처재효는 음식과 처의 류신으로 쓰였다.
2) 일상에서 천반은 일간의 처재효이지만 그 둔반에는 일간의 귀살인 庚에서 일간 甲목을 극하고 있다.

第27-4法 借錢還債格
차 전 환 채 격　　　(빌려 준 돈을 돌려받는 격)

如辛酉日 干上卯 支上寅. 壬子日 干上巳. 丙午日 干上申. 外
有乙未日伏吟 凡干支相同者 不宜求財耳. 此曰 借錢還債不明
(也).

〈과전도〉 辛酉일 8국		
己	○	丁
白 未 蛇	朱 子 空	玄 巳 后
寅	未	子 ○
乙	庚	甲	己
后 卯 玄	空 申 朱	貴 寅 常	白 未 蛇
辛戌	卯	酉	寅

예를 들면 辛酉일 8국에서 간상은 卯이고 지상은 寅이다. 壬子일 7국에서 간상은 巳이다. 丙午일 10국에서 간상은 申이다.

이 외에 乙未일의 복음과는 간지가 서로 같으므로[1] 구재는 나쁘다. 이에 말하기를 빌려 준 돈을 돌려받는 것은 어둡다.

---

[1] 일지 酉는 재물을 나눈다는 분재의 뜻이 있는 일간 辛의 형제효이므로 이러한 해석이 가능하다.

第28法 傳鬼化財錢險危　占兵同前
전 귀 화 재 전 험 위　　전쟁 정단은 전 항과 같다.

> **해설** 삼전에서 귀살이 재신으로 변하면 돈은 위험하다.

謂三傳俱鬼 則能去比肩 旣無奪財之神于傳 內有一作財現 其財安穩而無破也. 謂三合課中 雖作日之鬼 兩課俱空 獨存一字中間爲財者 乃名全鬼變爲財 其財終是危險中出 縱得之亦不安穩.

　이른바 삼전이 모두 귀살이면 비견을 충분히 물리칠 수 있으므로, 재물을 뺏는 '탈재의 신'은 이미 삼전에 없는 셈이 된다. 만약 삼전 내에 재신이 한번 보이면 그 재물은 안온하며 깨지지 않는다.
　이른바 삼합하는 과에서 비록 일간의 귀살을 만들지만 두 과가 모두 공망이고 홀로 있는 중간의 한 글자가 재물이면 모든 귀살이 변하여 재물이 되었다는 뜻의 '전귀변위재'라고 하여 그 재물은 결국 위험한 가운데에 나와서 비록 취득하긴 하지만 안온하지는 못하다.

倘君子識事必不取其財也. 如占人命年上乘日鬼 其禍仍發 亦不爲財也.

　만일 군자가 일을 알게 되면 반드시 그 재물을 취하지 못한다. 만약 정단인의 행년·본명 위에 일간의 귀살이 타면 오히려 화가 일어나고 재물이 되지 않는다.

> 如丙申 丙子 丙辰三日 幷干上丑土 可以敵其水局 獨存申金爲財 如用晝將 少畏. 龍蛇玄皆水獸 恐爲禍也.

〈과전도〉 丙辰일 5국		
○	庚	丙
子蛇	申玄	辰靑
辰	子○	申
○	辛	○	庚
丑朱	酉陰	子蛇	申玄
丙巳	丑○	辰	子○

가령 丙申·丙子·丙辰의 세 날 5국은 나란히 간상은 모두 丑토이고 삼전은 水국의 적이며 오로지 申금만이 재물이니 낮 정단이면 조금 두렵다.

등사와 현무와 청룡은 모두 물에 빠진 짐승이므로 재앙이 될 우려가 있다.[1]

【구성이론】 재신, 귀살.

【정단원리】 6처에 재신이 있고 형제효가 다시 있으면 불리한데, 그 이유는 형제효는 재물을 뺏는 작용을 하기 때문이다. 설령 이와 같더라도 6처에 귀살이 보이면 오행의 이치에 의하여 귀살에서 형제효를 제극하므로 구재는 오히려 길해진다.

---

1) 세 천장은 일간의 귀살인 申子辰수국에 타고 있으므로 흉재가 된다.

第 28-1 法 取還魂債格
취 환 혼 채 격 — 죽은 자가 갚을 부채를 되돌려 취하는 격

緣三傳全爲脫氣 反生干上財神者. 例如己丑干上亥 三傳酉丑巳 雖爲日之脫氣 殊不知金局生起干上亥水作日之財. 己巳干上亥空亡 尤爲的驗. 壬寅日返吟 甲戌 甲午 甲申 甲辰 甲寅日干上戌.

삼전에서 모두 탈기하여 오히려 간상의 재신을 생하는 것이다.

〈과전도〉 己丑일 9국

乙	己	癸
合酉蛇	后丑青	白巳玄
巳	酉	丑

丁	辛	癸	乙
蛇亥合	玄卯白	白巳玄	合酉蛇
己未	亥	丑	巳

가령 예를 들면 己丑일 9국에서 간상은 亥이다. 삼전인 酉丑巳는 비록 일간을 탈기하지만 金局에서 간상의 亥水를 생하여 일으켜서 일간의 재물을 만든다는 것을 전혀 생각하지 못하였다.

그리고 己巳일 9국에서 간상의 亥는 공망인데 이 예제로 더욱 적합하다.[1] 그리고 壬寅일 반음과[2]와 甲戌·甲午·甲申·甲辰·甲寅일 5국의 간상 戌이 있다.[3]

---

1) 적당한 예제가 되지 못한다. 그 이유는 간상의 亥水가 공망이기 때문이다. 단지 공망이 메워지면 무방하다.
2) 壬寅일 반음과에서 간상에 巳가 있기는 하지만 공망이므로 이 예제로 적합하지 못하다. 단지 공망이 메워지면 무방하다.
3) 5일의 삼전 戌午寅화국에서 일간 甲목의 기운을 탈기하였지만, 여기서 간상의 재신인 戌토를 생하므로 빌려줬던 돈을 내 손에 쥐는 상이 된다.

> 又如丁丑日 酉加巳 用墓土將生空亡之財 亦如前說. 有三傳爲
> 脫氣 生起支上財神者 如壬寅 壬戌二日 幷支上午 甲午日 支
> 上戌 亦爲取還魂債.

〈과전도〉 丁丑일 9국

○	丁	辛
酉貴	丑常	巳勾
巳	酉○	丑

乙	己	辛	○
亥陰	卯空	巳勾	酉貴
丁未	亥	丑	巳

또한 丁丑일 9국에서는 酉가 巳에 가하여 발용인데 묘토의 천장에서 공망된 재물을 생한다.[1] 또한 앞의 설명과 같다.

〈과전도〉 壬寅일 9국

乙	己	癸
勾未朱	常亥空	貴卯陰
卯	未	亥

癸	乙	甲	戊
貴卯陰	勾未朱	合午蛇	白戌靑
壬亥	卯	寅	午

삼전에서 탈기하여 지상의 재신을 생하여 일으키는 것이 있다.

가령 壬寅일 9국과 壬戌일 5국인 두 날의 지상은 모두 午이다.[2] 甲午일 9국에서 지상은 戌이며 또한 죽은자가 갚을 부채를 되돌려 취한다는 뜻의 '취환혼채'이다.[3]

---

1) 묘토의 천장은 귀인인 己丑토와 태상인 己未토와 구진인 戌辰토를 말하고, 공망된 재물이라고 한 것은 비록 삼전의 酉丑巳가 삼합하여 일간의 재국을 이루지만 초중전이 공망이기 때문이다.
2) 삼전 亥卯未목국에서 일간을 탈기하고 다시 지상의 일간 재신 午화를 생한다.
3) 전생의 빚을 돌려받는다는 뜻으로서, 빌려줬던 돈을 돌려받는 정단에 좋다. 설명을 덧붙이면 甲午일 9국에서 삼전 寅午戌화국은 일간을 탈기하므로 곧 재물이 나간 것을 의미한다. 여기에서 재물을 뜻하는 지상의 戌토를 생하므로 곧 가택으로 재물이

第28-2法 求財急取格
구 재 급 취 격   구재에서 재물을 급히 취득해야 되는 격

如乙未日 未加乙 雖曰財就人格 惟宜速去取之. 如緩則財反被未來墓其乙木 卻恐爲禍. 又如辛卯日 卯加辛 雖名財就人格 亦宜速取其財. 如少緩 亦被卯木剋其戌土 反有害也.

〈과전도〉 乙未일 10국

乙	戊	辛
蛇未青	陰戌朱	白丑后
辰○	未	戌
乙	戊	戊	辛
蛇未青	陰戌朱	陰戌朱	白丑后
乙辰	未	未	戌

예를 들면 乙未일 10국에서 未가 乙에 가한다.
모름지기 일간의 재신을 사람이 취하는 '일재취인격'인데 속히 가서 취해야만 된다. 만약 늦추면 재물은 오히려 나중에 乙목의 묘신[1]이므로 화가 될 우려가 있다.

〈과전도〉 辛卯일 8국

辛	甲	己
后卯玄	空申朱	蛇丑白
戌	卯	申
辛	甲	甲	己
后卯玄	空申朱	空申朱	蛇丑白
辛戌	卯	卯	申

또 예를 들면 辛卯일 8국에서 卯가 辛에 가한다. 모름지기 재물이 사람을 취하는 '재취인격'이지만, 이 또한 속히 그 재물을 취하는 것이 옳다.
만약 조금이라도 늦추면 卯목이 일간을 뜻하는 기궁 戌토를 극하므로 오히려 해가 된다.

들어오는 상이 되는 것이다. 壬寅일 9국과 壬戌일 5국도 같은 예가 된다.

1) 『육임대전』 「권1」, "묘는 복몰(伏沒)의 신이다."

第 28-3 法 空財格
공 재 격　　　　　공망된 재물

> 如丙子日　酉加巳乃空財. 如用夜將反生三傳之財　亦宜索債.

〈과전도〉 丙子일 9국

○	丁	辛	
貴酉	常丑	勾巳	
巳	酉○	丑	

○	丁	庚	○
貴酉	常丑	靑辰	蛇申
丙巳	酉○	子	辰

　가령 丙子일 9국에서 酉가 巳에 가하고 재물은 공망이다. 만약 밤 천장을 쓰면 천장오행에서 오히려 삼전의 재물을 생하므로1) 빚을 받는 일에 좋다.

---

1) 밤 천장은 초전이 己丑토인 귀인, 중전은 己未토인 태상, 말전은 戊辰토인 구진이다. 이들 천장오행 土에서 삼전의 金국을 토생금하고 있다.

第 28-4 法 危中取財格
위 중 취 재 격   위험한 가운데서도 재물을 취하는 격

> 緣干剋支辰爲財 支上神爲鬼者不免自驚 危中取財. 如甲辰日
> 乃甲木剋辰土爲財 如辰上乘申是也. 甲戌日 支上申 空亡 似
> 乎無畏. 乙丑 乙未二日 支上酉. 丙申日 支上亥. 丁酉日 支上
> 子. 戊子日 支上寅. 己亥日 支上卯. 庚寅日 支上巳. 辛卯日
> 支上午作空亡 不可畏也.

일간의 극을 받은 지진이 재물이지만 지상신이 귀살이 되면, 스스로 놀람을 면하지 못하고 위험한 가운데에 재물을 취하게 된다.

〈과전도〉 甲辰일 9국

戊	壬	甲	
蛇申青	青子蛇	玄辰玄	
辰	申	子	

丙	庚	戊	壬
后午白	合戌合	蛇申青	青子蛇
甲寅	午	辰	申

가령 甲辰일 9국에서 甲목이 지진을 극하니 재물이고 辰위에 타고 있는 申은 귀살이 된다.

甲戌일 4국에서 지상의 申은 旬중의 공망이므로 두렵지 않다.

乙丑일 5국과 乙未일 11국 두 날에서 지상 酉가 있다.

丙申일 10국에서 지상 亥, 丁酉일 10국에서 지상 子, 戊子일 11국에서 지상 寅, 己亥일 9국에서 지상 卯, 庚寅일 10국에서 지상 巳가 있다.

辛卯일 10국에서 지상이 午이지만 공망이므로 두렵지 않다.

第29法 眷屬豐盈居狹宅　凡占兵利先擧
권 속 풍 영 거 협 택　무릇 전쟁 정단은 먼저 공격하는 쪽이 유리하다.

해설 식구는 많고 거주하는 집은 좁다.

謂三傳生其日干反脫其支辰者是也. 値此 必人口豐隆 而居宅窄狹也.

이른바 삼전에서 일간을 생하지만 오히려 지진을 탈기한다. 여기에 해당하면 식구는 반드시 넉넉하지만 거주하는 집은 협소하다.

如甲申日 干上午 三傳辰申子木局 全來生日 乃應人口豐盈也. 申金爲支辰 反生三傳之水局 乃應屋舍窄狹也. 如得此課 切不可遷居寬廣之屋舍 恐反生災咎 此乃造化使然 不可逆天理而妄作也.

〈과전도〉 甲申日 9국

壬	甲	戊
玄辰玄	蛇申靑	靑子蛇
子	辰	申
○	丙	戊	壬
后午白	合戊合	靑子蛇	玄辰玄
甲寅	午○	申	子

가령 甲申日 9국에서 간상은 午이다. 삼전 辰申子수국에서 온전히 일간을 생하므로 식구는 넉넉하지만 오히려 申금인 지진에서 삼전 수국을 생하므로 집은 좁다.

만약 이 과를 득하였을 때에 넓고 큰 가옥으로 옮겨서는 절대로 안 될뿐더러,

오히려 재앙과 허물을 만들 위험이 있으므로 조화되게 해야 되고, 천리를 거슬려서 덤벙돼서는 안 된다.

其餘占別事 卽我盛而他衰 我勝而他負. 後例准此. 乙酉日 干上申 三傳申子辰. 又干上巳 三傳亥子丑.

나머지 정단의 다른 일에서 나는 성하고 타인은 쇠하며, 나는 이기고 타인은 진다.[1] 뒤의 예도 이에 준하면 된다.

가령 乙酉日 9국에서 간상은 申이고 삼전은 申子辰이다. 또한 12국에서 간상은 巳이고 삼전은 亥子丑이다.

〈과전도〉 乙酉일 9국

甲	戊	壬
貴申勾	勾子貴	常辰常
辰	申	子

甲	戊	己	癸
貴申勾	勾子貴	靑丑后	玄巳白
乙辰	申	酉	丑

【구성이론】 간지의 상생, 설기, 제극.

【정단원리】 가택 정단에서 일간은 나이고 일지는 가택이며, 주객 관계에서 일간은 나이고 일지는 상대이다. 만약 삼전에서 일간을 생하고 지진을 탈기한다면, 가택 정단에서 식구는 많고 가택은 협소하며, 주객 관계에서 나는 유리하고 상대는 불리하다.

---

1) 일진에서 일은 나이고 진은 상대이다. 인간의 생활은 거의 대인 관계이다. 따라서 일진의 생극 관계를 보면 대인 관계에서의 이해와 득실을 알 수 있다.

第29-1法 人旺棄宅格
인 왕 기 택 격   사람은 왕성하지만 집을 버려야 되는 격

> 緣三傳生其日干 而剋其支辰者 占人雖亨旺 而無正屋可居 縱
> 爲官多是寄居 或欲逃亡而棄其家尤的. 如丁未日 卯加未 又亥
> 加未用. 癸卯日 酉加巳用. 甲午日 子加丑. 丙戌日 卯加辰用.

삼전에서 일간을 생하고 지진을 극하는 것이다. 정단하는 사람은 모름지기 형왕하지만 거주할 수 있는 정옥은 없다.[1]

만약 관직자라면 많이 더부살이(寄居)를 하거나 또는 도망하여 그 집을 버리는 것이 오히려 낫다.

〈과전도〉 丁未일 5국		
○	辛	丁
勾 卯 空	貴 亥 朱	常 未 陰
未	卯○	亥
○	辛	○	辛
勾 卯 空	貴 亥 朱	勾 卯 空	貴 亥 朱
丁未	卯○	未	卯○

가령 丁未일 5국에서 卯가 未에 가하고, 다시 9국에서 亥가 未에 가하여 발용이다.[2] 癸卯일 9국에서 酉가 巳에 가하여 발용이다.[3] 甲午일 2국에서 子가 丑에 가한다.[4] 丙戌일 2국에서 卯가 辰에 가하여 발용이다.[5]

1) 삼전에서 일간을 생하므로 식구는 많지만, 가택은 삼전으로부터의 극을 받으므로 가택에 재액이 있는 상이 되니 정옥은 없다고 하였다.
2) 삼전이 삼합하여 木국을 이뤄서 일간 丁화를 생하고 일지 未토를 극한다. 단지 공망이므로 예제로는 부적합하다.
3) 삼전이 삼합하여 金국을 이뤄서 일간 癸수를 생하고 일지 卯목을 극한다.
4) 삼전이 삼합하여 水국을 이뤄서 일간 甲목을 생하고 일지 午화를 극한다.
5) 삼전이 삼합하여 木국을 이뤄서 일간 丙화를 생하고 일지 戌토를 극한다.

第29-2法 贅婿卦
췌 서 괘   데릴사위괘[1]

緣支加干而被干剋者 其支上又乘脫氣或剋支者 必無正屋可居.
如丙申日 申加丙 亥脫申. 丁酉日 酉加丁 亥脫酉. 戊子日 子加戊 未剋子. 己亥日 亥加巳 卯脫亥.

무릇 일지가 일간에 가하여 일간의 극을 당하고, 지상에 다시 탈기가 타거나 혹은 지상이 일지를 극하면, 거주할 수 있는 정옥은 반드시 없다.

가령 丙申일 10국에서 申이 丙에 가하고 亥가 申을 탈기한다. 丁酉일 11국에서 酉가 丁에 가하고 亥가 酉를 탈기한다. 戊子일 6국에서 子가 戊에 가하고 未가 子를 극한다. 己亥일 9국에서 亥가 己에 가하고 卯가 亥를 탈기한다.

〈과전도〉 丙申일 10국

丙	己	壬
蛇申合	陰亥貴	白寅玄
巳○	申	亥

丙	己	己	壬
蛇合申合	陰亥貴	陰亥貴	白寅玄
丙巳	申	申	亥

---

1) 『육임대전』「과경2」 췌서과, "① 조건 : 무릇 과에서 일간이 지진을 극하고 다시 스스로 가임하여 발용이면 췌서과이다. ② 해설 : 대개 일간은 지아비이고 일지는 처이며 일간에서 극을 받는 것이 처재이다. 일간이 일지에 임하는 것은 동에서 정을 취함이니 남자가 처가에 데릴사위가 되는 것과 같다. 일지가 일간에 임하는 것은 정이 동을 취함이니 부인이 남자를 따라 시집을 가는 것과 같다. 이와 같이 나를 버리고 남을 따르고, 내가 데릴사위가 되니 췌서이다. ③ 길흉 : 정단에서는 매사 형쾌하지 못하고 남에게 임시로 붙어서 살며 몸은 자유스럽지 못하다. ④ 주역괘 : 『역경』의 56번째 려괘와 통하는 과체로서, 나그네가 재물을 구하는 과이다."

第30法 屋宅寬廣致人衰 占兵利爲主而後應 或營空虛

옥 택 관 광 치 인 쇠   전쟁 정단에서 주장을 위한 뒤에 대응하는 것이 이롭고, 혹 군영은 공허하다.

해설 집이 넓어서 사람을 쇠하게 된다.

謂三傳竊盜日 干反生支辰者是也. 凡値此課 必宅不容人居止. 不然 人口少而居寬廣之屋舍 致使人口日漸衰贏 患難俱生. 惟宜棄此住場 而別遷居止 庶免此事餘占事 皆我衰他旺 我負他勝 後例准此.

이른바 삼전이 일간의 기운을 훔쳐서 일간이 오히려 지진을 생하는 것이다. 무릇 이 과에 해당하면 반드시 가택은 사람이 거주하면서 머물도록 허용하지 않는다.

그렇지 않으면 적은 식구가 넓디넓은 가옥에 거주하여 식구는 날로 쇠약해지고 우환과 어려움이 모두 생기니, 마땅히 이 거주하는 장소를 당연히 버리고 다른 거주지로 옮기면 아마도 이러한 우환을 면하게 될 것이다.

이 외의 정단하는 모든 일에서 나는 쇠하고 타인은 왕하며, 나는 패하고 타인은 승한다. 뒤의 예는 이에 준하면 된다.

如甲辰日 戌加寅. 甲戌日 寅加戌. 又壬午日 未加卯.

가령 甲辰일 5국에서 戌이 寅에 가하고,[1] 甲戌일 9국에서 寅이

戌에 가하며,1) 壬午일 9국에서 未가 卯에 가한다.2)

〈과전도〉 甲辰일 5국		
壬	戊	甲
戌	午	寅
辰	子	申

庚	丙	壬	戊
戌	午	子	申
甲寅	戌	辰	子

【구성이론】 일간과 일지, 상생, 제극.
【정단원리】 제29법과 반대의 상이다.

---

1) 삼전 戌午寅화국에서 일간을 탈기하여 일지 辰토를 생한다.
1) 삼전 寅午戌화국에서 일간을 탈기하여 일지 戌토를 생한다.
2) 삼전 未亥卯목국에서 일간을 탈기하여 일지 午화를 생한다.

第30-1法 賣宅備患格
매 택 비 환 격   집을 팔아서 우환을 대비하는 격

> 緣三傳生支剋干 惟宜兌賣宅舍 以錢預備災患之費. 如癸酉日 辰加丑用. 己巳日 卯加未. 丙寅日 子加丑. 癸酉日 伏吟.

〈과전도〉 癸酉일 10국

戊	辛	○	
后辰蛇	朱未勾	青戌白	
丑	辰	未	

戊	辛	甲	丁
后辰蛇	朱未勾	白子玄	陰卯貴
癸丑	辰	酉	子

삼전이 지진을 생하지만 일간을 극하면 집을 매각하여 바꿈이 좋고, 돈으로 재환에 드는 비용을 미리 준비해야 한다.

가령 癸酉일 10국에서 辰이 丑에 가하여 발용이다. 己巳일 5국에서 卯가 未에 가한다.[1] 丙寅일 2국에서 子가 丑에 가한다.[2] 癸酉일 1국 복음과이다.[3]

---

1) 삼전 卯亥未목국에서 일간 己토를 극하고 일지 巳화를 생한다.
2) 삼전 子亥戌에서 일간 丙화를 극하고 일지 寅목을 생한다.
3) 삼전 丑戌未토국에서 일간 癸수를 극하고 일지 酉금을 생한다.

第 30-2 法 獅獸冲宅格
사 수 충 택 격　　　사자가 가택을 충하는 격

緣對鄰獸頭吻沖其本家 或有獅子道路冲宅 以致家道衰替. 如對鄰空亡 不足畏也. 如壬辰日 申加戌 作白虎冲支上寅. 辛巳日 伏吟 亥作虎冲支上巳. 甲午 庚午二日伏吟 子作虎冲支上午. 辛丑日 酉加未 作虎冲支上卯.

이웃에 사자의 머리가 있어서 그 본가를 물고 충하는 것이고, 혹은 (백호가 타고 있는 12지인) 사자도로에서 가택을 충하기 때문에 가도가 쇠해진다. 그러나 만약 이웃이 공망이면 두려워하지 않아도 된다.

〈과전도 및 천지반도〉 壬辰일 3국

庚	戊	丙
寅	子	戌
辰	寅	子
乙	○	庚	戊
酉	未	寅	子
壬亥	酉	辰	寅

| 辛卯
巳庚寅辰己丑卯戊子寅 | 壬辰午○ | 癸巳未○ | ○午申○未酉甲申戌乙酉亥 |
| | 丁亥丑 | 丙戌子 | 白 |

가령 壬辰일 3국에서 백호가 申을 타서 戌에 가하여 지상 寅을 충한다.

辛巳일 1국 복음과에서 백호가 亥를 타서 지상 巳를 충한다.

甲午일과 庚午일 두 날 복음과에서 백호가 子를 타서 지상 午를 충한다. 辛丑일 11국에서 백호가 酉를 타고 未에 가하여 지상 卯를 충한다.

第 30-3 法 血厭剋宅格
혈 염 극 택 격   혈지 겸 월염에서 가택을 극하는 격

> 緣天后乘血支 血忌 作月厭臨支剋支. 凡交易買賣鋪店 皆宜忌
> 此. 如七月癸亥日 辰作天后加亥 乃夜占 緣七月血忌在辰 月
> 厭亦在辰 又墓剋其宅神故也. 上有七月占有血忌 與月厭同處.
> 餘只有天后臨血支 血忌者(之例).

　이는 천후가 혈지와 혈기를 타고 월염을 만들어서 일지에 임하여 일지를 극하는 것이다. 무릇 교역과 매매와 가게를 여는 모든 일에서 이들을 꺼린다.

〈과전도〉 癸亥일 8국		
戊	癸	丙
蛇午玄	空亥勾	后辰后
丑 ○	午	亥
戊	癸	丙	辛
蛇午玄	空亥勾	后辰勾	酉空
癸丑	午	亥	辰

　가령 7월의 癸亥일 8국에서 辰이 천후를 부려서 亥에 가한 밤 정단이다. 7월 정단에서 혈기는 辰에 있고, 월염 또한 辰에 있으며, 다시 묘신 辰에서 택신 亥를 극한다.

　위의 7월 정단에서만 혈기와 월염이 동처일 뿐이고, 나머지는 단지 천후가 혈지와 혈기에 임하는 (예만) 될 뿐이다.

第31法 三傳遞生人擧薦　　生干客勝 生支主勝
삼 전 체 생 인 거 천 [1]
일간을 생하면 객이 이기고 일지를 생하면 주가 이긴다.

해설 삼전이 차례로 일간을 생해오면 타인의 추천을 받는다.[2]

> 此格有二等 一者自初傳生中 中生末傳 末傳生日干. 一者自末生中傳 中傳生初傳 初傳生日干. 凡占値二例 必隔三隔四 有人於上位推薦之意. 所謂皆賴衆人之說. 如欲幹官 及請擧文狀 皆宜得之 必得始終成就也. 惟宜詳初末空亡 如値空亡者 雖有擧薦之心 終無成就之實. 乃便作閑話 多赤心少之語也.

이 격에는 두 가지가 있다.

첫째, 초전에서 시작하여 중전을 생하고, 중전에서 말전을 생하며, 말전에서 일간을 생하는 것이다.

둘째, 말전에서 시작하여 중전을 생하고, 중전에서 초전을 생하

---

1) 『육임대전』「과경2」, "① 조건 : 무릇 이 과는 용신에서 일간을 생하고 다시 삼전이 일간을 차례로 생을 해 오거나 또는 일간과 일지가 모두 상호 생왕하면 형통과이다. ② 길흉 : 윗분의 추천이나 또는 관직자에게의 청탁과 문장사는 시종여일 그 뜻을 성취한다."

2) 『육임수언』「필법보감4」체생격, "이른바 삼전이 번갈아가면서 상생하여 일간을 생하는 것이다. 이 것에는 두 가지가 있다. ① 가령 여섯 丙일 삼전은 申亥寅이다. 초전에서 중전을 생하고 중전에서 말전을 생하며 말전에서 일간을 생하는 것이다. 여러 번 타인에 의한 도움을 받는다. 그 일은 반드시 시종 뜻을 성취한다. ② 다시 예를 들면 庚午일 삼전 戌午寅이다. 말전에서 중전을 생하고 중전에서 초전을 생하며 초전에서 일간을 생하는 것이다. 모든 정단에서 이와 같다. 위의 두 격이 만약 공망되면 헛말이 되고 또한 뜻이 적다. 만약 태세와 월건에서 메우면 가히 성사된다."

며, 초전에서 일간을 생하는 것이다.

모든 정단에서 두 예에 해당하면 반드시 여러 번 타인에 의하여 높은 직위로 추천을 받는다. 이른바 여러 사람에 의하여 장차 주요 관직을 맡는 일과, 추천과 문장을 요청하는 일을 모두 득하게 되고, 반드시 시종여일하게 성취한다.

다만 초전과 말전의 공망을 자세하게 살펴서 만약 공망이면 비록 추천의 마음은 있지만 결국 성취되는 결과는 없다.

문득 한담을 하면 정성스럽고 참된 마음은 많지만 말은 적게 한다.

如辛丑日 卯加丑爲初傳 生其中傳巳 中傳巳生末傳未 未土生辛干 此中空末落空. 如年月倂幹事 人命塡實可成. 又辛酉日 干上寅. 癸未日 干上卯. 甲子 壬申 壬辰 甲申 壬寅 壬子 壬戌並干上午 丙子 丙寅 丙辰 丙午 丙申 丙戌 干上申 三傳申亥寅. 此數日內有傳空者 有傳不空者. 如丙子初中空 丙寅中末空.

〈과전도〉 辛丑일 11국

癸	○	乙	
蛇卯玄	合巳后	靑未蛇	
丑	卯	巳○	

庚	壬	癸	○
陰子空	貴寅常	蛇卯玄	合巳后
辛戌	子	丑	卯

가령 辛丑일 11국에서 卯가 丑에 가하여 초전은 중전 巳를 생하고, 중전 巳는 말전 未를 생하며, 未토는 일간 辛을 생하지만, 중전은 공망이고 말전은 락공이다.

만약 태세와 월건과 정단인의 본명[1]에서 메우면 주요사를 이룰 수 있다.

---

1) 『육임수언』 「필법보담4」 체생조생거동의에서는 년과 월만 있고, 본명은 빠져 있다.

그리고 辛酉일 9국에서 간상은 寅이다. 癸未일 11국에서 간상은 卯이다.

甲子일 9국, 壬申일 6국, 壬辰일 6국, 甲申일 9국, 寅일 6국, 子일 6국, 壬戌일 6국은 나란히 간상이 午이다.

그리고 丙子일·丙寅일·丙辰일·丙午일·丙申일·丙戌일의 10국은 간상이 申이고 삼전은 申亥寅이다.

이 여러 날 중에서 삼전이 공망이 되었는지와 삼전이 공망이 안 되었는지를 봐야 한다. 가령 丙子일의 초중전은 공망이고, 丙寅일의 중말전은 공망이다.[1]

【구성이론】 삼전, 상생.
【정단원리】 삼전에서 순차로 일간을 생해 온다는 것은, 계속하여 거듭 길하다는 의미와 여러 사람의 도움을 받아 성취한다는 의미가 있다.

---

1) 丙子일 10국은 초중말전이 申亥寅이고 일간은 丙인데, 초전의 申은 천반 공망이고 중전의 亥는 지반 공망이다. 丙寅일 10국은 초중말전이 申亥寅이고 일간은 丙인데, 중전의 亥는 천반 공망이고 말전의 寅은 지반 공망이다.

第31-1法 將生財神格
장 생 재 신 격   천장에서 재신을 생하는 격[1]

緣三傳作財 其天將又生財神者 大宜取財. 如六丙日 酉加巳夜.

〈과전도〉 丙戌일 9국			
乙	己		癸
貴酉	常丑		勾巳
巳	酉		丑
乙	己	庚	○
貴酉	常丑	白寅	合午
丙巳	酉	戌	寅

삼전이 만든 재신을 천장에서 다시 재신을 생하면, 취하려는 재물은 크게 좋다.

가령 여섯 丙일 9국에서 酉가 巳에 가하고 밤 정단이다.[2]

---

1) 『육임수언』「필법보담4」체생조생거동의, 조생격, "이 격에는 두 가지가 있다. ① 일지에서 일간을 생하는 것이 있는데 가령 壬戌일에서 간상은 申이고 지상은 未이다. 다시 간상의 申에서 일간을 생하는 것이다. ② 천장에서 삼전을 생하는 것이다. 가령 여섯 癸일 삼전 酉丑巳가 국을 만들어서 일간을 생한다. 낮 정단에서 천장은 귀인, 구진, 태상의 토신에서 삼전을 생하는 것이다. 위에서와 같이 두 가지가 있다. 반드시 음으로 양으로 타인의 도움을 받는다."

2) 丙戌일 9국에서 초전 천장은 己丑토의 귀인이고, 중전 천장은 己未토의 태상이며, 말전 천장은 戊辰토의 구진이니 모두 토의 천장에서 삼전 酉丑巳 재국을 생하고 있다.

第31-2法 支(干)相生格
지 간 상 생 격   일지와 일간이 서로 생하는 격

> 如壬戌日 干上申 支上未 土生申金 金來生日 可無畏. 未爲鬼
> 然後作福.

〈과전도〉 壬戌일 4국

丁	甲	癸	
陰巳貴	蛇寅合	勾亥空	
申	巳	寅	
庚	丁	己	丙
白申玄	陰巳貴	常未陰	后辰蛇
壬亥	申	戌	未

가령 壬戌일 4국에서 간상은 申금이고 지상은 未토이다. 未토에서 申금을 생하고 申금에서 일간 壬수를 생하므로 두렵지 않다. 未토는 비록 귀살이지만 나중에는 복을 짓는다.

---

1) 支(干)上相生格 : 문맥상 『사고전서』의 支上相生格보다 『고금도서집성』의 支干相生格이 합당하다고 여겨진다.

第31-3法 兩面刀格
양면도격   양 면에 칼이 있는 격

> 如六戊日伏吟 巳申寅 末傳寅 能助初生干 又能剋干. 俗諺云 成也蕭何敗也蕭何 作兩面刀. 外有三傳生干 天將又生傳者. 例如六癸日 三傳酉丑巳 或巳丑酉 旦占天將貴常勾.

〈과전도〉 戊辰일 1국

己	壬	丙
勾巳朱	白申后	蛇寅青
巳	申	寅
己	己	戊	戊
勾巳朱	勾巳朱	合辰合	合辰合
戊巳	巳	辰	辰

가령 여섯 戊일의 복음과는 삼전이 巳申寅이다. 말전 寅이 충분히 초전을 도와서 일간을 생하고 또한 충분히 일간을 극한다.

속담에서 말하기를 '성공시킨 것도 소하이고 죽인 것도 소하이다.[1]' 라는 말이 있는데, 이는 양 면의 칼에 비유된다.

이 외에도 삼전에서 일간을 생하고 천장에서 다시 삼전을 생하는 것이 있다. 예를 들면 여섯 癸일의 삼전은 酉丑巳 또는 巳丑酉이고 낮 정단에서 천장은 귀인과 태상과 구진이다.[2]

---

1) 소하 : 전한(前漢) 고조 때의 재상이다. 강소성 출생이고 장량·한신·조참과 함께 고조의 창업공신 중 한 사람이다. 한신(韓信)을 고조에게 추천하여 대장군으로 만든 사람도 소하이지만, 한신의 능력이 고조가 두려워할 정도가 되자 여후(呂后)와 공모해서 한신을 속인 뒤 체포해서 죽였기 때문에 위와 같은 말이 전한 것이다.

2) 삼전에 있는 土의 천장인 구진과 태상과 귀인에서 삼전 金국을 생하고 여기서 다시 일간 癸수를 생한다. 비록 천장 오행 土에서 일간을 극하지만 천장 오행 土에서 천장을 생하므로 양면도격이다.

第32法 三傳互剋眾人欺　剋干客敗 剋支主敗
삼 전 호 극 중 인 기

일간을 극하면 객이 패하고, 일지를 극하면 주가 패한다.[1]

해설 삼전에서 차례로 나를 극하면 대중이 나를 기만한다.[2]

此例亦有二等 一初者剋中 中剋末 末剋日干. 一者末剋中 中剋初 初剋日干. 凡占値此二例 必有人遞互而相剋害我也. (或) 遂使眾口一詞 總相欺凌.

이 예에는 두 가지가 있다.

첫째, 초전은 중전을 극하고, 중전은 말전을 극하며, 말전은 일간을 극하는 것이다.

둘째, 말전은 중전을 극하고, 중전은 초전을 극하며, 초전은 일간을 극하는 것이다.

모든 정단에서 이 두 예에 해당하면 반드시 교대로 나를 극해하는 사람이 있거나 혹은 많은 사람들이 이구동성으로 모두가 나를 기만한다.

---

[1] 일간은 움직이는 뜻이 있으므로 객(客)으로 보았고, 일지는 가만히 있으므로 주(主)로 보았다.
[2] 『육임대전』「과경4」앙구과, "무릇 삼전에서 차례로 일간을 극거나, 12신과 12천장이 극하여 싸우거나(내외전), 간지에 묘신이 타면 앙구과이다. … 타인이 나를 기만하고 능멸하며 서로를 극해한다. 관청은 마땅히 스스로 문서를 단속하여 사람들이 논하려는 탄핵을 방지해야 하고, 일반인은 흉악한 화가 있거나 또는 이웃의 사나운 모습이나 송사의 공격이 있다."

> 或如常人所爲凶橫 遂被他人雷攻狀論. 如或見在朝官 占得此
> 課 宜自檢束隄防 (恐有)臺閣上言之(患)意. 斯占尤的

만약 일반인이면 갑작스러운 흉이 있거나 타인으로부터 우레가 치듯이 따짐을 당하게 된다.

만약 조정의 관직에 재임 중인 사람이 이 과를 얻으면 스스로 단속하고 막는 것이 마땅하다. 대각(언론 사정기관)이 상소하는 근심이 닥치는 것이 두려운데, 이러한 정단하는 일에서는 더욱 분명하다.

> 如丙辰日初傳寅加酉 剋中傳未 其中傳未剋末傳子 末傳子剋日
> 干丙火 辛酉日 干上卯. 己巳日伏吟. 六戊日伏吟. 如丙子日
> 末傳寅加未 剋中傳未 中傳未剋初傳子 初傳子剋丙火日干.

〈과전도〉 丙辰일 8국

甲		己		○	
青 寅 玄		陰 未 勾		合 子 后	
酉		寅		未	
壬		乙	辛		甲
蛇 戌 蛇	空 卯 常		貴 酉 朱		青 寅 玄
丙 巳		戌	辰		酉

가령 丙辰일 8국에서, 초전 寅이 酉에 가하여 중전 未를 극하고, 그 중전 未는 말전 子를 극하며, 말전 子는 일간 丙을 극한다.[1]

또한 辛酉일 8국에서 간상 卯이다.[2] 己巳일 복음과와 여섯 戊일 복음과이다.[3]

---

1) 삼전에서 말전이 공망이므로 이 예제로 부적당하지만 공망이 메워지면 적당하다.
2) 초전 未토에서 중전 子수를 극하고, 중전에서 말전 巳화를 극하며, 말전에서 일간 辛금을 극한다. 그러나 중전 천반 子수가 공망이므로 이 예제로 부적당하다. 단지 공망이 메워지면 적당하다.

〈과전도〉 丙子일 6국		
丙	癸	戊
合子蛇	陰未常	青寅合
巳	子	未

丙	癸	癸	戊
合子蛇	陰未常	陰未常	青寅合
丙巳	子	子	未

　　가령 丙子일 6국에서, 말전 寅이 未에 가하여 중전 未를 극하고, 중전 未는 초전 子를 극하며, 초전 子는 일간 丙을 극한다.

【구성이론】 삼전, 천장, 귀살.
【정단원리】 제32법과는 반대의 상이다. 삼전에서 순차로 일간을 극해 온다는 것은, 계속하여 거듭 흉하다는 의미와 여러 사람의 탄핵을 받는 의미가 있다.

3) 초전 巳화에서 중전 申금을 극하고, 중전에서 말전 寅목을 극하며, 말전에서 일간 己토를 극한다.

第32-1法 求財大獲格
구 재 대 획 격   구재에서 크게 얻는 격

如庚辰日 干上丑 三傳寅未子 自庚金剋初傳寅爲財. 初傳寅木剋中傳未土 中傳未土剋末傳子水 (總)爲財也. (故求財 可以大獲) 此法極好. 其他課(例推)及未常識之. 又(如)乙酉日 未加寅. 又如乙丑日 干上酉. 三傳寅未子(俱同).

〈과전도〉 庚辰일 8국

戊		癸		丙	
后 寅	白	空 未	貴	蛇 子	靑
酉	○	寅		未	
丁		壬		○	戊
貴 丑 空	白 午 勾	酉 朱	后 寅 白
庚申	丑	辰	酉

가령 庚辰일 8국에서 간상은 丑이고 삼전은 寅未子이다.

庚금 스스로 재성인 초전 寅목을 극하고, 초전 寅목은 중전 未토를 극하며, 중전 未토는 말전 子수를 극하니 (모두) 재신이다. (따라서 구하는 재물을 크게 얻는다.)[1] 이 법은 지극히 좋다.

다른 과(도 이 예와 같이 추리하면 되는데,) 未를 장차 추리할 때는 항상 알아두어야 한다.

다시 (예를 들면) 乙酉일 8국에서 未가 寅에 가하고, 또다시 예를 들면 乙丑일 8국에서 간상은 酉이고 삼전 寅未子이다. (모두 같다.)[2]

---

1) 초전 지반이 공망이므로 이 예제로 부적당하다. 만약 酉년이나 酉월이나 酉월장 또는 본명이나 행년이 酉라면 예제로 가능하다.

2) 乙酉일 8국은 일간 乙목에서 초전 未토를 극하고, 중전에서 중전 子수를 극하며, 중전에서 말전 巳화를 극한다. 乙酉일 8국은 초전 寅목에서 중전 未토를 극하고, 중전

第32-2法 土將助財格
토 장 조 재 격
土의 천장에서 재물을 돕는 격

如六丙日 酉加巳 三傳皆財 夜將又皆土神儘生起財神 大宜求財事 尤宜成合萬事 却不利父母 占病死. 兼此人不義 多貪橫發.

〈과전도〉丙申일 9국

丁	辛	○	
貴酉	常丑	勾巳	
巳○	酉	丑	

丁	辛	庚	○
貴酉	常丑	玄子	靑辰
丙巳	酉	申	子

가령 여섯 丙일 9국에서 酉가 巳에 가한다. 삼전이 모두 재신인데 밤 12천장인 모든 토신에서 다시 한껏 재물을 생하여 일으키니[1] 구재사는 크게 좋고,[2] 만사를 이루고 합하는 데에 더욱 좋다.

그러나 부모에게는 불리하여 질병 정단이라면 사망한다.[3] 더불어서 이 사람이 바르지 못하면 많이 탐하지만 뒤엉키게 된다.

에서 말전 子수를 극한다. 단지 乙酉일 8국의 천지반 공망인 초중전은 공망이 메워져야 된다.

1) 삼전이 비록 酉丑巳의 재국이지만 초전이 지반공망이고 말전이 천반공망이므로, 재국은 불성이다. 만약 공망된 것이 메워지면 이 예제로 적당할 것이다.

2) 이 예제는 신왕해지는 여름 정단에 좋다. 그 이유는 삼전의 재국을 감당할 수 있기 때문이다.

3) 재신이 국을 이루면 그 위력이 크게 강해져서 결국 생극의 이치에 의하여 부모님을 뜻하는 부모효를 극하므로 이러한 결과를 낳는 것이다.

第32-3法 雀鬼格

작귀격   주작이 귀살에 탄 격

朱雀作日鬼加干 如在朝官 防彈章 及不宜上書獻策 反受責黜.
六丙日 干上亥夜. 六庚日 干上巳暮. 六甲日 干上酉夜. 六戊
日 干上卯旦. 壬癸日 未乘雀旦 貴順行有之 但不臨干. 如臨年
命 (亦可用)亦以用.

주작이 일간의 귀살을 만들어서 일간에 가하는 경우, 조정의 관직에 있는 사람이라면 탄핵하는 상소를 예방해야 하고, 신하가 임금에게 간하는 글을 올리거나 계책을 올리는 것은 마땅하지 못할 뿐더러 오히려 쫓겨나게 된다.

〈과전도〉 丙戌일 7국

癸	丁	癸
巳	朱亥	巳
亥	巳	亥

丁	癸	壬	丙
朱亥	巳	辰	戌
丙巳	亥	戌	辰

여섯 丙일의 7국에서 간상은 亥이고 밤 정단이다.[1] 여섯 庚일의 4국에서 간상은 巳이고 밤 정단이다.

여섯 甲일의 12국에서 간상은 酉이며 밤 정단이다. 여섯 戊일의 3국에서 간상은 卯이며 낮 정단이다.

壬癸일에서 未에 주작이 타고 귀인은 순행인데, 단지 일간에 임하지 않더라도, 만약 행년과 본명에 임하면 쓸 수 있다.[2]

---

1) 丙戌일 7국의 간상 亥에 주작이 타서 일간 丙화를 극한다.
2) 가령 癸酉일 8국 낮 정단에서 초전 未에 주작이 타서 일간을 극한다. 행년이나 본명이 寅인 경우이다.

第32-4法 三傳內戰格
삼 전 내 전 격   삼전이 내전하는 격[1]

> 緣三傳俱下賊上 迤邐克去 遞相侵伐 乃名三傳內戰. 凡占必是 有寫犯訟 自家庭而出.

 삼전이 모두 하적상하고, 잇따라서 극하여 없애며, 교대로 서로 침벌하는 것을 곧 '삼전내전'이라 한다.
 무릇 정단에서 반드시 집은 송사를 범하게 되는데 가정에서 저절로 드러난다.

> 如癸酉日 未加寅 下剋上 中傳子加未 受剋. 末傳巳加子 亦受剋. 且天盤未剋子 子剋巳 地盤寅剋未 未剋子 儘相傷伐而無窮(也)矣. 又如戊辰日 寅加酉 爲發用(亦)同.

 가령 癸酉일 8국의 초전에서는 未가 寅에 가하여 하극상이고, 중전에서는 子가 未에 가하여 극을 받으며, 말전에서는 巳가 子에 가하여 극을 받는다.

---

1) 『육임수언』「필법보담5」간지삼전내전격, "이른바 간지와 삼전이 모두 아래에서 위를 극하면, 가정의 윤리가 두루 바르지 못하여서, 이로써 다툼이 일어나는 단서가 된다. 가령 癸酉일 8국에서 午가 일간에 가하고 寅이 일지에 가한다. 초전에서 未가 寅에 가하고, 중전에서 子가 未에 가하며, 말전에서 巳가 子에 가하니, 모두 아래에서 위를 극한다. 소송 정단에서는 폭로가 되고, 질병 정단은 사망한다. 관직 정단은 연이어서 벼슬을 옮기는 기쁨이 있다."

〈과전도〉 癸酉일 8국		
辛	甲	己
朱 未 常	白 子 合	貴 巳 陰
寅	未	子

庚	○	丙	辛
蛇午玄	空亥勾	玄寅蛇	朱未常
癸丑	午	酉	寅

또한 천반에서는 초전 未가 중전 子를 극하고, 중전 子가 말전 巳를 극한다.

초전지반 寅은 천반 未를 극하고, 중전 지반 未는 천반 子를 극하므로 진력으로 서로 상벌(像伐)하는 것이 극치에 달하고 끝이 없다.

〈과전도〉 戊辰일 8국		
丙	辛	甲
后 寅 白	空 未 貴	蛇 子 青
酉	寅	未

○	丁	癸	丙
合戌合	陰卯常	勾酉朱	后寅白
戌巳	戌○	辰	酉

다시 예를 들면 戊辰일 8국에서 寅이 酉에 가하고 발용이니1) 이 (또한) 같다.

---

1) 초전에서는 寅이 酉에 가하여 하극상이고, 중전에서는 未가 寅에 가하여 하극상이며, 말전에서는 子가 未에 가하여 하극상이다. 또한 초전 寅은 중전 未를 극하고, 중전은 말전 子를 극한다.

第 33 法 有始無終難變易   占兵 有先後互爲勝負
유 시 무 종 난 변 이   전쟁 정단에서는 앞과 뒤로 번갈아 가면서 이기고 진다.

해설 처음은 있지만 끝이 없게 되거나, 어려움이 변해서 쉽게 된다.[1]

> 此一句乃是二項事體. 夫有始無終者 乃因初傳是日之長生 末傳爲干之墓是也. 夫難變易者 乃初爲干墓 末爲干之長生是也.

이 하나의 구절에는 두 가지 종류의 일의 과체를 말한 것이다. 첫째, '유시무종'이란 초전은 일간의 장생이고 말전은 일간의 묘신이다. 둘째, '난변이'는 초전은 일간의 묘신이고 말전은 일간의 장생이다.[2]

---

1) 『육임수언』「필법보담4」 자묘전생종유경, "이른바 초전이 묘신이고 말전이 장생이면 '자묘전생'이라 한다. 예를 들어 丙寅일에서 삼전은 戌午寅인데, 초전은 일간의 묘신이고 말전은 일간의 장생이다. 묘신이 장생에 가하여 발용이니 옛일이 다시 발생하고, 관직자는 관직이 닫혔다가 재기한다. 초에는 비록 어렵지만 후에는 오히려 이루어진다. 만약 자생전묘를 예를 들면 乙未일 삼전 亥卯未이다. 초전은 장생이고 말전은 일간의 묘신이다. 일을 처음 꾀할 때에는 비록 꽃같고 비단 같지만 후에는 오히려 성과가 없게 된다."

2) 각 일간별 장생과 묘신 찾는 법

일간	甲乙	丙丁戊己	庚辛	壬癸
장생	亥	寅	巳	申
묘신	未	戌	丑	辰

> 如乙未日 初傳亥加未爲干之長生. 末傳未加卯爲干墓. 占得此
> 例者 如初起謀事之時 如花似錦 後將必無成合.

〈과전도〉 乙未일 9국

己		癸		乙	
合亥蛇		白卯玄		后未青	
未		亥		卯	
丙	庚	己		癸	
貴申勾	勾子貴	合亥蛇		白卯玄	
乙辰	申	未		亥	

가령 乙未일 9국이다. 초전은 亥가 未에 가하니 일간의 장생이 되고, 말전은 未가 卯에 가하니 일간의 묘신이 된다.

정단에서 이 예를 얻으면, 도모하는 일을 일으켰을 초기에는 꽃같고 비단같지만 나중에는 반드시 이루어지는 것이 없다.

> 又如乙丑日 亥加丑 初傳亥 末傳未 皆自生傳墓也. 亦如前說.
> 又如丙寅日 戌加寅 初傳戌爲干墓 末傳寅乃丙火長生之地 占
> 事先難後易.

〈과전도〉 乙丑일 3국

○		癸		辛	
玄亥后		后酉玄		蛇未白	
丑		亥○		酉	
丙	甲	○		癸	
空寅朱	常子貴	玄亥后		后酉玄	
乙辰	寅	丑		亥○	

다시 예를 들면 乙丑일 3국에서 亥가 丑에 가한다. 초전이 亥이고 말전이 未이니 모두는 스스로 장생에서 묘신으로 이어진다는 뜻의 '자생전묘'이다.

뜻은 앞의 설명과 같다.

다시 예를 들면 丙寅일 5국에서 戌이 寅에 가한다. 초전 戌은 일간의 묘신이고 말전 寅은 곧 丙화의 장생지이다.[1] 정단하는 일은 선난후이하다.

> 又如壬子 壬寅二日 辰加寅爲初傳 申加午爲末傳 此乃自墓傳生 先迷後醒. 如占得此例 謀事之初雖値艱難 已後卻有成合. 凡占 未免先暗後明.

〈과진도〉 壬子일 11국

甲	丙	戊	
蛇辰后	合午蛇	靑申合	
寅○	辰	午	
癸	○	○	甲
陰丑常	貴卯陰	后寅玄	蛇辰后
壬亥	丑	子	寅○

다시 예를 들면 壬子일과 壬寅일 11국이다. 辰이 寅에 가하여 초전이고 申이 午에 가하여 말전이니 곧 '자묘전생'이다. 처음은 미혹하지만 나중은 산뜻하다.

만약 정단에서 이 예를 얻으면, 도모하는 일의 처음에는 비록 어렵지만 나중에는 오히려 이룬다. 모든 정단에서 처음은 어둡지만 나중은 밝게 된다.

【구성이론】 장생, 묘신.

【정단원리】 12운성 이론에서 장생은 출생을 뜻하고 묘신은 사망을 뜻한다. 삼전에서 초전은 일의 시작이고 말전은 귀결을 뜻한다. 만약 초전이 장생이고 말전이 묘신이면 처음은 좋지만 나중은 나쁘고, 만약 초전이 묘신이고 말전이 장생이면 처음은 나쁘지만 나중은 좋다고 해석하고 있다.

---

1) 이 예는 초전이 묘신이고 말전이 장생이니, 스스로 묘신에서 장생으로 이어진다는 뜻의 '자묘전생'이다.

第33-1法 捨損就益格
사 손 취 익 격   손해를 버리고 이익을 취하는 격

> 如甲辰日 丑加甲 丑乃日之破碎 支上卯又作六害 又是干之羊刃. 宜棄此而就三傳子亥戌爲生干.

〈과전도〉甲辰일 2국		
壬	辛	庚
白子后	常亥陰	玄戌玄
丑	子	亥
癸	壬	○	○
空丑貴	白子后	勾卯朱	靑寅蛇
甲寅	丑	辰	卯○

가령 甲辰일 2국에서 丑이 甲에 가한다. 간상의 丑은 곧 일지의 파쇄[1]이고, 다시 지상의 卯는 지진 辰과 육해이면서 또한 일간 甲의 양인[2]이기도 하다.

따라서 이것을 버리고 삼전 子亥戌을 취하여 일간을 생하면 좋다.

> 凡占 不免捨無益 而就亨旺也. (占得)此例 一則有壽 二則自微至顯.

무릇 정단에서는 이익없음을 버리고 형통왕성한 것을 취하지 않을 수 없다. (정단하여) 이러한 예를 얻으면, 첫째, 수명을 누리고, 둘째, 스스로 어둠에서 밝음에 이른다.

---

1) 『육임대전』「권1」 신살류, 금신은 맹일酉 중일巳 계일丑이다. 즉 파쇄이다.
2) 『육임대전』「권1」 신살류, 양인은 甲일부터 卯辰午未午未酉戌子丑이다. 일간의 전1위이다.

又如甲子日 亥加甲 六月占 乃父母爻作空亡 又是死氣 又爲木
之長生 主父母灾. 如父母歿後 不論. 餘極多 倣此.

<과전도> 甲子일 4국

庚	丁	甲
蛇午靑	勾卯朱	白子后
酉	午	卯
○	壬	癸	庚
常亥陰	后申白	陰酉常	蛇午靑
甲寅	亥○	子	酉

다시 예를 들면 甲子일 4국에서 亥가 甲에 가하고 6월 정단이다.

간상의 부모효 亥는 공망되고 다시 6월의 사기이면서 다시 木의 장생이니 부모님께 재앙이 있다. 그러나 부모님이 돌아가신 뒤라면 이렇게 논하지 않는다.

나머지에도 지극히 많은데 이와 같다.

第 34 法 苦去甘來樂裏悲　不成功處反成功
고 거 감 래 락 리 비
功을 이루지 못할 곳에서 오히려 功을 이룬다.

해설 고진감래와 즐거움 속의 비애

此一句亦宜分爲二項說. 且夫苦去甘來者 如戊午日 末傳申 生中傳亥水. 中傳水生初傳寅木 而剋日干之戊土 誠爲被寅木之苦. 殊不知 反賴末之申金 沖剋其寅 又爲戊土之長生 乃應苦去甘來之喩也.

이 한 구절을 두 가지 항목으로 나눠서 설명한다.

첫째, 무릇 고통이 가고 기쁨이 오는 것이다.

〈과전도〉 戊午일 4국			
甲	癸		庚
蛇寅靑	陰亥常		白申后
巳	寅		亥
甲	癸	乙	○
蛇寅靑	陰亥常	朱卯勾	后子白
戊	巳	寅	午	卯

예를 들면 戊午일 4국에서 말전 申은 중전 亥水를 생하고, 중전 亥水는 초전 寅木을 생해서 일간 戊土를 극하므로 진정 寅木에 의한 고통을 당한다.

오히려 말전의 申金에 의하여 귀살인 寅木을 충극하고 寅木은 다시 戊土의 장생이 되니, 고통은 가고 기쁨이 오는 것이다.

凡占 未免先受磨折 後卻安逸. 又如六戊日伏吟 乃初剋中 中剋末 末剋日干 亦是先被寅苦. 殊不知又賴寅徑生其巳火而生戊干也. 以上二例 亦可作成敗蕭何.

〈과전도〉 戊辰일 복음과		
己	壬	丙
勾 巳 朱	白 申 后	蛇 寅 靑
巳	申	寅

己	己	戊	戊
勾 巳 朱	勾 巳 朱	合 辰 合	合 辰 合
戊 巳	巳	辰	辰

둘째, 모든 정단에서 먼저 꺾이는 것을 면치 못하지만 나중에는 오히려 안일해지는 것이다.

다시 예를 들면 여섯 戊일 복음과에서 초전 巳화에서 중전을 극하고, 중전 申금에서 말전을 극하며, 말전에서 일간 戊토를 극하므로, 처음에는 寅의 고통을 당한다. 하지만 다시 寅목에서 간상의 巳화를 생해서 마침내 일간 戊토를 생하는 것을 미처 생각하지 못하였다.

위의 두 예도 또한 성공시키고 죽이는 것이 소하에게 달려있다고 할 것이다.

【구성이론】 구신(자손효), 귀살, 12천장.
【정단원리】 일간과 삼전과의 생과 극의 관계에 의하여 결정된다.

第34-1法 一喜一悲格
일 희 일 비 격　　　한 번은 기쁘고 한 번은 슬픈 격

如癸亥日 干上戌 乘龍剋日 乃幸中不幸. 支上申 乘虎生日 乃不幸中幸. 又癸卯日 干上申 乘虎 支上戌 乘龍. 又壬寅 壬子 戌加子 發用夜將同.

〈과전도〉 癸亥일 4국

丁	甲	癸
巳	寅	亥
申	巳	寅

壬	己	庚	丁
戌 青	未	申 白	巳
癸 丑	戌	亥	申

가령 癸亥일 4국에서 간상 戌에 청룡이 타서 일간을 극하므로 곧 다행 중 불행이고, 지상 申금에는 백호가 타서 일간 癸수를 생하므로 곧 불행 중 다행이다.

그리고 癸卯일 6국에서 간상 申금에는 백호가 타서 일간 癸수를 생하므로 곧 불행 중 다행이고, 지상 戌토에는 청룡이 타서 일간을 극하므로 다행 중 불행이다.

또한 壬寅일 3국과 壬子일 3국[1])에서 戌이 子에 가하여 발용이고 동일한 밤 천장이다. 그 뜻은 앞과 같다.

如干上長生于月令無氣 卻喜傳中見鬼 乃甲日上見亥 月令無氣 傳中見申酉 爲可生亥水也. 亦名不幸中幸.

---

1) 발용 戌토에는 청룡이 타서 일간 壬수를 극하니 곧 다행 중 불행이고, 간상 酉금에는 천공이 타서 일간 壬수를 생하니 곧 불행 중 다행이다.

〈과전도〉 甲午일 4국		
丙	○	壬
后 申 白	朱 巳 勾	青 寅 蛇
亥	申	巳 ○
己	丙	癸	庚
常 亥 陰	后 申 白	勾 卯 朱	白 子 后
甲寅	亥	午	卯

만약 간상에 보이는 장생이 월령으로 무기하더라도 삼전에 귀살이 보이면 오히려 기쁘다.

가령 甲일에서 일상에 보이는 亥수가 비록 월령으로 무기하지만 삼전에 보이는 귀살 申酉금에서 가히 亥수를 생하므로 불행 중 다행이다.[1]

---

[1] 예를 들어 甲午일 4국을 봄과 여름과 계월에 정단하면 간상의 亥수는 기운이 없다. 그러나 초전의 申금에서 무기한 간상의 亥수를 생하므로 불행 중 다행이라고 할 수 있다.

第34-2法 樂裏生憂格
락 리 생 우 격 　　즐거움 속에 우환이 생기는 격

如庚寅日干上巳 乃庚金之長生 支上亥 乃寅木之長生. 此乃先各有長生之意 然後遞互相參 其庚金反被亥水脫 寅木又被巳火脫 卻反爲兩邊脫盜 凡占皆然. 又甲申日 干上亥 支上巳 同前.

〈과전도〉 庚寅일 4국

癸	庚	丁	
勾巳朱	蛇寅青	陰亥常	
申	巳	寅	

癸	庚	丁	甲
勾巳朱	蛇寅青	陰亥常	白申后
庚申	巳	寅	亥

가령 庚寅일 4국에서의 간상 巳화는 곧 庚금의 장생이고 지상 亥수는 곧 寅목의 장생이다.

여기서 먼저는 각각 장생의 뜻이 있지만 나중에는 번갈아가면서 서로가 간여하여 庚금은 오히려 亥수에게 탈기당하고 寅목은 巳화에게 탈기당한다. 이와 같이 오히려 양쪽에서 탈도되므로 모든 점단은 모두 그러하다.

또한 甲申일 4국에서 간상은 亥이고 지상은 巳이다. 앞과 같다.1)

又庚辰日 干上戌 生干. 支上午 生辰. 此例止宜坐待用事 儻有其益. 如若動其支干 皆坐於剋鄕.

그리고 庚辰일 11국은 간상 戌토에서 일간 庚금을 생하고, 지상

---

1) 일간 甲목은 지상신 巳화에게, 일지 申금은 간상신 亥수에게 각각 탈기당한다.

〈과전도〉 庚辰일 11국		
○	甲	丙
白申后	玄戌玄	后子白
午	申○	戌
甲	丙	壬	○
玄戌玄	后子白	青午蛇	白申后
庚申	戌	辰	午

午화에서 지진 辰토를 생한다.
 이 예는 하려는 일을 멈추고 그 일을 앉아서 기다리는 것이 옳은데, 그리하면 이익이 있다. 만약 일지와 일간이 움직이면 모두 극하는 지반에 앉는다.1)

如庚午日 干上辰土生庚金. 支上寅木生午火 亦宜坐用. 倘動其支干 坐於脫氣鄕.

〈과전도〉 庚午일 5국		
甲	壬	戊
蛇子青	青申蛇	玄辰玄
辰	子	申
戊	甲	丙	○
玄辰玄	蛇子青	后寅白	合戌合
庚申	辰	午	寅

 가령 庚午일 5국은 간상 辰토에서 庚금을 생하고 지상 寅목은 일지 午화를 생하지만, 단지 앉아있는 것이 좋다.
 만약 간지가 움직이면 탈기의 지반에 앉는다.2)

---

1) 일간 庚금은 午화로부터 극을 받고, 일지 辰토는 寅목으로부터 극을 받는다.
2) 일간 庚금은 子수에 의하여 탈기되고, 일지 午화는 戌토에 의하여 탈기당한다.

如庚子日 干上巳 作干之長生. 殊不知巳火亦能剋庚金 且支上
酉生支 殊不知水敗於酉.

〈과전도〉 庚子일 4국		
甲	癸	庚
青午蛇	朱卯勾	后子白
酉	午	卯
○	壬	丁	甲
勾巳朱	蛇寅青	常酉陰	青午蛇
庚申	巳○	子	酉

가령 庚子일 4국에서 간상 巳는 일간의 장생이지만 巳화는 또한 능히 庚금을 극하고, 다시 지상 酉는 지진 子를 생하지만, 酉는 子수의 패신[1]임을 몰랐다.

如癸酉 癸丑 癸巳三日 酉加癸 畫占三傳 雖金生日 其天將皆
來傷日. 雖有面前之生 背後反爲深害. 占病死 占訟刑 乃應.

〈과전도〉 癸酉일 5국		
己	乙	癸
貴巳陰	勾丑朱	常酉空
酉	巳	丑
癸	己	己	乙
常酉空	貴巳陰	貴巳陰	勾丑朱
癸丑	酉	酉	巳

가령 癸酉와 癸丑과 癸巳의 세 날 5국에서 酉가 癸에 가하고 낮 정단이다.
삼전은 비록 金에서 일간을 생하지만 천장에서는 모두 일간을 상한다.[2]
비록 앞으로는 생하지만 뒤로는 오히려 깊은 해가 있으므로, 질병 정단은 사망이고, 소송 정단은 형을 받는다.[3]

1) 『육임대전』 「과경2」 삼교과, "… 사중은 패신인 子午卯酉이다."
   『육임수언』 「필법보담5」 간지개패세경퇴. "甲乙의 패신은 子에 있는 종류이다."
2) 삼전의 오행인 巳丑酉금국에서는 일간 癸수를 생하지만, 천장오행인 己丑토의 귀인과 戊辰토의 구진과 己未토의 태상의 천장오행에서 모두 일간 癸수를 극한다.

俗諺云 貪得一粒粟 失卻半年糧. 凡占如此言. 如庚辰日 干上巳 雖曰日之長生 卻被末傳生中傳 中傳生初傳之巳火 而剋庚干.

〈과전도〉 庚辰일 4국		
辛	戊	乙
勾巳朱	蛇寅青	陰亥常
申○	巳	寅
辛	戊	丁	甲
勾巳朱	蛇寅青	貴丑空	玄戌玄
庚申	巳	辰	丑

속담에서 말하기를 '한 톨의 곡식을 탐하다 오히려 반년치의 양식을 잃는다.'고 하였는데, 모든 정단에서 이 말과 같다.

가령 庚辰일 4국에서 간상 巳는 비록 일간의 장생이지만 오히려 말전 亥수는 중전 寅목을 생하고, 중전은 초전 巳화를 생하여 결국 일간 庚금을 극한다.[1]

丙申日 夜占干上申 三傳申亥寅 初傳申加巳作日之財 受上下夾剋而無用 中傳爲日之鬼 末傳乘虎遁壬水剋干. 先是初生中 中生末 末生日干 後卻變出許多不美 亦如前說. 已上諸例 變宮商薙露.

丙申일 10국 밤 정단에서 간상은 申이고 삼전은 申亥寅이다.

3) 질병 정단은 점차 낫고, 소송에서 해가 되지 않는다고 볼 수 있다. 그 이유는 천장의 土기운을 삼전 金국에서 설기하여 일간을 생하기 때문이다.

1) 초전 지반이 旬중의 공망이므로 이 예제로 부적당하다. 저자가 의도하는 바는, 중전에 있는 재물을 취하는 과정에서 초전이 공망이므로 어려움이 있고, 중전에서는 말전의 생을 받은 재물이므로 얻을 만한 재물이다. 그러나 말전이 탈기이므로 나중에는 잃게 되니 얼른 회귀하면 손실을 면하게 될 것이다.

초전 申은 巳에 가하여 일간의 재성이지만 상하협극을 받아서 쓸모 없어진다.[1]

〈과전도〉 丙申일 10국		
丙	己	壬
蛇 申 合	陰 亥 貴	白 寅 玄
巳○	申	亥

丙	己	己	壬
蛇合 申合	陰亥貴	陰亥貴	白寅玄
丙巳	申	申	亥

중전은 일간의 귀살이고 말전에는 백호가 탄 둔반 壬수에서 일간 丙화를 극한다.

처음에는 초전에서 중전을 생하고 중전에서 말전을 생하며 말전에서 일간을 생하지만, 나중에는 오히려 많은 허무와 불미스러움이 드러난다. 앞의 설명과 같다.

앞에서 든 모든 예는 궁상의 즐거운 노래가 상여가 나갈 때 부르는 슬픈 노래로 변한다.

---

[1] 이미 초전 지반이 공망이므로 초전에서 중전을 생하고, 중전에서 말전을 생하며, 말전에서 일간을 생하는 것은 의미가 없지만, 저자는 이론의 이치를 설명하고 있다.

第 34-3 法 恩多怨深格
은 다 원 심 격   베푼 은혜는 많고, 받는 원망은 깊은 격

緣干生初恩也. 初生中 中生末 末卻剋日干 反成仇是也. 如己巳日 申加巳生中傳之亥水 中傳水生末傳之寅木 反剋日干之己土. 乙亥 乙未 乙巳 乙卯四日 午加亥用.

일간에서 초전을 생하는 것은 은혜가 되지만, 초전에서 중전을 생하고 중전에서 말전을 생하며 말전에서 오히려 일간을 극하는 것은 오히려 원수가 된다.

〈과전도〉 己巳일 10국

壬	○	丙	
勾 申 貴	蛇 亥 玄	陰 寅 空	
巳	申	亥○	
○	乙	壬	○
朱 戌 陰	后 丑 勾	申 貴	蛇 亥 玄
己未	戌○	巳	申

가령 己巳일 10국이다. 초전에서 申이 巳에 가하여 중전의 亥수를 생하고, 중전 亥수는 말전의 寅목을 생해서 오히려 일간 己토를 극한다.[1]

그리고 乙亥・乙未・乙巳・乙卯 네 날의 6국에서 午가 亥에 가하여 발용이다.[2]

---

[1] 상대를 뜻하는 지상신 申금이 발용이고 말전은 寅목이다. 일간 己토에서는 초전 申금을 생하지만 말전 寅목에서는 오히려 일간 己토를 극하니, 타인에게 베푼 은혜가 곧 원수로 돌아오는 상이다. 이 예제로써 대인 관계에서의 득실을 알 수 있다.

[2] 일간 乙목은 초전 午화를 생하고, 초전은 중전 丑토를 생하며, 중전은 말전 申금을 생해서, 말전 申금은 일간 乙목을 극하니, 결국에는 원수로 돌아온다.

第 34-4 法 不幸中幸 幸中不幸格
불행중행 행중불행격
불행 중 행운,
행운 중 불행격

緣白虎卻作長生 靑龍卻乘日鬼是也. 凡占皆然. 如六戊日伏吟
旦占三重白虎作長生 乃不幸中幸 如夜占三重靑龍作日干之鬼
乃幸中不幸. 外有戊己日返吟 三月占. 生氣剋日主病 死炁生
日主生.

백호가 오히려 장생을 만들고 청룡이 오히려 일간의 귀살을 만들면, 무릇 정단에서 모두 아래와 같다.

〈과전도〉 戊辰일 복음과

己	壬	丙
巳	白 申	寅 青
巳	申	寅
己	己	戊	戊
巳	巳	辰	辰
戊巳	巳	辰	辰

가령 여섯 戊일의 복음과이다. 낮 정단에서 백호가 삼중으로 장생을 만드니 곧 불행 중 다행이고, 밤 정단에서 삼중으로[1] 청룡이 일간의 귀살을 만드니 곧 다행 중 불행이다.

이 외에도 戊己일의 반음과 3월 정단이 있다. 생기에서 일간을 극하면 질병이 들고, 사기에서 일간을 생하면 산다.

---

1) 백호의 오행은 申, 백호가 탄 신도 申, 백호가 임하고 있는 신도 申이므로 삼중이다. 청룡도 마찬가지인데 청룡의 오행은 寅, 탄 신도 寅, 임하고 있는 신도 寅이므로 삼중이 된다. 여기서 중전의 申金을 일간 戊토의 장생으로 본 이유는 수토동궁으로 보았기 때문이다.

第35法 人宅受脫俱招盜   占兵主客俱不利
인 택 수 탈 구 초 도   전쟁 정단은 주와 객이 모두 불리하다.

해설 사람과 가택이 실탈당하니 두 곳 모두 도적을 초래한다.

> 此例亦有二等 一則支上干上皆乘脫氣 一則干上脫支 支上脫干. 已上二例 凡占人被脫賺 家宅必被盜竊財物. 如占病定然起蓋屋宅費用 以致心氣脫弱 而成虛憊. 宜服補元氣藥餌獲愈.

이 예에는 두 가지 종류가 있다.

첫째, 지상과 간상 모두에 탈기가 타는 것이다.[1]

둘째, 간상은 지진을 탈기하고 지상은 일간을 탈기하는 것이다.[2]

위의 두 예는 모든 정단에서 타인에 의한 속임수로 손실을 입게 되고, 가택은 반드시 도적에게 재물을 도난당한다.

---

[1] 『육임수언』「필법보담5」인택수탈다실모, "① 이른바 甲乙은 巳午에 의하여 탈기당하고, 丙丁은 사계에 의하여 탈기당하며, 사계는 申酉에 의하여 탈기당하고, 庚辛은 亥子에 의하여 탈기당하며, 壬癸는 寅卯에 의하여 탈기당한다. 일간과 일지 위에 탈기가 타서 발용이면 사람은 속임을 당하고, 가정은 도난을 당하여 흉한 허물을 벗어나기 어렵다. 만약 삼전이 다시 국을 이뤄서 탈기하면 그 흉은 더욱 심하다. ② 가령 甲午일에서 간상이 戌이고 삼전이 寅午戌이니 나란히 일간의 기운을 훔쳐간다. ③ 무릇 탈기가 과에 드니 관직자는 가장 나쁜데, 그 이유는 관을 상하게 하는 살로 작용하기 때문이다. 만약 일반인이 정단하면 과전에 귀살이 있지만 다시 마땅히 보면 그것은 구신이 된다."

[2] 『육임수언』「필법보담5」피차시기해상수, "가령 壬午일 간상 未와 지상 寅은 교차상탈이다. 교섭에서 각각 탈모의 뜻을 품는다."

만약 질병 정단이면 집의 지붕을 얹어서 비용이 드는 것처럼 심기가 빠져서 쇠약해지고 피곤하며 고달프게 된다. 마땅히 약이 되는 음식을 먹고 원기를 보충하면 낫는다.

內有支干遞互相脫者及相交涉 必是我欲脫漏彼 彼亦早辦脫漏我也. 旣各懷脫漏之意 故應道典云 天網恢恢 疏而不漏.

일지와 일간이 서로 번갈아 탈기하면 서로의 교섭에서 반드시 내가 상대방을 탈기하여 누설시키려고 하지만 타인 역시 서둘러서 나를 탈기하여 누설하려고 애쓴다.

이미 나와 상대는 각각 탈기하여 누설하려는 뜻을 품으므로 『도전』에서 말하기를 '천망은 넓고 광대하여 성기지만 새지 않는다.'고 하였다.

遙剋 昴星 別責乘空 落空 爲初傳發用將乘玄武者 凡占定主失脫. 此法極驗. 如乙亥日 蒿矢酉元加亥. 用丙子日彈射 申元加子用旦將. 己巳日彈射 亥玄加酉. 辛丑日別責 巳玄加申夜將. 庚午日昴宿戌加酉 旦將夜將有之.

요극과와 묘성과와 별책과에서 천공이 타거나 또는 락공되고 초전 발용에 천장 현무가 타면 모든 정단은 실탈되는데, 이 법은 지극히 증험이 있다.

가령 乙亥일 3국 요극과의 호시이고 酉에 현무가 타서 亥에 가한다.

丙子일 5국 요극과의 탄사이고 申에 현무가 타서 子에 가하여 발용이고 낮 정단이다.

〈과전도〉 乙亥일 3국		
○	癸	辛
酉 玄	未 白	巳 青
亥	酉 ○	未
戊	丙	○	癸
寅 朱	子 貴	酉 玄	未 白
乙 辰	寅	亥	酉 ○

己巳일 11국 요극과의 탄사이고 亥에 현무가 타서 酉에 가한다.[1]

辛丑일 4국 별책과이고 巳에 현무가 타서 申에 가하고 밤 정단이다.

庚午일 12국 묘성과이고 戌이 酉에 가하고 낮 정단과 밤 정단에 있다.[2]

又有庚子日元首 辰空加子 旦將皆乘玄武 辛亥卯加戌晝將 此等日乃空亡 乘玄武發用 但初傳不係遙剋幷昴星

〈과전도〉 庚子일 9국		
○	丙	庚
玄 辰 玄	青 申 蛇	蛇 子 青
子	辰 ○	申
庚	○	○	丙
蛇 子 青	玄 辰 玄	玄 辰 玄	青 申 蛇
庚 申	子	子	辰 ○

또한 庚子일 9국 원수과가 있는데 공망된 辰이 子에 가하고 낮과 밤 천장은 모두 현무가 탄다.

辛亥일 8국에서 卯가 戌에 가하고 낮 천장인 현무가 탄다.

이러한 날들은 공망된 곳에 현무가 타서 발용이다. 단지 초전은 요극과나 묘성과에 구애받지 않는다.

---

1) 더욱이 이 예는 간상신 酉금은 일간 乙토를 탈기하고, 지상신 未토는 일지 巳화를 탈기까지 한다.

2) 초전 戌에 낮과 밤 천장은 모두 현무가 탔을 뿐만 아니라 공망까지 되는 경우다.

第 35-1 法 財空乘玄格
재 공 승 현 격
공망된 재신에 현무가 탄 격

> 或臨支發用 亦防失脫. 如甲子日 戌加子 晝占上乘玄武. 此例極多.

〈과전도〉甲子일 3국			
	○	壬	庚
	玄 戌 玄	后 申 白	蛇 午 靑
	子	戌 ○	申
甲	○	○	壬
白 子 后	玄 戌 玄	玄 戌 玄	后 申 白
甲寅	子	子	戌 ○

재신이 공망된 곳에 현무가 타서 지진에 임하고 발용이면 실탈을 방지해야 한다.

가령 甲子일 3국에서 戌이 子에 가하고 낮 정단에서 그 위에 현무가 탄다.[1] 이러한 예는 지극히 많다.

---

1) 공망된 일간의 재신인 초전 戌에 현무가 타고 있다.

第35-2法 鬼脫乘玄格
귀탈승현격 　　　귀살 또는 탈기에 현무가 탄 격

> 緣日鬼或脫氣乘玄武 來意占失脫 爲發用尤的. 如己酉日 卯加酉晝. 辛丑日 亥加丑夜.

〈과전도〉 己酉일 7국			
○	己	○	
玄卯 白合酉 蛇玄卯 白			
酉	卯○	酉	
癸	丁	○	己
后丑 青 青未 后玄卯 白合酉 蛇			
己未	丑	酉	卯○

일간의 귀살 혹은 탈기에 현무가 타면 온 뜻은 실탈 정단이고, 만약 발용이면 더욱 더 확실하다.

예를 들면 己酉일 7국에서 卯가 酉에 가한 낮 정단이다.[1] 辛丑일에서 亥가 丑에 가한 밤 정단이다.[2]

---

1) 초전에서 일간 乙토의 귀살 卯목에 낮 천장인 현무가 타고 다시 공망되니 실탈의 뜻은 더욱 강해진다.
2) 초전에서 일간 辛금의 탈기(脫氣)인 亥수에 낮 천장인 현무가 타고 다시 공망되니 실탈의 뜻은 더욱 강해진다.

第36法　干支皆敗勢傾頹　占兵同前
간 지 개 패 세 경 퇴　전쟁 정단은 35법과 같다.

해설 일간과 일지가 모두 패신이면 형세는 기울고 무너진다.[1]

> 謂干支上皆逢敗炁者　占身氣血衰敗　占宅屋舍崩頹　日漸狼狽
> 全無長進．更不可捕捉奸私　不可他人陰事．倘若到官　必牽連
> 我之舊過　同時敗露　各獲罪也．其餘(占用)　彼此皆値衰敗也．
> 乃應俗諺云　殺人一萬　自損三千之意也．

　이른바 간상과 지상 모두에 패기[2]를 만나는 것이다.[3]

　몸에 관한 정단이면 기혈이 쇠패하고, 가택 정단이면 가옥이 무너지니, 날이 갈수록 낭패이고 큰 발전은 전혀 없다.

　그리고 간사한 사람을 포착하는 것은 어렵고 타인의 음사를 포착하는 것도 어렵다.

---

1) 『육임수언』「필법보담5」, 간지개패세경퇴, "甲乙의 패는 子에 있다. 패신이 간지에 가하면 일은 많이 부서지고 무너진다. 가령 甲申일은 간상 子이고 지상 午이다. 일간과 일지에 모두 패기가 타니, 몸을 정단하면 기혈이 쇠해지고 가택을 정단하면 옥택이 무너진다. 만약 일의 정황을 만나서 말하면 반드시 피차 같이 망하게 된다."

2) 『육임대전』「과경2」삼교과, "… 사중은 패신인 子午卯酉이다."

　『육임수언』「필법보담2」, 사중상가관격추, "… 木의 패는 子에, 火의 패는 卯에, 金의 패는 午에, 水의 패는 酉에 있다."

3) 패기 찾는 법

오행	甲乙	丙丁	戊己	庚辛	壬癸
패기	子	卯	卯·酉	午	酉

만약 관청에 데리고 가더라도 반드시 나의 옛 허물이 얽혀서 함께 노출됨으로써 양쪽 모두 죄를 받게 된다.

나머지의 (정단에서도) 피차 모두 쇠패해진다.

속담에서 말하기를 '다른 사람을 1만 명 죽이면 우리 편도 3천 명이 죽는다.'고 하였다.

| 如甲申日 干上子 支上午. 庚寅日 干上午 支上子. 丙申 丙寅日 干上卯. |

〈과전도〉 甲申일 3국

	壬	庚
蛇午青	合辰合	青寅蛇
申	午○	辰
戊	丙	○	壬
白子后	玄戌玄	蛇午青	合辰合
甲寅	子	申	午○

가령 甲申일 3국에서 간상은 子이고 지상은 午이다.[1] 庚寅일 3국에서 간상은 午이고 지상은 子이다.[2] 丙申일과 丙寅일 3국에서 간상은 卯이다.[3]

【구성이론】 패신, 파쇄.

【정단원리】 패신은 몸을 망친다는 뜻이다. 따라서 건강 정단이면 몸을 망치는 것이고, 가택 정단이면 가택을 망치는 이유가 된다. 만약 패기가 파쇄에 해당하면 그 흉은 더욱 심하다.

---

1) 간상의 子수는 일간 甲목의, 지상의 午화는 일지 申금의 패기이다.
2) 간상의 午화는 일간 庚금의, 지상의 子수는 일지 寅목의 패기이다.
3) 간상의 卯목은 일간 丙화의, 지상의 午화는 일지 申금의 패기이다.

第36-1法 破敗神臨宅格
파 패 신 임 택 격   파쇄와 패신이 가택에 임한 격[1]

> 緣支上有敗氣 又爲破碎煞 必宅中有人不利而致日漸衰殘 家道
> 破敗. 宜詳其破敗者類神是何人. 如己巳 己亥二日 干上乘酉
> 乃干之敗氣又作支之破碎. 故總名爲破敗神也. 以類推之 旦占
> 必家中有破敗之子 緣酉爲己土之子息故也 夜乘天后 囚妾敗.

지상에 패기가 있고 다시 파쇄살이면, 반드시 가정에는 이롭지 못한 사람이 있어서, 날이 갈수록 쇠잔해지고 가정의 예절은 깨진다. 마땅히 그 파패한 사람을 찾아야 되는데 류신으로 누구인지를 알 수 있다.

〈과전도〉 己巳일 11국			
○	乙		丁
蛇亥玄	后丑白		玄卯靑
酉	亥	○	丑
癸	○	辛	癸
合酉后	蛇亥玄	靑未蛇	合酉后
己未	酉	巳	未

가령 己巳와 己亥 두 날의 11국에서 간상 酉는 곧 일간의 패기[2]이면서 또한 일지의 파쇄이다. 따라서 묶어서 말하여 '파패신'이라고 부른다.

류신으로 유추하면 낮 정단에서는 반드시 가정을 깨트리고 망하게 하는 자

---

1) 『육임수언』「필법보담5」간지개패세경퇴, "파라는 것은 맹일(寅申巳亥)에는 酉를 쓰고, 중일(子午卯酉)에는 巳를 쓰며, 계일(辰戌丑未)에는 丑을 쓴다. 만약 지상에 일간과 일지의 패기가 타고 다시 일지의 파쇄이면, 그 집에는 반드시 사람이 파패당하여 쇠패에 이른다. 가령 壬申·壬寅·癸巳·癸亥일에서 지상이 酉이니 반드시 손위의 사람이 파패된다."

2) 수토동궁을 적용하여 패신을 정하였다. 곧 일간 戊己토와 壬癸수의 패신은 모두 酉가 된다.

식이 있으니, 그 이유는 酉는 己토의 자식이기 때문이고, 밤에는 천후가 타니 첩에 의한 재앙이 있다.

又戊申 戊寅日 干上酉. 同又壬寅 壬申 癸巳 癸亥四日 干上酉. 並同其酉 亦爲婢類 亦緣酒色而敗家. 其餘破敗神臨之同說. (一說破敗神臨干主凶 非臨支) 闕數假令皆破敗臨干非臨支.

그리고 戊申일과 戊寅일 9국에서 간상은 酉이다.[1] 비슷한 유형이 또 있는데, 壬寅일과 壬申일의 3국과[2] 癸巳일과 癸亥일의 5국인 네 날의 간상은 酉이다.[3]

아울러 앞에서와 동일한 그 酉는 첩의 종류이니 주색으로 인하여 패가하게 된다.

나머지에서도 파패신이 임하면 똑같은 해석이 된다. (일설에는 파패신이 일간에 임하면 흉하고 일지에 임하면 그렇지 않다고도 한다.)

(몇 글자가 빠졌다) 가령 모두가 파패가 일간에 임할 때 그렇고, 일지에 임하면 그렇지 않다고 한다.

---

1) 간상의 酉는 일간 戊토의 패신이면서 일지 사맹의 파쇄살이다.
2) 간상의 酉는 일간 壬수의 패신이면서 일지 사맹의 파쇄살이다.
3) 간상의 酉는 일간 癸수의 패신이면서 일지 사맹의 파쇄살이다.

第 37 法 末助初兮三等論　占兵視其或利主或利客
말조초혜삼등론
전쟁 정단에서 아군을 이롭게 하는지 아니면 적군을 이롭게 하는지를 보아야 한다.

해설 말전에서 초전을 생하는 것에는 세 가지 이론이 있다.

> 謂末傳助其初傳 而生日干者. 亦有末助初 而剋干者 亦有末助初傳 而作日之財神者. 此三等皆是 傍有相助而各成其上說. 內末助初生日者 欲年命制末 始可言吉 年命生末反凶.

이른바 말전에서 초전을 도와서 일간을 생하는 것과,[1] 말전에서 초전을 도와서 일간을 극하는 것과,[2] 말전에서 초전을 도와서 일간의 재신을 만드는 것이 있다.[3]

이 세 가지는 모두 곁에서의 상조로 각각 위의 설명이 된 것

---

1) 『육임수언』「필법보담7」말조초전분삼종, "辛酉일 삼전 未子巳는 말전에서 초전을 도와서 일간을 생한다. 암지에서 말로써 밝히는 사람으로 인하여 형통하고 왕성해지게 된다. 그러나 공망을 꺼린다. 이로써 말전에서 초전을 도와서 일간을 생하여 능히 일간을 극기도 하니, 다시 이름을 요하면 성과 패는 소하에게 달려있고, 12신과 12천장으로 판단하면 된다."

2) 같은 책, 말조초귀격, "庚午일 삼전 午辰寅에서, 말전은 비록 일재이지만 실은 귀살을 도와서 일간을 극한다. 만약 정단인의 행년·본명의 신에서 말전을 극제하면 비로소 무해하다. 재물을 구하는 것은 옳지 못하다. 만약 재물을 취하려하면 반드시 화가 생긴다. 만약 초전이 공망이면 해가 되지 않는다. 만약 말전이 공망이면 초전이 해가 되지 않는다."

3) 같은 책, "甲辰일 삼전 戌午申에서 말전 午화이고 다시 초전 戌토가 재물을 만드는데, 암지에 있는 사람이 재물을 돕는다. 만약 혼인 정단이면 더욱 좋다."

다. 이 중 말전에서 초전을 도와서 일간을 생하는 것에서, 행년과 본명에서 말전을 제극하면 비로서 길하다고 말할 수 있지만, 행년과 본명에서 말전을 생하면 오히려 흉하다.

如庚午日 干上午 三傳午辰寅 末傳寅加辰 生起初傳午火 而剋伐庚金. 末傳之寅木 乃敎唆詞訟之人也. 其爲公曹吏道士 爲髯鬚人 或屬虎人 或姓從木 詳天將逐類而言之. 尤不宜求財取財 反爲禍也.

〈과전도〉 庚午일 3국

庚	戊	○
午	辰	寅
申	午	辰

庚	戊	庚	丙
午	辰	辰	寅
庚申	午	午	辰

가령 庚午일 3국에서 간상은 午이고 삼전은 午辰寅이다. 말전 寅이 辰에 가한 초전 午화를 생하고 일으켜서 일간 庚금을 극벌한다.[1]

말전의 寅목이 사송을 부추긴 사람인데 이 寅(공조)은 관리이거나, 도사이거나, 수염이 많은 사람이거나, 또는 범 같은 사람이거나, 성씨가 木인 사람인데 자세한 것은 천장의 류신을 따르면 된다.

특히 좋지 못한 것은 구재와 취재인데 오히려 화를 부른다.

又庚辰 庚申二日 寅加辰. 辛未日 卯加戌. 甲辰日 辰加子.

그리고 庚辰일과 庚申일 두 날 3국에서 寅이 辰에 가하고,[2] 辛未

---

[1] 말전 寅목이 공망이므로 예로 부적합하다. 하지만 공망이 메워지면 가능하여져서 만약 행년·본명에서 말전 寅목을 극하면 흉은 감소될 것이다.

《과전도》庚辰일 3국

戊	丙	甲
蛇寅青	后子白	玄戌玄
辰	寅	子

壬	庚	戊	丙
青午蛇	合辰合	蛇寅青	后子白
庚申	午	辰	寅

일 8국에서 卯가 戌에 가하며,[1] 甲辰일 9국에서 辰이 子에 가한다.[2]

【구성이론】 삼전, 상생, 재신, 귀살.

【정단원리】 이 법은 오행에서의 생과 극의 이론으로 설명하였다. 말전에서 초전을 도와서 일간을 생하는지, 극하는지, 재신이 되는지를 본 것이다.

2) 말전 寅목에서 초전의 午화를 생해서 일간 庚금을 극한다. 대체로 구관은 길하지만 이 외의 모망 정단은 흉하다.

1) 비록 공망이긴 하지만 말전 卯목에서 초전 巳화를 생해서 일간 辛금을 극한다. 만약 각종 우환 정단이면 말전 공망이 구제신이 된다. 그 이유는 재앙을 부추기는 말전이 공망이기 때문이다.

2) 말전 辰토에서 초전의 申금을 생해서 일간 甲목을 극한다. 대체로 구관은 길하지만 이 외의 정단은 흉하다.

第 37-1 法 抱雞不鬪格
포 계 불 투 격   닭을 안고 싸우지 않게 하는 격[1]

緣己亥 己酉 卯丑亥爲傳. 庚寅日 午辰寅爲傳. 癸亥日 丑卯巳爲傳. 雖末助初而剋干者 因初傳或空亡或落空 本無意剋其日干. 其末傳徒爲冤憎 奈初傳無力 終不能剋干也. 故取喻於之例也.

〈과전도〉 己亥일 3국			
癸	辛		己
合 卯 靑	蛇 丑 白	后 亥 玄	
巳○	卯		丑
○	癸	丁	乙
靑 巳 合	合 卯 靑	玄 酉 后	白 未 蛇
己未	巳○	亥	酉

己亥일과 己酉일 3국은 卯丑亥 삼전이고,[2] 庚寅일 3국은 午辰寅 삼전이며,[3] 癸亥일 11국은 丑卯巳 삼전이다.[4]

모름지기 말전에서 초전을 도와서 일간을 극하지만 초전이 공망 또는 락공이면 본래 일간을 극하는 뜻이 없다.

말전은 오히려 원한과 미움만 사게 되고, 초전이 무력하니 결국은 일간을 극하지 못한다. 따라서 닭을 안고 싸우지 않게 하는 예가 되는 것이다.

1) 닭싸움을 시킬 때 자신의 닭이 불리하면, 그 닭의 주인이 닭을 안고 물을 먹이면서 쉬게 했다 다시 싸우게 하는데, 양쪽 편의 주인이 각기 한 번씩 그렇게 할 수 있다.
2) 己亥일 3국은 초전이 지반공망이고 己酉일 3국은 초전이 천반공망이니 일간을 극하지 못한다. 이러한 예들은 각종 질병이나 관재나 구설과 같은 우환에 관련된 정단이면 귀살이 공망되니 좋고, 구관 정단이면 관성이 공망되니 나쁘다.
3) 庚寅일 3국은 초전 午화가 천반공망이니 일간을 극하지 못한다.
4) 癸亥일 11국은 초전 丑토가 천반공망이니 일간을 극하지 못한다.

第37-2法 枉做惡人格
왕주악인격　　악인의 누명을 쓰는 격

如庚戌日 午辰寅爲三傳 末空 干上午. 又庚子日 午辰寅爲(三傳) 末傳落空 亦是末助初傳 而剋日干者. 緣末傳空亡 不能助其初傳 其教唆人必自敗露. 俗云所以喻爲枉做惡人也.

〈과전도〉 庚戌일 3국

丙	甲	〇	
靑午蛇	合辰合	蛇寅靑	
申	午	辰	

丙	甲	戊	丙
靑午蛇	合辰合	白申后	靑午蛇
庚申	午	戌	申

가령 庚戌일 3국의 삼전 午辰寅에서 말전은 공망이고 간상은 午이다.[1]

또한 庚子일 3국의 (삼전) 午辰寅에서 말전은 락공이지만 말전은 초전을 도와서 일간을 극한다. 말전이 공망이므로 초전을 능히 돕지 못하니, 그 부추긴 사람은 반드시 저절로 붙잡힌다.

속담에서 말하기를 '이러하므로 악인이라는 누명을 쓰게 된다.'고 하였다.

---

[1] 부추긴 사람으로 쓰인 말전 寅으로 인하여 庚은 재난을 당하였다. 말전이 공망이므로 그 악인은 잡히고 만다.

第37-3法 謁求禍出格
알 구 화 출 격   만나서 구하려고 하면 재앙이 생기는 격

乃支上神作財 生干上神爲鬼者 大不利謁貴求財 犯之卽有禍出. 如甲子 甲午日 干上酉. 甲辰 甲戌日 干上申. 乙亥 乙巳日 干上酉. 乙卯 乙酉日 干上申. 丙寅日 干上子 又干上亥.

〈과전도〉甲子일 6국

丙	癸	戊
寅	酉	辰
未	寅	酉
癸	戊	辛	丙
酉	辰	貴未	寅
甲寅	酉	子	未

첫째, 지상신이 재신을 만들어서 간상신 귀살을 생하면 귀인을 만나서 구하는 재물은 크게 불리하고, 이를 범하면 화가 생긴다.

예를 들면 甲子와 甲午일 6국 간상 酉,1) 甲辰과 甲戌일 7국 간상 申,2) 乙亥와 乙巳일 8국 간상 酉,3) 乙卯와 乙酉일 9국 간상 申,4) 丙寅일 6국 간상 子와 7국 간상 亥이다.5)

---

1) 甲子일 6국은 지상의 재신 未토에서 간상의 귀살 酉를 생해서 일간을 극하고, 甲午일 6국은 지상의 재신 丑토에서 간상의 귀살 酉를 생하여 일간을 극하니 재앙이 생긴다.
2) 甲辰과 甲戌일 7국은 각각 지상의 재신 戌토와 辰토에서 간상의 귀살 申금을 생해서 일간을 극하니 재앙이 생긴다.
3) 乙亥일 8국은 지상의 재신 辰토에서 간상의 귀살 酉를 생해서 일간을 극하고, 乙巳일 8국은 지상의 재신 戌토에서 간상의 귀살 酉를 생하여 일간을 극하니 재앙이 생긴다.
4) 甲子일 6국은 지상의 재신 未토에서 간상의 귀살 酉를 생해서 일간을 극하니 재앙

二等者 如辛酉日 末傳巳加子助其初傳之未土生日干者 例必旁
有人暗地相助推薦 而致亨旺. 如値末傳空亡 亦名閒話多赤心
少也. 六戊日 伏吟. 己巳日 伏吟. 己丑 辛亥 己巳 己卯 己亥
己未 辛酉七日 並干上子.

〈과전도〉 辛酉日 8국

己	○	丁
白 未 蛇	朱 子 空	玄 巳 后
寅	未	子○

乙	庚	甲	己
后 卯 玄	空 申 朱	貴 寅 常	白 未 蛇
辛	戌	卯	酉	寅

둘째, 辛酉일 8국에서 말전 巳가 子에 가하여서 초전의 未土를 도와서 일간을 생한다.

이 예는 반드시 곁에 있는 타인의 은밀한 도움으로 추천되고 형왕해 진다.

만약 말전이 공망이면, 한담은 많지만 정성스럽고 참된 말은 적다.

여섯 戊일의 복음, 己巳일의 복음, 己丑·己巳·己卯·己亥·己未의 5국·辛亥·辛酉의 8국 등의 7일이 있다.

三等者 如甲辰日 干上子 三傳戌申午 末傳午加申 助其初傳之
戌土 而作甲干之財者. 凡占値此 必暗有人以財相助也. 如占
博奕 宜此末助初爲財者作例. 來意占婚尤的.

이 생기고, 甲午일 6국은 지상의 재신 丑토에서 간상의 귀살 酉를 생해서 일간을 극하니 재앙이 생긴다.

5) 丙寅일 6국은 지상의 재신 酉금에서 간상의 귀살 子를 생해서 일간을 극하니 재앙이 생기고, 丙寅일 7국은 지상의 재신 申금에서 간상의 귀살 亥를 생해서 일간을 극하니 재앙이 생긴다.

〈과전도〉 甲辰일 3국		
庚	戊	丙
玄戌玄	后申白	蛇午青
子	戌	申
壬	庚	○	壬
白子后	玄戌玄	青寅蛇	白子后
甲寅	子	辰	寅○

셋째, 가령 甲辰일 3국에서 간상은 子이고 삼전은 戌申午이다. 말전 午火가 申금에 가하여 초전의 戌토를 생하고 일간인 甲목의 재신을 만든다.

모든 일에서 여기에 해당하면 반드시 은밀하게 재물로 도와주는 사람이 있다. 만약 장기와 바둑을 정단하면 마땅히 말전에서 초전 재신을 돕는 예가 되고, 온 목적이 혼인 정단이면 더욱 확실하다.

如甲寅 甲午 癸未日 干上子. 末助初傳作日財 反剋干上神者 如甲子日 干上子 三傳戌申午. 又壬申日 干上酉 三傳午辰寅 同.

〈과전도〉 甲寅일 3국		
壬	庚	戊
玄戌玄	后申白	蛇午青
子○	戌	申
○	壬	○	壬
白子后	玄戌玄	白子后	玄戌玄
甲寅	子○	寅	子○

가령 甲寅일 3국 · 甲午일 3국 · 癸未일 2국에서 간상은 子이다.

말전 午火에서 초전 戌토를 도와 일간 재신을 만들어서[1] 오히려 간상신 子수를 극한다.

다시 예를 들면 甲子일 3국에서 간상은 子이고 삼전은 戌申午이다.[2]

또한 壬申일 3국에서 간상은 酉이고 삼전은 午辰寅[3]이며, 같다.

---

1) 이 세 예는 모두 말전 午火에서 초전의 재신 戌토을 생하여 만드는 것을 설명하고 있다. 특히 구재 정단이면 더욱 좋다. 그 이유는 말전에서 초전의 재신을 더욱 견고하게 해주기 때문이다.

2) 말전 午火에서 초전의 재신인 戌토를 생하고 있다.

第 37-4 法 自招其禍格
자 초 기 화 격 　　　스스로 화를 부르는 격

> 緣年命自助其初傳 而剋干者 乃自招其禍 必致患害也.

〈과전도〉 甲子일 10국		
壬	○	丙
蛇申靑	勾亥朱	白寅后
巳	申	亥○

己	壬	丁	庚
陰巳常	蛇申靑	常卯陰	后午白
甲寅	巳	子	卯

행년과 본명에서 초전을 도와서 일간을 극하면 스스로 화를 부르고 반드시 환란과 해로움이 닥친다.[1]

---

3) 말전 寅목에서 초전의 재신인 午화를 생하고 있다.

1) 가령 甲子일 10국에서 초전은 申이고 본명 또는 행년 상신이 辰戌丑未라고 가정하면, 행년·본명상의 土에서 초전 申금을 도와서 일간 甲을 극하므로 나로 인해 나에게 재앙이 발생한다.

第 38 法 閉口卦體兩般推　　捕盜亦可察
　　　　　폐 구 괘 체 양 반 추 1)　　도적을 잡을 때에 살펴야 한다.

해설 폐구괘2)의 체는 두 가지로 나눠서 추리한다.

心鏡云　陽神作玄武　度四是終陰　閉口卦止宜捕盜賊而追逃亡.

---

1) 『육임대전』「과경2」폐구과 : "무릇 순미가 순수에 가하거나 또는 순수에 현무가 타거나 또는 순수상신에 현무가 타서 발용이 되면 폐구과이다. … 정단하는 사람이 구하는 일은 유무의 상황을 말하지 못한다. 『역경』의 15번째 겸괘와 통하는 과체로서, 상하가 어두운 과이다."

같은 책, 「심경」, "① 조건 : 양신이 현무를 만든 곳에서 넷을 건넌 곳이 종음이다. 양신은 육갑의 순수이고, 음신은 육갑의 마침이다. 공조(寅)에 현무가 타면 종음은 등명(亥)이 된다. 따라서 말하기를 넷이 종음이니 이를 '폐구괘'라고 한다. ② 해설 : 도망자를 멀리 쫓아서 찾으면 되고, 사람이나 물건을 잃은 사람은 현무를 따르면 도둑 체포에서 결국 사로잡는다. 도망자는 현무가 있는 방위에서 잡으면 되고, 도둑은 현무의 음신 방위에서 잡으면 된다. 여자 종이 도주한 경우에는 양처에서 구하면 되고 남자 종이 도주를 한 경우에는 음신을 책하면 된다. 여자 종이 도주한 경우에 현무의 양신에서 구하면 되고, 남자 종이 도주를 한 경우에는 현무의 음신에서 구하면 된다. 여자 종이 도주를 했으면 남자 종을 취하면 된다. 따라서 양을 구하면 양은 여자 종이 숨어 있는 집이다."

2) 『육임수언』「필법보담3」계위폐구각반추, "① 조건 : 이른바 癸는 폐구이다. 무릇 순미가 순수에 가하여 발용이면 폐구이다. 대체로 과에서 수의 성정인 윤하가 순수에 가하면, 마치 사람이 물속에 있는 뜻이 되므로 입이 닫히지 않을 수 없는 것이다. ② 예제 : 甲申일에서 삼전은 巳寅亥이고, 乙巳일에서 삼전은 丑戌未이다. ③ 해설 : 이러한 예는 매우 많아서 일일이 기록하지 못한다. 정단에서 다른 사람에게 설명을 요청하지만 그는 입을 다물고 말하지 않는다. 만약 귀인이 탔을 때에 귀인에게 부탁하면 허락하지 않는다. 주작이 타면 문서는 통하지 않고, 구진이 타면 소송에서 반드시 복종하며, 육합이 타면 기운을 펼 수 없고, 질병 정단이면 음식을 먹을 수 없다. 출산 정단이면 반드시 벙어리이고, 도둑을 잡는 정단은 도둑을 추적하는 것이 옳다."

> 此課縱值目前時 師多未嘗拈出 故立成法又後.

당나라 때 서도부가 저술한 『육임심경』에서 말하기를 '양신이 현무를 만든 곳에서 넷을 건넌 것이 좋음이다.' 폐구괘에서 도적을 잡을 때와 도망자를 쫓을 때에 여기서(종음) 멈춰야 한다. 이 과는 지금까지 선생은 많았지만 일찍이 꼭 집어 나타내지 못하였다. 그래서 뒤에 체계를 잡아 자세히 해 놓았다.

> 1. 地盤旬首上神乘玄武者 每日有一二課推之.

지반 순수상신에 현무가 타는 것으로는 매 일에 한 두 과가 있다.

> ① 如甲子旬中 甲子日 辰戌加子 旦夜皆乘玄武. 戊辰 戌加子旦夜. 乙丑日 卯加子旦. 乙丑日 亥加子夜. 戊辰日 辰加子夜晝. 庚午日 戌加子旦夜. 庚午日 辰加子旦夜. 己巳日 卯加子旦. 己巳日 亥加子夜. 丙寅日 伏吟夜. 丙寅日 申加子旦. 丙寅日 寅加子旦. 丁卯 伏吟夜. 丁卯日 返吟夜.

예를 들면 갑자순중이다. 甲子일 9·3국에서 辰戌이 子에 가한 낮과 밤 모두에 현무가 탄다.

戊辰일 3국에서 戌이 子에 가한 낮과 밤 정단과, 戊辰일 9국에서 辰이 子에 가한 낮과 밤 정단이다.

乙丑일 10국에서 卯가 子에 가한 낮 정단과, 乙丑일 2국에서 亥가 子에 가한 밤 정단이다.

庚午일 3국에서 戌이 子에 가한 낮과 밤 정단과, 庚午일 9국에서

辰이 子에 가하고 낮과 밤 정단이다.

己巳일 10국에서 卯가 子에 가한 낮 정단과, 己巳일 2국에서 亥가 子에 가한 밤 정단이다.

丙寅일 1국 복음과의 낮 정단과, 丙寅일 11국에서 申이 子에 가한 낮 정단과, 丙寅일 11국에서 寅이 子에 가한 낮 정단이다.

丁卯일 1국에서 복음과의 밤 정단과, 丁卯일 7국에서 반음과의 밤 정단이다.

② 甲申旬中 甲申日 辰戌加申 晝夜. 戊子日 辰加申晝夜. 又 戌加申晝夜. 庚寅日 辰戌加申晝夜. 乙酉 亥加申夜. 卯加申晝. 丙戌日 子午加申 夜. 又返吟 伏吟晝. 丁亥日 午子加申夜. 返吟 伏吟晝. 壬辰日 子午加申夜. 返吟 伏吟晝. 乙酉日 巳加申夜. 酉加申晝. 甲戌旬中 凡甲戌庚 返吟 伏吟 晝夜皆是. 乙亥日 巳亥加戌夜. 卯酉加戌晝. 己卯日 卯酉加戌晝. 巳亥加戌夜.

예를 들면 甲申순중이다. 甲申일 5·11국에서 辰戌이 申에 가한 낮과 밤이다.

戊子일 5·11국에서 辰이 申에 가한 낮과 밤 정단이다.

庚寅일 5·11국에서 辰戌이 申에 가한 낮과 밤 정단이다.

乙酉일 10국에서 亥가 申에 가한 밤 정단이고, 6국에서 卯가 申에 가한 낮 정단이다.

丙戌일 9·3국에서 子午가 申에 가한 밤 정단이고, 반음과 복음의 낮 정단이다.

丁亥일 3·9국에서 午子가 申에 가한 밤 정단이고, 반음과 복음의 낮 정단이다.

壬辰일 9 · 3국에서 子午가 申에 가한 밤 정단이고, 반음과 복음의 낮 정단이다.

乙酉일 4국에서 巳가 申에 가한 밤 정단이고, 酉가 申에 가한 낮 정단이다.

예를 들면 甲戌순중이다. 甲戌순중의 甲戌庚 반음과 복음의 낮과 밤 정단 모두가 이러하다.

乙亥일 6 · 12국에서 巳亥가 戌에 가한 밤 정단이고, 卯酉가 戌에 가한 낮 정단이다.

己卯일 8 · 2국에서 卯酉가 戌에 가한 낮 정단이고, 6 · 12국에서 巳亥가 戌에 가한 밤 정단이다.

③ 甲午 甲辰 甲寅此三旬 止只有天盤之旬首乘玄武 無地盤旬首乘玄武. 因玄武不到東南方也. 亦可如其說.

甲午와 甲辰과 甲寅의 세 순에서는 단지 천반의 순수에는 현무가 타지만 지반의 순수에는 현무가 타는 예가 없다. 그 이유는 현무는 동남방에는 도달하지 못하기 때문이다.

2. 凡旬尾加旬首 作玄武者 惟甲子 甲申二旬 甲戌旬無之.

대개 순미가 순수에 가한 이 곳에 현무가 타는 것은 甲子와 甲申의 두 순에만 있고 甲戌순에는 없다.

① 旬尾加旬首爲發用者 例更値初末上下六合 則氣塞于中. 如占病卽是瘂病或患禁口痢. 不然 咽喉腫塞或痰厥症 不納飲食.

> 如占胎產 定是啞兒. 如占失脫 縱有傍人見其賊盜竊物 竟不肯言之. 凡求人說事 人但閉口而不語 有無之意. 餘占更詳天將而言其事類.

　순미가 순수에 가하여 발용이고 다시 초전과 말전의 상하가 육합이면 중간에서 기운이 막히게 된다.
　따라서 질병 정단이면 말을 못하는 병이거나, 입이 닫히거나 이질이 우려된다. 이와 같지 않으면 인후가 종기로 막혔거나, 담궐증으로 음식을 섭취하지 못한다.
　태아의 출산 정단이면 벙어리이다.
　실탈 정단이면 곁에 있는 사람이 도둑이 물건 훔치는 것을 보았더라도 끝내 바른 말을 하지 않는다. 무릇 그 사람에게 설명을 요구하지만 그이는 입을 다물고는 말하지도 않고 의사를 보이지도 않는다.
　나머지 정단에서는 곧 천장을 살펴서 사류를 말하면 된다.

> ② 且如上乘貴人 告貴不允. 上乘朱雀 占訟 屈枉難伸. 乘白虎 占訟 使人不明而伏罪. 餘皆倣此. 但不免應閉口之意. 此法尤好. 如甲申 丙戌 丁亥 壬辰 庚寅日 並巳加申 用.

　그리고 만약 순미가 순수에 가한 발용에 귀인이 탔을 때에 귀인에게 아뢰면 허락을 받지 못하고, 순미가 순수에 가한 발용에 주작이 타면, 소송 정단에서 굴복하여 말하기 어려우며, 백호가 타면 소송 정단에서 타인으로 인하여 진실을 밝힐 수 없고 법에 복종하게 된다.
　나머지 모든 정단에서도 이와 같고, 단지 폐구의 뜻이 응함을 면하지 못한다.

이 법 즉 순미가 순수에 가한 발용은 더욱 더 이러하다.

가령 甲申일·丙戌일·丁亥일·壬辰일·庚寅일의 4국은 나란히 巳가 申에 가하여 발용이다.1) 甲寅일·戊午일·癸亥일·丙辰일·丁巳일·己未일·庚申일의 4국은 모두 亥가 寅에 가하며, 또한 여기에 속하는 것으로는 丙辰일·丁巳일 4국에서 폐구가 발용이다.2)

甲寅 戊午 癸亥 丙辰 丁巳 己未 庚申日 並亥加寅 內惟丙辰 丁巳爲閉口 發用. 若甲午 庚子 丁酉日 卯加午. 甲辰日 丑加辰. 乙巳日 丑加辰. 甲子 丁卯日 酉加子. 甲戌 乙亥 未加戌. 以上不必皆屬閉口發用 但旬尾加旬首 卽有閉口之意. 六旬中皆有.

가령 甲午일·庚子일·丁酉일 4국에서 卯가 午에 가한다.3)

甲辰일 4국은 丑이 辰에 가하며, 乙巳일 4국은 丑이 辰에 가한다.4) 甲子일·丁卯일 4국은 酉가 子에 가한다.5)

---

1) 丙戌일 4국만 순미인 巳가 순수인 申에 가하여 말전에서 보이고 나머지는 초전에서 보인다.

2) 甲寅순에서 순미인 亥가 순수인 寅에 가하여 발용인 것은 丙辰일·丁巳일·己未일 4국이고, 중전에 보이는 것은 戊午일 4국이며, 말전에 보이는 것은 甲寅일·癸亥일·庚申일 4국이다.

3) 甲午순에서 순미인 卯가 순수 午에 가하여 중전에 보이는 것은 庚子일·丁酉일 4국이고, 甲午일 4국은 제3과에서 보인다.

4) 甲辰순에서 순미인 丑이 순수인 辰에 가하여 발용인 것은 乙巳일 4국이고, 甲辰일 4국은 제3과에서 보인다.

甲戌일·乙亥일 4국은 未가 戌에 가한다.[1]

위의 것은 모두가 반드시 폐구 발용에 속하지는 않지만 단지 순미가 순수에 가하면 곧 폐구의 뜻이 있는데, 이러한 예는 여섯 순 중 모두에 있다.

【구성이론】 재신, 일록, 순미, 현무.
【정단원리】 도적을 잡을 때와 도망자를 쫓을 때에 활용되고, 이 외에도 길신에 속하는 재신이나 일록이 폐구되거나 목적하는 류신이 폐구되면 그 일은 흉하다.

---

5) 甲子순에서 순미인 酉가 순수인 子에 가하여 중전에 보이는 것은 丁卯일 4국이고, 甲子일 4국은 제3과에서 보인다.

1) 甲戌순에서 순미인 未가 순수인 戌에 가하여 말전에 보이는 것은 乙亥일 4국이고, 甲戌일 4국은 제3과에서 보인다.

第 38-1 法 祿作閉口
록 작 폐 구　　　　일록이 폐구되는 격[1]

緣辛未日 酉加寅 大不利占病. 緣日祿作閉口 非旬尾加旬首.
如乙未日 卯加申酉 夜. 又乘白虎或乘玄武 不在傳課就天盤言
也. 亦非旬尾加旬首. 辛未日 酉加戌 夜 亦乘白虎. 外有丙戌
戊子日 巳爲閉口祿神 但不乘虎. 壬戌日 亥爲閉口 亦無日虎.

〈과전도〉 辛未日 6국

癸	戊	○	
青酉合	陰辰陰	合亥青	
寅	酉	辰	
己	甲	丙	癸
玄巳后	朱子空	貴寅常	青酉合
辛戌	巳	未	寅

가령 辛未日 6국에서 순미 酉가 순수 寅에 가한다.

질병 정단은 크게 불리하니, 그 이유는 일록이 폐구이기 때문이다.[2] 주의할 점은 순미가 순수에 가한 것을 뜻하지는 않는다.

가령 乙未日 6·7국에서 卯가 申·酉에 가한 밤 정단에서 백호가 타고 현무가 타는 것이 과전 내에는 없으므로 천지반도에서의 천반을 취한 것이다.[3]

辛未日 2국에서 酉가 戌에 가한 밤 정단에서 또한 백호가 탄

---

1) 『육임수언』「필법보담3」록작폐구격. "가령 辛未日에서 酉가 寅에 가하고, 丙戌·戊子일에서 巳가 亥에 가하며, 乙未일에서 卯가 申에 가하고, 壬戌일에서 亥가 巳에 가한다. 일록이 폐구를 만들고 다시 일간의 절향에 머무니, 식록 정단은 반드시 얻지 못한다. 질병 정단이면 반드시 음식을 끊고 사망한다."

2) 둔간 癸수가 甲子순의 끝인 일록 酉에 임한다.

3) 둔간 癸수가 甲子순의 끝인 일록 酉에 임한다. 일록 폐구에 현무 또는 백호가 타니 더욱 흉하다.

다.1)

이 외에도 있으니 丙戌2)일과 戊子일3)에서 巳는 폐구된 록신이지만 백호가 타지 않는다.

壬戌일에서 亥는 폐구이고 역시 백호가 타지 않는다.4)

---

1) 둔간 癸수가 甲子순의 끝인 일록 酉에 임하고 다시 백호가 타니 더욱 흉하다.
2) 丙戌일 1국의 간상과 초전에는 둔간 癸수가 甲申순의 끝인 일록 巳에 임하고, 5국에서는 중전, 7국은 초전과 말전에, 9국은 말전에 보인다.
3) 戊子일 1국의 간상과 초전에는 둔간 癸수가 甲申순의 끝인 일록 巳에 임하고, 5국과 8국은 초전에 보인다.
4) 壬戌일 1국의 간상과 초전에는 둔간 癸수가 甲申순의 끝인 일록 亥에 임하고, 4국과 5국은 중전에 보이며, 7국과 9국은 중전에 보이고, 12국은 초전에 보인다.

第38-2法 財作閉口或食神空亡
재 작 폐 구 혹 식 신 공 망

재신이 폐구 또는 식신공망격[1]

> 皆如前說. 丙寅日 干支上酉. 丁卯日 干支上酉. 甲戌日 干支上未. 壬辰 癸巳日 干支上巳. 庚子 辛丑日 干上卯. 甲辰 乙巳日 干支上丑. 戊午 己未日 干支上亥.

식신이 공망되는 격이라고도 하며, 뜻은 모두 앞의 설명과 같다.[2]

丙寅일의 9국은 간상이 酉이고, 6국은 지상이 酉이다. 丁卯일의 11국은 간상이 酉이고, 7국은 지상이 酉이다. 甲戌일의 8국은 간상이 未이고, 4국은 지상이 未이다. 壬辰일의 7국은 간상이 巳이고,

---

1) 『육임수언』 「필법보담3」 재작폐구, "가령 丙寅·丁卯일의 酉, 甲戌·乙亥일의 未, 壬辰·癸巳일의 巳, 庚子·辛丑일의 卯, 甲辰·乙巳일의 丑, 戊午·己未일의 亥는 모두 재신이 폐구를 만든다. 구재 정단에서 재물을 얻지 못하고, 만약 공망에 앉으면 더욱 심하다."

2) 재신폐구 찾는 법

각 순	일진	재신폐구
갑자	丙寅, 丁卯	癸酉
갑술	甲戌, 乙亥	癸未
갑신	壬辰, 癸巳	癸巳
갑오	庚子, 辛丑	癸卯
갑진	甲辰, 乙巳	癸丑
갑인	戊午, 己未	癸亥

12국은 지상이 巳이다.

癸巳일의 9국은 간상이 巳이고, 1국은 지상이 巳이다. 庚子일의 6국은 간상이 卯이고, 10국은 지상이 卯이다. 辛丑일의 6국은 간상이 卯이고, 11국은 지상이 卯이다. 甲辰일의 2국은 간상이 丑이고, 4국은 지상이 丑이다.

乙巳일의 4국은 간상이 丑이고, 5국은 지상이 丑이다. 戊午일의 7국은 간상이 亥이고, 戊午일 8국은 지상이 亥이다. 己未일의 9국은 간상과 지상은 모두 亥이다.

第39法 太陽照武宜擒賊　　不利劫營伐路
태 양 조 무 의 금 적　　병영을 치거나 길에 있는 적을 공격하는 것은 불리하다.

해설 태양이 현무를 비추면 도적은 잡힌다.

謂玄武坐於太陽月將之上 占賊必敗. 緣賊人喜夜 而可以隱形.
豈宜被太陽之光照耀 以致盜賊之形現露 不勞捕捉 必然自敗.
縱太陽月將乘天空 或作空亡 及坐空亡 尤好緣太陽不被雲翳
更光明也. 惟畏占時在夜 賊反大幸也. 尤宜逐季推尋日出 日
入之時

　이른바 현무가 태양인 월장 위에 앉으면 도적 정단에서 반드시 잡는다. 도적이 밤을 좋아하는 이유는 자취를 숨길 수 있기 때문이다. 그러나 태양 빛이 환하게 비추면 도적의 형체는 탄로가 나지 않을 수 없고, 따라서 힘들이지 않고도 반드시 붙잡는다.[1]
　그리고 태양인 월장에 천공이 타거나, 공망이 타거나, 공망에 앉더라도 태양은 햇빛을 가린 구름 그림자를 받지 않고 오히려 광명이 있으므로 더욱 좋지만 점시가 밤에 있는 것을 두려워한다.[2]

---

[1] 도둑을 잡는 경우와 잡지 못하는 경우

잡는 경우	못 잡는 경우
① 현무가 월장에 타는 경우 ② 현무가 천반 卯辰巳午申에 타는 경우	현무가 천마나 여섯 정신에 타고 다시 지반 酉戌亥子丑에 임하는 경우

[2] 도둑을 잡는 입장에서는 불리하다. 밤의 점시는 일몰에서 일출까지의 시간이다. 정단하는 계절에 따라 일출과 일몰은 달라진다.

그러나 도적 입장에서는 오히려 큰 다행이다.

極准. 如止以卯爲日出 酉爲日入 則玄武止有臨地盤之申上者
爲晝也. 緣(不臨)地盤寅卯 辰巳 午未故也. 如推究節氣日出日
入 則玄武縱臨酉戌 尙可作太陽照武之用也.

더욱 주의해야 할 것은 계절에 따른 일출과 일몰의 때를 살펴서 추리해야 된다는 것이다.

가령 卯에서는 해가 뜨고 酉에서는 해가 진다. 즉 현무가 지반의 申 위에서 멈추면 낮이 되는데, 그 이유는 현무는 지반의 寅·卯·辰·巳·午·未에는 (임하지) 않기 때문이다.

만약 절기에 따른 일출과 일몰로서 추리하면, 현무가 酉戌에 임하더라도 아직은 태양이 현무를 비추는 용도를 쓸 수 있는 것이다.

如壬申日返吟(卦) 十月占 且支上寅木 乃是日之盜氣上 又乘
玄武 必是家中人作盜 後必敗露. 緣寅爲月將 照破玄武故也.
如辛亥日 亥將戌時 三傳丑寅卯 此課所合 主失脫而無疑也.
緣干上亥 是日之盜神 又乘玄武 又初傳是日之墓神 中傳雖寅
卯爲日財 又是旬空. 雖是太陽照武 奈是戌時 太陽巳歸地下
其賊難獲. 此例極多 餘皆倣此也.

가령 壬申일 반음(괘) 10월 정단에서 지상의 寅목은 일간의 도기 위이고, 여기에 다시 현무가 타니 반드시 집안의 가족이 도적인데, 나중에는 반드시 탄로가 나고 잡힌다. 그 이유는 월장 寅이 현무를 비춰서 파하기 때문이다.

가령 辛亥일의 戌시에 亥월장인 12국이고 삼전에 丑寅卯가 이 과에 모여 있으므로 손실은 의심의 여지가 없다. 그 이유는 간상의 亥는 일간의 도신이고, 여기에 다시 현무가 타며, 그리고 초전은 일간의 묘신이고, 중말전은 일간의 재신인 寅卯가 순공이기 때문이다. 비록 태양이 현무를 비추지만 戌시이므로 이미 태양은 땅속으로 돌아갔으므로 도적을 잡기 어렵다.

이러한 예는 매우 많다. 나머지도 모두 이와 같다.

玄武雖不臨太陽之上 如加於卯辰巳午申天盤之上者 尙可捕盜. 或玄武臨天馬 六丁 更臨酉戌亥子丑上 其賊終不敗露 必至遠(竄)去. 如占失財 其財坐長生之上者 終不致失. 或所失物類坐于長生之上(者) 亦不至失也.

현무가 태양 위에 타지 않더라도 만약 천반 卯・辰・巳・午・申[1])에 타면 도둑을 잡을 수 있다. 그러나 현무가 천마나 여섯 정마에 타고 다시 酉・戌・亥・子・丑 위에 임하면 도적은 결국 발각되어 잡히지 않고 반드시 먼 곳으로 (달아난다) 가 버린다.

가령 재물 분실 정단에서 그 재물이 장생 위에 앉으면 결국은 잃지 않고, 유실물의 류신이 있는 곳이 장생 위에 앉으면 잃지 않는다.

【구성이론】 월장, 현무.

【정단원리】 도둑을 뜻하는 현무가 태양을 뜻하는 월장에 타면 도둑이 밝은 햇빛에 발각되므로 쉽게 잡히고, 또한 현무가 낮 시간(일출~일몰) 12지에 타면 역시 잡히는데 그 이유는 같다.

---

1) 『육임수언』「점도적」에서는 未가 포함되어 있다. "현무가 주방에 있으면 몸을 숨기기 어렵다. 주방은 卯辰巳午未申 6위이다."

第 39-1 法 天網四張格
천 망 사 장 격 하늘의 그물망이 사방으로 펼쳐진 격[1]

> 最宜占賊 必獲. 謂用神與正時同剋日是也. 惟在破網卦 反難捉賊矣. 破網者 有神剋其初傳者是也.

도적 정단에서 가장 마땅하고 반드시 잡는다. 이는 용신과 점시에서 동시에 일간을 극하는 것이다.

그러나 '파망괘'가 되면 오히려 도적을 사로잡기가 어렵다. '파망'이라는 것은 초전을 극하는 신이 있는 것이다.[2]

---

[1] 『육임대전』「과경3」 천망과, "무릇 이 과는 점시와 용신에서 동시에 일간을 극하면 천망과이다. 대개 점시는 눈앞이고 용신은 일의 시작인데, 점시와 용신이 일간의 귀살이면 마치 사람이 눈을 들어 하늘이 친 그물을 보는 것과 같으므로 '천망'이라고 한다. 정단사는 매사 높이 오르고 멀리 나아가지 못한다. 『역경』의 4번째 괘인 몽괘와 통하는 과체로서, 머리에 그물을 치는 과이다."

[2] 가령 甲子일 申시 亥월장에 정단하여 만든 과전도이다. 초전에서 점시 申금과 초전 申금에서 동시에 일간을 극하니 천망사장이다. 그러나 제4과의 천반 午화에서 이 초전 申금을 극하므로 파망괘가 되어 도둑을 잡지 못한다.

〈과전도〉 甲子일 9국			
壬	○	丙	
蛇 申 青	勾 亥 朱	白 寅 后	
巳	申	亥 ○	
己	壬	丁	庚
陰 巳 常	蛇 申 青	常 卯 陰	后 午 白
甲 寅	巳	子	卯

第 39-2 法 賊向防連坐者例
적 향 방 연 좌 자 례 도적이 향하면 연좌되는 것을 방어해야 된다.

> 緣玄武所臨之神 有神作六合是也. 如玄武加子 臨丑 子與丑作六合故也.

현무가 임한 신과의 육합하는 지반 12신이 바로 이것이다.
가령 현무가 子에 가하여 丑에 임하는 것인데 子와 丑은 육합이기 때문이다.

第 39-3 法 捉賊不如趕賊格
착 적 불 여 간 적 격   도둑을 잡는 것이 도둑을 쫓는 것만 못한 격.

> 假令甲日占 以申爲賊 不可便以丙火去剋之. 雖去其鬼賊亦竊甲干之氣 尤憂所費. 以此推之 不如以壬水暗竊其申金 尤生其甲木(爲妙)也. 故應前言.

　가령 甲일 정단에서 도적인 申을 丙화로 극하여 쫓는 방법은 바르지 못하다. 귀적을 쫓는 방법은 일간 甲의 기운이 도둑질 당하므로 비용 측면에서 좀 더 우려된다.
　이러한 방법보다는 壬수로 申금을 살짝 훔쳐서 甲목(을 생하는 방법이 좀 더 신묘하다.)을 생하는 것이 좋다.
　그러므로 앞의 '도둑을 잡는 것이 도둑을 쫓는 것만 못하다'는 말과 응하는 것이다.

第39-4法 遊都下捉賊
유 도 하 착 적
유도의 아래에서 도적을 잡는다.

> 必獲. 遊都煞者 甲己日丑 乙庚日子 丙辛日寅 丁壬日巳 戊癸日申. 玄武加丁 主失脫.

이는 반드시 잡는다.
유도살[1]이란 甲己일에는 丑, 乙庚일에는 子, 丙辛일에는 寅, 丁壬일에는 巳, 戊癸일에는 申이 된다. 현무가 丁에 가하면 놓친다.

---

1) 유도 찾는 법

일간 신살	甲己	乙庚	丙辛	丁壬	戊癸
유도	丑	子	寅	巳	申

第 39-5 法 賊捉賊者
적 착 적 자   도적으로 도적을 잡는다.

> 如壬癸日 辰戌 未丑等爲傳 三傳自相刑沖 可以凶制凶 又內有四金字 可以化鬼也. 又玄之本家上神 能制玄亦是. 鬼作生氣賊來不已. 如日之劫財 或占失財 亦以此爲賊或鬼賊. 本家與玄武本家上神乘太陽 占盜賊立獲.

　가령 壬癸일에서 辰戌과 丑未 등으로 이어져서 삼전끼리 스스로 서로 형충하면 흉으로 흉을 제극하게 되고, 다시 삼전 내에 네 金자1)가 있으면 귀살을 능히 제화한다.
　그리고 현무의 본가상신인 현무음신에서 현무양신을 능히 제극하면 이 역시 좋다.
　그리고 귀살이 생기2)이면 도적은 오지 않는다. 만약 물건을 잃은 정단에서는 일간의 겁재를 또한 도적으로 본다.
　귀적의 본가상신과 현무의 본가상신에 태양이 타면 도적 정단은 그 자리에서 잡는다.

---

1) 천간으로는 庚辛이 있고, 지지로는 申酉가 있다.
2) 월신살 생기를 말한다. 정단하는 월건에서의 후3위지인데, 寅월 정단이면 子가 생기이다.

第40法 后合占婚豈用媒
후합점혼기용매

大過九五 枯楊生花. 家人九三 嗃嗃嘻嘻. 占兵 有敵與臣下私謀者

역경의 대과괘 구오에서 마른 버들이 꽃을 피우고, 역경의 가인괘 구삼에서 가인이 처음엔 엄하게 하다가 나중에 즐거워한다. 전쟁 정단은 적과 신하가 사사로이 계략을 꾸민다.

해설 천후와 육합은 혼인 정단에서 중매인을 쓰지 않아도 된다.[1]

謂干爲夫 支爲妻. 凡占婚全看此. 豈宜支干上乘天后 六合以應私情. 那更女之行年 居在干上. 男之行年 居在支上. 此乃私情先相交通 至嫁娶之期 何用媒伐乎. 如占婚値此者 必有先奸後娶之意也.

  일간은 남편이고 일지는 처이므로 무릇 혼인 정단에서는 온전히 여기를 살펴야 한다. 일지와 일간 위에 천후와 육합이 타면 사사로운 정이 있으니 어찌 바르겠는가?
  다시 여자의 행년이 간상에 머물거나 남자의 행년이 지상에 머물면, 이는 곧 먼저 서로 사적 정분을 통한 후에 장가를 들게 되니 어찌 중매인을 쓰겠는가? 혼인 정단에서 이러하면 반드시 먼저 간

---

1) 『육임대전』「과경2」음일과, "무릇 과에서 초전이 卯酉 발용이고 천장 중 천후와 육합이 타면 음일과이다. 대개 卯酉는 음사의 문이고 천후와 육합은 음욕의 신이다. 음란이 지나쳐서 음탕하니 음일과이다. 만약 발용에서 육합이 일어나고 말전에 천후가 있으면 교동격이다. 주로 남자가 계집을 유혹하여 도망치는 일이 있다. 교활하게 호색을 탐하는 아이인데, 바르고 부끄러운 기운이 나타나지 않으므로 '교동'이다. 무릇 음일과에 속하면 사적으로 도모하는 데에는 이롭고 공적으로 도모하는 데에는 불리하다. 『역경』의 63번째 기제괘와 통하는 과체로서, 음양배합의 과이다."

통 후에 나중에 장가를 드는 뜻이 된다.

> 如丁卯日 干上寅 晝 乘六合. 支上戌 乘天后. 又干上子 夜 乘六合 支上申 乘天后. 又干上戌 乘天后. 支上午 乘六合 夜. 更看那邊空亡 審其眞僞 (如値空亡 則雖乘天后 六合 旣已坐空) 此乃懷虛意也.

가령 丁卯일 6국에서 간상 寅에는 낮 정단에서 육합이 타고 지상 戌에는 천후가 탄다.

그리고 8국에서 간상 子에는 밤 정단에서 육합이 타고 지상 申에는 천후가 탄다.

그리고 10국에서 간상 戌에는 천후가 타고 지상 午에는 육합이 타는 밤 정단이다.

어느 곳이 공망인지를 보고 진위를 살펴야 하는데 (만약 공망이면 비록 천후와 육합이 타더라도 이미 공망에 앉아 있으므로) 이는 곧 허의가 된다.

【구성이론】 천후, 육합.

【정단원리】 신랑을 뜻하는 일간과 신부를 뜻하는 일지에 음일의 천장인 천후와 육합이 타면 간음이 있다. 만약 신부의 행년이 신랑의 몸을 뜻하는 일간에 머물면 신부가 신랑의 몸을 탐하는 상이 되고, 만약 신랑의 행년이 신부의 몸을 뜻하는 지상에 머물면 신랑이 신부의 몸을 탐하는 상이 된다. 따라서 먼저 정을 통한 후에 혼인하게 된다. 단지 일간과 일지 위가 공망이면 이러한 뜻은 성립되지 않는다.

第41法 富貴干支逢祿馬　　功成受賞
부귀간지봉록마 [1]　　공을 이루고 상을 받는다.

해설 간지상에 일록과 역마를 만나면 부귀해진다.[2]

謂干上有支驛馬　支上有干祿神者　故名眞富貴卦．凡君子占之
加官添俸　富貴雙全．常人占之　病訟俱凶　宅移身動．

이른바 간상에 일지의 역마가 있고 지상에 일간의 록신이 있으면 이를 '진부귀괘'라고 부른다.

무릇 군자가 정단하면 관직이 오르고 봉록이 늘어서 부귀를 모두 누린다.

그러나 일반인이 정단하면 질병과 소송은 모두 흉하고, 가택을 옮기고 신상에 움직임이 있다.

---

1) 『육임대전』「과경2」영화과, "① 무릇 일록·역마·천을귀인이 일간·일지·행년·본명에 임하고 아울러 왕상한 기운이 발용·입전하여 다시 길장이 타면 영화과이다. ② 길흉: … 군자는 관직이 늘고 녹봉이 는다. 일반인은 재물의 이익을 도모하고, 자신의 발전과 가택의 수리는 모두 길하다. … 이와 같이 일록과 역마가 다시 천을귀인을 만나면 사람이 영달하고 다시 광화를 만나므로 '영화'라고 한다. 『역경』의 7번째 사괘와 통하는 과체로서, 선비와 백성이 옹호하고 따르는 과이다."

2) 『육임수언』「필법보담6」봉록봉마시영기, "이른바 간상에 일지의 역마가 타고 지상에 일간의 록신이 타면 부귀과이다. 록은 임관의 신이고 마는 전정이 넓고 크다. 일록이 있고 역마가 있으면 부유하고 존귀하다. ① 가령 丙寅·戊寅일에서 간상은 申이고 지상은 巳이다. ② 丙申·戊申일에서 간상은 寅이고 지상은 巳이다. ③ 壬申일에서 간상은 寅이고 지상은 亥이다. ④ 壬寅에서 간상은 申이고 지상은 亥이다. 관직이 더해지고 록봉이 오른다. 일반인은 경영에서 이익을 얻는다. 만약 행년·본명상에 타더라도 역시 쓸 수 있다."

如丙寅日 干上申 乃支驛馬. 支上巳 乃干祿神. 餘倣此.

〈과전도〉 丙寅일 10국

壬	○	丙
蛇 申 合	陰 亥 貴	白 寅 玄
巳	申	亥○

壬	○	己	壬
蛇合 申合	陰 亥 貴	勾 巳 空	蛇 申 合
丙 巳	申	寅	巳

가령 丙寅일 10국에서 간상 申은 일지의 역마이고 지상 巳는 일간의 록신이다. 나머지도 이와 같다.

第 42 法　尊崇傳內遇三奇　如占大吉 有成功封拜之喜

존 숭 전 내 우 삼 기 [1]
만약 정단하면 대길하여, 공적을 이루고 벼슬을 받는 기쁨이 있다.

해설 삼전 내에서 삼기를 만나면 존숭해진다.[2]

---

1) 『육임대전』「과경1」삼기과, "① 조건 : 무릇 이 과는 순삼기나 일삼기가 발용이 되거나 삼전에 들면 삼기과이다. ② 해설 : 정단하는 일은 백가지 재앙이 사라져서 흩어지고 매사 길하고 이롭다. ③ 주역 : 『역경』의 16번째 예괘와 통하는 과체로서, 상하가 모두 기뻐하는 과이다. ④ 길흉 : 만사화합하고 천 가지 재앙이 사라진다. 혼인은 숙녀를 구하고, 임신은 귀아를 낳아 기르며, 수험생은 합격하고, 질병은 훌륭한 의사를 얻으며, 관재는 사라진다. 설령 삼기에 악장이 타더라도 흉은 사라져서 길하게 된다. 만약 순삼기와 일삼기가 나란히 임하면 높은 삼기가 된다. 순삼기는 있지만 일삼기가 없더라도 쓸 수 있다."

2) 『육임수언』「필법보담6」기신요치주련관, "① 해설 : 이른바 삼기과에는 두 가지 격이 있다. 하나는 순기인데 丑은 일기, 子는 월기, 亥는 성기이다. 다른 하나는 간기인데 乙丙丁은 천상삼기, 甲戊庚은 지하삼기이다. 간기에는 다시 두 가지가 있는데 하나는 둔순 중의 천간을 쓰는 방법이고, 다른 하나는 둔오원건의 천간을 쓰는 방법이다. ② 길흉 : 정단에서 선비는 뜻하지 않은 기이함을 만나고, 관직자는 기이하게 발탁된다. 혼인은 이루고, 임신은 귀아를 배며, 질병과 소송은 모두 사라진다. 그러나 만약 삼기가 공망되면 그 힘은 반으로 준다."

＊ 순기격 : "이른바 甲子・甲戌旬중에는 丑이 발용, 甲申・甲午旬중에는 子가 발용, 甲辰・甲寅 旬중에는 亥가 발용이 되는 것을 '순삼기'라고 한다. 丑은 일정, 子는 월정, 亥는 성정이다. 삼자는 旬중의 기이므로 '삼기'라고 한다. 만약 삼전 내에 세 신이 모두 들면 '연주삼기'라고 하여 더욱 길하다. 순행에서는 酉와 戌 두 날에 모두 아홉 과가 있고, 역행에서는 卯일에 다섯 과가 있다."

＊ 간기격 : "순둔의 천간을 쓰는 방법은, 가령 戊辰・己巳일에서 삼전 卯寅丑이고, 壬申일에서 삼전 丑寅卯, 己卯일에서 삼전 丑子亥는 모두 둔간 乙丙丁을 모두 갖췄다. 천상삼기는 己卯일에 있는데 다시 연주삼기가 모두 모이면 더욱 길하다. 이것은 다만 앞의 네 과에 있고, 지하삼기는 없다."

> 且夫三奇者 有二等 有三傳全遇甲庚戊者 有三傳全遇乙丙丁者. 其法亦有二 有遁旬中之干者 有遁五子元建之法者. 凡值此二例 君子占之 官居一品之尊貴入巖廊. 縱使常人占之 雖無吉泰之兆 亦可消除災禍.

무릇 삼기에는 두 가지가 있다. 삼전의 둔반에 甲庚戊를 모두 만나는 것이 있고, 삼전에 乙丙丁 모두를 만나는 것이 있다.

이 법에는 두 가지가 있는데 그 하나는 둔반을 旬中의 방법을 쓰는 것이고, 둔반을 오자원건의 방법을 쓰는 것이다.

대개 이 두 예에 해당하는 경우에, 군자가 정단하면 일품의 높고 귀한 벼슬아치가 되고 의정부에 들어간다. 만약 일반인이 정단하면 비록 길하고 태평한 조짐은 없지만 재앙은 사라진다.

> 遁旬中之干者 如己卯日 干上午 第四課發用. 初傳丁丑 加寅 中傳丙子 末傳乙亥. 又己巳日 丁卯加辰 丙寅加卯 乙丑加寅. 又壬申日 初傳乙丑 加子 中傳丙寅 末傳丁卯. 戊辰日 初傳丁卯 加辰 中傳丙寅 末傳乙丑.

〈과전도〉 己卯일 2국

丁	丙	乙	
蛇丑白	貴子常	后亥玄	
寅	丑	子	

壬	辛	丁	丙
空午朱	青巳合	蛇丑白	貴子常
己未	午	寅	丑

둔반에 旬中의 천간을 쓰는 것을 예로 든다. 가령 己卯일 2국에서 간상은 午이고 제4과가 발용인데, 초전은 丁丑이 寅에 가하고, 중전은 丙子이며, 말전은 乙亥이다.

그리고 己巳일 2국에서 丁卯가 辰에 가하고, 丙寅이 卯에 가하며, 乙丑이 寅에 가한다. 또한 壬申일 12국에서 초전 乙

丑이 子에 가하고, 중전은 丙寅이며, 말전은 丁卯이다.

그리고 戊辰일에서 초전 丁卯가 辰에 가하고, 중전은 丙寅이며, 말전은 乙丑이다.

遁甲己還生甲者 如辛巳日 干上午 初傳甲午 加戌 中傳庚寅 末傳戊戌. 己酉日 初傳乙亥 加戌 中傳丙子 末傳丁丑. 餘倣此.

〈과전도〉 辛巳일 5국

甲	庚	戊
常午貴	青寅勾	勾戌常
戌	午	寅

壬	戊	丁	○
常午貴	貴寅勾	蛇丑青	青酉玄
辛戌	午	巳	丑

둔반에 갑기환생갑을 예로 들면, 辛巳일 5국에서 간상은 午인데, 초전 甲午가 戌에 가하고, 중전은 庚寅이며, 말전은 戊戌이다.

그리고 己酉일 12국에서 초전은 乙亥가 戌에 가하고, 중전은 丙子이며, 말전은 丁丑이다. 나머지도 이와 같다.

【구성이론】 삼기, 乙丙丁, 甲戊庚, 辛壬癸.

【정단원리】 삼전의 둔반에 천상삼기인 乙丙丁, 지하삼기인 甲戊庚, 인중삼기인 辛壬癸가 보이면 길하다. 군자가 정단하면 높은 벼슬아치가 되고, 일반인이 정단하면 재앙이 사라진다.

第43法 害貴訟直作屈斷   雖有深謀密計 終主敗露無成
해귀송직작굴단
깊이 꾀하는 밀계일지라도 결국 탄로가 나서 이루지 못한다.

해설 천을귀인이 육해를 당하면 소송에서 비록 나의 이치가 바르지만 왜곡된 판결을 받게 된다.

如甲申日 未加申 爲夜貴 乃日之墓神. 丑作晝貴 又受寅木剋 又作天空. 初傳子與未 又爲害. 如占訟 理雖直 而必致曲斷 事小而必大凶. 餘占皆弄巧成拙 止宜識時而屑就 庶不爲大禍. 其餘五甲日 未加寅 用夜貴 亦如其說 又如乙酉日 未加寅 作初傳乃害中傳之旦貴人 其象稍相類占亦如前說.

〈과전도〉 甲申일 2국

戊	丁	丙
子	亥	戌
丑	子	亥
己	戊	○	○
空丑	子	貴未	午
甲寅	丑	申	未○

가령 甲申日 2국의 지상에서 未가 申에 가한[1] 밤 귀인은 일간의 묘신이다. 간상에서의 낮 귀인 丑은 지반 寅목으로부터 극을 받고 천공이 탄다. 그리고 초전 子와 밤 귀인 未는 또한 육해이다.

만약 소송 정단에서는 나의 이치가 정녕 옳더라도 반드시 곡단을 하기에 이르며, 자그마한 일일 크게 흉해진다.

나머지의 모든 정단에서 솜씨를 희롱하다가 졸렬하게 되니, 때를 잘 알아서 멈췄다가 취하면 큰 화가 되지는 않는다.

---

1) 未加申 : 甲申日 2국은 제3과에서 未가 申에 가한다. 『사고전서』 판본에서 未加甲으로 기재한 것은 원문의 오류이다.

이 외의 다섯 甲일 8국에서 未가 寅에 가한 발용에 밤 귀인이 타는데 이 설명과 같다.

다시 예를 들면 乙酉일 8국에서 未가 寅에 가하여 초전이고 중전의 낮 귀인 子와는 육해이다.

그 상은 바야흐로 같은 유형의 정단이고, 앞의 설명과 같다.

曲直作鬼枷錮 如六己日 逢曲直課是也. 卯加亥 先曲後直. 卯加未 先直後曲. 凡申加午 爲白虎投朱雀. 午加辰 爲朱雀投勾陳 皆主訟.

곡직이 귀살이면 형틀의 일종인 '가고'이다. 여섯 己일에서 곡직과를 만나는 경우이다.

9국에서 卯가 亥에 가하면 먼저는 바르지 못하다가 나중에는 바르게 된다.

5국에서 卯가 未에 가하면 먼저는 바르지만 나중에는 바르지 못하게 된다. 申이 午에 가하면 백호가 주작에 드는 것이고 午가 辰에 가하면 주작이 구진에 드는 것인데, 모두 소송이 된다.[1]

【구성이론】 천을귀인, 귀살.

【정단원리】 법을 집행하는 사람으로 쓰이는 천을귀인이, 귀인이 임한 지반이나 다른 6처로부터 극을 받으면 소송에서 곡단을 하게 된다.

---

1) 백호의 오행은 庚申금으로서 형을 뜻하고, 주작의 오행은 丙午화로서 관재를 뜻하며, 구진의 오행은 戊辰토로서 쟁송을 뜻한다. 따라서 이들 오행이 서로 가하면 소송의 뜻은 더욱 명확해진다.

第44法 課傳俱貴轉無依   李廣不封侯 樂毅見疑

과 전 구 귀 전 무 의   용감하게 싸운 이광이 제후로 봉해지지 못했고, 전공을 크게 세운 악의도 의심받게 되었다.

해설 과전이 모두 귀인이면 도리어 의지할 곳이 없게 된다.[1]

如丁酉日 第一課 干上酉 乃夜貴. 第二課 酉上見亥 乃晝貴人. 邵先生每嫌此例(第三課 酉亥相加. 第四課 又歸亥鄕. 然後三傳酉亥丑 此四課三傳 皆是晝夜貴人所聚) 名曰遍地貴人.

〈과전도〉 丁酉일 11국

丁	己	辛
朱酉貴	貴亥陰	陰丑常
未	酉	亥

丁	己	己	辛
朱酉貴	貴亥陰	貴亥陰	陰丑常
丁未	酉	酉	亥

가령 丁酉일 11국에서 제1과는 간상 酉에 밤 귀인이고, 제2과 酉위에 보이는 亥는 낮 귀인이다.

소언화[2] 선생이 말하기를 이러한 예에 해당하는 것을 항상 꺼리는데, (제3과는 酉와 亥가 서로 가하고, 제4과는 다

---

1) 『육임수언』「필법보담3」 천을왕상간귀길, "가령 丁酉일에서 1과는 酉, 2과는 亥, 3과에는 亥酉가 서로 가한다. 삼전 酉亥丑에서 모두 다섯 귀인을 얻었으므로 '편지귀인'이라 한다. 귀인이 많으면 오히려 귀하지 못하여, 정단에서는 하나도 돌아오지 않고 오히려 의지할 곳이 없다. 재임 중인 사람은 파견 근무를 여러 번 가고, 소송 정단에서는 많은 관청을 경유한다. 만약 발용에 밤 귀인이 타면 더욱 흉하다. 이 외에 丁巳일에서 삼전 酉亥丑, 癸亥일에서 삼전 丑卯巳는 모두 다섯 귀인이다. 丁未일 삼전 酉亥丑, 癸丑일 삼전 卯巳未는 모두 여섯 귀인이다. 나머지에는 예가 없다."

2) 소언화(1065~1133) : 송대의 육임가로 절강의 태말 사람이다. 송나라 영종 치평 2년 乙巳에 출생하여 고종 소흥 3년 癸丑에 몰하였다. 저서로 『육임구감』과 『육임단안』이 있다.

시 亥향으로 돌아온다. 그리고 삼전은 酉亥丑이고 이 사과삼전에 주야귀인이 모두 모여 있으므로) '편지귀인'이라 부른다.

貴多者不貴 凡占不歸其一 反無依倚. 或權攝所委不一 托事無成. 如用夜貴 乃名呲目煞 如貴人呲目專視 反坐罪也 大不利. 告貴占訟 尤凶. 外有三傳 皆是貴人者 亦可用. 辛巳日 干上午. 丁卯日 干上酉. 乙亥日 干上子 又干上午.

귀인이 많으면 오히려 귀하지 못하므로, 모든 정단에서 하나로 돌아오지 못하게 되어 오히려 기대고 의지할 곳이 없다.

누구에게 직책을 위임하면 맡은 것이 하나가 아니므로 의탁하는 일은 이루지 못한다. 만약 발용이 밤 귀인이면 '돌목살'이라 하여, 귀인이 눈으로 노려보면서 꾸짖으니 오히려 죄를 받게 되어 크게 불리하다.

소송 정단에서 귀인에게 부탁하는 일은 더욱 흉하다.

이 외에 삼전에 모두 귀인이 타도 또한 쓸 수 있다.

辛巳일 5국에서 간상 午,[1] 丁卯일 11국에서 간상 酉이다.[2] 乙亥일 5국에서 간상 子,[3] 乙亥일 11국에서 간상 午이다.[4]

【구성이론】 천을귀인

【정단원리】 6처에 은인을 뜻하는 귀인이 너무 많으면, 다른 귀인이 도울 것이라 생각하여 아무도 나를 돕지 않는다는 이론이다.

---

1) 辛일의 주야귀인 午와 寅이 초전과 중전, 제1과와 제2과 네 곳에 모여 있다.
2) 丁일의 주야귀인 亥와 酉가 초전과 중전, 제1과와 제2과 네 곳에 모여 있다.
3) 乙일의 주야귀인 子와 申이 제1과와 제2과 두 곳에 모여 있다.
4) 乙일의 주야귀인 子와 申이 초전과 말전과 제2과 세 곳에 모여 있다.

第 45 法 晝夜貴加求兩貴   亦可請謁於諸侯
주 야 귀 가 구 양 귀

제후를 알현하여 요청하는 일은 가능하다.

해설 주야귀인이 서로 가하면 양 귀인에게서 구하면 된다.[1]

> 謂六處有旦暮天乙相加者 如占告貴求事 必干涉兩貴人而成就. 或占謁貴 必不得見其貴人. 緣貴人往見別貴 多不在宅 縱然在宅 必會貴客 而排筵.

이른바 6처에서 주야 천을귀인이 서로 가하면, 귀인에게 요청하여 일을 구하는 정단은 반드시 양 귀인이 참견하여 성취한다.

그러나 귀인을 알현하는 정단이면 반드시 귀인을 만나지 못한다. 그 귀인은 다른 귀인을 만나려고 갔으므로 가정에 있지 않은 경우가 많고, 설령 집에 있더라도 귀빈이 모여서 연회 중이다.

> 蓋貴臨貴位 乃官人見官人也. 如是同官占之 反宜謁見. 已後雖值晝夜貴人相加在傳 視其合用之貴. 如(值)空亡不可照前說.

---

[1] 『육임수언』「필법보담3」천을왕상간귀길, "이른바 주야 두 귀인이 서로 가하여 과전에 보이는 것이다. 가령 여섯 丁일의 삼전 酉亥丑에서 주야귀인이 서로 가하여 발용이다. 여섯 丙일 삼전 丑亥酉에서 주야귀인이 서로 가하여 삼전에 든다. 여섯 乙일 간양 子와 간음 申이 서로 가하여 삼전에 든다. 귀인을 만나서 구하는 일은 반드시 양 귀인에 의해 성취한다. 만약 밤 귀인이 낮 귀인 위이면 귀인에게 청탁하는 일은 반드시 얻는다."

귀인이 귀인의 위치에 임하면 관직자가 관직자를 보는 셈이다. 따라서 만약 같은 관직자가 정단하면 오히려 알현은 좋다.

설령 주야귀인이 서로 가하여 삼전에 있을지라도 합을 하고 쓰인 귀인을 보아야 한다. 만약 공망이면 앞의 설명에 비추어 보아서는 안 된다.

如六丁日 亥加酉 旦. 丁巳 丁亥 丁卯 丁丑日 酉加亥 夜. 六丙日 酉加亥 夜. 六癸日 巳加卯 旦. 癸未 癸亥 癸巳 癸酉日 卯加巳 夜.

〈과전도〉 丁亥일 11국

乙	丁	己	
朱酉貴	貴亥陰	陰丑常	
未○	酉	亥	

乙	丁	己	辛
朱酉貴	貴亥陰	陰丑常	常卯空
丁未	酉	亥	丑

가령 여섯 丁일 11국에서 亥가 酉에 가하고 낮이다. 丁巳와 丁亥와 丁卯와 丁丑일 3국에서 酉가 亥에 가하고 밤이다. 여섯 丙일 3국에서 酉가 亥에 가하고 밤이다. 여섯 癸일 11국에서 巳가 卯에 가하고 낮이다. 癸未와 癸亥와 癸巳와 癸酉일 3국에서 卯가 巳에 가하고 밤이다.

辛酉日 午加寅 旦. 辛巳日 寅加午 夜. 乙酉日 子加申 旦. 申加子 夜. 甲戌庚日 返吟. 餘雖有之 緣不在傳課 故不具載.

辛酉일 9국에서 午가 寅에 가하고 밤 이다.[1] 辛巳일 5국에서 寅

---

1) 제2과와 중전에서 후일의 밤 귀인 午가 낮 귀인 寅에 가하고 있다.

〈과전도〉 辛酉일 9국		
甲	戊	壬
貴寅常	常午貴	勾戌勾
戌	寅	午
甲	戊	○ 丁
貴寅常	常午貴	蛇丑白 玄巳后
辛戌	寅	酉 丑○

이 午에 가하고 밤이다. 乙酉일 9국에서 子가 申에 가하여 낮이고, 申이 子에 가하여 밤이다. 甲戊庚일 7국의 반음과이다.[1] 비록 나머지에도 있기는 하지만 과전에는 없으므로 일일이 싣지 않는다.

【구성이론】 천을귀인

【정단원리】 귀인이 천지반에 서로 가하면 두 귀인이 만나서 상의하는 뜻이 되므로 귀인에게 부탁하면 일을 성취한다. 그러나 귀인을 만나는 정단에서 만나지 못하는 것은 두 귀인이 모여서 연회 중이기 때문이다.

---

[1] 주야귀인이 서로 가하는 날은 乙·丙·丁·辛일이고, 甲·戊·庚일에는 7국에서 서로 가한다.

第 45-1 法 貴覆干支格
귀부간지격　　귀인이 간지를 덮은 격[1]

> 緣干支上皆乘晝夜貴人例 凡占 亦得兩貴人周全而成合事. 如 甲申日 干上丑 支上未. 庚寅日 干上未 支上丑. 己卯日 干上子 支上申. 己亥日 干上申 支上子. 丁巳日 干上亥 支上酉. 丁酉日 干上酉 支上亥.

간지상에 주야귀인이 모두 타면 모든 정단에서 곧 양 귀인에 의하여 온전하게 성사된다.

〈과전도〉 甲申일 9국

戊	丁		丙
子	亥		戌
丑	子		亥

己	戊	○	○
丑貴	子	貴未	午
甲寅	丑	申	未

가령 甲申일 2국에서 간상 丑이고 지상 未이다.[2] 庚寅일 2국에서 간상 未이고 지상 丑이다. 己卯일 8국에서 간상 子이고 지상 申이다.

己亥일 12국에서 간상 申이고 지상 子이다. 丁巳일 9국에서 간상 亥이고 지상 酉이다. 丁酉일 11국에서 간상 酉이고 지상 亥이다.

---

1) 『육임수언』「필법보담3」 천을왕상간귀길, "이른바 일간과 일지에 주야 귀인이 모두 타는 것이다. ① 가령 甲申일에서 간상 丑, 지상 未이다. ② 庚寅일에서 간상 未, 지상 丑이다. 양 귀인의 주선을 득하여 성사한다. ③ 이 예를 뺀 팔전과 5일 외에 다시 甲申·庚寅·己卯·己亥·癸卯·癸亥일에 여섯 과가 있다."

2) 甲申일 2국에서 간상에는 낮 귀인이 丑에 타고 지상에는 밤 귀인이 未에 탄다.

第 45-2 法 兩貴空害格
양 귀 공 해 격　　양 귀인이 공망과 육해가 되는 격

如己卯日 干上子 支上申 用夜貴乃空亡之貴 加宅上又克宅 干
上之晝貴 郤作勾陳 又爲六害. 凡占 必家庭神位(不齊) 尊卑相
厭 邪正同處 以致人口災患. 又不宜告貴 告則反逢其怒心. 或
夜貴人加在晝貴人上 宜求關節也.

〈과전도〉 己卯일 8국

辛	甲	己
巳	戌	卯
子	巳	戌

丙	辛	○	丁
子	巳	勾申	丑
己未	子	卯	申○

가령 己卯일 8국에서 간상은 子이다. 밤 정단에서 지상 申에 공망된 귀인이 가택에 임하여 가택을 극하고, 낮 귀인이 구진을 만들어서 다시 간상의 지반과는 子未 육해이다.

모든 정단사는 반드시 가정에서 신을 모신 곳인 신위가 (반듯하지 못하고), 손위와 손아래가 서로를 싫어하며, 그릇됨과 올바름이 한 곳에 있으니 뭇 사람으로 인하여 재환이 닥친다.

또한 귀인에게 부탁하는 일은 나쁜데, 만약 부탁하면 오히려 진노를 산다. 그러나 밤 귀인이 낮 귀인 위에 가하면 청탁하는 일은 좋다.

第 46 法 貴人差迭事參差

既有權臣在內 豈有忠臣在外而立功乎

귀 인 차 질 사 참 치

권신이 이미 궁궐 안에 있는데, 어찌 충신이 전쟁터에서 공을 세우겠는가?

해설 귀인이 어긋나게 들어오면 일은 가지런하지 못하게 된다.[1]

謂晝貴臨於夜地 夜貴卻臨旦方 故名貴人差迭. 如占告貴人(求)事多不歸一. 如俗諺(所)云 尖担兩頭脫之語. 此例極多 不暇細具. 或每日有二課者 但倣此而言之.

이른바 낮 귀인이 밤 지반에 임하고 밤 귀인이 오히려 낮 방위에 임하면 '귀인차질'이라 한다. 귀인을 알현하여 구하는 일이 많을지라도 하나도 제대로 되는 것은 없다.

속담에서 말하기를 '뾰족한 데 맡기면 쌍방이 탈락한다.'라고 말하였다. 이러한 예는 지극히 많아서 일일이 기록할 겨를이 없다. 매일에 두 과가 있다. 단지 이와 같다.

如甲子日 丑爲旦貴 坐在酉上. 未爲夜貴却坐在卯上是也.

---

[1] 『육임수언』「필법보담3」 입문입옥의사도, "이른바 卯는 외문이고 酉는 내문이다. 만약 귀인이 卯酉위에 서면 '귀립사문'이라 한다. 귀인에게 사사로움이 있으므로 귀인에게의 용무는 나쁘고, 음모와 사적인 기도에는 좋다. 예를 들면 여섯 甲일 낮 정단에서 丑이 밤 방위인 酉위에 서고, 밤 정단에서 未가 낮 방위 卯위에 서니 귀인차질이다."

가령 甲子일 9국에서 낮 귀인 丑은 酉위에 앉아 있고 밤 귀인 未는 卯위에 앉아 있다.

〈과전도 및 천지반도〉 甲子일 9국

戊	壬	甲
玄辰玄	蛇申青	青子蛇
子	辰	申
庚	○ 戊	壬
后午白	合戌合 玄辰玄	蛇申青
甲寅	午 子	辰

癸酉朱 巳	勾戌合 午	○合亥 未	勾朱	甲子蛇 申
壬申青 辰 蛇				乙丑貴 酉 空
辛未 卯 貴 空				丙寅后 戌 白 ○
庚午后 寅	己巳 丑 陰常	戊辰玄 子 玄常		丁卯陰 亥 ○

【구성이론】 천을귀인

【정단원리】 낮 귀인이 낮 12지에 임하고, 밤 귀인이 밤 12지에 임하는 것이 올바르다. 만약 이와 같지 않으면 귀인에게 차질이 생겨 여러 가지 일에서 흉하다.

第 46-1 法 貴人順治格
귀 인 순 치 격
귀인이 순리대로 다스리는 격

> 緣一日內全無逆貴人者 凡告貴皆順 竟無阻卻兼宜催督頻復進取. 唯有巳爲月將 甲戊庚日有之. 內有空亡貴人乃無用. 如丑未坐於辰戌上 貴人怒嗔.

하루 종일 귀인이 역행하는 것이 하나도 없으면, 무릇 귀인을 알현하여 부탁하는 모든 일은 순조롭고, 마침내 장애가 없으니 서둘러서 급히 다시 나아가서 취함이 마땅하다.

이러한 예는 오로지 巳가 월장[1]인 甲戊庚 일에만 있다. 이중에서 공망된 귀인이 있으면 무용지물이 된다. 만약 丑未가 辰戌위에 앉으면 귀인의 진노가 있다.[2]

---

1) 처서에서 추분사이에 해당한다. 『육임지남』「심인부」, "7월의 처서 후에 태양은 순미지차 궤도인 巳궁에 드니 곧 월장은 태을(巳)이다."

2) 『육임대전』「권2」귀인론, "… 귀인입옥이면 군자는 번뇌로 편안하지 못하고, 무릇 귀인을 알현하면 감옥에 갇혀 있으므로 바라는 이익에는 흠이 있고 혹은 귀인 스스로 번뇌로 고생한다."

같은 책「과경3」천옥과, "귀인이 辰이나 戌에 임한 '귀인입옥'이면 소송을 살필 수 없으므로 소송에서 흉하다."

같은 책「과경2」부귀과, "… 이 과에서 귀인입옥이면 권세가 사라진다는 뜻의 '세소과'라고 한다. 귀인을 만나서 부탁하면 일을 허락하지 않고, 모든 정단사는 흉하다."

第 46-2 法 貴人逆治格
귀 인 역 치 격   귀인이 역리로 다스리는 격[1]

> 緣一日內全無順貴人者 凡告貴竟無相允意 止宜退步不宜進前.
> 如進則反受挫. 惟亥爲月將 甲戊庚日有之 內忌空亡. 日貴在
> 夜 開眼作暗 ; 夜貴在日 自暗而明.

   하루 종일 귀인이 순행하는 것이 하나도 없으면 무릇 귀인에게 요청하는 모든 일은 결국 허락하는 뜻이 없으므로 멈춰서 물러서는 것은 옳고 전진은 옳지 못하다. 만약 나아가면 오히려 꺾이게 된다.
   이러한 예는 亥가 월장[2]인 甲戊庚일에만 있는데 다만 공망을 꺼린다. 낮 귀인이 밤에 있으면 눈을 뜨고 있지만 암흑이고, 밤 귀인이 낮에 있으면 암흑에서 스스로 곧 밝아진다.

> 貴在干前 事不宜迫 迫則反爲貴所怒 事必無成 ; 貴在日後 事
> 宜速催 不催事反被散漫 久必有災.

   귀인이 일간 전에 있을 때에 일을 다그치면 안 되니, 만약 다그

---

1) 『육임대전』「과경3」 삼음과, "천을귀인이 역행하고, 일진이 귀인의 뒤에 있으며, 수사기인 발용에 현무와 백호의 천장이 타고, 시에서 행년을 극하면 삼음괘이다. 무릇 귀인이 정단하는 일에서 모든 일은 하지 못하고 어둡고 지체된다."
2) 우수에서 춘분사이에 해당한다. 『육임지남』「심인부」, "정월의 우수 후에 태양은 추자지차 궤도인 亥궁에 드니 월장은 곧 등명(亥)이다."

치면 오히려 귀인이 노하므로 일은 반드시 이루지 못한다. 그리고 귀인이 일간 후에 있으면 일을 빠르게 재촉하는 것이 옳으니, 만약 다그치지 않으면 일은 오히려 산만해져서 오래되면 반드시 재앙이 된다.

第47法 貴雖在獄宜臨干
귀수재옥의임간 1)

귀인이 비록 감옥에 있더라도, 일간에 임하면 좋다. 2)

謂天乙貴人加臨地盤辰戌上者 雖名入獄 如是乙辛二日占 卻名貴人臨身 反宜干投貴人 周全成事.

 이른바 천을귀인이 지반 辰과 戌위에 임하면 모름지기 감옥으로 들어간다는 뜻의 '입옥'이라 한다.
 만약 乙辛일 두 날에 정단하여 귀인이 몸에 임한다는 뜻의 '귀인임신'이면 오히려 귀인에게 구하는 용무는 두루 온전하게 성사한다.

其餘八干 晝夜貴人坐地盤辰戌之上 始名天乙入獄 干官貴怒 惟宜私謀陰禱. 亦名貴人受賄 如辰戌二日占之 乃爲貴人入宅 非坐獄論也.

---

1) 『육임대전』 「과경3」 영화과, "甲戌庚일에 간상이 丑이면 '귀인임신'이라 하여 귀인 알현은 성사된다. 乙辛 두 날에 귀인이 辰戌위에 임하면 감옥에 앉는다고 말하지 않고, 귀인 알현은 좋다. 나머지 날에서 옥에 앉으면 예물을 하사받고, 음과 양으로 사사로이 소망하는 것이 마땅하다."

2) 『육임수언』 「필법보담3」 입문입옥의사도, "… 귀인이 辰戌위에 서면 천을입옥이다. 만약 戌辰일 낮 정단에서 귀인 丑이 辰에 앉아서 일지에 가한다. 甲戌일 밤 정단에서 귀인 未가 戌에 앉아서 일지에 가한다."

이 외의 여덟 일간에서 주야귀인이 지반의 辰戌위에 앉으면 모름지기 천을귀인이 감옥에 든다는 뜻의 '천을입옥'이라 하여, 관직자에게 아뢰면 귀인의 노여움을 사게 되므로 사적으로 도모하고 음으로 비는 것이 좋다.
　또한 귀인이 뇌물을 받았다는 뜻의 '귀인수회'를 예로 들면, 辰戌 두 날에 정단하여 귀인이 가정으로 들어오면 감옥에 앉은 것으로 논하지 않는다.

第 48 法 鬼乘天乙乃神祇　當行反間 可得敵臣之助
귀 승 천 을 내 신 기　반간을 써야 되니, 적국 신하의 도움을 얻는다.

해설 귀살에 천을귀인이 타면 곧 하늘 귀신과 땅 귀신이다.

如六辛日 午加干 如用晝占雖是日鬼臨身 緣爲貴人 切勿作鬼祟看之. 占病 必是神祇爲害. 如臨宅上者 必是家堂神像不肅而致病患. 宜修設功德 安慰宅神 庶得無咎. 又六丙日晝將 亥加巳 或亥加支 六丁日晝將 亥加未 或亥加支. 六乙日 申加乙 或申加支.

〈과전도〉 辛未일 5국

丁	○	辛
卯合	亥白	未后
未	卯	亥○

庚	丙	丁	○
午貴	寅勾	卯合	亥白
辛戌	午	未	卯

가령 여섯 辛일 5국에서 午가 일간에 가한다. 만약 낮에 정단하면 비록 일간의 귀살이 일간에 임하나 여기에 귀인이 타므로 반드시 귀수로 보아야 한다.

질병 정단이면 반드시 하늘 신과 땅 신의 해코지가 있다. 만약 가택 위에 임하면 반드시 가정 내 사당의 신상에게 엄숙하지 못해서 병환이 온 것이다. 따라서 공을 닦고 덕을 베풀어서 가택신을 편안하게 위로하면 거의 재앙은 사라진다.

또한 여섯 丙일의 7국 낮 천장에서 亥가 巳에 가하거나 또는 亥가 일지에 가한다. 여섯 丁일의 9국에서 亥가 未에 가하거나 또는 亥가 일지에 가한다. 여섯 乙일의 9국에서 申이 乙에 가하거나 또는 申이 일지에 임한다.

第 48-1 法 空亡貴人格
공 망 귀 인 격   귀인이 공망된 격[1]

> 緣貴人作空亡者 亦是神祇撓害 占訟大凶. 亦爲之閑貴人 尤忌.

귀인이 공망되면 이 또한 하늘 신과 땅 신이 어지럽히는 해가 있고, 소송 정단에서 대흉하다. 귀인이 공망되는 '한귀인'이 되는 것을 더욱 꺼린다.

---

[1] 『육임대전』「권2」귀인론, "귀인이 공망이면 우환사와 희경사는 모두 불성한다."
『육임수언』「필법보담3」, "… 귀인이 공망되면 '한귀인'이라 하여 만약 질병 정단이면 반드시 귀신의 해가 있다."

第 48-2 法 貴人作墓格
귀 인 작 묘 격   천을귀인이 묘신을 만드는 격[1]

六甲日 丑爲夜貴作墓神 加干. 六庚日 丑爲晝貴作墓神 加干.

〈과전도〉 甲子일 2국

甲	○	○
子后	亥陰	戌玄
丑	子	亥○

乙	甲	○	○
丑貴	子后	亥陰	戌玄
甲寅	丑	子	亥○

여섯 甲일 2국에서 밤 귀인 丑이 묘신이 되어서 일간에 가한다.[2]

그리고 여섯 庚일 8국에서 낮 귀인 丑이 묘신이 되어서 일간에 가한다.

〈과전도〉 庚子일 8국

○	戊	癸
常巳陰	合戌合	陰卯常
子	巳○	戌

辛	甲	○	戊
貴丑空	白午后	常巳陰	合戌合
庚申	丑	子	巳

1) 『육임수언』「필법보담3」 귀작묘극탈격. "여섯 甲일 간상 未이고 밤 점단에서 귀인이 묘신을 끼고서 일간에 임하니, 반드시 귀인으로부터 속임을 당한다."

2) 가령 甲子일 2국에서 밤 귀인 丑이 일간에 가하여 일간을 속이고 있다.

第 48-3 法 貴人脫氣格
귀 인 탈 기 격   귀인이 일간을 탈기하는 격

> 如六壬日 六癸日 以卯爲夜貴作脫氣 必被貴人脫賺 或神祇降殃以致脫耗.

　가령 여섯 壬일 9국 밤 정단과 여섯 癸일 11국 밤 정단에서 卯가 귀인이 되어 일간을 탈기하므로, 반드시 귀인의 속임으로 인하여 손실을 입거나 혹은 하늘 신과 땅 신으로부터 재앙이 내려서 손실을 입게 된다.

第49法 兩貴受剋難干貴　去魯適周 終身不遇知己之主
양 귀 수 극 난 간 귀

노나라를 떠나 주나라로 가니, 종신토록 나를 알아주는 임금을 만나지 못한다.

해설 양 귀인이 극을 받으면 귀인에게 아뢰는 일은 어렵다.[1]

凡晝夜貴人 皆立受剋之方者 切不可告貴用事. 緣二貴自受剋制 必自怒而不能成就我也. 不論在傳不在傳 皆可用之. 占得此課 不如不告 天乙謾被怒阻也.

무릇 주야 귀인이 모두 극을 받는 방위에 서면, 귀인에게 부탁하는 모든 일은 절대로 성취되지 않는다. 그 이유는 두 귀인이 스스로 극제를 받기 때문이고, 반드시 진노하여 있으므로 성취하지 못한다. 삼전에서의 유무와는 무관하게 모두 쓸 수 있다.

정단에서 이 과를 얻으면 차라리 귀인에게 부탁하지 않는 것만 못하고, 부탁하면 천을귀인의 노함을 서서히 받아서 장애가 있게 된다.

---

1) 『육임수언』「필법보담3」 귀봉공극사난기, "이른바 주야 양 귀인이 모두 공함되거나 극제를 당하면 모든 일은 이루지 못한다."
   같은 책, 양귀수극격, "이른바 귀인이 간지에 임하여 용신으로부터 극을 당하는 것이다. 가령 乙亥일 낮 정단에서 삼전 未卯亥이다. 귀인이 타고 있는 간상의 子는 용신으로부터 극을 당한다. 모든 정단에서 불길하다."

> 如六乙 六己日 申加午 子加戌. 六丙 丁日 亥加未 酉加巳. 六辛日 午加子 寅加申. 六壬 癸日 巳加亥 卯加酉. 惟甲戊庚三干無此例.

〈과전도〉 乙丑일 11국

壬	〇	甲
貴申勾	陰戌朱	常子貴
午	申	戌〇

庚	壬	丁	己
朱午空	貴申勾	青卯玄	合巳白
乙辰	午	丑	卯

가령 여섯 乙일과 여섯 己일의 11국에서 申이 午에 가하고 子가 戌에 가한다.

여섯 丙일과 여섯 丁일의 9국에서 亥가 未에 가하고 酉가 巳에 가한다.

여섯 辛일 7국에서 午가 子에 가하고 寅이 申에 가한다.

여섯 壬일과 여섯 癸일 7국에서 巳가 亥에 가하고 卯가 酉에 가한다. 유일하게 甲戊庚 세 일간에서만 이러한 예가 없다.

【구성이론】 천을귀인, 귀살.

【정단원리】 사회에서의 귀인, 은인, 관청의 공무원을 뜻하는 귀인이 특히 주야 귀인이 모두 극을 받으면 귀인에게 부탁하는 일은 성취하지 못한다.

第49-1法 白虎或乘臨丑格

백 호 혹 승 임 축 격   백호가 丑에 타거나[1] 백호가 丑에 임하는 격[2]

> 乃貴人怒惡之貌 凡占干貴官值此 必招貴人嗔怒. 占訟 尤宜詳此. 尤忌. 緣丑乃天乙之本家 不宜見白虎也. 或欲告貴人求文書事(吉).

이 격은 귀인이 험상궂게 노한 얼굴이므로, 무릇 정단에서 관직자에게 구하여 이와 같으면 반드시 귀인의 진노를 산다.

소송 정단에서는 더욱 마땅히 이를 살펴야 된다. 그 이유는 丑은 천을귀인의 본가이므로 백호를 보는 것은 마땅하지 못하기 때문이다.

그러나 귀인에게 부탁하여 구하는 문서에 관련된 일은 길하다.

1) 乙丑일 제1국 낮 정단에서, 제3과와 제4과에 백호가 귀인의 본가인 丑에 타고 있다.
2) 甲寅일 제2국 낮 정단에서, 제2과와 제4과와 초전에 백호가 귀인의 본가인 丑에 임하고 있다.

〈과전도〉 乙丑일 1국

戊	乙	○
勾辰勾	白丑蛇	陰戌陰
辰	丑	戌○
戊	戊	乙	乙
勾辰勾	勾辰勾	白丑蛇	白丑蛇
乙辰	辰	丑	丑

〈과전도〉 甲寅일 2국

○	癸	壬
白子后	常亥陰	玄戌玄
丑○	子○	亥
○	○	○	○
空丑貴	白子后	空丑貴	白子后
甲寅	丑○	寅	丑○

第 49-2 法 貴人忌憚格
귀 인 기 탄 격   귀인이 어렵게 여기고 꺼리는 격[1]

> 緣朱雀乘神剋貴人 不可告貴求托 必貴人忌憚 而不肯用事.

주작이 탄 신에서 귀인을 극하면, 귀인에게 아뢰고 부탁하는 일은 반드시 귀인이 어렵게 여겨서 꺼리므로 부탁하는 일을 들어주지 않는다.

> 如甲日 丑加寅 乃旦貴臨身. 如占用文書之事(不吉). 緣朱雀乘卯剋天乙之丑土故也.

〈과전도〉 甲子일 2국			
甲	○		○
子后	亥陰		戌玄
丑	子		亥○
乙	甲	○	○
丑貴	子后	亥陰	戌玄
甲寅	丑	子	亥○

가령 甲일 2국에서 丑이 寅에 가하고 낮 귀인이 일간인 몸에 임한다.
만약 문서에 관련된 일로 정단하면 (불길한데), 그 이유는 주작이 卯에 타서 천을귀인 丑토를 극하기 때문이다.

---

[1] 『육임대전』「과경2」부귀과, 주작이 탄 신에서 귀인을 극하면 구하는 문서를 귀인이 꺼려한다.
같은 책, 영화과, 주작이 탄 신에서 귀인을 극하면 구하는 문서를 귀인이 꺼려한다.

又六己日 申爲夜貴臨身 朱雀乘午而剋貴. 又六己日 晝貴人是 子臨身 朱雀乘戌而剋貴.

〈과전도 및 천지반도〉				己未일 12국			
己未	庚申貴	庚申		戊午巳朱	己未午	庚申未	辛酉申
午	未	未		丁巳辰			壬戌酉
庚申貴	辛酉	庚申貴	辛酉	丙辰卯			癸亥戌
己未	申	未	申	乙卯寅	甲寅丑〇	〇丑子〇	〇子亥

　또한 여섯 己일 12국에서 밤 귀인 申이 일간인 몸에 임하고 주작이 午를 타서 귀인을 극한다.[1]
　그리고 여섯 己일 8국에서 낮 귀인 子가 몸에 임하고 주작이 戌을 타서 귀인을 극한다.[2]

---

1) 간상과 중전에는 밤 귀인 申이 보이지만 이를 극하는 주작이 과전도에는 보이지 않는다. 다만 천지반도의 천반 午에 주작이 타서 밤 귀인 申을 극하고 있다.
2) 중전에서 주작이 천반 戌에 타서 간상과 지상에 있는 밤 귀인 子를 극하고 있다.

第 49-3 法 眞朱雀格
진 주 작 격 [1]   주작이 자신의 터인 午를 탄 격

> 緣朱雀臨午 惟可求文書於朝廷 或達於至尊之前 最宜. 戊己年 或辰戌丑未年占之 以眞朱雀生太歲故也. 忌申酉年占之.

주작이 午를 타면 조정에서 구하는 문서는 좋고, 임금의 앞에 도달하는 데에 가장 좋다. 만약 戊·己년 또는 辰·戌·丑·未년에 정단하면 진주작에서 태세를 생하기 때문이다.
그러나 申·酉년에 정단하는 것을 꺼린다.[2]

---

[1] 『육임수언』「필법보담4」덕신회취휴상집, "이른바 덕신에 주작이 타면 '문덕격'이다. 가령 丁酉일에서 삼전 亥午丑이다. 亥는 일덕관성이고 밤 정단에서 주작이 타서 발용이다. 시험은 합격하고, 관직자는 천거된다. 여섯 己일 낮 정단에서 寅에 주작이 타도 또한 같다. 나머지에는 없다."

[2] 임금에 비유되는 태세신인 申酉를 진주작에서 극하면 오히려 재앙이 된다.

第50法 二貴皆空虛喜期 咸象曰 山上有澤 咸 君子以虛受人 功無成而終多不見用

이 귀 개 공 허 희 기

역경』의 31번째 함괘 대상전에서 말하기를, 산 위에 못이 있는 것이 함이니, 군자가 이러한 상을 본받아서 마음을 비움으로써 사람을 받아들인다고 했다. 공적을 이룸이 없고, 끝내 쓰이지 못하는 경우가 많다.

해설 두 귀인이 모두 공망이면 헛된 기쁨을 기약한다.[1]

> 凡晝夜貴人皆空亡者 如干投貴人 事已蒙許允後 却被人攙越 凡占皆不免有此却終成拙或有人報喜 且勿信 或同名姓人後非我喜 誠爲虛喜而已 反有所費也. (故)俗諺云 爭似不來還不往 亦無懽喜亦無憂.

무릇 주야귀인이 모두 공망인 경우에 귀인에게 주요 일을 부탁하면, 이미 일을 거짓으로 속여서 허락한 후에 다른 사람들이 먼저 차례를 지키지 않고 일을 본다.

무릇 정단하는 모든 일에서 이것이(두 귀인이 공망) 있으면 결국 어리석어지는 것을 면하지 못하고, 타인으로부터 기쁜 소식이

---

1) 『육임수언』「필법보담3」 귀봉공극사난기, "이른바 양 귀인이 모두 공망이면 귀인에게서 구하려는 일은, 반드시 먼저는 허락하지만 나중에는 실제적인 혜택은 없다. 가령 丁丑일 삼전 酉亥丑에서 밤 귀인 酉가 旬중의 공망이다. 亥는 일간의 귀살인데 다시 공망에 앉는다. 일을 이루려고 하면, 모름지기 순이 바뀐 뒤에 공망이 메워지면 비로소 희망이 있다. 귀인이 공망되면 '한귀인'이라 하여 만약 질병 정단이면 반드시 귀신의 해가 있다."

있더라도 믿지 말아야 한다. 혹 동일한 성과 이름을 쓰는 사람의 기쁨일 수 있고 나중에는 나의 기쁨이 아니니, 참으로 허망한 기쁨일 뿐이며 오히려 비용 손실만 있다.

(따라서) 속담에서 말하기를 "소송이란 오지도 않고 가지도 않는 것이며, 환희도 없고 근심도 없는 것이다."고 하였다.

如丁丑日 酉加未作空. 亥加酉又落空之類. 主如告貴先(允)而事未決 後換旬始(可)有望.

〈과전도〉 丁丑일 11국

	○	乙	丁
	朱酉貴	貴亥陰	陰丑常
	未	酉○	亥
○	乙	己	辛
朱酉貴	貴亥陰	常卯空	空巳勾
丁未	酉○	丑	卯

가령 丁丑일 11국에서 酉가 未에 가하여 공망이고, 亥가 酉에 가하여 다시 락공이다.

만약 귀인에게 일을 아뢰면 먼저는 (허락하지만) 일이 해결되지는 않는다. 그러나 나중에 순이 바뀐 뒤에는 비로소 희망이 있다.

大六壬畢法賦

하권
제51법~제100법

第51法 魁度天門關隔定
괴도천문관격정

賁六五 賁于邱園 束帛戔戔 吝
終吉. 猶駕舟楫而登劍閣 如御輜
重而過江

『역경』의 22번째 괘인 비괘 육오에서 말하기를 '언덕과 동산을 꾸밈이니, 묶은 비단이 잔잔하면 인색하지만 마침내 길하다.'라고 하였다. 배에 멍에를 하고 검각의 험한 산길을 오르려고 하니, 마치 치중의 마차를 몰고 강을 건너는 것과 같다.

해설 하괴가 천문을 건너려고 하지만 관문이 막혀있다.[1]

謂戌爲天魁 亥爲天門. 凡戌加亥爲用者 凡占謀用皆被阻隔.
或壬癸日 占旦暮 皆乘白虎. 占病 多是隔氣 或食積隔 或是邪
祟爲災 服藥宜下之爲佳. 如如占盜賊 難獲. 訪人 不見. 諸占
總不免關隔二字而已.

이른바 戌은 천괴이고 亥는 천문이다. 무릇 戌이 亥에 가하여 발용이 되면 모망사는 모두 막히고 불통하다.

壬癸일 주야 정단 모두에 백호가 타니, 질병 정단은 기운이 크게 막혀 있거나, 또는 음식이 뭉쳐서 막혀있거나, 또는 귀신을 잘 모시지 못함으로 인한 재앙이 있다. 약을 복용하여 마땅히 내려보내는 것이 좋다.

만약 도적 정단이라면 잡기 어렵고, 타인 방문 정단이라면 만나지 못한다.

---

1) 『육임수언』「필법보담2」, "모든 일에서 막힘을 면하지 못한다. 타인을 만나러 가면 만나지 못하고, 도적 정단은 잡기 어려우며, 질병 정단은 격기가 많다. 만약 천장 백호가 타면 장애는 더욱 심하다."

모든 정단을 종합하면 닫히고 막힌다는 '관격(關隔)' 두 글자를 면하기 어렵다.

> 如壬午 壬辰 壬子 壬戌 癸亥五日 幷戌加亥 爲用 旦暮天將 皆是白虎. 又乙亥日 丙子 丁亥 戊子 乙未 己亥 庚子 己酉 辛亥 此九日 亦見戌加亥 爲用者. 宜觀晝夜之天將 言其吉凶之兆.

〈과전도〉 壬午일 2국

甲	○		○
白戌	白空酉	常申青	玄
亥	戌		酉○
甲	○	辛	庚
白戌	白空酉	常朱巳貴	蛇辰蛇
壬亥	戌	午	巳

예컨대 壬午·壬辰·壬子·壬戌·癸亥 5일의 2국은 모두 戌이 亥에 가하여 발용이고 낮과 밤 천장은 모두 백호가 탄다.1)

그리고 乙亥·丁亥·己亥·辛亥와 丙子·戊子·庚子와 乙未·己酉 9일의 2국 역시 戌이 亥에 가하여 발용이다.

마땅히 주야 천장을 살펴서 길흉의 조짐을 말한다.

【구성이론】 천괴(戌), 천문(亥)

【정단원리】 천괴(戌)가 천문(亥)에 가하여 발용이면, 모든 일에서 장애를 면하지 못한다. 사람을 방문하면 만나지 못하고, 도적은 잡기 어려우며, 병은 격기가 있다. 만약 여기에 백호가 타면 막힘은 더욱 심하다.

---

1) 壬午일 2국을 포함한 5일 초전에는 백호가 하괴인 戌에 타서 천문인 亥에 임한다. 단지 壬申일 2국은 공망이므로 이러한 뜻이 사라진다.

第52法 罡塞鬼戶任謀爲　當行周文仁義之師
강색귀호임모위

주나라 문왕[1]의 인의로운 군사를 행하듯이 해야 한다.

해설 천강(辰)이 귀신문(寅)을 막으면 임의로 도모할 수 있다.[2]

> 謂辰爲天罡 寅爲鬼戶 凡辰加寅爲罡塞鬼門 不論在傳不在傳 皆名罡塞鬼戶 使衆鬼不能窺覰 唯宜閃災避難 陰謀私禱 或弔喪問病 合藥書符.

이른바 辰은 천강이고 寅은 귀호이다. 일반적으로 辰이 寅에 가하면 천강이 귀신 문을 막는다. 삼전에 있고 없고를 막론하고 이 모두를 '강색귀호'라고 하여 무리귀살이 노리지 못한다.

오히려 노리는 재액을 피난하여, 음모, 사적인 기도, 문상과 문

---

1) 주문왕 : 중국 주나라 무왕의 아버지. 이름은 창(昌). 기원전 12세기경에 활동함. 주역에서 복희가 괘를 만들고, 문왕이 괘사를 지었으며, 문왕의 아들인 주공이 효사를 지었고, 공자가 십익을 지었다고 한다.

2) 『육임수언』「필법보담3」 강전귀호범모수, "① 조건 : 이른바 辰은 천강이고 寅은 귀호이다. 辰이 寅에 가하여 발용이면 강색귀호이다. ② 해설 : 가령 여섯 甲일에서 삼전은 辰午申이다. 천강의 기운은 만물을 두드려서 나오게 하고, 모름지기 귀살이 무리를 짓더라도 장애를 일으키지 못한다. 무릇 정단에서는 형통한 이익이 없을 수 없다. 설령 과전에 보이지 않더라도 정단인의 행년·본명 위에 타더라도 가히 쓸 수 있다. 가령 己丑일 삼전 卯巳未에서 초전은 일간의 귀살이고, 중전은 귀살에 드니 진실로 흉한 과이다. 만약 정단인의 행년·본명이 寅에 있으면 강색귀호가 되므로 가히 흉이 변화하여 길하게 된다. 무릇 천강이 행년·본명에 임하면 정자(靜者)는 동(動)하고 동자(動者)는 정(靜)하다. 흉한 것은 오히려 길하게 되고 길한 것은 오히려 흉하게 된다. ③ 길흉 : 소송 정단에서 설령 입옥이 되었더라도 출옥하는 작용이 있다."

병, 약 짓기와 부적 쓰기에 좋다. 만약 甲·戊·庚일이면 더욱 좋다.

그리고 낮에 귀인이 천문에 오르면 '천강색귀호'라고 부른다. 모든 정단에서 형통하고 이익이 있다.[1]

如甲戊庚日尤的. 緣晝貴登天門 天罡塞鬼戶. 凡占 無不亨利. 又如己丑日 卯加丑爲初傳 乃是日之鬼. 中傳巳 又入鬼鄕. 末傳未空 誠爲凶課. 如用辰爲月將尤妙 名天網四張. 賴天罡塞鬼戶 使萬鬼潛惡獸伏 所作任意謀 爲無阻無障礙也.

〈과전도 및 천지반도〉 己丑일 11국

辛	癸	○
玄卯青	白巳合	青未蛇
丑	卯	巳
乙	丁	辛	癸
合酉后	蛇亥玄	玄卯青	白巳合
己未	酉	丑	卯

青未蛇	勾申貴	合酉后	朱戌陰
空午朱			蛇亥玄
白巳合			貴子常
常辰勾	玄卯青	陰寅空	后丑白
壬辰寅	辛卯丑	庚寅子	己丑亥

가령 己丑일 11국에서 卯가 丑에 가한 초전 卯는 일간의 귀살이고, 중전 巳는 다시 귀향에 들며, 말전 未가 공망이므로 진정 흉한 과이다. 만약 辰이 월장이면 더욱 신묘하여 이름하여 '천망사장'이라 한다.

'천강색귀호'에 힘입어서 수없이 많은 귀살이 숨고 악한 짐승이

---

[1] 같은 책, "모든 정단에서 형리하지 않음이 없다. 만약 과전에 보이지 않더라도 정단인의 행년·본명 위에 타더라도 쓸 수 있다."

굴복하니, 임의로 도모하는 것은 막힘이 없고 장애가 없음은 의심의 여지가 없다.

【구성이론】 천을귀인, 귀호(寅), 천문(亥).

【정단원리】 천강(辰)이 귀호(寅)에 가하면 천강의 기운이 만물을 울려서 나오게 하므로 귀살이 많더라도 장애가 되지 않아서, 모든 정단에서 형통하고 이롭다. 과전에 없더라도 행년과 본명에 있으면 쓸 수 있다.

第52-1法 貴塞鬼戶格

귀 색 귀 호 격   천을귀인이 귀신(寅)의 출입문을 막는 격

緣三傳作日鬼 賴貴人塞鬼戶也. 亦任謀爲. 如壬戌 壬辰日 巳加寅. 癸丑亥未酉四日 亦巳加寅. 三傳辰未戌 皆鬼. 如用晝貴 乃名貴人臨寅 鬼門杜 鬼賊不出 萬事皆寬. 已上者例 如不在傳上 或(占人)行年本命在寅(亦)是也.

삼전이 일간의 귀살을 만들지라도 천을귀인이 귀신문(寅)을 막으면 하려는 일을 도모해도 된다.

〈과전도〉 壬辰일 10국

丙	己	壬
戌	丑	辰
未○	戌	丑

庚	癸	○	丙
寅	巳貴	未	戌
壬亥	寅	辰	未○

가령 壬戌·壬辰일에서 巳가 寅에 가한 10국과, 癸丑·癸亥·癸未·癸酉에서 巳가 寅에 가한 10국은, 삼전의 辰未戌이 모두 귀살이다.

만약 낮 귀인을 써서 귀인이 寅에 임하면 귀신문이 막혀서 귀적이 나오지 못하므로1) 만사 전혀 거리낄 것이 없다.

위의 예에서 설령 사과삼전 위에 있지 않더라도, 만약 정단인의 행년과 본명에 寅이 있더라도 또한 같다.

---

1) 귀살을 제압하는 방법에는 크게 세 가지가 있다. 첫째, 자손효로 제압하는 방법이고, 둘째, 부모효에서 귀살의 기운을 빼서 일간을 생하는 방법이며, 셋째, 천을귀인에서 귀신문을 뜻하는 지반 寅에 임하여 귀신의 작용을 못하도록 하는 방법이다. 이 예제에서는 셋째 방법을 설명하고 있다. 청조 유적강이 저술한 『육임수언』 「경과」에서 이와 유사한 문장이 아래에서 보인다. "강전귀호이면 모든 모망사를 이룬다. 이른바 辰은 천강이고 寅은 귀호이다. 辰이 寅에 가하여 발용이면 '강전귀호'라고 한다."

第 52-2 法 神藏煞沒格
신장살몰격   귀신은 숨고 살(煞)은 죽는 격

緣甲戊庚三日 以丑未臨亥者 尤的. 餘日有神藏無煞沒 有煞沒
無神藏 緣貴人登天門 百煞拱護 凡謀亨利.

〈과전도〉 甲子일 11국		
戊	庚	壬
合辰合	蛇午青	后申白
寅	辰	午
戊	庚	丙	戊
合辰	蛇午青	青寅蛇	合辰合
甲寅	辰	子	寅

甲戊庚 3일에서 丑未가 亥에 임하면 더욱 적당하다. 甲戊庚일 외의 다른 날에는 신장(神藏)은 있지만 살몰(煞沒)이 없거나, 살몰은 있지만 신장이 없다.

귀인이 천문에 오르면 백 개의 살이 껴안고 보호하니, 모든 모망사는 형통하고 이익이 있다.[1]

且夫六神藏者 如甲戊庚日 丑未爲旦夜. 貴加地盤亥 乃名貴登天門. 螣蛇臨地盤子名墜水. 朱雀臨地盤癸丑名投江. 勾陳臨地盤卯名受制. 天空臨地盤巳名投絶. 白虎臨地盤午名燒身. 玄武臨地盤申名現形. 此乃六神藏也.

무릇 여섯 신이 숨는 '육신장'을 예로 들면, 甲戊庚일에서 丑未는

---

[1] 같은 책, "이른바 甲戊庚 세 천간일에서 丑未 양 귀인이 지반 亥 위에 가하면 '귀등천문'이다. 사살이 몰하고 여섯 신이 숨는다. 모든 정단은 고루 길하다."

주야 정단에서의 천을귀인이다.

　귀인이 지반 亥수에 가하면 '귀등천문'이라 부르고, 등사가 지반 子수에 임하면 '타수'라고 부르며, 주작이 지반 癸丑수에 임하면 '투강'이라 부르고, 구진이 지반 卯목에 임하면 '수제'라고 부르며, 천공이 지반 巳화에 임하면 '투절'1)이라 부르고, 백호가 지반 午화에 임하면 '분신'이라 부르며, 현무가 지반 申금에 임하면 '현형'2)이라 부른다.

　이 여섯 신이 숨는다.

夫四煞沒者 緣辰戌丑未五墓煞 陷於四維而沒故也. 維四孟月內占 尤的. 緣四維爲月將故也. 餘月尙未可用.

　무릇 '사살몰'이란 '오묘살'3)인 辰戌丑未가 '사유'인 寅申巳亥에 빠지는 것이다. 사맹월(寅巳申亥) 내에 정단하면 더욱 적당4)하다. 그 이유는 사유가 월장이 되기 때문이다. 그러나 다른 월건에는 쓸 수 없다.

---

1) 투절 : 청조 유적강의 『육임수언』에서는 '入化'라고 하였다.
2) 『육임대전』 「과경2」 참관과, "현무가 申에 임하면 '절족'이라 한다."
3) 오묘살 : 육임대전에서 역시 오묘살로 되어 있다. 그러나 사묘살이 옳다고 여겨진다. 그 이유는 辰 戌 丑 未의 네 개의 살, 즉 사묘만 있기 때문이다.
4) 이 문장에서 말하고자 하는 것은 사맹월 내에 정단하면 더욱 효과적이라는 설명이다. 그러나 이 문장에는 문제가 있다. 그 이유는 사맹월 중에서 寅월의 월장은 亥 또는 子이고, 巳월의 월장은 申 또는 酉이며, 申월의 월장은 巳 또는 午이고, 亥월의 월장은 寅 또는 卯이기 때문이다. 이와 같이 잘못된 문장이므로 다음과 같이 수정하는 것이 옳을 듯하다. '사맹월장 내에 정단하면 더욱 적당하다'.

第53法 兩蛇夾墓凶難免 兵戰流血 視其主客孰先預焉

양 사 협 묘 흉 난 면 전장에서 병사에게 유혈이 있고, 주객을
봐서 누가 먼저 왔는지를 살펴야 한다.

해설 양 쪽의 등사에서 묘신을 끼면 흉을 면하기 어렵다.[1]

獨有丙戌日 戌加巳 及支辰來墓日干 兼但夜天將皆乘蛇 及地盤之巳 亦是螣蛇之位 故名兩蛇夾墓之例也. 如占病 必有積塊在腹中 因此疾以至不救 或行年本命是戌 死而尤急. 如年命居亥上乘天罡 可用辰虎沖戌蛇 故名破墓 庶得少延.

〈과전도〉 丙戌일 8국			
甲	己		○
后申合	勾丑陰	玄午青	
卯	申	丑	
丙	辛	辛	甲
蛇戌蛇	空卯常	空卯常	后申合
丙巳	戌	戌	卯

이른바 丙戌일 8국에서 戌이 巳에 가하고, 지진이 와서 일간의 묘신이 되며, 다시 낮과 밤 천장 모두 등사가 타며, 지반 巳는 등사의 자리이다. 이러하므로 '양사협묘'의 예가 된다.

만약 질병 정단이면 반드시 배 속에 적괴(癌)가 있고, 이로 인하여 이 질병은 치료하지 못한다. 만약 행년과 본명이

---

[1] 『육임수언』「필법보담3」양사협묘린지의, "이른바 여섯 丁일 간상에는 묘신이 일간을 덮고 있다. 아울러 주야 천장은 모두 등사가 타고, 지반 巳는 다시 등사의 자리이다. 주야 천장은 이와 같이 모두 등사가 타고 지반 巳가 다시 등사의 자리이므로 '양사협묘'라고 하여 흉화를 면하기 어렵다. 소송 정단은 수금되고, 질병 정단은 반드시 적괴로 사망한다. 여기에 속한 것으로 丙戌일에서 일지인 묘신이 일간을 타니 더욱 흉하다. 만약 정단인의 행년·본명이 亥에 있고 천강이 타서 백호가 탄 辰을 써서 충을 하면 묘신이 깨지니 수명이 조금 연장된다."

다시 戌이면 더욱 빨리 사망한다.

만약 행년·본명이 亥이고 여기에 천강(辰)이 타면, 가히 辰백호에서 戌등사를 충을 한다. 이를 '묘신을 깨트린다.'라고 하여, 일반인이 이를 얻으면 수명이 조금은 연장된다.

> 如丙申日得此 終不能爲救 緣辰作空 虎無力冲其戌蛇也. 外四丙日亦然. 但不得如丙戌日例.

가령 丙申일 8국에서 이를 얻으면 결국 낫기 어렵다. 그 이유는 공망된 辰백호가 戌등사를 기력이 없이 충을 하기 때문이다.

이 외의 네 丙일(丙子·丙寅·丙辰·丙午) 또한 이러하다. 단지 丙戌일의 예는 이렇지 않다.

> 已上占訟 必被囚禁. 凡占事 已見凶禍 卒難脫免. 轉昏轉晦 不能亨快. 占病難愈 占產凶. 此例邵師爲抱石投江之諭.

위에서 소송 정단은 반드시 수금되고, 모든 정단하는 일은 흉한 화로 나타나니, 이를 벗어나서 흉을 면하기는 어렵다.

어둠으로 선회하니 형통하기 어려워서, 질병 정단은 낫기 어렵고, 출산 정단은 흉하다.

이 예를 송나라 소언화 선생은 돌을 껴안고 강에 투신하는 것에 비유하였다.

> 外有六己日 辰加未夜占 乃兩常夾墓. 辰加辰伏吟 兩勾夾墓.

이 외에도 여섯 乙일 4국에서 辰이 未에 가한 밤 정단에서 '양상 협묘'이고,1) 1국에서 辰이 辰에 가한 복음은 '양구협묘'2)이다.

六壬日辰加亥 乃兩后夾墓. 六辛日丑加申 兩虎夾墓.

여섯 壬일 8국에서 辰이 亥에 가한 '양후협묘'3)이다. 여섯 辛일 8국에서 丑이 申에 가한 '양호협묘'4)이다.

六甲日未加丑夜貴 兩貴夾墓. 未加戌旦貴 兩空夾墓.

여섯 甲일 7국에서 未가 丑에 가한 '양귀협묘'5)이고, 11국에서 未가 戌에 가한 낮 귀인은 '양공협묘'6)이다.

六乙日未加巳 兩蛇夾墓. 六壬癸日辰加巳 兩蛇夾墓.

여섯 乙일 11국에서 未가 巳에 가한 '양사협묘'7)이다.
여섯 壬일 2국과 여섯 癸일 2국에서 辰이 巳에 가한 '양사협묘'8)

---

1) 묘신인 천반 辰토에 탄 태상의 오행이 己未토이고, 다시 기궁이 未토이다. 여기서 일간 乙토의 묘신을 수토동궁의 방법을 적용하였다.
2) 묘신인 천반 辰토에 탄 구진의 오행이 戊辰토이고, 다시 지반이 辰토이다.
3) 묘신인 천반 辰토에 탄 천후의 오행이 壬子수이고, 다시 일간이 壬수이다.
4) 묘신인 천반 丑토에 탄 백호의 오행이 庚申금이고, 다시 지반이 申금이다.
5) 묘신인 천반 未토에 탄 귀인의 오행이 己丑토이고, 다시 지반이 丑토이다.
6) 묘신인 천반 未토에 탄 천공의 오행은 戊戌토이고 지반은 戌토이다.
7) 묘신인 천반 未토에 탄 등사의 오행이 丁巳화이고, 다시 지반이 巳화이다.

이다.

> 六庚日丑加丑 兩貴(夾墓). 丑加戌 兩空(夾墓).

여섯 庚일 1국에서 丑이 丑에 가한 '양귀협묘'1)이고, 10국에서 丑이 戌에 가한 '양공협묘'2)이다.

> 六丁日戌加巳 兩蛇(夾墓). 六己日辰加辰 兩勾之兆矣.

여섯 丁일 8국에서 戌이 巳에 가한 '양사협묘'3)이다.
여섯 己일 1국에서 辰이 辰에 가한 '양구진'4)의 조짐이다.

【구성이론】 등사, 묘신.
【정단원리】 丙丁일에서 묘신인 戌이 간상에서 일간을 덮고 주야 천장은 등사가 타며, 지반이 등사의 본가인 巳이면 양사협묘이다. 흉화를 면하기 어려운데, 소송은 감금된다. 질병은 반드시 암으로 사망한다. 만약 정단인의 행년과 본명상에 있는 천강인 辰에서 충을 하면 묘신이 깨져서 수명이 조금 연장된다.

---

8) 묘신인 천반 辰토에 탄 등사의 오행이 丁巳화이고, 다시 지반이 巳화이다.
1) 묘신인 천반 丑토에 탄 귀인의 오행이 己丑토이고, 다시 지반이 丑토이다.
2) 묘신인 천반 丑토에 탄 천공의 오행이 戊戌토이고, 다시 지반이 戌토이다.
3) 묘신인 천반 戌토에 탄 등사의 오행이 丁巳화이고, 다시 지반이 巳화이다.
4) 묘신인 천반 辰토에 탄 구진의 오행이 戊辰토이고, 다시 지반이 辰토이다.

第54法 虎視逢虎力難施
호시봉호력난시

頤六四 頤 虎視耽耽 其欲逐逐 無咎. 項羽臨垓下 韓信入未央.

『역경』의 27번째 이괘 육사효의 이에서, '호랑이가 탐탐하게 보고, 하고자 하는 것을 쫓고 또 쫓으면 허물이 없다'고 했다. 항우는 한신에게 쫓겨 해하에서 죽었고, 한신은 여후에게 속아 미앙궁에 들어가 참수되었다.

해설 호시과에서 백호를 만나면 힘이 있어도 쓰기 어렵다.

謂虎視課 乃柔日也. 昴星課者 乃剛日也. 緣雞鳴而仰首 虎視而俯首也. 如柔日虎視卦中 天將又乘白虎者 論如前後皆有猛虎 縱勇夫至於此時亦難施力. 凡占 豈免至驚至危乎.

이른바 호시과는 유일에 있고, 묘성과는 강일에 있다.[1] 닭이 울 때는 머리를 치켜들고, 호랑이가 노려볼 때는 머리를 숙인다.

가령 유일 호시괘 내에서 다시 천장 백호가 타면, 말하자면 전후 모두에 맹호가 있는 것과 같으므로, 설령 용맹한 대장부가 있어 이 시간에 도착하더라도 힘이 미치기 어렵다. 모든 정단에서 어찌 지극히 큰 놀람과 액을 면할 수 있으리오!

---

[1] 『육임대전』「과경1」, "강일에는 우러러보아 지반 酉상신을 발용으로 하고, 중전은 진상신, 말전은 일상신을 쓰니 '호시전봉격'이 된다. 그리고 묘성과에서 유일은 엎드려 보아 천반 酉하의 신을 발용으로 하고, 이를 동사엄목이라 한다."

『육임수언』「필법보담1」, "① 조건 : 양일에는 지반 酉상신을 발용으로 취하며 '앙시격'이다. 음일에는 천반 酉하신을 발용으로 취하며 '부시격'이다. ② 해설 : '부시'는 우환이 근처에 있고, '앙시'는 우환이 먼 곳에 있다. 두 과는 모두 대단히 흉한데, 등사와 백호가 과전에 들면 더욱 심하다."

如丁亥日夜將寅加亥 作白虎在末傳. 丁丑日 辰加未 夜將. 又 辰加丑 旦將. 辛卯日 子加卯 夜將.

〈과전도〉 丁亥일 10국

	丙	庚
午	戌	寅白
卯	未○	亥

丙	己	庚	癸
戌	丑	寅白	巳
丁未	戌	亥	寅

가령 丁亥일 10국 밤 천장이고 寅이 亥에 가하고 백호가 말전에 든다.

丁丑일 4국에서 辰이 未에 가하고 밤 천장이다. 또한 10국에서 辰이 丑에 가하고 낮 천장이다.

辛卯일 4국에서 子가 卯에 가하고 밤 천장이다.

辛未日 亥加戌 旦將. 雖白虎臨戌亥是空亡 緣臨干上 乃白虎 臨身 兼中傳并干上 是兩重虎. 又支上乘申 及初末申亦作白虎 之本位 乃支干三傳 乘其虎五 凡值此課 驚天動地 而凶禍難免 也. 及有戊寅日 丑加酉 旦占 雖是剛日 亦可如說.

〈과전도〉 辛未일 12국

壬		壬
空申陰	玄亥白	空申陰
未	戌○	未

○	甲	壬	癸
玄亥白	陰子空	空申陰	白酉玄
辛戌	亥○	未	申

辛未일 12국에서 亥가 戌에 가하고 낮 천장이다. 모름지기 백호가 戌亥에 임하여 공망이다. 즉 간상에 임하는데 백호가 일간에 임하고, 아울러 중전과 간상에는 나란히 두 마리 호랑이가 있다. 다시 지상에 申이 타고, 초말전이 다시 백호의 본위가 되니, 일지와 일간과 삼전에는 다섯 호랑이가 타는 셈이다. 대개 이 과에 해당하면 경천동지하는 흉한 화를 면하기 어렵다.

또한 戊寅일 9국에서 丑이 酉에 가하고 낮 정단이다. 비록 강일이 지만, 이 또한 앞의 설명과 같다.

> 俗諺云：雙拳不敵四手. 何況逢兩猛虎乎. 履六三 咥人 凶. 九四 愬愬 終吉.

속담에서 말하기를 '두 손은 네 손을 대적하지 못한다.'라고 하였다. 더군다나 두 맹호를 만나지 않았는가! 『역경』의 10번째 괘인 리괘 육삼에서는 '호랑이가 사람을 무니 흉하다'고 했고, 구사에서는 '조심 조심하면 결국에는 길하다.'라고 하였다.

> 外有己巳日 干上申 初傳申 中傳申 又是虎視卦. 凡占 旣歷四重虎穴 豈免至驚至危.

〈과전도〉 己巳일 12국

壬	壬	庚	
常申貴	常申貴	空午朱	
未	未	巳	
壬	癸	庚	辛
常申貴	玄酉后	空午朱	白未蛇
己未	申	巳	午

이 외에도 己巳일 12국이다. 간상은 申이고, 초전은 申이며, 중전은 申이고, 다시 호시괘이다.

모든 정단에서 네 개의 호랑이 굴1)이 있으니, 어찌 지극히 큰 놀람과 액을 면할 수 있으리오?

---

1) 만약 낮 정단이면, 제4과 천반 未에 庚申금의 백호가 타니, 다섯 개의 호랑이 굴이 있다고 볼 수 있다.

> 又己酉日 第四課 白虎未加申 末傳又是申 又是虎視卦體. 凡占 亦如值三虎.

〈과전도〉 己酉일 2국

庚	丙	戊
陰戌陰	空午朱	常申貴
亥	未	酉
丙	乙	戊	丁
空午朱	青巳合	常申貴	白未蛇
己未	午	酉	申

다시 己酉일 2국이다. 제4과에서 백호가 未에 타서 申에 가하고, 말전이 다시 申이며, 다시 호시괘 체이다.

모든 정단은 세 마리의 호랑이[1]가 있는 셈이다.

> 又癸未日 乃虎視卦 初傳申 中傳寅 亦是虎. 末傳又是申 喩如四虎.

〈과전도〉 癸未일 12국

○	戊	○
合申青	玄寅后	合申青
未	丑	未
戊	己	○	○
玄寅后	陰卯貴	合申青	勾酉空
癸丑	寅	未	申○

그리고 癸未일 12국 호시괘이다. 초전이 申이고, 중전의 寅 역시 호랑이이며, 말전이 다시 申이니, 마치 네 마리의 호랑이[2]가 있는 셈이다.

---

1) 申 호랑이가 제3과와 말전에 두 마리가 있고, 낮 정단이면 제4과 未에 백호가 한 마리 타며, 호시괘이니, 모두 네 마리가 된다.
2) 申호랑이는 제3과, 초전, 말전에 있고, 寅호랑이는 제1과와 중전에 있으니, 다섯 마리의 호랑이가 있다. 그러나 申호랑이 세 마리는 모두 공망이므로 실제로는 두 마리만 있다고 볼 수 있다.

> 乙未日 寅加辰 亦是虎 又是虎視卦. 未乘白虎臨酉 酉爲年命者更凶.

乙未일 3국에서 寅이 辰에 가하니 호랑이이고, 다시 호시괘[1]이다. 천지반도의 未에 백호가 타서 酉에 임하여 있다. 만약 酉가 행년과 본명이면 더욱 흉하다.

〈과전도 및 천지반도〉 乙未일 3국

己	壬	○
亥	寅	巳
丑	辰○	未
壬	庚	○	癸
寅	子	巳	卯
乙辰	寅	未	巳○

癸卯巳○	○辰午	○巳未	甲午申
壬寅辰○辛丑卯庚子寅			乙未酉 白 丙申戌 丁酉亥
	己亥丑	戊戌子	

【구성이론】 묘성과, 백호

【정단원리】 백호의 기운이 초전이 된 묘성과에 백호가 거듭 보일수록 흉은 심하다. 모든 일에서 은닉이 좋다. 진퇴는 모두 어렵고, 하는 일은 이루기 어려우며, 행인은 발목이 묶인다.

---

1) 호랑이를 뜻하는 寅이 간상에 보이고, 다시 그 寅이 중전에 투출하며, 다시 호시괘이니, 세 마리의 호랑이가 있는 셈이다. 단지 중전의 寅이 공망이므로 두려움은 줄어든다.

第55法 所謀多拙逢羅網 猶瞽者納諸陷阱之中
소 모 다 졸 봉 나 망 소경이 함정 속으로 들어간 것과 같다.

해설 천라지망을 만나면 모망사에 졸렬함이 많다.

謂干上乘干前一辰 支上乘支前一辰 故名天羅地網. 凡得此卦 網羅兜裏身宅 諸占豈能亨快. 此例如進連茹 課中多有 不必細具. 如甲申日 干上卯 支上酉. 餘倣此. 凡占 止利守己 則爲支干乘旺. 倘若動謀變 爲羅網纏其身宅 及作羊刃之殺 傷其身而毁其宅 又乘凶將 凶禍尤甚. 如占身年命上神 冲破支干之網 始無咎也. 或遇空亡 亦名破羅破網.

이른바 간상에 간전일진이 타고 지상에 지전일진이 타면 '천라지망'이다. 대개 이 괘를 얻으면 그물로 몸과 가택을 옭아매니, 모든 정단에서 어찌 형통할 수 있겠는가?

이의 예로 진연여[1]를 들 수 있다.

이러한 예는 720과 중에 많이 있고, 일일이 기록하지 않는다.

첫째, 천라지망[2]이다.

---

1) 12지 또는 오행 순으로 초중말전이 이어지는 것이다. 여기서는 12지 순서로 이어져야만 천라지망이 나온다.

2) 『육임대전』「과경3」 ① "일간의 전 일진은 '천라진'이고 그 대충은 '지망신'이다. 발용·행년·지간 위에 보이면 관재와 질액이 머문다. 주작은 불로 인한 재앙이고 백호는 질병이며, 등사는 근심스러운 꿈과 괴이하고 놀라운 사람이다." ② 「정와」, 라망, "일간의 전1위는 천라이고 천라의 대충은 지망이다. 또는 일간의 전1위는 천라이고 지진의 전1위는 지망이다. 앞에 있는 신이 (간·지·행년·발용을) 덮어서 차단

〈과전도〉 甲申일 12국		
壬	癸	○
合辰合	朱巳勾	蛇午青
卯	辰	巳
辛	壬	乙 丙
勾卯朱	合辰合	陰酉常 玄戌玄
甲寅	卯	申 酉

가령 甲申일 12국에서, 간상은 卯이고 지상은 酉이다. 나머지도 이와 같다.

모든 정단은 이익을 멈추고 자기의 분수를 지켜야 한다. 그 이유는 일지와 일간에 왕신이 타기 때문이다.

만약 마음이 동하여 도모하는 것을 바꾸면, 그물이 몸과 가택을 옭아매고, 양인살을 만들어서 몸을 상하게 하며, 가택을 훼손시킨다. 다시 흉장이 타면 흉한 화는 더욱 심하다.

(만약 정단인의) 행년과 본명상신에서 일지와 일간의 그물을 충을 하여 찢으면 비로소 재앙은 사라진다. 만약 공망을 만나면 또한 천라지망이 찢어지게 된다.

干上乘支之網 支上乘干之羅者 例凡占事 我欲網羅他 他已網羅我 互相暗昧.

둘째, 상호나망이다.

간상에는 일지의 망(網)이 타고 지상에는 일간의 나(羅)가 탄다. 모든 일에서 나는 타인을 옭아매려 하고 타인은 나를 옭아매려 하고 막으므로 나망이라 한다. 정단하는 일은 사람과 가정은 모두 곧 불리하고, 병액과 관재가 있으며, 모망사는 많이 졸렬해지고, 만약 정마를 만나면 더욱 흉하다. 이 과에서 행년과 본명에서 나망신을 충하여 깨트리면 구함이 있다."

『육임수언』「필법보담5」, 소모다졸봉나망, "① 조건 : 이른바 간전1위는 천라이고 지전1위는 나망이다. 나망이 발용이면 움직임에 장애와 지체가 있다. ② 해설 : 가령 乙卯일 간상 巳이고 지상 辰이며 삼전 辰巳午이다. 무릇 정단에서 다만 정수가 마땅하고, 행위를 하면 불리하다. 만약 정단인의 행년·본명 위에 있는 신에서 충을 하여 깨트리거나 또는 공망이 되면 나망을 찢으므로 가히 허물이 되지 않는다."

니 서로 암매하다.

> 如庚寅日 干上卯 支上酉. 餘干四絶體中多有. 値干之天羅地
> 網 有官人 主丁父服. 値支天羅地網 主丁母服. 丁丑日 干上寅
> 爲互網. 又干上申 爲皆網. 癸未日 干上寅申. 己丑日 干上寅
> 申. 庚寅日 干上卯酉. 酉丙申日 干上午. 庚申日 干上酉. 戊申
> 日 干上午. 壬寅日 干上子.

〈과전도〉 庚寅일 6국

丙	癸		戊
合戌合	常巳陰	蛇子青	
卯	戌		巳
辛	丙	乙	壬
陰卯常	合戌合	勾酉朱	玄辰玄
庚申	卯	寅	酉

가령 庚寅일 6국에서 간상은 卯이고 지상은 酉[1]이다. 나머지의 일간에도 '사절체'[2]가 다수 있다.

丁丑일 6국 간상 寅은 '호망'[3]이고, 그리고 12국은 간상 申이니 '구망'[4]이다.

癸未일 12국에서의 간상 寅과, 6국에서의 申이 있다. 己丑일 6국에서의 간상 寅과, 12국에서의 申이 있다. 庚寅일 6국에서의 간상 卯酉와, 12국에서의 酉가 있다.

丙申일 12국에서의 간상 午와, 庚申일 12국에서의 간상 酉와, 戊申일 12국에서의 간상 午와, 壬寅일 12국에서의 간상 子가 있다.[5]

---

1) 간상신 卯는 일지 寅 기준의 왕신이고, 지상신 酉는 일간 庚 기준의 왕신이다. 따라서 상호나망이다.
2) 사절체 : 寅加酉, 申加卯, 亥加午, 巳加子가 있다.
3) 간상신 寅은 일지 丑 기준의 왕신이고, 지상신 申은 일간기궁 未 기준의 왕신이다. 따라서 '상호나망'이다.
4) 간상신 申은 일간기궁 未 기준의 왕신이고, 지상신 寅은 일지 丑 기준의 왕신이다. 따라서 '구나망'이다.

【구성이론】 하늘 그물을 뜻하는 일간의 전1위인 천라, 땅 그물을 뜻하는 일지의 전1위인 지망.

【정단원리】 천라와 지망이 간지상에 각각 보이거나 교차하여 나망이 되어 발용이 되는 경우에, 도모하여 움직이면 장애를 만나므로 모든 일에서 정수해야 한다. 만약 행년과 본명상에서 발용을 충을 하여 그물을 찢거나 또는 발용이 공망이면 허물이 되지 않는다.

---

5) 癸未 · 己丑 · 庚寅 · 丙申 · 庚申 · 戊申 · 壬寅에서 6국은 '상호나망'이고, 이들의 12국은 '구나망'이다.

第56法 天網自裏已招非 霍光有廢立之功 卒招夷族之禍

천 망 자 과 이 초 비   곽광[1]이 세운 공을 폐지하고, 마침내 멸문의 화를 불렀다.

해설 천망과는 스스로 자신을 얽어매고 어긋남을 초래한다.[2]

如甲申日 未加寅 乃墓神覆日. 如占人本命 又是未生 乃名天網自裏. 凡值此課 必是自招其禍 非干他人虧算暗昧 不免所作昏晦 如處雲霧 常被揶揄 必是命運災衰 星辰不順 惟宜醮謝本命星位 庶免前殃. 餘干倣此. 或是用起 並時同剋日課 又值本命作日墓神 尤爲凶甚.

〈과전도〉 甲申일 8국

戊	癸	丙
青子蛇	陰巳常	合戌合
未○	子	巳
○	戊	己	○
貴未空	青子蛇	空丑貴	后午白
甲寅	未○	申	丑

가령 甲申일 8국에서 未가 寅에 가하니 묘신이 일간을 덮는다. 만약 정단인의 본명이 다시 未에 출생했다면 '천망자과'라고 부른다.

무릇 이 과에 해당하면 반드시 화를 자초하는데, 타인의 잘못된 꾀와 암매

---

1) 곽광 : 중국 전한의 장군(~B.C.68). 무제를 섬기다가 무제가 죽자 실권을 장악하였다. 어린 소제를 보좌하여 대사마대장군이 되었으며, 소제가 죽은 뒤 선제를 즉위시켜 20여 년 동안 권력을 누렸다.

2) 『육임대전』「과경4」, "① 조건 : 간지에 묘신이 덮으면 '앙구과'이다. ② 해설 : … 丙寅일 8국에서 간상은 丙의 묘신인 戌이고 지상은 寅의 묘신인 未이니 간지 모두에 묘신이 탄다. ③ 길흉 : 사람과 가택은 모두 형리하지 못하다. 이러한 예는 재앙과 화를 반드시 저지르는 허물이 있으므로 따라서 '앙구'라고 한다. ④ 주역괘 : 『역경』의 40번째 해괘와 통하는 과체로서, 내외 능욕의 과이다."

함으로 인한 것이 아니다. 하려는 일은 혼매해져서 마치 운무에 처한 것과 같으며, 항상 희롱받고 야유받게 된다.

　반드시 수명이 재앙으로 쇠하게 되니, 성신(생일)이 불순하면 본명성 위에 제사를 올리면 앞날의 재앙을 면할 수 있다. 나머지 일간도 이와 같다.

　어떤 경우 발용과 더불어 거듭하여 점시에서 동시에 일간을 극하고, 다시 본명에 일간의 묘신이 덮으면 흉은 더욱 더 심하다.

【구성이론】 점시, 묘신.

【정단원리】 간상에 있는 묘신이 일간을 덮고, 정단인의 본명이 다시 일간의 묘신이며, 발용과 진시에서 일간을 극하고, 정단인의 본명이 일묘가 되는 것이다.

第 56-1 法 丁神覆日格
정신부일격 [1]   정신이 일간을 덮는 격

如乙巳日 未加乙 乃墓神覆日. 如夜占上乘螣蛇 如四月占又爲月厭 亦是飛廉 大煞 亦是天目煞 又乘旬內之丁神.

〈과전도〉 乙巳일 10국

丁	庚	癸
蛇未青	陰戌朱	白丑后
辰	未	戌

丁	庚	戊	辛
蛇未青	陰戌朱	貴申勾	玄亥蛇
乙辰	未	巳	申

가령 乙巳일 10국에서 未가 乙에 가하니 묘신이 일간을 덮는다.

만약 밤 정단이면 등사가 타고, 4월 정단이면 다시 월염이 되며, 이는 또한 비렴과 대살[2]이며 또한 천목살[3]이고 다시 순내의 정신이 탄다.

1) 『육임수언』「필법보담3」, 정작동신량기단, "이른바 丁은 동신이다. 가령 庚辛壬癸 네 일간에서 과전과 행년·본명에 순의 丁이 보이면, 水일에는 재물이 생기고 金일에는 흉이 발생한다."

2) 대살, 비렴, 월염 찾는 법

월건 신살	寅	卯	辰	巳	午	未	申	酉	戌	亥	子	丑
대살	午	卯	子	酉	午	卯	子	酉	午	卯	子	酉
비렴	戌	巳	午	未	寅	卯	辰	亥	子	丑	申	酉
월염	戌	酉	申	未	午	巳	辰	卯	寅	丑	子	亥

3) 천목 찾는 법

계절 천목	봄(인묘진)	여름(사오미)	가을(신유술)	겨울(해자축)
천목	辰	未	戌	丑

※『육임심원』에는 봄 : 卯, 여름 : 午, 가을 : 酉, 겨울 : 子

> 如占人未爲本命 必是夜多怪夢 而至身位災衰. 亦宜禱禳上天
> 星煞 庶免極凶.

　　만약 정단인의 본명이 未이면 반드시 밤에 괴이한 꿈이 많아서 몸은 재액으로 쇠하게 된다. 마땅히 천성살에 빌면 바라건대 극흉을 면하게 된다.

> 餘甲辰旬中　遇未加支於四月占　皆如前說.　必宅中多怪現形
> (蓋)未爲丁神　乘厭目等凶煞故也.

　　나머지 甲辰순 중에 未가 일지에 가하는 것을 만나고 4월 정단이면, 모두 앞의 설명과 같다. 반드시 집안에 괴이한 현상이 많은데, 그 이유는 정신 未에 월염과 천목 등의 흉살이 임하기 때문이다.

第 57 法 費有餘而得不足   四夷雖服 而海內空虛矣
비유여이득부족   사방의 오랑캐는 굴복하지만, 국내는 전쟁비용을 감당하느라 공허하다.

해설 비용은 많이 들였으나 댓가는 부족하다.

如丙午日 干上寅 支上卯 此支干全生 豈宜俱空. 其第二 第四課 卻全見鬼賊.

〈과전도〉 丙午일 4국

壬	己	丙
合子蛇	貴酉陰	玄午白
卯○	子	酉
○	辛	○	壬
青寅合	朱亥貴	空卯勾	合子蛇
丙巳	寅○	午	卯○

가령 丙午일 4국에서, 간상 寅과 지상 卯인 이 일지와 일간은 모두 일간의 생이지만 모두 공망이므로 어찌 좋겠는가?

다시 제2과와 제4과에는 모두 귀살이 있다.

如壬午日 干上申 雖爲日之長生 奈是旬空 旣見生不生 不如無生. 不免尋初傳巳火爲財 又坐空鄕 又爲破碎 返至破費錢財 豈宜中傳見寅爲脫炁 及支上卯木併力而盜 脫其日干以. 此推之得之不足 費之有餘. 亦喻所得不償所費.

가령 壬午일 4국에서, 간상 申은 비록 일간의 장생이지만 旬중의 공망이므로 비록 생이지만 생을 하지 못한다. 오히려 생이 없는

것만 못하다.

  초전의 巳화 재물을 살피지만 다시 공향에 앉고 다시 파쇄1)이니 오히려 돈과 재물은 깨지게 된다. 중전에 보이는 寅은 일간을 탈기하며, 지상 卯목과 더불어서 힘을 훔쳐서 일간의 기를 뺏는다.

  이와 같이 추측하면 소득은 부족하고 지출은 지나쳐서, 소득이 지출을 감당하지 못하다.

又如癸未日 干上申 乃長生作空. 支上寅木 乃脫氣却實.

〈과전도〉 癸未일 6국

己	甲	辛
朱卯貴	白戌青	貴巳陰
申○	卯	戌
○	己	戊	○
玄申白	朱卯貴	合寅蛇	常酉空
癸丑	申○	未	寅

  가령 癸未일 6국에서, 간상의 申은 장생이지만 공망되고, 지상 寅목은 일간을 힘껏 탈기한다.

又戊子日 干上午 雖是生氣 奈是旬空. 旣生我者空亡 豈宜三傳寅卯辰 皆鬼引起干午 反爲羊刃 其凶難免. 如亥子本命稍緩.

---

1) 『육임수언』「필법보담5」파패신임택격, "파라는 것은 맹일(寅申巳亥)에는 酉를 쓰고, 중일(子午卯酉)에는 巳를 쓰며, 계일(辰戌丑未)에는 丑을 쓴다."

〈과전도〉 戊子일 12국		
庚	辛	壬
蛇 寅 青	朱 卯 勾	合 辰 合
丑	寅	卯
○	○	己 庚
青午蛇	空未貴	貴丑空 蛇寅青
戌巳	午○	子 丑

다시 戊子일 12국에서, 간상의 午화는 비록 생기이지만 순공이다. 나를 생하는 오행이 공망이니 어찌 삼전의 寅卯辰이 마땅하겠는가?

모든 귀살을 간상의 午화로 끌어들이지만 오히려 양인이 되니, 그 흉을 면하기 어렵다. 만약 본명이 亥子이면 점차 완만해진다.[1]

又癸未日 丑加巳 三傳金局生日 豈可初末空亡 獨留中傳丑土不空 并旦將貴勾常土將幷來剋干.

〈과전도〉 癸未일 5국			
辛	丁	○	
貴巳	勾丑	常酉	
酉	○巳	丑	
○	辛	己	乙
常酉	貴巳	朱卯	空亥
癸丑	酉○	未	卯

다시 癸未일 5국에서 丑이 巳에 가한다. 삼전의 금국에서 일간을 생하지만 초말전이 공망이니 홀로 남은 중전의 丑토가 공망은 아니지만 어찌 가능하겠는가?

아울러 삼전의 낮 천장은 나란히 귀인(丑)과 구진(辰)과 태상(未)의 천장오행 토에서 한껏 일간을 극을 해 온다.

---

1) 본명이 亥이면 그 상신은 子수이다. 이 子수에서 간상의 午화를 충을 하여 공망을 벗어나게 하므로 비로소 삼전 寅卯辰의 귀살목국을 '살인상생'하여 일간을 생하게 한다. 그리고 본명이 子이면 그 상신이 丑토이니 큰 도움은 되지 않지만 다만 나의 형제가 나타나서 다소의 흉을 감당해 줄 뿐이다.

> 又乙巳日 干上卯者 (空亡) 情願以干加支而受脫也. 以上總皆
> 生空(脫)鬼賊見皆實之論耳.

그리고 乙巳일 2국에서 간상의 卯목은 (공망이고), 일간 기궁 辰
토는 일지 巳화에 가하여 탈기를 당한다.

위의 내용을 모두 종합하면, 생이 공망되거나, 탈기되거나, 귀
적을 보면 모두 실로 논한다.

【구성이론】 공망, 귀살의 극.

【정단원리】 간지상신과 삼전에 있는 생, 공망, 탈기, 귀살과의 관계이
다. 생이 공망을 만나면 오히려 탈도와 귀살의 극이 튼실해진다. 손실
은 많아지고 소득은 적어진다.

第 57-1 法 貪他一粒米 失却半年糧格
탐 타 일 립 미 실 각 반 년 량 격

해설 곡식 한 톨을 탐하다가 오히려 반년치 양식을 잃는 격

> 如甲戌日 干上卯 乃日之旺神. 三傳辰巳午彼此引入初傳辰 乃
> 干上卯之六害 中末盜氣 此所謂貪他一粒米 失卻半年糧也.

〈과전도〉甲寅日 12국		
丙	丁	戊
合辰合	朱巳勾	蛇午靑
卯	辰	巳
乙	丙	乙	丙
勾卯朱	合辰合	勾卯朱	合辰合
甲寅	卯	寅	卯

가령 甲寅일 12국에서, 간상의 卯목은 일간의 왕신이다. 삼전 辰巳午를 초전 辰으로 끌어들여서 간상의 卯와는 육해가 되고, 중말전에서는 일간의 기운을 훔친다.

이와 같이 이른바 타인의 곡식 한 톨을 탐하다가 오히려 반년 치 식량을 잃게 되는 것이다.[1]

---

[1] 초전의 辰토를 한 톨의 곡식, 중말전 巳午를 반년 치의 식량 손실로 보았다.

第58法 用破身心無所歸　志決身藏 三軍務勞
용 파 신 심 무 소 귀
자신은 숨기고자 뜻을 정했으나, 삼군을 이끌고 전쟁하는데 힘쓰네.

해설 용신에서 몸과 마음을 깨트리니 돌아갈 곳이 없다.

如戊申日干上未 三傳子寅辰. 初傳雖是日財 奈坐戌土之上受剋 又乘白虎 緣戀此驚危之財 引入中末鬼鄉 尤幸鬼亦空亡.

〈과전도〉 戊申일 11국

壬	○	甲
后子白	蛇寅靑	合辰合
戌	子	寅○

丁	己	庚	壬
空未貴	常酉陰	玄戌玄	后子白
戌巳	未	申	戌

가령 戊申일 11국에서 간상은 未이고 삼전은 子寅辰이다. 초전은 모름지기 일간의 재성이지만 지반 戌토 위에 앉아서 극을 받고 다시 백호가 타니, 이로 인하여 놀랍고 재앙이 되는 재성이다.

이를 중말전의 귀향으로 끌어들이지만 대단히 다행스러운 것은 귀살이 공망된다는 것이다.

凡占 乃應俗諺云 爭似不來還不往 亦無懽笑亦無愁.

모든 정단은 속담에서 말하는 것과 상응한다. 즉 "소송이란 오지도 않고 가지도 않는 것이며, 기뻐하며 웃는 것도 없고 근심도 없는 것이다."는 속담에 해당되는 경우이다.

又丙寅日申加巳 夜乘蛇夾剋財 中末空陷.

그리고 丙寅일 10국에서 申이 巳에 가
한다. 밤 정단에서 등사가 타서 재성을
협극하고 중말전은 공함이다.

〈과전도〉 丙寅일 10국

壬	○	丙
蛇申	亥	寅
巳	申	亥○
壬	○	己	壬
蛇申 合亥	巳	申
丙巳	申	寅	巳

丁卯日酉加丁 旦乘朱雀夾剋財 中末鬼空.

〈과전도〉 丁卯일 11국

癸	○	乙
朱酉貴	貴亥陰	陰丑常
未	酉	亥○
癸	○	己	辛
朱酉貴	貴亥陰	空巳勾	勾未朱
丁未	酉	卯	巳

丁卯일 11국에서, 酉가 丁에 가한다.
낮 정단에서 주작이 타서 재성을 협극[1]
하고, 중말전에서 귀살이 공망된다.

---

1) 협극 : 천장오행과 지반에서 동시에 극하는 것을 말한다. 여기서 주작의 천장 오행인 丙午화에서 酉금을 극하고, 다시 지반 丁화에서 酉금을 극하니 상하협극이다. 이와 같으니 이미 재물은 파손되었고, 다시 중말전으로 가면서 공망되니 재물은 눈 녹듯이 사라져 버린다.

『육임대전』「권3」 일진, "발용이 협극되면 핍박이라 하여 몸은 부자유스럽다."

같은 책, 앙구과, "초전이 협극되면 일상사에서 동류로부터 끼어서 몸은 부자유스럽게 되고 타인에 의하여 내쫓기게 된다."

『육임수언』「필법보담5」, 초조협극불유기, "이른바 초전이 극하는 방위에 앉고 다시 천장으로부터 상함을 받으면 협극이다."

癸未日巳加子作財 乃傳墓入墓 中末雖是日鬼 緣貪墓其巳火不能爲鬼.

〈과전도〉 癸未일 8국

辛	甲	己
貴巳陰	青戌青	陰卯貴
子	巳	戌
壬	乙	丙	辛
蛇午玄	空亥勾	白子合	貴巳陰
癸丑	午	未	子

癸未일 8국 초전에서, 巳가 子에 가하여 재성을 만든 다음에, 삼전에서 묘신으로 이어져서 묘신에 든다.

중말전이 비록 일귀이지만 묘신을 탐하므로, 이 巳화는 귀살이 되지 않는다.

己酉日亥加巳 作財受剋 雖三傳剋干 奈中末空亡.

〈과전도 및 천지반도〉 己酉일 7국

○	己	○
玄卯白	合酉蛇	玄卯白
酉	卯○	酉
癸	丁	○	己
后丑青	青未后	玄卯白	合酉蛇
己未	丑	酉	卯○

辛	壬	癸	○
蛇亥巳合	貴子午勾	后丑未陰	陰寅申空
庚戌辰朱			○卯酉白
朱			玄
己酉卯合蛇			甲辰戌常
勾申寅貴	丁未丑青	空午子陰	乙巳亥玄
戊○	丙		白

己酉일 7국에서, 亥가 巳에 가하여 재물을 만들고 극을 받는다. 비록 삼전에서 일간을 극하지만 중말전이 공망[1]이다.

---

1) 己酉일 7국은 초중말전 모두가 공망이다.

壬寅日返吟 弃干上空財 就初末脫氣 幸受申生干也.

<과전도> 壬寅일 반음과

壬	丙	壬
蛇寅玄	白申合	蛇寅玄
申	寅	申

○	己	丙	壬
陰巳貴	勾亥空	白申合	蛇寅玄
壬亥	巳○	寅	申

壬寅일 반음과에서, 간상의 공망된 재성을 버리고, 초말전의 탈기를 취한다. 다행스러운 것은 일간이 지상에 있는 申금으로부터 생을 받는다는 것이다.

壬寅日 伏吟 干上雖逢日之祿 如晝占乃乘天空 中值脫 末財又空. 已上總皆財祿俱作空被剋 無實得之意.

<과전도> 壬寅일 복음

己	壬	○
常亥空	后寅合	朱巳貴
亥	寅	巳○

己	己	壬	壬
常亥空	常亥空	后寅合	后寅合
壬亥	亥	寅	寅

壬寅일 복음과에서, 간상은 비록 일간의 록인 亥를 만나지만 낮 정단이면 천공이 타고, 중전 寅목은 일간 壬수의 탈기에 해당하며, 말전의 재성 巳는 다시 공망이다.

위에서의 모든 것은 재성과 일록이 모두 공망을 만들고 극을 받는다. 따라서 실제로 얻는 뜻은 없다.

【구성이론】 점시, 귀살의 극.

【정단원리】 삼전과 일간과의 관계이다. 초전에 재신이 있으면 좋지만 지반으로부터 극을 받거나 또는 그 재신이 협극되면 쓰지 못한다. 중

말전에 귀살이 보이더라도 공망되거나 묘신에 들면 이 귀살은 해를 입히지 못한다.

第59法 華蓋覆日人昏晦　君有羈縻之令 將有無用之功
화 개 부 일 인 혼 회

그대에게 타국을 정벌하라는 명령이 내렸으나, 장차 쓸모없는 공이 되고 만다.

해설 화개가 일간을 덮으면 사람은 혼미해진다.

> 謂辰之華蓋作干之墓神 臨於干上爲發用是也. 凡占身位 多昏多晦 卒難明白. 或遭冤枉難以分訴. 占行人不歸 儘在彼處不如意也.

이른바 지진의 화개1)가 일간의 묘신을 만들어서 간상에 임하여 발용이 되는 것이다.

모든 정단에서 사람은 많이 어둡고 어리석어서 명백하게 밝히기 어렵다. 원통한 일을 당하면 소송에서 진실을 밝혀서 뜻을 밝히기 어렵다.

행인 정단이면 돌아오지 못하는데, 그 이유는 뜻대로 되지 않아서 그 곳에 있다.2)

---

1) 화개 : 삼합에서의 끝 자이다. 寅午戌일 : 戌, 亥卯未일 : 未, 巳酉丑일 : 丑, 申子辰일 : 辰

『육임대전』「과경」 헌개과, "… 신후는 子인데 자미(紫微)의 화개이다."

『육임수언』「필법보담5」 묘작화관경집미, "화(華)는 이른바 화개인데 申子辰일에 辰의 종류이다."

『천문류초』「삼원」, "화개는 문운(文運)을 주관하는 별로서 천황대제의 자리를 덮고 가리는데 쓰는 것이다. 별이 밝고 바르면 길하고, 기울어지고 움직이면 흉하다."

2) 『육임수언』「필법보담5」, "① 조건 : 이른바 지진의 화개가 일간의 묘신을 만들어서

如壬申 壬辰二日 辰加壬爲用. 乙亥 乙未二日 未加乙爲用.

〈과전도〉 壬申일 8국

戊	癸	丙	
后辰后	空酉勾	蛇寅玄	
亥○	辰	酉	

戊	癸	乙	庚
后辰后	空酉勾	朱丑常	玄午蛇
壬亥	辰	申	丑

가령 壬申과 壬辰 두 날 8국에서, 辰이 壬에 가하고 발용이다.[1] 乙亥와 乙未 두 날 10국에서, 未가 乙에 가하고 발용이다.[2]

【구성이론】 화개, 묘신, 관신.

【정단원리】 지진의 화개가 일간의 묘신을 만들어서 일간에 임하여 발용이 되는 것으로, 壬申·壬子·壬辰 8국, 乙亥·乙卯·乙未 10국, 丙寅·丙午·丙戌 8국, 戊寅·戊午·戊戌 8국, 辛巳·辛酉·辛丑 10국이 있다. 사람은 혼매해지고, 소송에서 원통함을 당하지만 풀 수 없으며, 행인은 뜻대로 되지 않는다.

일간에 임하여 발용이 되는 것이다. ② 해설 : 가령 壬申일 간상 辰이고 삼전은 辰酉寅이다. ③ 길흉 : 사람은 많이 혼매하고, 소송에서 원통함을 만나더라도 불가하다. 만약 행인 정단이면 재외(在外)에서 뜻대로 되지 않는다."

1) 일지 申의 화개인 辰이 일간의 묘신 辰을 만들어서, 간상에 임하고 다시 발용이 되고 있다.

2) 일지 亥와 未의 화개인 未가 일간의 묘신 未를 만들어서, 간상에 임하고 다시 발용이 되고 있다.

第60法 太陽射宅屋光輝　　無邀正正之旗　無擊堂堂之陣
태양사택옥광휘
정정당당한 깃발을 맞아 칠 수 없고,
정정당당한 진영을 칠 수는 없다.

해설 태양(월장)[1]이 가택을 비추면 가옥은 빛난다.[2]

> 如丙午日　戌加午　乃是支墓. 如占家宅　誠爲宅舍不亨快. 如用
> 戌爲月將　反名太陽炤輝家宅　其屋必向陽而明朗.

〈과전도〉 丙午일 9국			
己	癸		乙
貴酉朱	常丑陰	勾巳空	
巳	酉		丑
己	癸	庚	○
貴酉朱	常丑陰	后戌蛇	白寅玄
丙	巳	酉	午	戌

丙午일 9국에서 戌이 지상 午에 가하고 일지의 묘신이므로 가택 정단이면 진실로 가정은 형통하지 못하다.

그러나 만약 戌이 월장으로 쓰이면 오히려 태양 빛이 가택을 비추니 그 가옥은 반드시 밝음으로 향하고 명랑해진다.

---

1) 『육임수언』 「필법보담3」, "월장은 태양인데, 하나의 과에서 주재의 신이다. ① 길장이 타서 발용이면 길한데, 가령 壬辰일 申시 巳월장 정단에서 삼전은 巳寅亥이다. 월장에 귀인이 타서 처재효를 만들어서 발용이다. ② 흉장이 타서 발용이면 흉한데, 가령 丙寅일 巳시 子월장 정단에서 삼전 子未寅이다. 월장에 등사가 타서 일간의 귀살을 만들어서 일간에 가하고 발용이다."

2) 같은 책, "가택은 일지이다. ① 가령 乙卯일 卯시 子월장 정단에서 태양인 子가 일지에 가하면 태양이 가택을 비추는 '태양사택'이라 부른다. 여기에 다시 귀인이 타서 일지를 생하는 경우, 가택 정단이면 반드시 보물을 은장하고 있고, 子년 정단이라면 태세신에 귀인이 타서 가택에 드니 그 해에 반드시 귀한 아들을 출산한다. ② 다시 예를 들면 戊辰일 辰시 寅월장 정단에서 태양인 寅이 일지에 가하고 등사가 타서 일지를 극하므로 그 가택에는 괴이한 일이 많다."

> 不然 常有上人光飾尤勝. 如太歲貴人入宅 多美. 其餘占彼我
> 乃我不利 而利於他人. 以支屬他人也.

  그렇지 않으면 일반인은 윗사람의 은혜를 입어 더욱 좋아진다. 만약 태세나 귀인이 가택에 들면 더욱 아름답다.
  이 외에 타인과 나와의 정단에서 나는 불리하고 이익은 타인에게 있다. 그 이유는 일지는 곧 타인에 속하기 때문이다.

> 又如乙卯日 子將卯時 此乃太陽作貴人 而生宅. 如占宅下必有
> 寶藏 或是子年占之 其年必產貴子. 其子雖是旬空 緣太陽乃
> 懸空之象 不畏空亡故也. 余論太陽 惟忌坐於夜方 而不可用.
> 或太陽臨身 甚宜辯明雪恨.

〈과전도〉 乙卯일 4국		
○	壬	己
青丑蛇	朱戌陰	后未白
辰	丑○	戌
○	壬	○	辛
青丑蛇	朱戌陰	勾子貴	蛇酉玄
乙辰	丑○	卯	子○

  다시 예를 들면, 乙卯일 4국에서 월장은 子이고 점시는 卯이다. 이 예제는 태양(월장)에 귀인이 타서 가택을 생한다.
  만약 가택 정단이면 반드시 보물을 간직하고 있다. 만약 子년 정단이면 그 해에 반드시 귀한 아들을 출산한다.
  그 子가 비록 旬중의 공망일지라도 태양이 창공에 매달린 상이므로 공망을 두려워하지 않는다.
  이 외에 태양을 논하면 밤 방위(일몰~일출, 戌亥子丑寅)에 앉는 것을 꺼리고 쓸 수 없다. 태양이 일간에 임하면 사무친 원한을 변별해 밝히는 데에 대단히 좋다.

【구성이론】 월장, 묘신.

【정단원리】 한 과를 주재하는 태양이 가택을 뜻하는 일지에 임하면 햇볕이 가택을 비추므로 가정에는 반드시 광영이 있다. 월장은 공망을 꺼리지는 않지만 단지 밤 시간에 해당하는 야방에 임하는 것을 두려워한다.

第61法 干乘墓虎無占病　　不利交兵接刃
간승묘호무점병　　병사들이 칼날을 마주치는 교전은 불리하다.

해설 질병 정단에서 일간 위에 묘신백호가 없어야 좋다.[1]

> 唯六辛日 丑加戌 旦將乘白虎 作墓神. 內辛酉日 丑爲空墓 尤可畏也. 及辛巳日 尤可畏. 緣丑作丁神 乘虎作墓 占病必死.

〈과전도〉 辛未일 10국

○	乙	乙	
亥	丑白	丑白	
申	戌○	戌○	
乙	戌	○	乙
丑白	辰	戌	丑白
辛戌	丑	未	戌○

오로지 여섯 辛일의 10국은 丑이 戌에 가한 곳에 낮 천장 백호[2]가 타서 묘신을 만든다.

여기에 속한 辛酉일에서의 丑이 공망과 묘신이니 더욱 두렵다.

辛巳일에는 두려움이 더욱 심한데, 그 이유는 丑이 정신을 만든 곳에 백호가 타고 다시 묘신을 만들기 때문으로, 질병 정단은 필사이다.

---

1) 『육임수언』 「필법보담4」 사호승묘임간격, "① 조건 : 여섯 辛일 (묘신인) 간상 丑이고 낮 정단에 백호가 타고 있다. ② 해설 : 사람은 혼매하고, 또 매질을 미리 방지해야 된다. 만약 사신과 사기를 대동하면 '호함시'라고 하여 더욱 흉하다. 여섯 丁일 (묘신인) 간상 戌에 낮 정단에서 등사가 타고 있으므로 경공사가 있다. 이상의 두 예는 왕한 계절에는 점차 (흉이) 가벼워진다."

2) 『육임대전』 「권2」, 백호, "… 곡을 하고 눈물을 흘림, 사망으로 상을 당함, 질병, …, 혈광, 원수, 경공, 형륙을 주관한다."

> 諸 且昏 且迷 又且兇惡 隄防讎人冤執而遭捶楚. 如冬占稍輕. 緣丑至冬旺 可作庫說.

모든 정단은 어둡고 또 미혹되며 또 흉악하다. 원수에게 원한 맺힌 해코지 당하는 것을 방지해야 한다.

만약 겨울 정단이면 재앙은 점차 경미해진다. 그 이유는 丑이 왕성[1]해져서 창고가 되기 때문이다.

---

[1] 토왕기의 묘신은 창고가 된다. 토왕기에 대해 현대에는 사립일의 74일째부터 다음 사립 전까지로 본다. 『필법부』 61법에서는 묘신 丑은 겨울에 창고가 된다고 하고, 묘신 未는 토왕해지는 여름에 창고가 된다고 한다. 아래에 여러 학설을 기록한다.

『점복강의』「오행쇠왕」, "금목수화토 오행에서의 득령은 왕과 상이다. 득령하지 못한 것은 휴와 수와 사이다. 봄에는 목왕, 여름에는 화왕, 가을에는 금왕, 겨울에는 수왕, 사계에는 토왕이다."

『대육임탐원』「논왕상사수휴」, "봄에는 목왕, 여름에는 화왕, 가을에는 금왕, 겨울에는 수왕, 사계에는 토왕이다."

『대육임예측학』「오행의 왕쇠」, "맹춘과 중춘(정월건寅, 2월건卯)에는 寅卯가 목에 속하니 목왕, 맹하와 중하(4월건巳, 5월건午)에는 巳午가 화에 속하니 화왕, 맹추와 중추(7월건申, 8월건酉)에는 申酉가 금에 속하니 금왕, 맹동과 중동(10월건亥, 11월건子)에는 亥子가 수에 속하니 수왕, 계춘(3월건辰)·계하(6월건未)·계추(9월건戌)·계동(12월건丑)에는 사계인 辰戌丑未가 토에 속하니 토왕이다. 그리고 입춘 후~73일은 목왕이고 18일과 ¼은 토왕, 입하 후~73일은 화왕이고 18일과 ¼은 토왕, 입추 후~73일은 금왕이고 18일과 ¼은 토왕, 입동 후~73일은 수왕이고 18일과 ¼은 토왕이다.

『오행대의』「논상생」 간지의 휴왕, 봄에는 甲乙寅卯가 왕, 여름에는 丙丁巳午가 왕, 6월에는 戊己辰戌丑未가 왕, 가을에는 庚辛申酉가 왕, 겨울에는 壬癸亥子가 왕.

> 外有六乙日 晝貴順行 雖是未乘白虎 止有臨行年本命上者 卽
> 無加干者也. 夏占稍輕 緣未旺亦爲庫也. 其餘干無此例.

이 외에도 여섯 乙일이 있다. 낮 귀인은 순행하고 비록 未에 백호가 타지만 다만 행년과 본명상에만 임하고, 일간에는 가하는 것이 없다.

여름 정단이면 점차 경미해진다. 그 이유는 未가 왕하면 창고가 되기 때문이다. 나머지 일간에서는 이와 같은 예가 없다.

【구성이론】 백호, 등사, 묘신.

【정단원리】 일간의 묘신에 백호가 타서 일간에 임하면 사람은 혼매해지고 흉악해지며, 만약 사신이나 사기에 해당하면 더욱 흉하다. 만약 시령으로 왕한 계절이면 흉은 차츰 사라진다.

第61-1法 虎鬼加干格
호 귀 가 간 격   백호귀살[1]이 일간에 가한 격

如六己日 卯加己夜. 六壬日 戌加壬 旦夜. 六癸日 戌加癸晝.
除乙辛二日 外甲 丙 戊 庚 壬 丁 己 癸八日無之.

〈과전도〉 己未일 5국		
乙	癸	己
合卯白	后亥合	白未后
未	卯	亥
乙	癸	乙	癸
合卯白	后亥合	合卯白	后亥合
己未	卯	未	卯

가령 여섯 己일 5국에서 卯가 己에 가한다.[2]

여섯 壬일 2국에서 戌이 壬에 가하고 주야 정단이다.[3] 여섯 癸일 4국에서 戌이 癸에 가한다.[4]

나머지 乙·辛 두 날과, 이 외인 甲·丙·戊·庚·壬·丁·己·癸의 8일에는 없다.

1) 『육임수언』「필법보담5」호귀격, "백호가 귀살에 타서 일간을 극하면, 질병은 반드시 액이 있고 소송은 반드시 형을 받는다. 만약 사기에 해당하면 더욱 흉한데 그 이유는 호랑이가 사수의 신이 되면 굶주린 호랑이가 되어 사람을 상하게 하기 때문이다. 그러나 과전과 행년·본명 위의 신에서 제극하면 흉은 변한다."
『육임대전』「과경3」백화과, "… 일묘나 호귀(백호귀살)가 일간에 임하면 몸에 재앙을 받고 흉은 신속하다…"

2) 가령 己未일 5국의 일상에서, 백호가 일간의 귀살 卯에 타서 일간을 극한다.

3) 가령 壬戌일 2국의 일상에서, 백호가 일간의 귀살 戌에 타서 일간을 극한다.

4) 가령 癸亥일 4국의 일상에서, 주야 천장 모두 백호가 일간의 귀살 戌에 타서 일간을 극한다.

第 62 法　支乘墓虎有伏尸　大過九三 棟撓 凶 不利深溝高壘

지승묘호유복시　『역경』의 28번째 괘명인 대과괘 구삼에 '기둥이 흔들리니 흉하다'이다. 깊은 도랑과 높은 보루는 불리하다.

해설 묘신백호가 일지에 임하면 엎드린 시신인 복시[1]가 있다.

> 此例有二等　一者干墓臨支　二者支墓臨支．以上二例　占宅　必有伏尸鬼爲禍　或有形響　如又剋宅者爲的．

　이 예에는 두 가지가 있다. 첫째, 일간의 묘신이 일지에 임한 것이다. 둘째, 일지의 묘신[2]이 일지에 임한 것이다.
　위의 두 예일 때에 주택 정단을 하면, 반드시 엎드려있는 시신인 '복시귀'에 의한 화가 있거나, 형체와 소리의 여운인 형향(形響)이 있다.
　만약 다시 가택을 극하면 화는 더욱 강하다.

> 假令乙亥日　未爲干墓臨支而克支　如旦占上乘白虎　其餘乙未日伏吟　幷乙酉日　未加酉　雖是墓虎臨支而不克支．外有辛未 辛酉二日　雖是丑加支　緣不克支　稍輕．其墓作月將不在此限．

　첫째, 가령 乙亥일 5국에서, 일간의 묘신(未)이 일지에 임하여

---

1) 『육임대전』「과경3」백화과, "… 일묘에 백호가 타서 일지에 임하여 일지를 극하면, 가택에는 복시에 의한 괴이가 있거나 형체와 울림이 있다…"
2) 지묘 : 申子辰일에 辰, 寅午戌일에 戌, 巳酉丑일에 丑, 亥卯未일에 未이다.

일지를 극하고 낮 정단에서 백호가 탄다.

이 외에 乙未일 복음과와 乙酉일 3국에서 未가 酉에 가한다. 비록 묘신백호가 일지에 임하지만 일지를 극하지는 않는다.

<과전도> 乙亥일 5국

癸	己	乙
未白	卯	亥
亥	未	卯

丙	○	癸	己
子	申	未白	卯
乙辰	子	亥	未

이 외에도 辛未일과 辛酉일 두 날에 있는데, 비록 丑이 일지에 가하지만 일지를 극하지 않으므로 흉은 가볍다.

위에서 묘신이 월장을 만들면 이러한 재앙은 없다.

第二等者 假令丙子日 辰加子 旦占 乃支墓臨支而克支乘虎 如占家宅 值此課者 必家中有孝服動或有喪弔 其年內必有停喪 尤詳其墓屬何類 而言其人死. 又丁亥日 辰加亥夜.

<과전도> 丙子일 9국

○	丁	辛
貴酉朱	常丑陰	勾巳空
巳	酉○	丑

○	丁	庚	○
貴酉朱	常丑陰	靑辰白	蛇申合
丙巳	酉○	子	辰

둘째, 가령 丙子일 9국에서 辰이 子에 가한 낮 정단이다. 일지의 묘신이 일지에 임하여 일지를 극하고 백호가 탄다.

가택 정단을 하여 이 과에 해당하면 반드시 가정에는 상복을 입고 움직이거나 또는 상(喪)에 조문을 가는 등, 그 해에 반드시 상(喪)을 멈추고 공무를 봐야 한다.

더욱 자세한 것은 그 묘신이 어떤 류신에 속하는지에 따라 누구의 죽음인지를 알 수 있다.

또한 丁亥일 8국에서 辰이 亥에 가하고 밤 정단이 있다.

【구성이론】 백호, 등사, 묘신.

【정단원리】 간묘나 지묘가 일지에 임하면 가택 정단에서 가정에 반드시 복시귀가 있고, 만약 일지를 극하면 더욱 확실하다. 만약 다시 백호가 타면 가정에 효복이 동하고, 만약 등사가 타면 가정에 반드시 괴이하고 놀라고 의혹스러운 일이 생긴다. 만약 지진을 극하지 않으면 흉은 점차 가벼워진다.

第 62-1 法 鬼虎剋支格
귀 호 극 지 격
백호귀살이 일지를 극하는 격[1]

緣支鬼乘白虎而克支者. 例如壬子日 戌加子旦. 丁丑日 寅加丑夜. 壬寅日 返吟夜. 癸卯日 申加卯夜. 壬午日 返吟晝. 乙未己未日 卯加未夜. 丙申日 午加申晝. 癸亥日 戌加亥旦夜. 皆乘白虎.

〈과전도〉 壬子일 3국

庚戌	戊白申	丙午
子	戌	申

己酉	丁未	庚戌白	戊申
壬亥	酉	子	戌

일지 귀살[2]에 백호가 타서 일지를 극하는 것이다.

가령 壬子일 3국에서 戌이 子에 가한다.[3] 丁丑일 12국에서 寅이 丑에 가한 밤 점단이다.

壬寅일 반음과에서 밤 점단이다. 癸卯일 8국에서 申이 卯에 가한 밤 점단이다. 壬午일 반음과이고 낮 점단이다.

---

1) 『육임수언』「필법보담5」, 사호승묘임지격, "가령 丙子일 지상 辰이고 낮 점단에서 백호가 타서 일지를 극하니, 가정 내에는 효복이 동한다. 壬子일 지상 辰이고 밤 점단에서 등사가 타서 일지를 극하니, 가정 내에는 반드시 괴이사가 있다. 만약 일지를 극하지 않으면 점차 경미해진다."

같은 책, 호귀격, "… 호귀가 일지에 가하면 가택이 불안하다."

2) 『육임대전』「권1」, "귀는 적해의 신이다. 간지에서 양극양(양일에 양귀)이 귀이고, 음극음(음일에 음귀)이 귀이다."

3) 백호가 일지의 귀살인 戌에 타고 지상에 임하여 일지를 극하고, 다시 발용이 되어 작용하고 있다. 따라서 현재 가정에는 재액이 있다.

乙未일과 己未일 5국에서 卯가 未에 가한 밤 정단이다. 丙申일 3국에서 午가 申에 가한 낮 정단이다. 癸亥일 2국에서 戌이 亥에 가하고 낮 정단과 밤 정단이다.

이상은 모두 백호가 탄다.

第 62-2 法 墓門開格
묘문개격[1]   묘지 문이 열린 격[2]

> 如卯酉日占 干墓乘蛇虎加支 主重重有喪.

〈과전도〉 辛酉일 9국

甲	戊	壬
貴寅常	常午貴	勾戌勾
戌	寅	午

甲	戊	○	丁
貴寅常	常午貴	蛇丑白	玄巳后
辛戌	寅	酉	丑○

만약 卯酉일 정단에서 일간의 묘신에 등사나 백호가 타서 일지에 가하면 거듭하여 상을 당한다.[3]

---

1) 『육임대전』「과경4」귀묘과, "무릇 일진에 보이는 묘신에 등사가 타서 卯酉에 가하고 다시 사람의 행년에서 아우르면 묘지의 문이 열렸다는 뜻의 묘문개격이다. 만약 일간 묘신이 卯에 가하면 집밖에서 상이 있고, 일지 묘신이 卯에 가하면 집안에서 상이 있는데, 밖으로 나가서 장사를 지내고 기도해야 한다. 일간의 묘신이 酉에 가하면 집안에서 상이 있고, 일지의 묘신이 酉에 가하면 집밖에서 상이 있으니, 합수목을 안으로 들이고 기도를 함은 마땅하지만, 사람을 들여서는 안 된다. 수일·화일·목일 외에도 있는데, 丁癸卯酉 4일에 묘신이 卯酉에 임하면 '진묘문개격'이다. 만약 상문과 조객·사신·사기가 보이면 더욱 더 이러하다. 다시 발용이 사수기이면서 극적이 묘신으로 돌아오는 것이 어떤 류신인지에 따라 누가 상을 당하는 지가 정해진다."

2) 『육임수언』「필법보담5」묘문개격, "이른바 일묘에 등사와 백호 두 살이 타서 일지 卯酉에 임하면 '총묘문개(塚墓門開)'인데 주로 사상을 당한다. 가령 丁卯일 지상 戌에 밤 정단에서 등사가 탄다. 辛酉일에서 지상 丑에 낮 정단에서 등사가 탄다. 만약 정단인의 행년·본명에 다시 타면 필사이다. 만약 간묘가 태세 후5인 세묘에 해당하면 거듭 상을 당한다. 세묘는 子년 未, 午년 丑, 酉년 辰, 卯년 戌에 있다."

3) 720과에서의 묘문개격 : 乙酉3국과 癸卯12국은 일지 공망이다.

甲子순	甲戌순	甲申순	甲午순	甲辰순	甲寅순
丁卯6국 밤, 등사	丙子3국 낮, 등사	乙酉3국 밤, 등사	丁酉12국 낮, 등사	丙午9국 밤, 등사	辛酉9국 낮등사, 밤백호
癸酉6국 낮, 등사	壬午3국 밤, 등사		癸卯12국 밤, 등사	壬子9국, 낮, 등사	

第 62-3 法 蛇墓剋支格
사 묘 극 지 격   등사나 백호가 일지를 극하는 격[1]

緣干墓乘螣蛇而加支 又剋支者 必宅內怪異頻見.

등사가 탄 일간의 묘신이 일지에 가하여 다시 일지를 극하는 것이다. 반드시 가정에서 괴이한 일을 빈번하게 보게 된다.

如丙子日 戌加子夜. 壬子日 辰加子夜. 餘有雖臨支而不剋者 稍輕 (然亦)未免怪異.

〈과전도〉 丙子일 3국

丁	乙	○	
勾丑	朱亥	貴酉	陰
卯	丑	亥	
己	丁	甲	○
空卯	勾丑	蛇戌	后申玄
丙巳	卯	子	戌

가령 丙子일 3국에서 戌이 子에 가하고 밤 정단[2]이다. 壬子일 9국에서 辰이 子에 가하고 밤 정단[3]이다.

나머지에서 모름지기 일지에 임하여 극하지 않는 것이 있다. 조금 가볍긴 하지만 괴이를 면하지 못한다.

1) 같은 책, "가령 丙子일 지상 辰이고 낮 정단에서 백호가 타서 일지를 극하니, 가정 내에는 효복이 동한다. 壬子일 지상 辰이고 밤 정단에서 등사가 타서 일지를 극하니, 가정 내에는 반드시 괴이사가 있다. 만약 일지를 극하지 않으면 점차 경미해진다."
2) 丙子일 3국에서, 일간 丙화의 묘신인 戌토에 낮 천장 등사가 타서 일지 子수를 극한다.
3) 壬子일 3국에서, 일간 壬수의 묘신인 辰토에 낮 천장 등사가 타서 일지 子수를 극한다.

> 外有三十三日例 不欲細具. 已上例 不免召法官行遣 或安鎭之吉. 此乃墓門開 占病主死三兩口. 乘白虎者亦的也.

 이 외에 서른 세 날에 이러한 예가 있지만 자세하게 싣지 않는다.

 위의 예에서 법관을 초빙하여 내쫓거나 또는 안전하게 진압하면 길하게 된다. 여기서 '묘문개'이면 질병 정단은 두 세 사람이 사망한다. 만약 백호가 타면 더욱 더 분명하다.

第63法 彼此全傷防兩損　鷸蚌相持 座收漁人之利
피 차 전 상 방 양 손

도요새와 조개가 서로 다투면, 어부가 두 마리 모두 잡는 이익을 앉아서 얻는다.

해설 서로가 모두 상하니 양쪽 다 손실을 방비해야 한다.

謂支干各被上乘克伐者 故名此例. 如占訟 必兩家皆被罪責. 諸占必兩邊各有所虧. 如占身被傷. 占宅崩損. 如丁亥日 干上子水剋丁火 支上辰土剋亥水之者類是也.

이른바 일지와 일간이 각각의 타고 있는 신으로부터 극벌을 당하므로 이런 이름이 붙었다.

만약 송사 정단이면, 반드시 양가는 모두 죄로 인하여 처벌을 당한다. 모든 정단에서 반드시 양쪽 모두에게 탄식이 있다.[1] 일신상에 관한 정단이면 상함을 당하고, 가택 정단이면 가택이 무너지고 훼손된다.

가령 丁亥일 8국에서, 간상 子수에서는 일간 丁화를 극하고, 지상 辰토에서는 亥수를 극하는 유형이 바로 이것이다.

〈과전도〉 丁亥일 8국

癸	丙	辛
空巳	常戌蛇	常卯空
子	巳	戌
戌	癸	壬	乙
后子合	空巳常	白辰白	朱酉貴
丁未	子	亥	辰

---

1) 일간은 나이고 일지는 타인이다. 간지가 각각의 상신으로부터 극을 당하면 간지 모두가 흉해지니, 가정 점이면 집에 사람과 가택 모두 훼손되고, 교역을 포함하는 모든 대인 점은 쌍방 모두에게 화가 있으며, 동업 점이면 피아 모두에게 불리하다.

諸例欲去其所剋者 內辛未日 干上午 支上卯. 如占交易等 後必齟齬. 如先有齟齬 後卻和合.

〈과전도〉 辛未일 5국		
丁	〇	辛
后 卯 合	合 亥 白	白 未 后
未	卯	亥 〇
庚	丙	丁 〇
常午貴	貴寅勾	后卯合合亥白
辛戌	午	未 卯

모든 예에서 그 극하는 것을 없애는 것으로는, 辛未일 5국에서 간상은 午이고 지상은 卯이다.[1]

만약 교역 정단 등이라면 나중에 반드시 어긋난다. 만약 어긋남이 먼저 있었다면 나중에는 오히려 화합하게 된다.[2]

【구성이론】 귀살의 극

【정단원리】 간지가 상신으로부터 극을 당하면, 피차 모두 상함을 당하여 불리하다. 가정 정단이면 사람과 가택 모두 상한다.

---

1) 辛未일 5국에서, 일간은 寅午戌 삼합을 하고 일지는 亥卯未 삼합을 한다.
2) 비록 간상신은 일간을 극하고 지상신은 일지를 극하였지만, 간상신 午와 일지 未, 지상신 卯와 일간기궁 戌이 교차합이므로 이러한 해석을 한 것이다.

第64法 夫婦蕪淫各有私 兩敵陰相圖議
부 부 무 음 각 유 사   양쪽의 적이 몰래 서로 도모할 것을 의논한다.

해설 부부가 음란해서 각기 사통하는 일이 있다.

謂干被支上神克 支卻被干上神剋者 爲蕪淫卦. 旣名蕪淫者 何故夫婦各有私乎. 緣夫婦乃人之大倫 旣無夫婦好合之情 必有奸私不協之意. 卻詳其處有情 而言夫婦之私情也.

이른바 일간은 지상신의 극을 당하고, 일지는 간상신의 극을 당하면 '무음괘'[1]이다. 이미 '무음'이라고 했으면서 어찌해서 '부부가 각기 사통한다'고 했는가?

부부는 곧 인간의 큰 윤리이지만 부부가 서로 화합하는 정이 이미 없으니, 반드시 사적으로 간통하여 부부 불화의 뜻이 있다. 이러한 상황에서 정이 있다는 것은 곧 부부의 사통하는 정을 가리킨다.

---

1) 『육임대전』「과경3」무음과, "① 조건 : 무릇 사과에 극이 있고 하나가 빠져서 갖추지 못하거나 일진이 교차상극이면 무음과이다. ② 해설 : 소언화 선생이 말하기를 사과가 불비를 얻으면, 강일은 일상에서 일으키는 한 과를 따르고 유일에는 진상에서 일어나는 한 과를 따른다. 무릇 2양1음이 보이면 음불비로서 두 남자를 한 여자가 다투는 것이고, 2음1양은 양불비로서 두 여자가 한 남자를 다투는 것이다. 일진 교차상극은 각자 스스로 서로 생을 하는 것이다. ③ 길흉 : 이는 부부 모두에게 사통이 있으므로 서로의 정이 등을 져서 황음무도하므로 '무음'이다. 정단에서 가정이 바르지 못하고 음란한 일이 많다. ④ 주역괘 : 『역경』의 9번째 소축괘와 통하는 과체로서, 금슬 부조의 과이다."

假令心鏡中 以甲子日 干上戌 支上申一課爲例 乃甲將就子受
申剋 子近甲兮魁必侵 妻懷內喜私情 有申子相生合金是也.

<과전도> 甲子일 5국

〇	庚	丙
合戌合	后午白	白寅后
寅	戌〇	午
〇	庚	壬	戌
合戌合	后午白	蛇申靑	玄辰玄
甲寅	戌〇	子	申

가령 『육임심경』에서 甲子일 5국의 간상 戌과 지상 申이 일례가 된다.

甲이 장차 子를 취하려고 하지만 申의 극을 받고, 子가 甲을 가까이 하려고 하지만 하괴(戌)로부터 반드시 침입을 받는다.

처는 속으로 간통을 즐기니 申과 子는 서로 생합하여 금이 되기 때문이다.

餘有癸巳 壬午干上子 庚子 乙亥干上丑諸例. 凡占不可執爲蕪淫卦非專言夫婦而已. 如先有人相允許 後各不相顧接 非獨無情 尤彼此各懷惡意.

나머지에도 이러한 예가 있다. 癸巳일 2국, 壬午일 간상 子인 12국, 庚子일 8국과 乙亥일 4국에서의 간상 丑은, 모두 이러한 예이다.[1]

무릇 정단에서 무음괘는 오로지 부부에만 적용되는 것은 아니

---

1) 癸巳일 2국은 간상 子수에서 일지 巳화를 극하고, 지상 辰토에서 일간 癸수를 극한다. 壬午일 12국은 간상 子수에서 일지 午화를 극하고, 지상 未토에서 일간 壬수를 극한다. 庚子일 8국은 간상 丑토에서 일지 子수를 극하고, 지상 巳화에서 일간 庚금을 극한다. 乙亥일 8국은 간상 丑토에서 일지 亥수를 극하고, 지상 申금에서 일간 乙목을 극한다.

다. 만약 먼저 타인과 서로 허락한 뒤에 각각 교접하는 것을 서로 돌아보지 않는다는 것은, 혼자서는 무정할 수 없기 때문이다. 피차 모두 더욱 악의를 품게 된다.

【구성이론】 귀살의 극
【정단원리】 간지가 교차 극을 하면 서로 상하고 모두 시비를 갖는다.

第 64-1 法 眞解離卦
진 해 리 괘 [1]   참으로 헤어져 이혼하는 격

> 緣干剋支上神 支剋干上神 或夫婦行年 又值此者尤的. 如甲子
> 日 干上午 支上辰 干剋支上辰土 支剋干上午火. 如男命年在
> 支上 女命年在干上 此時占人 必占解離事. 已後例內唯詳空亡
> 而言之. 小畜九三 輿說輻 夫妻反目.

〈과전도〉 甲子일 9국

戊	壬	甲
玄辰玄	蛇申青	青子蛇
子	辰	申

庚	○	戊	壬
后午白	合戌合	玄辰玄	蛇申青
甲寅	午	子	辰

일간은 지상신을 극하고, 일지는 간상신을 극하는 것이다.[2][3] 만약 부부의 행년상신이 다시 이러하면 더욱 분명해진다.

가령 甲子일 9국에서 간상은 午이고 지상은 辰이다. 일간에서 지상 辰토를 극하고 일지에서 간상 午화를 극한다.

---

1) 『육임대전』「과경3」해리과, "① 조건 : 무릇 부부의 행년이 충극하고 상하신이 서로 극적하면 해리격이다. ② 해설 : 만약 남편의 행년이 午상에 寅이 보이고 아내의 행년 子위에 申이 보이면, 子상의 申은 午의 극이 두렵고, 午상의 寅은 申의 극이 두렵다. 상하가 서로 극적을 하니 천지가 나눠지고 이별하니 각기 이심이 있다. 따라서 '해리'라고 한다. ③ 길흉 : 정단인은 현(絃)이 끊기는 흉이 있고, 반드시 반목의 조짐이 있다."

2) 간지 교차극에서 일간은 남자이고 일지는 여자이므로, 남녀가 무정한 상이 된다.

3) 『육임수언』「필법보담5」 간지호극격, "가령 癸卯일 간상은 申이고 지상은 戌이다(간상 申에서 일지 卯를 극하고 지상 戌에서 일간 癸를 극한다). 壬午일 간상 子이고, 지상은 未이다(간상 子에서 일지 午를 극하고 지상 未에서 일간 壬을 극한다). 서로 상하고 극하니 시비를 품는다."

만약 남자의 본명이나 행년이 지상에 있고, 여자의 본명이나 행년이 간상에 있으면 이때의 상담 온 사람은 반드시 해리사 정단이다.
　이후의 예에서 오로지 상세하게 살펴야 하는 것은 공망이라고 말할 수 있다. 『역경』의 9번째 괘인 소축 구삼에서 '수레의 바퀴살이 이탈하니 부부가 반목한다'.

第 65 法　干墓併關人宅廢　　關卽窼也
간 묘 병 관 인 택 폐　　관(關)은 곧 과(窼)를 말한다.

해설 일간의 묘신이 관신을 아우르면 사람과 가택은 폐관되는 허물이 있다.[1]

謂日干之墓　作四季之關神發用者　是也. 宜分干支發用. 如日干之兩課上作發用者　主人衰. 如支辰之兩課上作發用者　主宅廢. 夫關神者　春丑　夏辰　秋未　冬戌.

이른바 일간의 묘신이 네 계절의 관신[2]을 만들어서 발용이면 이 격이다. 마땅히 간지·발용을 구분하여, 만약 일간의 양과에서 발용이면 사람이 쇠패해지고 지진의 양과에서 발용이면 가운이 닫힌다.

무릇 관신은 봄에는 丑, 여름에는 辰, 가을에는 未, 겨울에는 戌이다.

如乙丑　乙未　乙酉　乙亥四日　於秋季占之　未乃干之墓　作關神爲發用. 臨於干上　乃應人口災衰. 餘六甲日　除甲辰　秋占未作丁更凶. 其餘各占　皆如前說. 如丁卯日　戌加卯　爲發用. 冬占

---

1) 『육임수언』「필법보담5」묘작화관경집미, 관신작묘격, "① 조건 : 이른바 일간의 묘신이 사계의 관신을 만들어서 발용이 되는 것이다. ② 예제 : 가령 乙丑일 간상 未이고 삼전 未戌丑인 가을 점단이다. 가족은 재앙으로 쇠패해지고 만약 관신 겸 묘신이 일지에 임하여 발용이면 가택이 폐기된다."

2) 같은 책, "… 관은 이른바 관신인데 봄에 丑부터 사계이다."

乃干墓臨支上 乃應宅隳廢. 餘倣此.

〈과전도〉 乙丑일 10국

辛	○		乙
蛇未青	陰戌朱		白丑后
辰	未		戌 ○

辛	○	戌	辛
蛇未青	陰戌朱	勾辰常	蛇未青
乙辰	未	丑	辰

가령 乙丑·乙未·乙酉·乙亥의 네 날의 가을에 정단하면, 일간의 묘신 未가 관신을 만들어서 발용이다. 간상에 임하니 식구가 쇠패해지는 화가 있다.

나머지 여섯 甲일에서, 甲辰을 제외한 가을 정단 未는 정마를 만드니 더욱 흉하다.

나머지 각각의 정단은 모두 앞의 설명과 같다. 가령 丁卯일 6국에서 戌이 卯에 가하여 발용이 된다. 겨울 정단에서 일간의 묘신이 지상에 임하니 가택은 황폐해지고 가운은 닫힌다. 나머지도 이와 같다.

【구성이론】 관신, 묘신.
【정단원리】 네 계절의 관신이 묘신에 해당하여 발용이거나, 만약 간양과 간음에 임하면 사람은 쇠해진다. 만약 일지에 임하면 가정이 쇠해진다.

第 65-1 法 墓神覆日作生氣格
묘 신 부 일 작 생 기 격   묘신이 일간을 덮고 생기가 되는 격[1]

如占作庫務差遣 必得勿作墓看之.

〈과전도〉 甲子일 8국		
甲	己	○
青子蛇	陰巳常	合戌合
未	子	巳
辛	甲	己	○
貴未空	青子蛇	陰巳常	合戌合
甲寅	未	子	巳

가령 창고를 짓는 일이나 파견 업무 정단에서 묘신을 만들지 않는지를 반드시 살펴야 된다.[2]

---

[1] 『육임수언』「필법보감5」묘박생기격, "가령 庚辛일 간상은 어둠으로 이끄는 묘신이 일간을 덮는다. 그러나 2월 정단에서 생기이므로 창고 업무와 파견은 반드시 하게 된다. 또한 甲己일에서 간상 未는 8월 정단에서 생기이고, 丙丁일 간상 戌은 11월 정단에서 생기이다."

[2] 가령 甲子일 8국이고 8월 정단에서, 간상의 묘신 未는 8월의 생기이다. 따라서 이와 같은 업무에는 나쁘다.

第66法 支墳財倂旅程稽　　鍾鄧終歿於蜀
　　　　　　지 분 재 병 여 정 계　　종회(鍾會)와 등애(鄧艾)는 촉나라를 정벌하는 공을 이루었으나 결국 모함을 받아 촉땅에서 죽었다.

해설 일지의 묘신과 재신이 나란히 보이면, 여정을 다시 생각해야 된다.

謂地支之墓作日干之財者 必主商販折本 在路阻程. 凡謀 蹇滯不亨通也.

이른바 지지의 묘신이 일간의 재성을 만들면, 반드시 장사에서 원금을 잃고, 여정에서는 도로에서 장애가 있다. 모든 도모하는 것은 뜻대로 되지 않고 형통하지 못하다.

如甲子日 辰加子 乃支之墓神 而作干之財 爲發用. 甲午日 戌加寅用. 甲午日 戌加子用. 乙酉日 丑加辰用.

〈과전도〉 甲子일 9국		
戊	壬	甲
玄辰 玄	蛇申 靑	靑子 蛇
子	辰	申
庚	○	戊	壬
后午 白	合戌 合	玄辰 玄	蛇申
甲寅	午	子	辰

가령 甲子일 9국에서 辰이 子에 가하니 일지의 묘신이면서 일간의 재성이 되어 발용이 된다.

甲午일 5국에서 戌이 寅에 가하여 발용이고, 甲午일 3국에서 戌이 子에 가하여 발용이 된다.

乙酉일 4국에서 丑이 辰에 가하고 발용이 된다.[1]

【구성이론】 재신, 묘신.

【정단원리】 지진의 묘신이 일간의 재신을 만들어서 발용이면 상업에서 투자원금을 잃는다. 여행이라면 도로에서 장애가 있으며, 도모하는 모든 일은 불통하다.

1) 甲午일 5국에서 초전 戌은 일지 午의 묘신이면서 일간 甲의 재성이고, 甲午일 3국에서 초전 戌은 일지 午의 묘신이면서 일간 甲의 재성이며, 乙酉일 4국에서, 초전 丑은 일지 酉의 묘신이면서 일간 乙의 재성이다.

第66-1法 疑惑格
의 혹 격   의혹이 생기는 격

> 卯酉日占事 如行年又在卯酉之上者 必行人進退疑惑. 見心鏡
> 內龍戰卦中具載 尤忌天車煞. 天車煞者 春丑 夏辰 秋未 冬戌.

　　卯일과 酉일에 정단하는 일에서 만약 행년이 다시 卯위와 酉위에 있다면, 반드시 행인은 진퇴에 의혹이 생긴다.
　　이 내용에 대해『육임심경』을 보면 그 안의 용전괘[1] 안에 모두 실려 있는데, 더욱 꺼리는 것은 천차살이다. 천차살이란 봄에는 丑, 여름에는 辰, 가을에는 未, 겨울에는 戌이다.

---

[1]『육임대전』「과경3」 용전과, "① 조건 : 무릇 卯酉일에 정단하여 卯酉가 발용이고 사람의 행년이 卯酉에 서면 용전과이다. ② 길흉 : 정단하는 일은 의혹이 생기고 거꾸로 뒤집히고 불안정하다. ③ 주역괘 :『역경』의 30번째 리괘와 통하는 과체로서, 가정이 안녕하지 못한 과이다."

第67法 受虎克神爲病證　　受虎克之國 民流兵疫
수호극신위병증

백호의 극을 받는 나라는 백성이 방랑하고 병사들은 전염병에 걸린다.

해설 백호의 극을 받는 12신이 병증이다.

金神乘白虎 必是肝經受病 可治肺而不可治肝. 木神乘白虎 必是脾經受病 可治肝而不可治脾. 水神乘白虎 必是心經受病 可治腎而不可治心. 火神乘白虎 必是肺經受病 可治心而不可治肺. 土神乘白虎 必是腎經受病 可治脾而不可治腎. 已上五法 常爲得驗. 惟虎受克及空亡 不必治之.

금신에 백호가 타면 반드시 간 경락에 질병이 깃든 것이니, 폐를 다스려야지 간을 다스려서는 안 된다.

목신에 백호가 타면 반드시 비 경락에 질병이 깃든 것이니, 간을 다스리면 되고 비장을 다스려서는 안 된다.

수신에 백호가 타면 반드시 심 경락에 질병이 깃든 것이니, 신을 다스리면 되고 심장을 다스려서는 안 된다.

화신에 백호가 타면 반드시 폐경에 질병이 깃든 것이니, 심을 다스리면 되고 폐를 다스려서는 안 된다.

토신에 백호가 타면 반드시 신 경락에 질병이 깃든 것이니, 비를 다스리면 되고 신장을 다스려서는 안 된다.

위의 모든 법은 일상에서 영험하다. 백호가 극을 받거나 공망되면 치료는 필요하지 않다.

【구성이론】 혈지, 혈기, 앙구, 사신, 백호, 설기, 귀살, 정마, 병부, 사

기, 상거, 상혼, 비혼.

【정단원리】 백호가 어느 오행에 탔는지에 따라, 그의 극을 받는 오행의 장부에 병증이 나타난다. 만약 백호가 일간의 귀살에 타면 더욱 확실하다. 질병의 원인은 백호귀살을 보면 알 수 있다.[1]

---

1) 각 오행에 백호가 탄 경우의 치료법

	질병이 드는 장부	다스려야 되는 경락	다스리지 말아야 되는 경락
백호가 申酉에 승	간 경락	폐	간
백호가 寅卯에 승	비 경락	간	비
백호가 亥子에 승	심 경락	신장	심장
백호가 巳午에 승	폐 경락	심장	폐
백호가 토신에 승	신장 경락	비장	신장

第 67-1 法 運糧神格
운 량 신 격   식신격

占治病 專視日干之食神 尤妙於于行年乘之 乃名運糧神忌空.

〈과전도〉 甲子일 11국		
戊	庚	壬
合辰合	蛇午青	后申白
寅	辰	午
戊	庚	丙	戊
合辰合	蛇午青	青寅蛇	合辰合
甲寅	辰	子	寅

질병치료 정단에서는 오로지 일간의 식신을 본다. 이것이 행년에 타면 더욱 신묘하다. 그러나 '운량신(식신)'은 공망을 꺼린다.[1]

---

[1] 甲子일 11국에서의 제2과와 중전에, 일간 甲목의 식신 곧 운량신인 午화가 보이고 있다. 이 예제는 운량신이 공망되지 않았으니 다행이다.

第67-2法 祿糧神格
록량신격　　　　　록신격

> 緣宜觀干之祿神　亦名祿糧神．唯不可落空亡及作閉口或受克
> 如占久病(值此) 必絶食而餓死．

　당연히 일간의 록신을 살펴야 하고 이를 '록량신'이라고도 부른다. 그러나 오로지 공망에 떨어지거나, 폐구를 만들거나, 만약 극을 받으면 나쁘다. 오래된 병을 정단하여 이와 같으면 반드시 음식을 끊고 아사한다.

> 如辛未日　酉加寅　乃是祿坐絶鄕　又作閉口　又名無祿卦．占病
> 必死．占食祿事亦忌此．絶體卦　乃是柔干之祿受絶．返吟卦　乃
> 是剛干之祿受絶．絶嗣體　先亡爲祟．

〈과전도〉 辛未일 6국

癸	戊	○
青 酉 合	陰 辰 陰	合 亥 青
寅	酉	辰

己	甲	丙	癸
玄 巳 后	朱 子 空	貴 寅 常	青 酉 合
辛戌	巳	未	寅

　가령 辛未일 6국에서 酉가 寅에 가하니 록이 절지에 앉았고, 다시 폐구를 만들며, 다시 무록괘[1]이다.

　질병 정단은 필사이고 식록사 정단 역시 이를 꺼린다.

　절체괘는 유 일간의 록이 절을 받는

---

1) 『육임대전』「과경3」무록절사과 "① 조건 : 무릇 사상에서 모두 아래를 극하면 무록과이다."

것이고, 반음괘는 양 일간의 록이 절을 받는 것이다.1) 절사체는 사망한 뒤에 귀수가 있다.2)

---

1) 유 일간은 乙·丁·己·辛·癸를 말하고, 강 일간은 甲·丙·戊·庚·壬을 말한다. 절체괘를 예로 들면, 乙酉일 7국에서 유일의 록인 卯가 초전에서 절지인 酉에 앉는다. 그리고 반음괘를 예로 들면, 甲申일 7국에서 강일의 록인 寅이 초전에서 절지인 申에 앉는다.

2) 『육임대전』「과경3」무록절사과, "① 조건 : 사하에서 그 위를 하적하는 것을 '절사'라고 부르고 흉하다. ② 해설 : 중년에 자식이 많더라도 중년 50에 바야흐로 자식이 있더라도 임종시에 종묘를 멸한다."

第 67-3 法 生死格
생 사 격   생기와 사기격

宜觀生炁 死炁 尤驗. 如正月生炁在子 死炁在午 乃生炁克死
炁也. 如在甲寅旬中占之 乃生炁空亡 而死炁實在 占病可畏.
如行年上神是亥水 尚可醫療. 緣亥水克其午之死炁故也.

의당 생기와 사기를 살피면 더욱 효과적이다.

가령 정월의 생기는 子에 있고 사기는 午에 있으니, 생기에서 사기를 극한다.[1]

만약 甲寅순 내에 정단하면, 생기는 공망이고 사기는 실재하니 질병 정단은 두렵다. 만약 행년상신이 亥수이면 오히려 의료는 가능한데, 그 이유는 亥수가 午인 사기를 극하기 때문이다.

1) 甲子일 4국이고 1월 정단이다. 1월의 생기인 말전의 子수에서 1월의 사기인 초전의 午화를 극하고 있으므로 건강은 무방하다. 생기에서 사기를 극하는 달은 1월·9월·10월·12월이 있다. 12월은 생기 亥에서 사기 巳를 극한다.

〈과전도〉 甲子일 4국

庚	丁	甲
蛇午青	勾卯朱	白子后
酉	午	卯
○	壬	癸	庚
常亥陰	后申白	陰酉常	蛇午青
甲寅	亥○	子	酉

> 如死炁克生炁 又落空亡 或行年上神生其死炁者 必死. 如生炁
> 與死炁不相克者 占病雖無妨 但遷延而未的痊癒而已. 白虎乘
> 日鬼而作空亡 必已病而未癒.

만약 사기에서 생기를 극하고, 다시 생기가 공망에 떨어지며,[1] 행년상신이 그 사기를 생하면 필사이다.

그리고 만약 생기와 사기[2]가 서로 극하지 않으면,[3] 질병 정단은 무방하며 다만 지체되고 낫지 않을 뿐이다.

백호가 일간의 귀살에 타고 공망을 만들면, 반드시 이미 병들었지만 아직 증세가 없다.

---

[1] 3월의 생기 寅과 4월의 생기 卯는 사기 申과 酉로부터 극을 받고, 甲辰순에 정단하면 생기가 공망이다. 그리고 6월의 생기 巳는 사기 亥로부터 극을 받고, 甲午순에 정단하면 생기가 공망이다. 또한 7월의 생기 午는 사기 子로부터 극을 받고, 甲申순에 정단하면 생기가 공망이다.

[2] 생기와 사기 찾는 법

월건\신살	寅	卯	辰	巳	午	未	申	酉	戌	亥	子	丑
생기	子	丑	寅	卯	辰	巳	午	未	申	酉	戌	亥
사기	午	未	申	酉	戌	亥	子	丑	寅	卯	辰	巳

[3] 생기와 사기사 서로 극하지 않는 달은 2월·5월·8월·11월이 있다. 2월의 생기와 사기는 각각 丑未, 5월의 생기와 사기는 각각 辰戌, 8월의 생기와 사기는 각각 未丑, 11월의 생기와 사기는 각각 戌辰이다.

第 67-4 法 虎墓格
호묘격　　　　　　백호묘신격

> 緣日干之墓乘白虎在六處者 如占病必是積塊病 宜以破積藥治之.

일간의 묘신에 백호가 타서 6처에1) 있는 것이다. 만약 질병 정단을 하면 반드시 적괴병(癌)이니, 마땅히 약으로 다스려서 그 적괴병을 깨트려야 한다.

> 如六乙日旦將順行 乃未乘白虎. 內乙酉日未空亡 無畏或易療 非年深積塊爾. 又六辛日 旦將順行 亦丑乘白虎. 辛酉日丑空亡 亦容易治療.

〈과전도〉 乙酉일 10국		
○	丙	己
蛇未靑	陰戌朱	白丑后
辰	未○	戌
○	丙	戊	辛
蛇未靑	陰戌朱	常子貴	靑卯玄
乙辰	未○	酉	子

가령 여섯 乙일에서 낮 천장은 순행하고 未에는 백호가 탄다. 여기에 속한 乙酉일에서는 未가 공망이므로 두려울 것이 없고 쉽게 낫는데, 다년간 오래 묵은 적괴는 아니다.

또한 여섯 辛일에서 낮 천장은 순행하고 또한 丑에는 백호가 탄다.2) 辛酉일에

---

1) 6처 : 일간, 일지, 초전, 중전, 말전, 행년과 본명을 말한다.
2) 辛일 6국은 말전에 들고, 9국은 제3과에 들며, 10국은 간상에 들고, 11국은 제4과와

서 백호묘신 卯이 공망이니 쉽게 낫는다.

초전에 든다. 그리고 7국과 8국은 과전도에 들지는 않는다.

第67-5法 虎乘丁鬼格
호 승 정 귀 격   　백호가 정마귀살에 탄 격

如六辛日有白虎乘丁者　占病必知所患疼痛之處也．　如辛卯日亥加丑作中傳　旦占乃亥乘白虎作丁神　必爲頭疼以致不救．

〈과전도〉 辛卯일 3국

丁	乙	○
亥白	酉	未
丑	亥	酉

甲	○	己	丁
申	午	丑	亥白
辛戌	申	卯	丑

가령 여섯 辛일에서 백호가 정마에 타고 있다. 질병 정단에서 반드시 아파하는 통증의 위치를 알 수 있다.

가령 辛卯일 3국에서 亥가 丑에 가하여 중전이고, 낮 정단에서 亥에 백호가 타고 정신을 만드니, 반드시 머리가 아프지만 구제하지 못하는 지경[1]에 이른다.

餘觀丁虎乘類而言之．丑爲脾疼　或腹疼．卯手疼 或目疼．巳齒疼 或咽喉疼．未胃疼 或積瘀疼．酉大腸[2] 亥臨戌亥子丑寅卯爲頭　亥臨辰巳午未申酉爲腎　餘逐類言之．

나머지에서도 정마백호에 탄 류신을 살펴서 말하면 된다.

---

1) 둔반에 있는 귀살 丁을 제어할 수 없기 때문이다.
2) 酉 :『사고전서』 판본에는 酉를 腎으로 기록하였고,『고금도서집성』 판본에는 大腸으로 기록하였다. 대장이 옳다고 판단된다.

丑은 비장이 아픈 것이거나 배가 아픈 것이고, 卯는 손이 아픈 것이거나 눈이 아픈 것이며, 巳는 이가 아픈 것이거나 인후가 아픈 것이며, 未는 위장이 아픈 것이거나 기생충이 쌓여서 아픈 것이며, 酉는 대장이다.

亥가 戌·亥·子·丑·寅에 임하면 머리이고, 亥가 辰·巳·午·未·申·酉에 임하면 신장이며, 나머지는 류신을 쫓아서 말하면 된다.

> 如日鬼臨於六處不乘白虎 但擬其鬼亦爲病證. 如火爲鬼便言肺病. 水爲鬼便言心病. 金爲鬼便言肝病. 土爲鬼腎病. 木爲鬼脾病. 如鬼受克幷空亡 不必療亦瘥.

만약 6처에서 일간의 귀살에 백호가 타지 않더라도 그 귀살이 병증이 된다.

만약 화가 귀살이면 곧 폐병이 되고, 수가 귀살이면 곧 심병이 되며, 금이 귀살이면 곧 간질병이 되고, 토가 귀살이면 곧 신장병이 되며, 목이 귀살이면 곧 비장병이 된다.

귀살이 극을 받거나 공망이면, 치료하지 않아도 반드시 낫는다.

> 蒿矢卦亦宜言有疼痛處. 金加火上 筋骨疼痛. 庚日申酉加巳午尤的.

호시괘[1] 또한 마땅히 통증이 있는 곳을 말할 수 있다.

---

1) 요극과의 호시괘를 말한다. 사과 천반에서 일간을 극하는 것을 발용으로 올린다.

금이 화 위에 가하면 근골동통인데, 庚일에 申酉가 巳午에 가하면 더욱 더 확실하다.

> 連茹卦作日之財 占病必因傷食而得. 如行年命上神 能制其財神者 尚可醫療. 如年命上神生其財神 必死.

연여괘¹⁾가 일간의 재성²⁾을 만들면, 질병 정단은 반드시 상한 음식으로 인해 생긴 것이다.

만약 그 사람의 행년·본명상신에서 그 재성을 제거하면 가히 치료된다. 그러나 만약 행년·본명상신이 그 재신을 생하면 반드시 사망한다.

---

1) 『육임대전』 「과경4」 연주과, "… 무릇 용신이 한 방향으로 전해져서 계속하여 중말전으로 이어지면 연주과이다. 가령 삼전 寅卯辰의 유형이다. 무릇 중말전이 맹중계신으로 서로 이어져서 마치 구슬을 꿴 것 같으므로 연여이다. 여(茹)란 풀이다. 풀이 무성하게 연결되어 있고 계속하여 이어져 있다."

2) 가령 戊戌일 12국에서 삼전 亥子丑은 일간 戊토의 재국을 이루고, 丙子일 2국에서 삼전 戌酉申은 일간 丙화의 재국을 이룬다.

〈과전도〉 戊戌일 12국

己	庚	辛
陰亥常	后子白	貴丑空
戌	亥	子

甲	乙	己	庚
青午蛇	空未貴	陰亥常	后子白
戌	巳	午	戌	亥

〈과전도〉 丙子일 2국

甲	○	○
后戌后	貴酉陰	蛇申玄
亥	戌	酉○

庚	己	乙	甲
青辰青	空卯勾	陰亥貴	后戌后
丙巳	辰	子	亥

第 67-6 法 斲輪格
착 륜 격
나무를 깎아서 바퀴를 만드는 격[1]

如卯加申 戌加卯 占病 必手足不擧或有傷.

〈과전도〉 乙丑일 6국		
丁	○	己
白 卯 玄	朱 戌 朱	玄 巳 白
申	卯	戌○
○	庚	壬	丁
合 亥 蛇	陰 午 空	貴 申 勾	白 卯 玄
乙辰	亥○	丑	申

만약 卯가 申에 가[2]하거나 戌이 卯에 가하면,[3] 질병 정단은 반드시 수족을 들지 못하거나 수족에 상함이 있다.

---

1) 『육임대전』「과경2」착륜과, "① 조건 : 무릇 이 과는 卯가 庚에 가하거나 卯가 辛에 가하여 발용이면 '착륜과'이다. ② 해설 : 卯는 수레의 바퀴이고 庚辛은 칼과 도끼이니 나무를 취하여 쇠로 쪼개므로 '착륜'이라 한다. ③ 길흉 : 정단에서는 관록은 높이 오른다. ④ 주역괘 : 『역경』의 27번째 이괘와 통하는 과체로서, 옛 것을 개혁하여 새롭게 고치는 과이다."

2) 가령 乙丑일 6국에서의 초전은 卯가 申에 가한다. 천반 卯는 나무이고 지반 申은 도끼이니, 곧 나무를 찍어서 수레를 만드는 상이다.

3) 『육임수언』「지남회전」, "잉산제2, 卯는 손이고 戌은 발이다."

第 67-7 法 空祿格
공 록 격   록신이 공망된 격

> 緣日之祿神作空亡又坐克方 占病必絕食而餓死. 如甲辰日寅加酉夜 又乘白虎返吟夜. 乙巳日卯加申夜 返吟夜. 丁亥日午加亥夜. 日之食神在禁方與前課同.

일간의 록신[1]이 공망되고 다시 극하는 방위에 앉으면, 질병 정단은 반드시 음식을 끊고 아사한다.

〈과전도〉 甲辰일 8국

壬	乙	庚
青子 蛇	陰巳 常	合戌 合
未	子	巳

丁	壬	己	○
貴未空	青子蛇	朱酉勾	白寅后
甲寅	未	辰	酉

가령 甲辰일 8국에서 寅이 酉에 가한 밤 정단이고, 또한 반음과 밤 정단에서는 백호가 탄다.[2]

그리고 乙巳일 6국에서 卯가 申에 가한 밤 정단이고, 반음과의 밤 정단이다. 또한 丁亥일에서 午가 亥에 가하고 밤 정단이다.

일간의 식신이 금기하는 방위에 있으니, 앞의 과(乙巳일 6국)와 뜻이 같다.

---

1) 『육임수언』 「필법보담4」 일록영허의세임, "이른바 甲丙戊庚壬 5양간은 寅巳申亥가 록이고, 乙丁己辛癸 5음간은 卯午酉子가 록이다."

2) 8국은 천지반도의 태궁에서 보이고, 7국은 제2과와 초전과 말전에 보인다.

第 67-8 法 祿神閉口格
록 신 폐 구 격   록신이 폐구가 되는 격

> 緣祿神作閉口 爲旬尾乘白虎者是也. 如乙未卯加申 又返吟夜.
> 丙戌 戊子巳爲祿神閉口. 辛未日酉加戌夜. 壬戌日亥爲閉口祿.

록신이 폐구를 만든다는 것은 순미에 백호가 타는 것이다.

〈과전도〉乙未일 6국		
甲	辛	丙
陰午空	靑丑后	貴申勾
亥	午	丑
己	甲	壬	丁
合亥蛇	陰午空	空寅陰	蛇酉合
乙辰	亥	未	寅

가령 乙未일 6국에서 卯가 申에 가하고, 또한 반음과 7국 밤 정단이다.1)

丙戌일과 戊子일에서 巳는 록신이 폐구된다. 辛未일 2국에서 酉가 戌에 가하고 밤 정단이다.

壬戌일에서 亥는 폐구된 록이다.2)

---

1) 6국은 천지반도의 곤궁(미신)에 보이고, 반음과는 태궁(유)에 보이고 있다. 모두 백호가 일록에 타고 있다.

2) 丙戌·戊子·辛未일 2국·壬戌일은 모두 일록 둔반에 癸수가 있다.

第 67-9 法 六片板格
육 편 판 격 　　　육합이 칠성판에 임한 격

> 緣六合乘申臨卯爲尸入棺. 緣申者(身)也. 於三月占尤的 乃是死身 卽死屍也. 且上有六合 下有卯木 是爲棺也. 尸入棺 占病必死 尤宜詳其類神而言之. 或申加卯不乘六合 於九月占 但病在床而未愈 緣申是生氣 卯爲木床.

　육합이 申에 타서 卯에 임하면 시신이 입관하는 뜻이 된다. 그 이유는 '申'은 곧 '身'[1]이기 때문이다. 3월 정단이면 더욱 분명해지니 곧 죽은 몸 즉 죽은 시신이 된다.[2]

　또한 위에 육합이 있고 아래에 卯목이 있다면 이는 널이 된다. 시신이 입관하니 질병 정단은 필사이다. 마땅히 더욱 더 자세하게 그 류신을 살펴서 말해야 한다.

　만약 申이 卯에 가하지만 육합이 타지 않는 것을 9월에 정단하면, 다만 질병은 침대 위에 있고 낫지 않는다. 그 이유는 申은 9월의 생기이고 卯는 나무로 만든 침상이기 때문이다.

> 癸卯日申加卯 占父母長生病死尤急 緣父母爻入棺故也. 又如

---

1) 『백호통의』 「경사」, "… 소음은 申에서 나타나고, 申은 身이다."(少陰見於申 申者 身也). 즉 申과 身은 발음이 같기 때문에 뜻을 서로 통용해서 쓰기도 하는데, 그 申이 卯木 위에 있으니 칠성판에 시신이 있는 형상이라는 것이다.

2) 3월의 사기인 申이 시신으로 쓰였다.

丙戌 丁卯二日 申加卯旦將上乘六合 如占妻病必死 緣妻財爻
入棺故也. 已上皆三月占尤驗.

〈과전도〉癸卯일 8국				
甲	己	○	
午	亥	辰	
丑	午	亥	
甲	己	丙	辛
午	亥	合申	丑
癸丑	午	卯	申

癸卯일 8국에서 申이 卯에 가하니[1] 부모 장생의 질병이면 죽음은 더욱 신속하다.

또한 丙戌과 丁卯 두 날에서, 申이 卯에 가하고 낮 천장인 육합이 申에 탄다.

만약 처의 질병을 정단하면 필사이다. 그 이유는 처재효가 입관하기 때문이다.[2]

위의 모든 것은 3월 정단이면 더욱 확실하다.[3]

---

1) 일간 癸수 기준의 申은 장생이다. 따라서 부모님 질병으로 보았다.
2) 일간 丙화 기준의 申은 처재이다. 따라서 처의 질병으로 보았다.
3) 3월에 정단하면 申은 월신살 사기에 해당한다.

第 67-10 法 白虎入喪車格
백호입상차격 백호가 상차[1]에 드는 격[2]

> 緣申加巳 發用爲的 占病亦畏.

申이 巳에 가하여 발용이면 분명해진다. 질병 정단은 두렵다.[3]

---

1) 『육임대전』「권3」 오악, 석질병장, "… 巳는 상차이다."
2) 『육임수언』「지남회전3」, "巳는 상차이고 申은 백호의 본가이다. 만약 申이 巳에 가하여 발용이면 백호가 상차에 든다는 뜻의 '호입상차'라고 하여 흉하다."
3) 가령 己巳일 10국 초전에서 백호를 뜻하는 申이 상차를 뜻하는 巳에 가한다. 따라서 질병 정단은 두렵다.

〈과전도〉 己巳일 10국

壬	○	丙
勾申貴	蛇亥玄	陰寅空
巳	申	亥○

○	乙	壬	○
朱戌陰	后丑白	勾申貴	蛇亥玄
己未	戌○	巳	申

第 67-11 法 人入鬼門格
인 입 귀 문 격   사람이 귀신문으로 드는 격

如庚日申爲本命 返吟課占病必死.

〈과전도〉 庚午일 7국

丙	壬	丙
后寅白	青申蛇	后寅白
申	寅	申

丙	壬	甲	庚
后寅白	青申蛇	蛇子青	白午后
庚申	寅	午	子

가령 庚일 정단에서 申이 본명이고, 반음과의 질병 정단이면 필사이다.[1]

---

1) 庚午일 7국 중전에서 申이 寅에 가하였다. 만약 본명이 申이면 몸이 귀신문을 뜻하는 寅에 임하므로 사망의 상이 된다.

第 67-12 法 收魂神

수 혼 신　　　　　혼을 거두어들이는 신[1]

乃戊日辰爲玄武是也 夜順晝逆有之 於十一月占尤 緣辰爲死氣尤的.

〈과전도〉 戊辰일 9국		
甲	戊	壬
蛇子靑	玄辰玄	靑申蛇
申	子	辰

癸	乙	壬	甲
勾酉朱	貴丑空	靑申蛇	蛇子靑
戌	巳	酉	辰	申

戊일에 辰이 현무가 되는 것으로서[2] 밤에는 순행하고 낮에는 역행한다. 11월 정단에서는 더군다나 辰이 월신살 사기이므로 더욱 확실하다.

---

1) 『육임수언』 「지남회전3」, "현무가 묘신에 타면 수혼살이다. 여섯 戊일에만 있다. 가령 戊申일 묘성과의 삼전은 戌酉午이고 주야 정단에서 현무가 일묘에 타고 발용이다."

2) 戊일의 묘신 辰에 현무가 타는 것을 말하고 있다. 여기서의 묘신 辰은 수토동궁의 방법을 적용하였다.

第 67-13 法 浴盆煞
욕 분 살   목욕통의 물이 살이 되는 격

> 緣忌浴盆有水 夫浴盆者 春辰 夏未 秋戌 冬丑乃. 如地盤見浴盆上忌乘亥子水 如天盤見浴盆上忌乘天后玄武二將. 如占小兒病死尤急. 緣亥爲孩 子爲子息 故不要見水也. 天后亦是子 玄武亦是亥.

목욕통에 물이 있는 것을 꺼린다.

목욕통이란 봄에는 辰, 여름에는 未, 가을에는 戌, 겨울에는 丑이다.

지반에 보이는 욕분 위에 亥子수가 타는 것을 꺼리며, 천반 욕분 위에 천후와 현무 두 천장이 보이는 것을 꺼린다.[1]

만약 소아 질병 정단이면 죽음은 매우 빠르다. 그 이유는 亥는 소아이고 子는 자식이기 때문이다. 따라서 수(水)가 보이는 것을 좋아하지 않는다. 천후는 곧 子이고, 현무는 곧 亥이다.

---

[1] 『육임수언』「지남회전3」 질병, "지반에 보이는 욕분살 위에 현무와 천후 두 천장이 보이는 것을 꺼린다. … 소아 질병 정단은 반드시 죽는다. 亥는 '子亥子'로서 子이고, 천후 역시 子이며 현무 역시 亥이다."

第 67-14 法 寒熱格
한 열 격
물과 불이 극해서 한열이 교차하는 격

> 如巳午加亥子 如或克日主癆病. 十干返吟必心患痁疤.

만약 巳午가 亥子에 가하여 일간을 극하면 폐결핵 질병이다. 십간의 반음과이면 반드시 심장과 학질 및 신경통의 근심이 있다.

第 67-15 法 晏喜致病格
안 희 치 병 격   잔치를 즐기다가 질병을 얻은 격

如癸酉亥丑三日 幷支上未 作太常爲用 夜將有之. 壬戌子寅日 幷支上未作太常夜貴有之. 已上六日例 緣未爲太常克干 居于宅上 或爲發用.

〈과전도〉 癸酉일 3국

辛	己	丁
未常	巳	卯
酉	未	巳

○	癸	辛	己
亥	酉	未常	巳
癸丑	亥○	酉	未

가령 癸酉일 3국, 癸亥일 5국, 癸丑일 7국은 나란히 지상 未가 태상[1]을 만들어서 발용이고 밤 천장이다.

그리고 壬戌일 4국, 壬子일 6국, 壬寅일 8국은 나란히 지상 未가 태상을 만들어서 밤 귀인이다.

위의 여섯 날의 예는 未가 태상이 되어 일간을 극하고 택상에 머물다가 발용이 되기도 한다.

如占病 必因喜事及晏飮 或往親戚家帶病而歸. 若是大官占之 必因赴宴席過觴而得病. 餘占皆因前事而致不美.

만약 질병 정단이면 반드시 기쁜 일과 마음껏 마심으로 인한 것

---

1) 『육임대전』「권2」태상론, "주로 문장, 관복, 옷과 장식품, 연락, 왕래, 술과 음식, 잔치 등이다."

으로써, 혹 친척 집에 가서 질병을 얻어서 돌아온 것이다. 만약 높은 관직자가 정단하면 반드시 부임의 연회석에 가서 술이 지나쳐서 질병을 얻은 것이다.

나머지 정단은 모두 앞의 일로 인하여 불미스럽게 된다.

第 67-16 法 因妻致病格
인 처 치 병 격   처로 인하여 질병에 이르는 격

如壬子 癸丑二日 未遁旬丁者 必往妻家得病 極驗. 惟宜占人 行年本命上 有卯木爲救. 如乘寅木 必得神護尤宜命法官治之 爲妙. 倘少緩 寅木反被未墓 便反救也.

〈과전도〉 癸丑일 10국

甲	丁		庚
后辰蛇	朱未勾		靑戌白
丑		辰	未

甲	丁	甲	丁
后辰蛇	朱未勾	后辰蛇	朱未勾
癸丑	辰	丑	辰

가령 壬子와 癸丑 두 날에서 未의 둔반에 旬中의 丁이 있다. 반드시 처가에 가서 득병한 것으로서[1] 지극히 증험하다.

마땅히 정단인의 행년과 본명 위에 卯목이 있으면 구해진다. 만약 寅목이 타면 반드시 신의 가호를 득하니, 마땅히 유명한 법관을 모셔서 치료를 하면 더욱 신묘해진다. 그러나 조금이라도 이를 늦추면 寅목이 반대로 묘신 未로부터 당하니, 질병을 구하지 못한다.

---

1) 가령 癸丑일 10국의 중전 둔반에는 일간 癸수의 재성인 丁화가 있고, 천반에는 귀살인 未토가 있다. 여기서 丁화는 처, 未토는 재앙의 뜻으로 쓰였다.

第 67-17 法 血厭病虎作鬼格
혈염병호작귀격 혈, 월염, 병부, 백호에서 귀살을 만드는 격

> 白虎乘病符克干 尤可畏. 或年命上乘血支 血忌者 必是血病.
> 或女命占病 又帶月厭 作血支 血忌 病是血崩 或墮胎 尤驗.

백호가 병부[1]에 타서 일간을 극하면 더욱 두렵다.[2] 행년과 본명상이 혈지와 혈기[3]가 타면 반드시 혈액에 관련된 질환이다.

여성의 질병 정단에서 월염을 대동하고 혈지와 혈기를 만들면 질병은 피를 쏟거나 또는 낙태한다. 이는 더욱 영험하다.

---

1) 『육임대전』「권1」신살론, "병부는 태세의 후1진이다."

2) 『육임수언』「필법보담5」우호봉사해경자, 호귀격, "백호가 귀살에 타서 일간을 극하는 것이다. 질병은 반드시 액이 있고, 소송은 반드시 형을 받는다. 만약 사기에 해당하면 더욱 흉한데, 그 이유는 호랑이가 사수의 신이 되면 굶주린 호랑이가 되어 사람을 상하게 하기 때문이다. 만약 과전과 행년·본명 위의 신에서 제극하면 흉을 면한다. 만약 호귀가 일지에 가하면 가택이 불안하다."

3) 『육임대전』「권1」신살론, "혈지는 丑에서 순행 12이고, 혈기는 寅월부터 丑未寅申卯酉辰戌己亥午子이다."

第68法 制鬼之位乃良醫   訪賢求救於制鬼
제 귀 지 위 내 양 의
훌륭한 사람을 방문하여 요청하려면, 귀살을 제압하는 곳에서 구해야 된다.

해설 귀살을 제압하는 자리가 곧 명의가 있는 곳이다.

> 凡鬼喜見者 惟妻占夫與有官人爲宜 其餘(皆)凶. 巳午作虎鬼 不宜灸. 申酉作虎鬼 不宜鍼.

무릇 귀살이 보이는 것을 반기는 예에는, 처가 정단한 남편 및 관직자에게는 좋지만 이 외에는 (모두) 흉하다.

만약 巳午가 백호귀살을 만들면 뜸은 부적합하고, 申酉가 백호귀살을 만들면 침은 부적합하다.[1]

> 如乙丑日 酉加乙 乃日之鬼 卻賴支上有午火 而克其酉金 此午火便是良醫. 或是本家親人善醫 或得家堂宗神位保護 其餘可逐類而言之.

가령 乙丑일 8국에서 乙에 가한 酉가 일간의 귀살이지만, 오히려 지상에 있는 午화에서 그 酉금을 극하므로, 이 午화가 곧 좋은 의사가 된다. 본가의 가족이 잘 치료하거나, 또는 자기 집에 모신 조상의 신위로부터의 보호를 받게 된다.

---
[1] 백호귀살이 巳午화에 타서 일간 庚辛금을 극하면 뜸 치료법은 오히려 위험해지고, 백호귀살이 申酉금에 타서 일간 甲乙목을 극하면 침 치료법은 오히려 위험해진다.

나머지도 류신을 쫓아서 말하면 된다.

> 除占病外 凡占雖值危難 災患之中 必得人解紛 誠爲救神也.
> 求神臨干 占人行年本命之上者 宜雪理辯明 自解其禍也.

질병 정단을 제외한 모든 정단에서, 비록 재액이 심할지라도 재액 중에 반드시 재액을 풀어주는 사람을 득하여 진정 구제신이 된다. 그 구신이 일간에 임하고 다시 정단인의 행년·본명 위에 임하면, 마땅히 고결한 이치를 말씀으로 밝혀서, 스스로 그 화를 푼다.

> 如制鬼之神上乘貴人 必得上人除釋過怨 如見被禁囚 必有赦原
> 而可免禍 或乘蛇虎必得神護 更詳神類而還謝 且制鬼之神如占
> 病卽是良醫 緣皆是日之食神故也.

만약 귀살을 제압하는 신에 귀인이 타면 반드시 허물을 풀어서 없애주는 웃어른을 만나고, 설령 교도소에 수감되었더라도 반드시 구원을 받아 화를 면한다.

만약 등사나 백호가 타더라도 반드시 신의 은총을 받으니, 곧 신의 종류를 자세하게 살펴서 사례해야 한다.

그리고 귀살을 제압하는 신은 곧 질병 정단에서 양의가 된다. 그 이유는 모두 일간의 식신이 되기 때문이다.

趕賊神宜占捕盜 卽制鬼之神. 如甲戌日干上酉 雖爲日鬼 奈是旬中空亡 不足爲畏 兼支上巳火坐於墓上 亦不能爲救 似此一例求醫 其醫雖言病證甚的 其實庸愚不能治療 奈何有福而成功也. 必竟巳火克空鬼.

도둑을 쫓는 신이 도둑 정단에서 좋은 이유는 귀살을 제압하기 때문이다.
가령 甲戌일 6국에서 간상 酉는 비록 일간의 귀살이지만 旬중의 공망이므로 전혀 두려워하지 않아도 된다. 아울러 지상의 자손효 巳화는 묘신 위에 앉아 있으므로 구제하지 못한다.1)
이 일례에서 의사를 구하는 경우, 그 의사는 비록 병증을 정확하게 적중시킬지라도 사실은 치료할 수 없는 무능한 사람이다.
복이 있어서 공을 이루는 것은 무엇 때문인가 하면 필경 巳화에서 공망된 귀살을 극하기 때문이다.2)

〈과전도〉甲戌일 6국		
丙	癸	戊
青子蛇	貴未空	白寅后
巳	子	未
○	庚	辛 丙
朱酉勾	玄辰玄	陰巳常 青子蛇
甲寅	酉○	戌 巳

又己丑日干上卯 支上酉 壬辰日干上戌 支上卯 其餘救神不在支上而臨三傳之上及臨行年本命 亦可爲救 虎鬼臨處爲畏期.

---

1) 지상의 巳화는 비록 일간 甲목의 의약신이지만, 巳화의 묘신인 戌토에 앉으므로 의약신의 작용을 하지 못한다.
2) 비록 巳화가 묘신에 앉아서 무력하지만, 공망된 간상의 귀살 酉금을 극하기 때문이다.

〈과전도〉 己丑일 5국			
辛	丁	○	
合卯白	后亥合	白未	
未○	卯	亥	
辛	丁	乙	癸
合卯白	后亥合	玄酉蛇	青巳玄
己未	卯	丑	酉

그리고 己丑일 5국에서, 간상은 卯이고 지상은 酉이다. 壬辰일 2국은 간상이 戌이고 지상은 卯이다.

이 나머지에서는 구신이 지상에 있지 않으므로, 삼전의 위와 행년과 본명에 임하면 구할 수 있다.

백호귀살이 임한 곳(지반)이 위험한 시기이다.1)

且如制鬼之神 加亥子宜服湯藥 加寅卯並四土之上宜服丸散 如巳午宜灸 加申酉宜針砭. 其餘制鬼神空亡者 乃言不副行之喩 醫神所生爲瘥期 所克爲死期 乃天地醫也.

그리고 만약 귀살을 제압하는 신이 亥子에 가하면 탕약을 복용하는 것이 좋고, 寅卯와 辰戌丑未 위에 가하면 마땅히 환약이나 가루약을 복용하는 것이 좋으며, 만약 巳午이면 뜸이 좋고, 申酉에 가하면 침이 좋다.

이 외에 귀살을 제압하는 신이 공망이면, 부(副)로 행하는 것이 아님을 알아야 한다. 의신으로부터 생을 받는 12지는 낫는 시기이고, 의신으로부터 극을 받는 12지는 죽는 시기인데, 의신은 곧 천의와 지의이다.2)

---

1) 백호귀살에서 사람을 뜻하는 일간을 극하기 때문이다. 곧 사망시기를 가리킨다.
2) 아래 세 가지 학설 중에서 가장 상대에 기록된 『육임심경』의 이론을 따르는 것이 무난할 것으로 보인다.
  『육임심경』「점구의약」, "일진 월건 전 두 번째 신에 있는 이것이 바로 천의이고 대충은 지의이다. 가령 甲子일에 정단하면 전2가 되는 寅은 천의이고 대충인 申은 지

【구성이론】 구신, 천의, 지의.

【정단원리】 간상 및 삼전에 귀살이 보이더라도 지상이나 행년 본명상 또는 삼전의 구제신(자손효)에서 제극하면 허물이 되지 않는다. 구제신에 타고 있는 12천장에 따라 누가 어떻게 구제하는지를 알 수 있다. 구제신은 단지 공망을 꺼린다.

의이다."

『육임대전』「권1」신살론, "천의는 子월부터 子卯午酉 세 번이다."

『육임수언』「지남회전3」, "의신은 천지이신인데 월건의 전 두 번째 신이고, 대궁은 지의이다."

12지	子	丑	寅	卯	辰	巳	午	未	申	酉	戌	亥
천의	寅	卯	辰	巳	午	未	申	酉	戌	亥	子	丑
지의	申	酉	戌	亥	子	丑	寅	卯	辰	巳	午	未

第68-1法 天醫作虎鬼格
천의작호귀격   천의가 백호귀살을 만드는 격)[1]

> 不宜醫者治 虎乘干鬼 必有不明之人作禍.

(천의가 호귀를 만들면) 의사의 치료는 좋지 못하다. 백호가 일간의 귀살에 타면 반드시 밝지 못한 사람이 재앙을 만든다.

---

[1] 가령 5월의 甲子일 1국 밤 정단 말전에서, 午월의 천의인 申에 백호가 타고 있으므로, 이 의사에게 치료를 맡겨서는 안 된다.

〈과전도〉 甲子일 1국

丙	己	壬
青 寅 蛇	朱 巳 勾	后 申 白
寅	巳	申

丙	丙	甲	甲
青 寅 蛇	青 寅 蛇	白 子 后	白 子 后
甲寅	寅	子	子

第 68-2 法 病體難擔荷格
병 체 난 담 하 격   병든 몸으로는 짐을 맡아 지기 어렵다는 격

如丁巳日干上申 三傳申酉戌俱日財 占病必因傷食而得 以致不救 緣丁火逢病死墓 更於秋冬占無疑也.

〈과전도〉 丁巳일 12국

庚	辛	壬
合申蛇	朱酉貴	蛇戌后
未	申	酉

庚	辛	戊	己
合申蛇	朱酉貴	青午合	勾未朱
丁未	申	巳	午

가령 丁巳일 12국에서 간상은 申이고 삼전 申酉戌은 모두 일간의 재신이다.

질병 정단이면 반드시 상한 음식으로 질병을 얻었는데 치료할 수 없는 지경에 이른다. 그 이유는 丁화가 12운성의 병신과 사신과 묘신을 만났기 때문이다.

더욱이 가을과 겨울에 정단하면 의심의 여지가 없다.

如求財 春夏二季卻有 緣于強之 故尤宜詳空而憂喜俱無 如占病 三傳俱財 無制財者必死 有制財者可救 丁丑·丁未·丁亥干上申用.

만약 재물 정단이면 봄과 여름 두 계절에 오히려 있는데, 그 이유는 일간이 강해지기 때문이다.

더욱 마땅히 자세히 살펴보아 공망이면 근심과 기쁨은 모두 없다.

만약 질병 정단에서 삼전이 모두 재신인 경우에 재신을 제압하는 것이 없으면 필사이고 재신을 제압하는 것이 있으면 구할 수 있다. 가령 丁丑·丁未·丁亥 12국에서 간상의 申이 발용일 경우이다.[1]

---

[1] 丁丑·丁未·丁亥 12국에서 삼전은 모두 재신인 申酉戌이다. 그러나 이를 제압하는 신인 화가 보이지 않으므로, 질병 정단이면 필사이다.

第 69 法 虎乘遁鬼殃非淺　入險巇之敵境 遇伏藏強卒
호 승 둔 귀 앙 비 천
험준하고 가파른 적의 국경에 들어가서 매복해 있던 강한 군사를 만났다.

해설 백호가 둔간귀살에 타면 재앙은 얕지 않다.[1]

> 謂白虎加臨旬內之干爲日鬼者例　此乃課師不可得而知之其應
> 如神 凡占皆畏其咎彌深 難以消除 縱空亡亦不能爲救

이른바 백호가 순 내의 천간에 가임하고 일간의 귀살이 되면, 이 과의 응함은 마치 신과 같음을 알 수 있다.

모든 정단에서 모두 두려운데 그 재앙은 매우 깊어서 사라지기 어렵다. 설령 공망 되더라도 여전히 구할 수 없다.

> 如甲子日晝占　乃虎加庚午臨戌爲用　又旦占虎加庚午臨子在
> 支上 又旦占庚午作虎加干 或返吟. 乙丑日晝占虎臨辛未加戌
> 戊辰日夜占虎臨甲子加戌.

가령 甲子일 2국 낮 정단에서 백호가 庚午에 가하고 戌에 임하여

---

1) 『육임수언』「필법보담5」 우호봉사해경자, "① 조건 : 가령 여섯 甲일 둔반에 순내의 庚에 백호가 타서 6처에 있는 것이다. ② 해설 : 가령 甲子일 낮 귀인을 역행하면 午에 보이고, 甲寅일 낮 귀인을 순행하면 申에 보이며, 甲午일 밤 귀인을 역행하면 子에 보이고, 甲申일 밤 귀인을 역행하면 寅에 보인다. 모두 둔반 庚에 백호가 타서 일간을 극한다. … 모두 지극히 흉하고 지극히 괴이하다. 설령 공망이 되더라도 풀려서 구해지지 않는다. 무릇 庚은 백호의 본가이다."

서 발용이 되었다. 또한 7국 밤 정단에서 백호가 庚午에 가하고 子에 임하여서 지상에 있다.

그리고 7국 낮 정단에서 庚午가 백호를 만들어서 일간에 가하고 반음이다.

그리고 乙丑일 4국 낮 정단에서 백호가 辛未에 타서 戌에 가하고, 戊辰일 11국 밤 정단에서 백호가 甲子에 임하고 戌에 가한다.

〈과전도〉 甲子일 2국

壬	〇	丙
蛇申靑	勾亥朱	白寅后
巳	申	亥〇

己	壬	丁	庚
陰巳常	蛇申靑	常卯陰	后午白
甲寅	巳	子	卯

【구성이론】 귀살의 극, 둔귀.

【정단원리】 백호가 둔반귀살에 타서 6처에 보이면 흉하다. 단지 공망되면 구병은 치유의 희망이 없다.

第 69-1 法 明暗二鬼格
명암이귀격   천반과 둔반에 있는 두 귀살격[1]

乃干上神作日干明鬼 又支上神遁旬干作日干暗鬼.

　간상신이 일간의 명귀를 만들고, 다시 지상신이 둔반에서 旬中 천간이 일간의 암귀를 만드는 것이다.

如六甲日申加甲 庚加支 ; 六乙日酉加乙 卽庚加支 ; 六丙日亥加丙 卽壬加支 ; 六丁日子加丁 卽壬加支 ;

〈과전도〉 甲子일 7국

丙	壬	丙	
白寅后	蛇申青	白寅后	
申	寅	申	
壬	丙	庚	甲
蛇申青白	白寅后	后午白	青子蛇
甲寅	申	子	午

　가령 여섯 甲일에서 申이 甲에 가하고 庚이 일지 둔반에 가하며, 또한 여섯 乙일에서 酉가 乙에 가하고 다시 庚이 일지 둔반에 가한다.
　여섯 丙일에서 亥가 丙에 가하고 壬이 일지 둔반에 가하며, 또한 여섯 丁일에서 子가 丁에 가하고 壬이 일지 둔반에 가한다.

---

1) 『육임수언』「필법보담5」명상암벌화익렬, "① 조건 : 이른바 간상신이 명귀를 만들고 지상의 둔간이 암귀를 만들면, 명암으로 동시에 공격하니 그 화는 가장 극렬하다. ② 예제 : 가령 여섯 甲일에서 申이 일간에 가하고 庚이 일지에 가한다. 여섯 국에서 酉가 일간에 가하고 庚이 일지에 가한다. 이것은 매일 하나씩 있다. 여섯 癸일에는 이런 예가 없다."

> 六戊日寅加戊 卽乙加支 ; 六己日卯加己 卽乙加支 ; 六壬日未加壬 卽戊加支 ; 六癸日占無.

　또한 여섯 戊일에서 寅이 戊에 가하고, 乙이 일지 둔반에 가한다. 또한 여섯 己일에서 卯가 己에 가하고, 乙이 일지 둔반에 가한다. 또한 여섯 壬일에서 未가 壬에 가하고, 戊가 일지 둔반에 가한다. 그러나 여섯 癸일 정단에서는 없다.

第70法 鬼臨三四訟災隨　先和好而后有兵謀
　　　　귀 임 삼 사 송 재 수　먼저는 화평하여 사이가 좋지만 나중에는 전쟁을 도모한다.

해설 귀살이 3·4과에 임하면 소송의 재앙이 뒤따른다.

謂日干之鬼臨于第三四課全者　官詞病患繼踵而至　唯宜修德作福　及歸正道　庶得稍輕　尤未免其病詞二事也. 如或全値空亡始能免此　尤未免先見此而後無慮. 如乙未日申加未爲第三課 酉加申爲第四課之類

이른바 일간의 귀살이 3·4과에 모두 임하면 관사와 병환이 끊임없이 계속된다. 오로지 덕을 닦고 복을 짓는 것이 마땅하고 정도에 귀의하면 차츰 가벼워지지만 단지 질병과 관사의 두 일만은 면하지 못한다. 만약 모두가 공망이면 처음에는 능히 이를 면한다. 그러나 이를 먼저 보았다면 더욱 면하지 못하지만 나중에는 우환이 없게 된다.

가령 乙未일 12국에서 申이 未에 가한 제3과, 酉가 申에 가한 제4과가 되는 류이다.

〈과전도〉 乙未일 12국

丁	戊	己	
后酉玄	陰戌陰	玄亥后	
申	酉	戌	
○	甲	丙	丁
合巳青	朱午空	貴申常	后酉玄
乙辰	巳○	未	申

> 如甲戌日酉加戌爲第三課 申加酉爲第四課 雖日鬼加臨辰兩課
> 尤幸皆作空亡 不能爲害 未免虛撓而已似乎可畏.

가령 甲戌일 2국에서 酉가 戌에 가한 제3과, 申이 酉에 가한 제4과이다.

비록 일간의 귀살이 지진의 양 과에 임하지만 무척 다행스러운 것은 공망이므로 해가 되지 못한다는 것이다. 단지 헛된 요란을 면하지는 못하나 두렵지는 않다.

【구성이론】 귀살의 극, 세파, 천귀, 주작, 구진.

【정단원리】 일간귀살이 일지에 임하여 가택에 들면 관재와 질병이 생긴다.

第70-1法 歲破作鬼臨支格
세 파 작 귀 임 지 격　　세파[1]가 귀살을 만들어서 지진에 임하는 격

> 又克支 主訟災(免難).

만약 다시 지진을 극하면, 소송에서 재앙이 있다.(면하기 어렵다)[2]

---

1) 『육임대전』「권1」 신살류, "세파(歲破)는 대모(大耗)와 더불어서 년과의 충되는 12지이다."

2) 가령 己丑년의 甲子일 6국에 정단하면, 己丑년의 세파인 未토가 지상에 임하여 지진 子수를 극한다. 참고로 세파는 태세를 충하는 12지이다.

第70-2法 天鬼作日鬼格
천귀작일귀격   천귀가 일귀를 만드는 격

> 在六處占病 必是疫炁 如天鬼作日鬼空亡者病 雖似疫 旋卽無事 但未免頭疼發熱而已.

　　이것이 6처에 있을 때에 질병을 정단하면 반드시 돌림병이다. 만약 천귀[1]가 일간의 귀살을 만들고 공망이 되면 질병은 비록 돌림병이지만 무사하게 된다.[2] 단지 두통과 발열을 면하지 못할 뿐이다.

---

1) 『육임대전』 「권1」 신살류, "천귀는 1월부터 酉午卯子 세 번이다."
　같은 책, 「과경3」 삼음과, "상왈, … 천귀복앙살, 정월 酉에서 일으켜서 역행 사중이다. 그 살이 일진이나 행년·본명에 임하면 질병 정단은 필사이고, 전투는 많이 패하며, 모위와 가택 정단에서 가정은 깨지고 사람은 떠난다. 모든 일에서 흉화가 있으니 제례의식을 올림이 마땅하다."

2) 가령 4월의 丙申일 6국이다. 간상과 말전에 있는 4월의 천귀 子는 겸하여 일간의 귀살에 해당되니 돌림병이다. 다행인 것은 이가 공망에 앉아 있으므로 생명은 무사하다.

〈과전도〉 丙申일 6국

	戊	○	庚	
蛇戌	后	常巳 空	合子	蛇
	卯	戌	巳○	
	庚	乙	癸	戊
合子 蛇	陰未 常	空卯 勾	蛇戌 后	
丙	巳	子	申	卯

第 70-3 法 朱勾相會格
주 구 상 회 격
주작과 구진이 서로 만나는 격

> 如丙辰午加辰 乃朱雀入勾陳 必有細之訟.

가령 丙辰일 11국에서 午가 辰에 가하면 주작1)이 구진2)에 드는 뜻이니, 반드시 작지 않은 소송이 있다.3)

〈과전도〉 丙辰일 11국

庚	壬	○	
蛇申合	后戌蛇	玄子后	
午	申	戌	
己	辛	戌	庚
朱未勾	貴酉朱	合午靑	蛇申合
丙巳	未	辰	午

---

1) 『육임대전』「권2」주작론, "실지하면 구설, 공송(관재), 문자, 재물, 말(馬)의 분실, 재앙으로 상하는 것 등을 주관한다."

2) 같은 책, 구진론, "구진은 병졸과 창, 관송(관재), 공적인 일, 관청의 도장, 전택을 다투는 일 … 등을 주관한다."

3) 주작의 오행은 丙午, 구진의 오행은 戌辰이다. 주작은 소송장, 구진은 관재를 뜻한다. 따라서 주작이 구진에 든다는 말은 관재를 당한다는 뜻이 성립된다.

第71法 病符克宅全家患　兵疲師老 爲主將猶宜深忌焉
병부극택전가환

병사는 지치고 장수는 늙었으니, 장수는 마땅히 깊이 조심해서 전투를 꺼려야 한다.

해설 병부에서 가택을 극하면 모든 가족에게 근심이 있다.

夫病符者 每年舊太歲是也 且如子年亥爲病符 丑年子爲病符 餘年仿此. 若病符臨支又克支者 乃主合家病患 更乘天鬼 定遭時疫而無疑也 病符乘白虎而臨支克支尤凶.

무릇 병부1)는 매 년의 구 태세이다. 가령 子년에는 亥가 병부이고, 丑년에는 子가 병부이다. 나머지 해도 이와 같다.

만약 병부가 지진에 임하여 다시 지진을 극하면 가정의 모든 가족에게 병환이 있고, 다시 천귀가 타면 유행하는 돌림병인 것은 의심의 여지가 없다.2)

만약 병부에 백호3)가 타서 지진에 임하여 일지를 극하면 더욱

---

1) 『육임대전』「권1」 신살류, "병부는 태세의 후1진이다."

신살＼태세	子	丑	寅	卯	辰	巳	午	未	申	酉	戌	亥
병부	亥	子	丑	寅	卯	辰	巳	午	未	申	酉	戌

2) 가령 丑년 4월에 점단하면, 子는 丑년의 병부이고 다시 4월의 천귀에 해당한다.

신살＼월건	寅	卯	辰	巳	午	未	申	酉	戌	亥	子	丑
천귀	酉	午	卯	子	酉	午	卯	子	酉	午	卯	子
사기	午	未	申	酉	戌	亥	子	丑	寅	卯	辰	巳

흉하다.

> 如病符作月之生氣 尤主合家病 或作月之死炁必死. 已上乘天鬼尤凶. 天鬼者 正月酉 逆行四仲. 涉害深者必久病.

만약 병부가 월의 생기를 만들면 온 집안의 가족 질병은 오히려 괜찮지만1) 만약 월의 사기를 만들면 필사이다.2) 위에서 천귀가 타면 더욱 흉하다. 천귀는 정월 酉에서 시작하여 역행사중이다. (섭해과에서) 섭해가 깊으면 반드시 오래된 만성병이다.

【구성이론】병부, 천귀, 백호.
【정단원리】병부가 일지에 가하여 일지를 극하면 온 가족이 질병을 앓고, 만약 병부에 다시 백호가 타면 더욱 흉하며, 만약 병부가 다시 사기에 해당하면 가정에 사망자가 생긴다. 만약 천귀에 타면 전염병을 만난다.

---

3) 『육임대전』「권2」백호론, "… 곡을 하고 눈물을 흘림, 사망으로 상을 당함, 질병, … 혈광, 원수, 경공, 형륙의 일을 주관한다."
1) 가령 丑년 寅월에 정단하면, 丑년의 병부는 子이고 寅월의 생기도 子이다.
2) 가령 丑년 申월에 정단하면, 丑년의 병부는 子이고 申월의 사기도 子이다.

第71-1法 宜成合舊諸事格
의 성 합 구 제 사 격   모든 묵은 일을 이루기에 좋은 격

> 緣病符臨宅返來生宅者 或生日干 或作日財 或作貴人者 卻宜成合殘年舊事 逐類而言之 一切勿作病符論之.

　병부가 가택에 임하여 오히려 가택을 생해 오거나, 또는 일간을 생하거나, 또는 일간의 재신이거나, 또는 천을귀인이 타면, 남아 있는 여생에서 묵은 일을 이루는 데에 오히려 적당하다.
　모든 일은 마땅히 류신을 쫓아서 추리해야 되고, 모든 것을 병부로 논해서는 안 된다.

第72法 喪吊全逢掛縞衣　　主帥喪亡 三軍皆服縞素
상 조 전 봉 괘 호 의
장수가 사상을 당하니 삼군이 모두 흰 옷을 입는다.

해설 상문과 조객을 모두 만나면 흰옷을 건다.

> 謂歲前二辰爲喪門 歲後二辰爲吊客. 如支干上全逢此二位凶煞
> 主凶 又於占人行年本命上神乘之 其年必哭送親姻 身披孝服
> 也.

이른바 태세의 전 이진은 상문이고 태세의 후 이진은 조객이다. 만약 일지와 일간상 모두에 이 두 흉살을 만나면 흉하다.
그리고 정단인의 행년과 본명상신에 타면, 그 해에 반드시 부고를 친인척에게 보내고, 내 몸은 상복을 입는다.

> 若論支干上全逢喪吊者 唯甲午 丁亥 己亥 庚子 癸巳 乃干上
> 乘吊客 支上乘喪門. 甲戌 丁卯 己卯 庚辰 癸酉 五日乃幹上
> (乘)喪門 支上(乘)吊客.

만약 일지와 일간상에 상문과 조객을 모두 만나는 것을 논하면, 오로지 甲午·丁亥·己亥·庚子·癸巳에서만 간상에는 조객이 타고 지상에는 상문이 탄다.
그리고 甲戌·丁卯·己卯·庚辰·癸酉에서만 간상에는 상문이 타고 지상에는 조객이 탄다.1)

【구성이론】 묘신, 백호, 태상, 등사, 병부, 상문, 조객, 세묘.

【정단원리】 간지상신에 태세신살인 상문과 조객을 만나면 상을 당하고, 만약 행년·본명상에서 만나면 더욱 확실하다. 삼전의 삼합국이 상문과 조객을 만나더라도 똑같이 추론한다.

1) 간지상에 상문과 조객을 모두 만나는 날(태세 기준)

태세 \ 일진	甲戌	甲午	丁卯	丁亥	己卯	己亥	庚子	庚辰	癸巳	癸酉
子	1	5	6	10	6	10	11	7	4	12
丑	12	4	5	9	5	9	10	6	3	11
寅	11	3	4	8	4	8	9	5	2	10
卯	10	2	3	7	3	7	8	4	1	9
辰	9	1	2	6	2	6	7	3	12	8
巳	8	12	1	5	1	5	6	2	11	7
午	7	11	12	4	12	4	5	1	10	6
未	6	10	11	3	11	3	4	12	9	5
申	5	9	10	2	10	2	3	11	8	4
酉	4	8	9	1	9	1	2	10	7	3
戌	3	7	8	12	8	12	1	9	6	2
亥	2	6	7	11	7	11	12	8	5	1
간상 조객, 지상 상문인 일진 : 甲午·丁亥·己亥·庚子·癸巳					간상 상문, 지상 조객인 일진 : 甲戌·丁卯·己卯·庚辰·癸酉					

第72-1法 內外孝服格
내 외 효 복 격　　　　부부가 모두 상복을 입는 격

> 如日鬼作死氣而乘太常加干上 必主有外孝服至.

만약 일간의 귀살이 월신살 사기¹⁾를 만들고 여기에 태상²⁾이 타서 간상에 가하면, 반드시 외가로부터의 효복이 온다.

> 且如六辛日午加戌 正月夜占爲死氣作太常 ; 六壬日未加亥 二月夜占 又六壬日丑加亥 八月旦占 ; 六癸日未加丑夜占 二月爲死氣.

〈과전도〉 辛未일 5국			
丁	○	辛	
后卯合	合亥白	白未后	
未	卯	亥○	
庚	丙	丁	○
常午貴	貴寅勾	后卯合	合亥白
辛戌	午	未	卯

그리고 가령 여섯 辛일 5국에서 午가 戌에 가하고 1월 밤 정단에서 사기에 해당하고 태상이 탄다.

또한 여섯 壬일 5국에서 未가 亥에 가하고 2월 밤 정단이다. 그리고 여섯 壬일 11국에서 丑이 亥에 가하고 8월 낮 정단이다.

여섯 癸일 7국에서 未가 丑에 가하고

---

1) 『육임대전』 「권1」, "사기와 만어는 午에서 순으로 12지."
2) 『육임대전』 「권2」, "… 어그러짐, 공적 또는 사적인 문자, 도적, 옷과 치마, 곡으로 눈물을 흘림(哭泣), 불미스러움, 공사, 감옥에 갇힘을 주관한다."

밤 정단이고 2월의 사기이다.

> 內辛亥日太常臨午加戌 支上未亦爲太常 上又乘白虎作丁神而克支 此例必有內外孝服. 內壬子日太常臨未加亥 支上申又乘白虎 三月占又是死炁乘虎入宅 亦主內外孝服. 又壬戌日太常臨丑而克亥干 支上子爲白虎作空亡 羊刃入宅.

〈과전도〉 辛亥일 5국			
丁	○		辛
白 未	后 卯		合 亥
亥	未		卯 ○
丙	○	丁	○
常 午	貴 寅	白 未	后 卯
辛戌	午	亥	未

여기에 속하는 것으로 辛亥일 5국에서, 태상이 午에 타서 戌에 가하고, 지상의 未 또한 태상[1]이며 그 위에는 다시 백호가 정신을 만들어서 일지를 극하니, 이 예는 반드시 부부 모두 상복을 입는다.

여기에 속하는 것으로 壬子일 5국에서 태상이 未에 타서 亥에 가하고, 지상의 申에는 다시 백호가 타는데, 3월 정단에서 다시 사기가 백호에 타서 가택에 드니, 또한 부부 모두 상복을 입는다.

그리고 壬戌일 11국에서, 태상이 丑에 타서 일간 亥를 극하고,[2] 지상 子에는 백호가 타서 공망이 되고 양인이 가택에 든다.

---

1) 태상의 천장 오행은 己未토이다. 未를 태상으로 보았다.
2) 간상의 丑토는 旬中의 공망이므로 실제로는 일간을 극하지 못한다. 그리고 지상신 子 또한 旬中의 공망이므로 큰 해는 발생하지 않는다.

第72-2法 孝白蓋妻頭格
효 백 개 처 두 격   효백(상복)을 처의 머리에 덮어씌운 격

如癸亥卯未三日 干上未夜將 酉年二月丑爲年命. 如是妻占夫病必死 緣妻之年命上乘華蓋 作太常爲日鬼 又是死炁爲吊客故也. 如八月內占之 乃未爲生炁 尙有孝服未已.

〈과전도〉 癸亥일 7국

丁	癸	丁
貴巳陰	空亥勾	貴巳陰
亥	巳	亥
己	○	丁 癸
朱未常	常丑朱	貴巳陰 空亥勾
癸丑	未	亥 巳

만약 癸亥・癸卯・癸未 세 날의 7국에서, 간상은 未이고 밤 천장이며, 酉년 2월이고 행년・본명은 丑이다. 만약 처가 남편 질병정단을 했으면 필사이다.

그 이유는 처의 행년・본명 丑 위에 화개가 태상을 만들어서[1] 일간귀살이 되고, 다시 사기와 조객에 해당되기 때문이다.

설령 8월 중에 정단하여 未가 생기에 해당될지라도 효복을 면하기는 어렵다.

又如日干之鬼作死炁乘太常 加於支上主有內服至 再見喪吊更凶. 又乙未日申加未 三月占用旦將 作死炁乘太常入宅.

---

1) 행년・본명이 丑이면 그 상신은 未인데, 이 未는 곧 화개가 되고 여기에 태상이 탄다. 여기서의 未는 일간 癸수의 귀살이고, 丑년 기준의 조객이며, 2월의 사기에 해당된다.

〈과전도〉 乙未일 12국		
丁	戊	己
后 酉 玄 陰 戌 陰 玄 亥 后		
申	酉	戌
○	甲	丙	丁
合巳青 朱午空 貴申常 后酉玄		
乙辰	巳○	未	申

그리고 만약 일간의 귀살이 사기를 만든 곳에 태상이 타서 지상에 가하면 내 효복이 있고, 여기에 다시 상문과 조객이 보이면 더욱 흉하다.

그리고 乙未일 12국에서 申이 未에 가한 3월 정단에서 낮 천장이 사기를 만들고 태상이 타서 가택에 든다.[1]

又戊戌日卯加戌 十月占用夜將 乃卯作死氣乘太常入宅 而又剋宅 凶尤甚也. 又戊子日卯加子作太常 死氣入宅刑宅 亦十月占用夜將有之.

〈과전도〉 戊戌일 8국		
丙	辛	甲
青申蛇 貴丑空 白午后		
卯	申	丑
戊	癸	癸	丙
合戌合 陰卯常 陰卯常 青申蛇		
戊巳	戌	戌	卯

그리고 戊戌일 8국에서, 卯가 戌에 가하는데 10월 정단에서 밤 천장이 사기를 만든 卯에 태상이 타서 가택에 들어 다시 가택을 극하니 흉은 더욱 심하다.

그리고 戊子일 10국에서, 子에 가한 卯에 태상이 타고, 사기가 가택에 들어 가택을 형하며, 10월 정단에서 밤 천장을 쓴다.

---

1) 일간귀살인 지상의 申금에 3월의 사기가 타고 다시 태상이 탄다. 따라서 '내효복'이 있는 것이다.

又壬子日丑加子 八月占 用旦將 乃日鬼乘太常作死炁入宅剋宅.

〈과전도〉 壬子일 12국			
○	○	甲	
后寅玄	貴卯陰	蛇辰后	
丑	寅○	卯○	
壬	癸	癸	○
玄子白	陰丑常	陰丑常	后寅玄
壬亥	子	子	丑

그리고 壬子일 12국에서 丑이 子에 가하고 8월 정단이며, 낮 천장에서 일간의 귀살에 태상이 타고, 사기를 만들어서 가택에 들어 가택을 극한다.

又辛酉日午加酉 正月占用夜將 乃死炁作日鬼乘太常入宅剋宅凶甚. 又壬戌日未加戌 二月占夜將 乃死炁作鬼乘太常入宅.

〈과전도〉 辛酉일 4국			
戊	乙	○	
常午貴	后卯合	朱子空	
酉	午	卯	
己	丙	戊	乙
白未后	陰辰朱	常午貴	后卯合
辛戌	未	酉	午

그리고 辛酉일 4국에서, 午가 酉에 가하고 정월 정단이며 밤 천장이다.
사기가 만든 일간의 귀살에 태상이 타서 가택에 들어 가택을 극하니 더욱 흉하다.
그리고 壬戌일 4국에서, 未가 戌에 가한 2월 정단 밤 천장은 곧 사기가 만든 일간의 귀살에 태상이 타서 가택에 든다.[1]

---

1) 일간의 귀살 未가 가택에 들어 일지 戌과 未戌 형을 한다.

又癸亥日未加亥　二月夜將　乃死炁作日鬼乘太常入宅又剋宅
凶. 又癸酉日未加酉　二月夜將　乃死炁作日鬼乘太常入宅.

〈과전도〉 癸亥일 5국

己	乙	癸
陰未常	朱卯貴	空亥勾
亥	未	卯

辛	丁	己	乙
常酉	空貴巳	陰未常	朱卯貴
癸丑	酉	亥	未

그리고 癸亥일 5국에서, 未가 亥에 가한 2월 밤 천장은 곧 사기가 만든 일간귀살에 태상이 타서, 가택에 들어 가택을 극하니 흉하다.

그리고 癸酉일 3국에서, 未가 酉에 가한 2월 밤 정단은 곧 사기가 만든 일간귀살에 태상이 타고 가택에 든다.

辛未日九月旦將　寅加未作死炁乘太常入宅又剋宅. 甲戌　庚戌
三日卯加戌　十月占　夜將乃死炁作太常入宅又剋宅.

〈과전도〉 辛未일 6국

癸	戊	○
青酉合	陰辰陰	合亥青
寅	酉	辰

己	甲	丙	癸
玄巳后	朱子空	貴寅常	青酉合
辛戌	巳	未	寅

辛未일 6국 9월 낮 천장에서, 未에 가한 寅이 사기를 만든 곳에 태상이 타서 가택에 들어 가택을 극한다.

甲戌과 庚戌 두 날 8국에 卯가 戌에 가한 정단에서, 밤 천장은 곧 사기가 태상을 만들어서 가택에 들어 가택을 극한다.

己亥日戌加亥　十一月占　旦夜將乃死炁作太常入宅又剋宅. 辛
亥日戌加亥　五月占　旦夜將乃死炁作太常入宅又剋宅.

己亥일 2국 戌이 亥에 가한 11월 정단에서, 주야 천장은 곧 사기에 태상이 타고 가택에 들어 가택을 극한다.

辛亥일 2국에서, 戌이 亥에 가한 5월 정단이고, 주야 천장인 태상이 사기에 타서 가택에 들어 다시 가택을 극한다.

第72-3法 墓門開格
묘 문 개 격   묘지의 문이 열린 격[1][2]

如歲後五墓又爲干墓 臨卯酉作蛇又作月厭 必主重喪. 如子年 四月乙酉日未加酉 夜乘蛇上同.

〈과전도〉 乙酉일 3국			
○		癸	辛
蛇未白	合巳靑	靑卯合	
酉	未○	巳	
庚	戌	○	癸
空寅朱	常子貴	蛇未白	合巳靑
乙辰	寅	酉	未○

만약 태세의 후5인 세묘가 일간의 묘신이 되어 卯酉에 임하고 여기에 등사가 타고 다시 월염이면 반드시 거듭 상을 당한다.

가령 子년 4월 乙酉일 3국에서 未가 酉에 가하고 밤에 등사가 탄다.[3]

위와 같다.

---

1) 『육임대전』「과경4」귀묘과, 상왈, "조건 : 무릇 일진의 묘신에 등사·백호가 타서 卯·酉에 가하고 아울러 정단인의 행년에 아우르면 묘문개격이다."

2) 『육임수언』「필법보담5」묘승사호다상손, "① 조건 : 이른바 일묘에 등사와 백호 두 살이 타서 일지 卯酉에 임하면 '총묘문개'이다. ② 길흉 : 주로 사상을 당한다. ③ 예제 : 가령 丁卯일 지상 戌에 밤 정단에서 등사가 탄다. 辛酉일에서 지상 丑에 낮 정단에서 등사가 탄다. 만약 정단인의 행년·본명에 다시 타면 필사이다. 만약 간묘가 태세 후5인 세묘에 해당하면 거듭 상을 당한다. 세묘는 子년 未, 午년 丑, 酉년 辰, 卯년 戌에 있다."

3) 子년의 세묘인 지상의 未가 문을 뜻하는 酉에 임하고 여기에 등사가 탄다. 따라서 거듭하여 상을 당한다.

又午年十月辛酉日丑加酉 乘蛇作月厭爲歲後五墓 而又作干墓.

〈과전도〉 辛酉일 9국		
甲	戊	壬
貴寅常	常午貴	勾戌勾
戌	寅	午
甲	戊	○ 丁
貴寅常	常午貴	蛇丑白 玄巳后
辛戌	寅	酉 丑○

그리고 午년 10월 辛酉일 9국에서, 丑이 酉에 加한 곳에 등사가 타서 월염을 만들고, 다시 태세의 후5인 세묘가 되고 다시 일간의 묘신이 된다.

第73法 前後逼迫難進退　前有張硬之敵　後有羈縻
전 후 핍 박 난 진 퇴 [1]　앞에는 완강한 적이 있고, 뒤에는 얽어놓은 함정이 있다.

해설 전후에서 핍박하니 전진과 후퇴 모두 어렵다.[2]

假令壬寅日干上子 三傳辰巳午皆空而不可進 欲退後一步逢地下寅盜氣 又退一步逢丑爲干鬼 乃前不可進 後不可退 以此推之 惟宜守干上之旺 切不可往謀動用則虛耗百出.

〈과전도〉 壬寅일 12국

	○	○	甲
	蛇辰后	朱巳貴	合午蛇
	卯	辰○	巳○
庚	辛	癸	○
	玄子白	陰丑常	貴卯陰 蛇辰后
	壬亥	子	寅　卯

가령 壬寅일 간상 子인 12국에서, 삼전 辰巳午는 모두 공망이므로 전진하지 못한다.

뒤로 한 발 물러나려고 하지만 지하의 지반 寅목을 만나서 기운을 도난당하고, 다시 뒤로 한 발 물러나려고 하지만 일간귀살인 丑을 만나니, 나아가지도 못하

---

1) 제73법과 제17법은 비슷하지만 약간의 차이가 있다. 제73법은 전진과 후퇴 모두 어려운 것이고, 제17법은 물러난 뒤에 내 몸이 탈기를 당하는 것이다. 같은 점은 두 법 모두 의지할 곳이 없다는 것이다.

2) 『육임수언』「필법보담5」성전공곡수퇴보, "① 해설 : 가령 壬寅일 간상 子이다. 삼전 辰巳午는 모두 공망이므로 전진하지 못한다. 뒤로 한 발 물러나려고 하지만 지하의 지반 寅목을 만나서 기운을 도난당하고, 다시 뒤로 한 발 물러나려고 하지만 일간귀살인 丑을 만나니, 나아가지도 못하고 물러나지도 못한다. ② 길흉 : 이로써 추리하면, 간상이 이미 왕하니 기다려서 지킴이 마땅하고, 만약 도모하여 움직이면 헛된 손실만 많다."

고 물러나지도 못한다.

이로써 추리하면 간상이 왕하니 지킴은 옳고, 도모하고자 움직이면 손실이 매우 많으므로 절대로 움직여서는 안 된다.

又癸巳日干上子 乙巳日干上卯 三傳卯寅丑. 甲寅日干上卯 三傳辰巳午.

〈과전도〉 癸巳일 2국

辛	庚	己	
朱 卯 貴	合 寅 后	勾 丑 陰	
辰	卯	寅	
戊	丁	壬	辛
青子玄	空亥常	蛇辰蛇	朱卯貴
癸丑	子	巳	辰

또한 癸巳일 2국에서 간상 子와[1] 乙巳일 2국에서 간상은 卯이고, 삼전은 卯寅丑이다.

甲寅일 12국에서 간상은 卯이고 삼전은 辰巳午이다.[2]

壬申日干上子 三傳丑寅卯. 癸卯日干上寅 三傳辰巳午. 此於逼迫二字不合 若剋處回歸 又受剋還似. 初傳被下剋 繼歸地盤之本宮 又被上神所剋格. 此例乃剋處回歸又受剋 雖虎賁之勇亦不可爲.

---

1) 한발 물러나려고 하면 귀살 辰土를 만나니 진퇴는 모두 어렵다.
2) 한발 물러나려고 하면 왕신인 양인살 卯를 만나니 진퇴 모두 어렵다.

壬申일 12국에서 간상은 子이고 삼전은 丑寅卯이다. 癸卯일 12국에서 간상은 寅이고 삼전은 辰巳午이다.

이는 '핍박'이라는 두 자에 적합하지 못하다.

마치 극처가 회귀하여 다시 수극으로 돌아가는 것과 비슷하다. 초전이 아래로부터 극을 당하고, 그 뒤를 이어서 지반의 본궁으로 돌아가더라도 다시 상신이 극을 당하는 격이다.

이 예는 극처가 회귀를 하더라도 다시 극을 당하면, 설령 호랑이의 용맹을 지녔을지라도 어쩔 도리가 없다.

癸巳卯丑亥四日 午加癸爲初傳 乃午火受癸水所剋 及歸本家午上 又被亥水所剋 使其午火去住不能也. 且午火之類神爲日之財 主財聚散

가령 癸巳·癸卯·癸丑·癸亥의 네 날 8국에서 午가 癸에 가하여 초전인데 午화는 癸수로부터 극을 당한다.

午위의 본가로 돌아가더라도 다시 亥수로부터 극을 당하므로, 그 午화는 가지도 거주하지도 못한다.

오히려 午화는 일간의 재물 류신이지만 재물이 모였다가 흩어지고 만다.

> 如用夜將玄武加午 主失財 其午火之上亥亦爲玄武 主重重失
> 財. 亦爲日干之妻 主妻常病. 亦爲馬類或有馬而常被人撓. 亦
> 爲屋類 主頻遷徙而作費用. 亦爲心類 主心病. 亦爲眼 主常患
> 眼目. 已上之類皆不宜占.

만약 밤 천장을 쓰면 현무가 午에 가하니 재물을 잃고, 그 午火 위의 亥 역시 현무가 타니 거듭하여 재물을 잃는다. 午火는 또한 일간의 처이므로 처는 평소에 질병을 앓는다.

그리고 또한 말(馬)의 류신이 되어 그 말은 평소 다른 사람에 의한 어지럽힘을 입는다. 또는 가옥의 류신이 되어 빈번하게 이사를 하여 비용을 없앤다. 또는 심장의 류신이기도 하니 심장병을 앓는다. 또는 눈의 류신이 되어 늘 눈 질환을 앓는다.

위에서의 류신은 모든 정단에서 좋지 못하다.

【구성이론】 삼전, 귀살의 극, 공망.

【정단원리】 삼전에서 진연주가 모두 공망이면 전진하지 못하고, 물러난 후에 탈도나 귀살을 만나면 물러나지도 못한다. 움직여서 도모하지 못하므로 삼가 간상의 왕을 지켜야 하고, 만약 그러지 않으면 헛된 지출이 지극히 많다. 또한 초전이 극에 앉은 경우에 지반의 본궁으로 돌아가더라도 다시 상신으로부터 극을 당하는 것 역시 이와 같다.

第 73-1 法 全傷坐克格
전 상 좌 극 격
모두 상하고 앉은 곳에서 다시 극을 당하는 격

如支干各上神剋 又坐被剋方者. 假令甲午寅 丙寅午辰戌 癸卯

〈과전도〉甲午일 7국		
壬	丙	壬
白 寅 后	蛇 申 青	白 寅 后
申	寅	申
丙	壬	庚	甲
蛇 申 青 白	白 寅 后	青 子 蛇	后 午 白
甲 寅	申	午	子

가령 일지와 일간이 각각의 상신으로부터 극을 받고, 다시 앉은 곳으로부터 극을 당하는 것이다.

예를 들면 甲午・甲寅・丙寅・丙午・丙辰과 丙戌・癸卯・癸巳일의 모든 반음과이다.[1]

---

[1] 만약 가정을 정단하면, 일간은 사람이고 일지는 가택이다. 사람인 甲목은 申금의 극해를 받고, 가택인 午화는 子수의 극해를 받으니 흉한데, 다시 일간음신인 寅목이 지반 申금으로부터 극해를 받고, 일지인 午화가 지반 子수로부터 극해를 받는다. 따라서 사람과 가택은 모두 모두 흩어지고 가산도 사라진다. 이 외의 많은 인사에서도 적용이 가능하다.

第73-2法 顧祖格並回還格
고 조 격 병 회 환 격   고조격[1]과 회환격[2]

> 止宜守舊 亦進退不能也.

다만 옛일을 지키는 것이 마땅하고, 전진하지도 못하고 후퇴하지도 못한다.

---

[1] 『육임대전』「과경4」 간전과, "① 조건 : 午辰寅은 고조격이다. ② 해설 : 무릇 午는 寅의 자손이고 寅은 午의 장생지이니 스스로 午에서 寅으로 전해지므로 자식이 어머니를 돌이켜서 옛 오두막집으로 돌아가는 상이다. ③ 길흉 : 매사 구재와 모망은 모두 길하다. 도적 정단에서 도적은 가고, 행인 정단에서 행인은 온다. 庚일의 질병 정단은 흉하고, 관직 정단은 대길하다."

[2] 같은 책, 반주과, "… 辛亥일 제2국에서 삼전에 있는 12지가 사과에 모두 보이면 회환격이다. 모망사는 이룬다. 길사와 흉사 모두 이룬다."

第74法 空空如也事休追　　如云事休追 不可受降盟約
공공여야사휴추
'사휴추'라고 말한 것은, 항복의 맹약을 받아서는 안 된다는 말이다.

해설 거듭하여 공망이면 일을 추구하지 마라.[1]

謂三傳皆空亡者是也　於進退連茹課中多有　三合課兩傳空亡
縱有一傳不空而上乘天空將者　亦係此例　不欲細具.

이른바 삼전이 모두 공망되는 것이다.[2] 이는 진연여과와 퇴연여과 중에 많다.[3]

1) 『육임수언』「필법보담5」 삼전개공격, "① 해설 : 이른바 삼전이 모두 공망인 것은 진퇴의 연여와 반음과에서 많고 연여가 공망이다. 자세한 것은 뒤의 문장을 보면 된다. 가령 반음이 공망을 만나는 것을 예로 들면, 乙未일 삼전은 戌辰戌로 펼쳐졌고, 己亥일 삼전 巳亥巳에서 삼전은 모두 공망이니 빈 뜻과 빈 말이 되어 전혀 실의가 없다. ② 길흉 : 질병과 소송 등의 근심과 의혹사는 좋고, 만약 희망사를 구하면 순이 바뀐 뒤에 다시 도모하면 가능하다. 만약 질병 정단이면 구병인 사람은 사망이고, 신병인 사람은 안전하다. 삼합과 외에도 두 곳이 공망이고 홀로 한 곳에 천공이 타더라도 또한 이러하다."

2) 연여과의 삼전 공망

각 순	국수
갑자순	辛未10
갑술순	丁丑12
갑신순	·
갑오순	甲午12 · 壬寅12 · 癸卯2
갑진순	乙巳2 · 丙午2 · 戊申2 · 壬子12 · 癸丑2
갑인순	乙巳2 · 辛酉2

만약 삼합과에서 두 곳이 공망이고 비록 공망이 아닌 한 곳 위에 천공이라는 천장이 타더라도 또한 이 예에 속한다.
일일이 (720과에서) 자세하게 갖춰서 기록하지 않는다.

凡值此例 占事皆主指空畫空 全無實迹. 唯宜解散憂疑 欲成事而不可得也. 如鬼空尤妙. 如遇占病 久病者死 新病者安 欲望事成合 須待改旬再謀之方可也. 凡鬼空亦宜制之 不然亦有虛撓之凶 爲我難見彼之象.

무릇 이와 같은 예에 해당하면 모든 정단하는 일에서, 모든 일에 허공을 가리키면서 허공을 그린 거와 같아서 실제의 발자취가 전혀 없다.
우환사와 의혹사가 풀리고 사라지는 데는 좋지만, 성취하려고 하는 일은 얻을 수 없다. 만약 귀살이 공망이면 특히 신묘하다. 만약 질병을 정단하면 오래된 병자는 사망하고, 새로이 병을 얻

3) 가령 乙巳일 2국의 삼전은 卯寅丑의 퇴연여이다. 초전의 寅목은 천반공망, 중전의 寅목은 천지반 공망, 말전은 지반 공망이다.

〈과전도〉 乙巳일 2국			
○	○	癸	
青 卯 合	空 寅 朱	白 丑 蛇	
辰	卯 ○	寅 ○	
○	○	甲	○
青 卯 合	空 寅 朱	勾 辰 勾	青 卯 合
乙 辰	卯 ○	巳	辰

은 사람은 질병이 낫는다.

  만약 모망사를 이루고자 하면 새 순을 기다렸다가 다시 도모하면 가능하다.

  무릇 귀살이 공망일지라도 역시 제극하는 것이 옳지만, 그러지 않으면 더욱 헛되고 어지러운 흉이 있거나 나의 어려움을 타인에게 내보이는 상이 된다.

    【구성이론】 사과, 삼전, 공망.

    【정단원리】 삼전이 모두 공망이면 실의가 전혀 없다. 질병과 소송 등의 우환은 좋지만, 모망사는 순이 바뀐 뒤에 가능하다. 이것은 진퇴연주과 및 반음과에 많고, 이 외에 삼합과의 삼전에서 두 곳이 공망이고 나머지 한 곳에 천공이 타면 역시 이와 같다.

第74-1法 四課全空格
사 과 전 공 격   사과가 모두 공망된 격[1]

> 四課無形 事不出名 縱然出也 也是虛聲.

사과가 무형이면 일은 드러나지 못한다. 설령 드러나더라도 공연한 소리가 되고 만다.

> 如乙巳日干上寅爲空亡 第二課又入空亡鄕 支上卯作空亡 第四課又入空亡鄕 此乃四課皆空 故應前言.

〈과전도〉 乙巳일 3국			
癸	辛		己
白丑蛇	玄亥后	后酉玄	
卯○	丑		亥
○	壬	○	癸
空寅朱	常子貴	靑卯合	白丑蛇
乙辰	寅○	巳	卯○

가령 乙巳일 3국에서 간상 寅은 공망이고, 제2과는 다시 공망 향에 들며, 지상 卯는 공망이고, 제4과는 다시 공망 향에 든다.

이와 같이 사과가 모두 공망이므로 앞의 말과 상응한다.

---

[1] 같은 책, 전과개공사막추, 사과전공격, "가령 乙巳일 제1과 寅이 공망이고 제2과 子는 공망에 앉으며 제3과 卯가 공망이고 제4과 丑이 공망에 앉는다. 『경』에서 말하기를 사과가 무형이면 일은 드러나지 못하고 설령 드러나더라도 빈 메아리만 된다. 만약 행년·본명상에 공망이 타면 모든 일에서 성사하지 못하고, 사람을 대신하여 정단하는 일에서 다시 요극이나 별책 등의 과에서 초전이 공망되거나 공망에 앉으면 모두 무력해진다."

> 丙午日干上寅 戊辰日返吟 戊戌日返吟 已上前例內 如年命上
> 乘空亡 但非成事 或替他人占事 或初傳遙剋作空亡坐空鄉 尤
> 無力也.

〈과전도〉 丙午일 4국

壬	己		丙
合子蛇	貴酉陰		玄午白
卯○	子		酉
○	辛	○	壬
青寅合	朱亥貴	空卯勾	合子蛇
丙巳	寅○	午	卯○

丙午일 간상 寅인 4국[1]과 戊辰일 7국 반음과와 戊戌일 7국 반음과는, 위는 앞의 예에 속한다.

만약 행년·본명상이 공망이면 성사되지 않을 뿐만 아니라 만약 타인을 대신하여 정단하더라도 마찬가지이다.

만약 요극으로 초전이 되어 공망이고 공망 향에 앉으면 더욱 무기력해진다.

---

1) 丙午일 4국에서 제1과 천반 寅, 제2과 지반 寅, 제3과 천반 卯, 제4과 지반 卯는 모두 甲辰순의 공망이다.

第75法　賓主不投刑在上　　猶金宋之和議而畢竟南侵
빈 주 불 투 형 재 상
금나라와 송나라가 화의를 했지만 결국 남침을 받았다.

해설 손님과 주인이 다투지 않아도 刑罰이 이미 앞서 있다.

> 凡支干乘刑者有三等 凡占未免相刑之意 所謀交涉事 必各有異心.

무릇 일지와 일간에 형1)이 타는 종류에는 세 가지가 있다.2) 모든 정단에서 서로 형을 하는 뜻을 면하지 못한다. 도모하는 교섭사는 반드시 각각에게 다른 마음이 있다.

> ① 一字刑者 乃四課上神全逢辰午酉亥者是也.

---

1) 『육임대전』「권1」: "형은 상해이고 해치는 것이다."
2) 같은 책,「과경3」형상과, "① 조건 : 무릇 과 중의 삼형이 발용이고 아울러 행년이면 형상과이다. ② 해설 : 아마도 형보다 큰 악은 없을 것이다. 형은 상잔을 주관한다. 가령 ❶ 寅巳申 형은 '무은형'이라 한다. ❷ 丑戌未 형은 '무례형'이 된다. ❸ 子가 卯를 형을 하면 가정이 음란하고 죽거나 패망하며 존비가 화목하지 못한다. 卯가 子를 형을 하면 밝음에서 어둠으로 들고 도로가 불통하며 자식은 계율이 없다. ❹ 辰午酉亥는 자형이다. 세 가지는 각자 스스로 서로 형을 하니 순탄하지 못하여 어려움이 나타나고 죄로 인하여 상형이 된다. 형은 반드시 해침이 있으므로 따라서 '형상'이라 한다. ③ 길흉 : 만약 노복과 소인을 찾는 경우에 이들이 도망쳐서 간 방향은 일지의 형신이 임한 방위로 쫓으면 반드시 잡는다. ④ 주역괘 :『역경』의 6번째 송괘와 통하는 과체로서 대소 불화의 과이다."

일자형은 사과상신에 辰·午·酉·亥 모두를 만나는 것이다.1)

甲辰日第一課酉加寅 第二課辰加酉 第三亥加辰 第四課午加亥 此乃四課上神全逢辰午酉亥者也. 又癸亥日干上午同.

〈과전도〉甲辰일 6국		
丙	癸	戊
后午白	空丑貴	蛇申青
亥	午	丑
己	甲	辛	丙
朱酉勾	玄辰玄	勾亥朱	后午白
甲寅	酉	辰	亥

甲辰일 6국에서, 제1과는 酉가 寅에 가하고, 제2과는 辰이 酉에 가하며, 제3과는 亥가 辰에 가하고, 제4과는 午가 亥에 가한다. 사과상신은 모두 辰·午·酉·亥이다.

그리고 癸亥일 8국에서 간상 午가 이와 동일하다.2)

又乙酉日第一課亥加辰 第二課午加亥 第三課辰加酉 第四課複亥加辰 支干上乘辰午酉亥又尅支干者 尤可畏也.

---

1) 『육임수언』「필법보담5」빈주상벌형재상, "자형격은 이른바 午가 午를 형하는 종류이다. ① 가령 乙亥일 복음과에서 간지상은 모두 자형이고 삼전은 辰亥巳이며 다시 거듭 간지와 형이 된다. ② 乙酉일 복음과에서 간지상은 모두 자형이고 삼전은 辰酉卯이니, 거듭 간지와 형이다. ③ 또한 여섯 乙일 복음은 辰이 일간에 가한다. ④ 여섯 壬일 복음과는 亥가 일간에 가하고 일간은 자형이다. ⑤ 午酉辰亥월의 복음은 지상에 午酉辰亥가 보이고 일지는 자형이다. 일지 내에 삼전이 보이므로 거듭 자형을 만난다. 정단에서는 스스로 검속하고 스스로 지어서 형상에 이르는데 일간이 아니라 타인이기 때문이다."

2) 제1과는 午가 癸에 가하고, 제2과는 亥가 午에 가하며, 제3과는 辰이 亥에 가하고, 제4과는 酉가 辰에 가하니, 사과의 상신은 모두 자형이다.

〈과전도〉 乙酉일 6국			
丁	○		己
合亥蛇	陰午空	青丑后	
辰	亥	午○	
丁	○	壬	丁
合亥蛇	陰午空	常辰常	合亥蛇
乙辰	亥	酉	辰

또한 乙酉일 6국에서, 제1과는 亥가 辰에 가하고 제2과는 午가 亥에 가하며, 제3과는 辰이 酉에 가하고, 제4과는 다시 亥가 辰에 가한다.

일지와 일간 위에는 辰·午·酉·亥가 타고, 다시 일지와 일간을 극하니 더욱 두렵다.[1]

壬午日干上辰剋干壬 支上亥剋支午. 又己酉日辰加己 上爲墓
覆干 午加酉而剋支. 丙戌日干上亥剋干 支上辰墓支.

〈과전도〉 壬午일 8국			
庚	○		戌
后辰后	空酉勾	蛇寅玄	
亥	辰	酉○	
庚	○	乙	庚
后辰后	空酉勾	勾亥空	后辰后
壬亥	辰	午	亥

壬午일 8국에서, 간상 辰은 일간 壬을 극하고, 지상 亥는 일지 午를 극한다.

또한 己酉일 4국에서, 辰이 己에 가하여 위에 있는 묘신이 일간을 덮고 있으며, 午가 酉에 가하여 일지를 극한다.

丙戌일 7국에서, 간상 亥는 일간을 극하고, 지상 辰은 일지의 묘신이 된다.[2]

---

1) 사과에 네 자형 중에서 酉는 빠졌지만, 사과상신이 모두 자형임은 틀림없다. 그리고 제3과 상신 辰에서 제1과 상신인 亥를 토극수 하고 있고 일지 酉가 일간 乙목을 극하므로, 모든 대인 관계에서 나는 타인에게 해를 당하는 상이다.

2) 수토동궁을 적용하여 戌의 묘신을 辰으로 보았다.

如甲子日支上辰 其三傳辰申子 乃名自刑在干支上. 又如乙丑日支上酉 其三傳巳丑酉 亦支上重逢自刑. 又丙寅日干上酉 其三傳酉丑巳 乃干上重逢自刑之酉也. 餘並倣此.

〈과전도〉甲子일 11국			
戊	庚		壬
合辰合	蛇午青		后申白
寅	辰		午
戊	庚	丙	戊
合辰合	蛇午青	青寅蛇	合辰合
甲寅	辰	子	寅

가령 甲子일 11국에서, 지상은 辰이고 삼전이 辰申子이니 곧 자형이 간지 위에 있다고 할 수 있다.

또한 乙丑일 5국에서 지상이 酉이고 삼전이 巳丑酉이니, 지상에서 거듭 자형을 만난다.

그리고 丙寅일 9국에서 간상이 酉이고 삼전이 酉丑巳이니, 간상에서 거듭하여 자형 酉를 만난다. 나머지도 모두 이와 같다.

② 二字刑者 乃支干上全乘子卯者是也. 子卯相刑者 兩邊無禮. 乙未 丙申 戊申 壬申 辛丑五日 干上子 支上卯.

이자형은 일지와 일간 모두에 子卯가 타는 것이다. 子卯 상형은 양쪽이 무례한 것이다.[1][2]

---

1) 『육임수언』「필법보담5」, 빈주상벌형재상, "이른바 子가 卯를 형하고, 卯가 子를 형하는 것이 호형이다. 가령 甲子일 지상 卯刑子, 乙卯일 지상 子刑卯이다. 자식과 부모가 서로 상하므로 무례하고 무의하다. 일간에는 이와 같은 예가 없다."

2) 『육임대전』「과경3」 형상과, "子卯 상형은 하나는 수이고 하나는 목이니 어머니와 자식의 관계이지만 예의을 잃고 서로 해치는 것이니 '무례형'이다. 子가 卯를 형을

乙丑 丙寅 戊寅 辛未 壬申五日 干上卯 支上子. 以上十日 乃
支上神各無禮之刑也.

〈과전도〉 乙未일 5국

癸	己	乙
白卯合	合亥后	后未白
未	卯	亥

庚	丙	癸	己
勾子貴	貴申常	白卯合	合亥后
乙辰	子	未	卯

乙未일 5국, 丙申일 6국, 戊申일 6국, 壬申일 12국,[1] 辛丑일 11국의 5일에서 간상은 子이고 지상은 卯이다.

乙丑일 2국, 丙寅일 3국, 戊寅일 3국, 辛未일 8국, 壬申일 9국의 5일에서 간상은 卯이고 지상은 子이다.

위 10일은 일지와 일간 상신이 각각 무례한 형이다.

③ 三字刑者 乃三傳寅巳申或丑戌未是也. 寅巳申三刑者 未免無恩之義 凡占必恩反怨也. 如丑戌未者 凡占多恃勢而凌弱. 尤宜觀干上之神帶生旺不空 乘吉將 乃名能刑於他人也. 三傳寅巳申 巳申寅或申寅巳 丑戌未 戌未丑或未丑戌俱是也.

삼자형은 삼전이 寅巳申 또는 丑戌未이다.[2]

하면 가정이 음란하고 죽거나 패망하며 존비가 화목하지 못하다. 卯가 子를 형을 하면 밝음에서 어둠으로 들고 도로가 불통하며 자식은 예의가 없다."

1) 壬申일 12국은 간상이 子이고 지상이 卯라고 하였지만, 지상은 卯가 아니라 酉이다. 원문의 오기이다.
2) 『육임수언』「필법보담5」빈주상벌형재상, 붕형격, "이른바 寅巳申, 丑戌未의 형이다. 가령 여섯 甲일 간상 申이 寅을 형하고, 여섯 丙戌(巳)일 간상 寅과 형하니 정을 품

寅巳申 삼형은 무은의 뜻을 면하지 못하니 모든 정단에서 반드시 은혜를 배반하고 원수가 된다. 만약 丑戌未이면 모든 정단에서 세력에 의지하여 약자를 업신여김이 많다.

일간상의 신을 마땅히 관찰하여 생왕(生旺)이 공망되지 않고 길장이 타면 타인을 능히 형을 한다.

삼전 寅巳申 또는 巳申寅, 丑戌未와 戌未丑와 未丑戌은 모두 삼형이다.

【구성이론】형(刑)

【정단원리】사과삼전에 형이 보이는 것이다. 辰·午·酉·亥의 일자형, 子卯의 이자형, 寅巳申과 丑戌未의 삼형이 이것이다. 크고 작은 불화가 있는 상으로서, 모망사는 어그러지고, 각자 다른 마음을 품으며, 소송은 형벌을 당한다.

는다. 여섯 庚일 간상 巳가 申을 형한다. 이들은 일간의 상형이다. 丑일의 지상 未, 戌일의 지상 丑, 未일의 지상 戌은 일지의 상형이다. ① 寅巳申 삼형은 가령 부자지간에 서로 상하는 것인데, 은혜 가운데에 원망이 있다. ② 丑戌未 삼형은 형제간에 서로 상하는 것인데, 세력을 믿고 약자를 능욕하는 것이다. 여기에 속한 것으로 여섯 甲일 寅申은 쌍으로 서로 충하고, 다섯 丑일 丑未는 서로 충하여, 이들은 형이 겸하여 충이 되니 더욱 길하지 못하다."

第75-1法 金剛格
금 강 격   금이 강해지는 격[1]

> 巳酉丑三合爲三傳 支干上複見酉者 乃應金剛自刑其方 緣巳刑申 丑刑戌 唯酉不能刑 故自刑其西方.

巳酉丑이 삼합하여 삼전이 되고 간지 위에 다시 酉가 보이는 것이다.[2] 금이 강해져서 그 방위에서 스스로 형을 하는 것이다.

그 이유는 巳는 申을 형을 하고 丑은 戌을 형을 하지만, 오로지 酉는 능히 형을 하지 못하므로 서방에서 스스로 형을 하는 것이다.

---

1) 『육임대전』「과경4」전국과, "巳酉丑 금국은 '종혁격'이라 부르는데 전쟁, 금철(金鐵)을 주관하고 다시 고치면 이롭다. 겨울과 봄에는 목은 왕상하고 금은 수사이고, 토왕절과 가을에는 금은 왕상하고 목은 수사이다. 왕상은 경영을 하여 이익을 구하는 것이 좋고, 수사는 앉아서 이익을 지키는 것이 좋다. 발용이 무기이면 임신한 태아는 여아이다."

2) 가령 乙丑일 9국에서 삼전 酉丑巳이고 제4과 상신은 酉이다.

〈과전도〉乙丑일 9국		
癸	乙	己
蛇酉合	青丑后	玄巳白
巳	酉	丑

壬	甲	己	癸
貴申勾	勾子貴	玄巳白	蛇酉合
乙辰	申	丑	巳

第75-2法 火强格
화 강 격　　　　　　화강한 격[1]

> 寅午戌三合爲三傳 支干上複見午者 乃應火强自刑其方 緣寅能
> 刑巳 戌能刑未 唯午不能刑 故自刑其南方也.

　　寅午戌이 삼합하여 삼전이 되고, 간지 위에 다시 午가 보이는 것이다.[2] 화의 강함의 응함으로 그 방위에서 스스로 형을 하는 것이다. 그 이유는 寅은 능히 巳를 형하고, 戌은 능히 未를 형을 하지만, 오로지 午는 능히 형을 하지 못하므로 남방에서 스스로 형을 하는 것이다.

---

1) 『육임대전』「과경4」, "만약 寅午戌 화국이면 '염상격'이라 부르는데, 화로와 용광로나 문서 등의 일이고, 날씨 정단은 맑고 가물다. 봄과 여름에는 화는 왕상하고 수는 수사이며, 가을과 겨울에는 수가 왕상하고 화는 수사이다. 왕상하면 늙은이는 흉하고 젊은이는 길하며, 수사이면 젊은이는 흉하고 늙은이는 길하다. 발용이 유기하면 임신 정단은 남아를 낳는다."

2) 가령 甲戌일 5국에서 삼전은 戌午寅이고 간상에 戌이 보인다.

〈과전도〉 甲戌일 5국

甲	壬	戊
合 戌 合	后 午 白	白 寅 后
寅	戌	午

甲	壬	壬	戊
合 戌 合	后 午 白	后 午 白	白 寅 后
甲寅	戌	戌	午

第75-3法 水流趨東格
수 류 추 동 격   물이 흘러서 동쪽으로 달려가는 격[1]

申子辰爲三傳 干支上複見辰者 乃應水流趨東也. 緣子能刑卯 申能刑寅 惟辰不能刑 故趨其辰之本宮也 以辰爲水之墓庫故耳.

申子辰이 삼전이고 일간과 일지 위에 다시 辰이 보이는 것이다.[2]

물이 흘러서 동쪽으로 달려가는 것이다. 그 이유는 子는 능히 卯를 형하고 申은 능히 寅을 형을 하지만 오로지 辰은 능히 형을 하지 못하므로 辰의 본궁으로 달려간다. 그 이유는 辰은 수의 묘고이기 때문이다.

---

1) 같은 책, "만약 申子辰 수국이면 '윤하격'이라 부르는데 시내·하천과 어망(漁網) 등의 일이며, 날씨 정단은 비가 온다."
2) 가령 庚戌일 5국에서 삼전은 子申辰이고 간상에 辰이 보인다.

〈과전도〉 庚戌일 5국

	壬	戌	甲	
蛇子青	青申蛇	玄辰玄		
辰	子	申		

甲	壬	丙	○
玄辰玄	蛇子青	白午后	后寅白
庚申	辰	戌	午

第75-4法 木落歸根格
목락귀근격 나뭇잎이 떨어져서 뿌리로 돌아가는 격)[1]

> 亥卯未爲三傳 於支干上複見亥字者 乃應木落歸根也 緣卯能刑
> 子 未能刑丑 唯亥不能刑 故歸其亥之本宮也 兼亥爲木局之本
> 夫本者 乃木之父母鄕故也.

亥卯未가 삼전이고 간지 위에 亥 글자가 다시 보이는 것이다.[2] 나뭇잎이 떨어져서 뿌리로 돌아가는 뜻이 된다. 그 이유는 卯는 능히 子를 형하고 未는 능히 丑을 형하지만 오로지 亥는 능히 형을 하지 못하므로, 亥의 본궁으로 돌아가는 것이다.

아울러 亥는 목국의 근본이 되고, 근본이란 목의 부모가 있는 고향이다.

1) 같은 책, "亥卯未 목국은 '곡직격'이라 부르는데 선박과 자동차, 씨앗을 뿌려서 작물을 심는 일이나 집을 짓거나 가택의 수리에 이롭다."
2) 가령 丁卯일 5국은 삼전이 亥卯未 목국이고 지상은 亥수이다.

〈과전도〉丁卯일 5국

辛	丁	○	
常未陰	勾卯空	貴亥朱	
亥○	未	卯	

丁	○	○	辛
勾卯空	貴亥朱	貴亥朱	常未陰
丁未	卯	卯	亥○

> 已上皆不宜值之. 如占訟 不論一字刑 二字刑 三字刑 皆被刑
> 責 如乘凶將凶尤甚矣 唯空亡及皇恩 或天赦可解 亦宜問罪犯
> 輕重而言赦宥 如犯重但刑稍輕 而未免遭刑 如情輕則無刑也.
> 庶使明其五刑之罪而無悞矣.

위의 모든 것은 마땅하지 못하다. 만약 소송 정단을 하면, 일자형·이자형·삼자형을 막론하고 모두 형책을 당하는데, 만약 흉장이 타면 그 흉은 더욱 심하다. 그러나 공망과 황은과 그리고 천사이면 풀릴 수 있는데, 죄를 범한 경중을 마땅히 물어서 사면과 용서를 말할 수 있다.

만약 중하게 범한 경우에 단지 형이 조금 가벼워지지만 그래도 형을 당하는 것을 면하지 못하고, 만약 정황이 가벼우면 형은 없다. 일반인은 다섯 형의 죄가 밝혀지고 그릇됨이 없다.

> 皇恩者 正月起未順行六陰位. 天赦者 春戊寅 夏甲午 秋戊申
> 冬甲子.

황은은 정월 未에서 일어나서 순행 육음위이고, 천사는 봄에는 戊寅, 여름 甲午, 가을 戊申, 겨울 甲子이다.[1]

---

1) 황은·천사 찾는 법

월지	寅	卯	辰	巳	午	未	申	酉	戌	亥	子	丑
황은	未	酉	亥	丑	卯	巳	未	酉	亥	丑	卯	巳
천사	戊寅			甲午			戊申			甲子		

第75-5法 四勝煞格
사 승 살 격

> 乃干上酉 支上午或支上酉 干上午者皆是. 又就自刑中單言酉午爲四勝煞 凡占各逞其能 或皆邀功逞俊之意. 如乙丑日 丙寅 戊寅 辛未 壬申五日干上酉 支上午. 又壬寅 乙未 丙申 戊申 辛丑五日 干上午 支上酉.

　간상이 酉이고 지상 午이거나 또는 지상이 酉이고 간상 午가 모두 이것이다. 그리고 자형 중에서 다만 酉와 午만을 사승살로 취한다. 모든 정단에서 무릇 피차간에 서로의 능력이 훨씬 낫다 하면서 서로가 공을 세우려고 경쟁한다.

　가령 乙丑·丙寅·戊寅·辛未·壬申 5일에서 간상이 酉이고 지상이 午일 때와, 그리고 壬寅·乙未·丙申·戊申·辛丑 5일에서 간상이 午이고 지상이 酉일 때이다.

> 以前無恩刑等中 如甲子日寅刑干上巳 子刑支上卯; 丙子日干上申 日刑干上申 子刑支上卯; 辛丑日戌刑干上未 丑刑支上戌; 癸卯日丑刑干上戌 卯刑支上子; 辛卯日戌刑干上未 卯刑支上子. 於前例中 如此五日 乃支干相刑其上神 又是子卯無禮刑. 外有甲寅 庚申 己未 丁未 癸丑五日 或干上乘辰午酉亥 亦作自刑例.

　앞의 무은의 형 중에서, 가령 甲子일에서 일간(기궁) 寅은 간상

巳를 형하고, 일지 子는 지상 卯를 형을 한다.

　丙子일 간상 申에서 일간(기궁) 巳는 간상 申과 형을 하고, 일지 子는 지상 卯와 형을 한다. 辛丑일에서 일간(기궁) 戌은 간상 未와 형을 하고, 일지 丑은 지상 戌과 형을 한다.

　癸卯일에서 일간(기궁) 丑은 간상 戌과 형을 하고, 일지 卯는 지상 子와 형을 한다. 辛卯일에서 일간(기궁) 戌은 간상 未와 형을 하고, 일지 卯는 지상 子와 형을 한다.

　앞의 예들 중에서 만약 이 5일에서 간지가 그 상신과 서로 형을 하고, 다시 子卯 무례의 형이다.

　이 외에도 甲寅·庚申·己未·丁未·癸丑 5일은 간상에 辰午酉亥가 타서 스스로 자형을 하는 예이다.

第75-6법 助刑戕德格
조 형 장 덕 격
형을 거들어서 덕을 상하게 하는 격

> 乃六處有神作支之自刑 又作干鬼 又結連三傳爲鬼是也. 庚午日午加庚發用 又午加未暮將 天乙臨於本身可以解凶.

6처에 있는 신이 일지의 자형을 만들고 다시 일간의 귀살을 만들며 다시 삼전이 귀살을 연이어서 맺는 것이다.

가령 庚午일 3국에서는 午가 庚에 가하여 발용이고,1) 2국에서는 午가 未에 가하고 낮 천장 천을귀인이 일간 본신에 임하니 가히 흉을 해소한다.2)

〈과전도〉 庚午일 3국

庚	戊		丙
青午蛇	合辰合		蛇寅青
申	午		辰

庚	戊	庚	丙
青午蛇	合辰合	合辰合	蛇寅青
庚申	午	午	辰

---

1) 중전의 辰은 지상의 辰과 자형이고, 초전은 일간의 귀살이며, 삼전은 연이어서 일간의 귀살국을 만든다.
2) 말전의 辰은 지음의 辰과 자형이고, 초중전은 일간의 귀살이며, 초중전 午巳는 연이어서 일간의 귀살국을 만든다. 그리고 간상에는 귀인이 未토에 타서 일간 庚금을 생한다.

第76法 彼此猜忌禍相隨 威振人主者身危 功蓋天下者不賞

피 차 시 기 화 상 수   임금에게 위엄을 떨치면 내 몸에 액을 당하고, 공적이 세상을 뒤덮으면 보상받지 못한다.

해설 서로 시기하여 화가 각자에게 미친다.[1]

> 此例有五等:一者 乃干支上下皆各作六害 凡值此者 彼此各相猜忌 主客不相顧接 乃兩意相謀 各有戾害.

이 예에는 다섯 가지가 있다.

첫째, 간지 상하가 모두 각각 육해를 만드는 것이다.[2] 무릇 여기에 해당하면 피차 서로 시기하여, 주객은 서로 교제를 돌아보지 않게 되므로, 양쪽이 서로 도모해 보지만 모두에게 어그러지는 해가 있다.

---

1) 『육임대전』「권1」, "해는 상해이고 맞서 싸우는 것이다."

　같은 책, 「과경3」 침해과, "해는 손(損)이다. … 이 해신은 침손하여 서로 해를 하니 '침해'라고 한다. 『과경』의 41번째 괘명인 손괘의 체와 통하고, 타인의 보이지 않는 속셈을 방어해야 되는 상이다."

　『육임수언』「필법보담5」 피차시기화상수, "이른바 子와 未와 같은 육해 종류이다. 무릇 육해가 간지 발용에 가하면 침해과이다. 만약 흉장이 타면 일에서 침해를 많이 당하고, 육친은 의지할 곳이 없다. 만약 12신과 12천장이 길하면 처음에는 장애가 있지만 나중에는 이룸이 있다."

2) 『육임수언』「필법보담5」 피차시기해상수, 간지상하육해가지, "가령 甲申일 간상 巳와 寅은 육해이고, 지상 亥와 申은 육해이다. 정단에서 양쪽이 서로 도모해 보려하지만 모두 어그러지는 해가 있다."

如甲申日干上巳與干爲六害 支上亥與支爲六害. 庚寅 丁丑 己丑 癸未等日 皆支干上下作干者.

〈과전도〉 甲申일 10국

甲		丁	庚
蛇申青	勾亥朱	白寅后	
巳	申	亥	
癸	甲	丁	庚
陰巳常	蛇申青	勾亥朱	白寅后
甲寅	巳	申	亥

가령 甲申일 10국에서 간상 巳와 일간은 육해이고, 지상 亥와 일지는 육해이다.

이 외에도 庚寅·丁丑·己丑·癸未 등의 날은 모두 간지 상하가 육해를 만든다.

二者 支干上神作六害者 亦各相猜忌而言. 如乙亥日干上子與支上未爲六害 辛巳 壬午 丙子 戊子日干上子 支上未.

〈과전도〉 乙亥일 5국

癸	己	乙
后未白	白卯合	合亥后
亥	未	卯
丙	○	癸	己
勾子貴	貴申常	后未白	白卯合
乙辰	子	亥	未

둘째, 지간 상신이 육해를 만드는 것으로서 주객이 서로 시기한다.[1]

가령 乙亥일 5국에서 간상 子와 지상 未는 육해이다. 그리고 辛巳일 11국, 壬午일 12국, 丙子일 6국, 戊子일 6국에서 간상 子와 지상 未가 이러하다.[2]

---

[1] 같은 책, 간지상신상해격, "가령 辛卯일 일간(기궁戌)은 천반 未와 강하게 부딪치고, 未와 지상 子인 일지와 일간 상신은 육해에 이른다. 정단은 앞의 예와 같다. 또 내외 모두 육해를 만드는 것이 있다. 가령 辛酉일 반음에서 상신인 卯와 辰은 육해이고, 간지 戌과 酉는 다시 육해에 이르는 것이 이것이다. 주로 피차 어그러지는 해는 더욱 심하다."

三者 支干 天盤 地盤皆作六害 此等戾害尤甚. 如辛酉日返吟
支干戌酉爲六害 上神辰卯六害. 又壬申 乙卯 丙寅返吟 又乙
卯 戊寅 丙寅 壬申 辛酉日伏吟 有之.

〈과전도〉 辛酉日 7국

乙	辛	乙
后卯玄	青酉合	后卯玄
酉	卯	酉

丙	壬	乙	辛
陰辰陰	勾戌勾	后卯玄	青酉合
辛戌	辰	酉	卯

셋째, 간지의 천반은 천반과, 지반은 지반과 모두 육해를 만드는 것이다. 이 예는 어그러지는 해가 더욱 심하다.
　가령 辛酉일 반음과는 일간 戌과 일지 酉는 육해이고, 그 상신 辰과 卯는 육해이다. 그리고 壬申·乙卯·丙寅 반음과와, 또한 乙卯·戊寅·丙寅·壬申·辛酉 복음과 모두에 있다.

四者 干支三傳皆作六害 此例所作全無和氣. 如辛卯日干上未
支上子 三傳又子未子 皆作六害; 辛未日干上亥 支上申 三傳
又申亥申皆作六害.

〈과전도〉 辛卯日 4국

戊	○	戊
朱子空	白未后	朱子空
卯	戌	卯

○	壬	戊	乙
白未后	陰辰朱	朱子空	青酉玄
辛戌	未○	卯	子

넷째, 간지와 삼전이 육해를 만드는 것으로서, 이 국은 전혀 화목한 기운이 없다.
　가령 辛卯일 4국에서, 간상 未에 지상은 子이고 삼전이 다시 子未子이니, 모두 육해를 만든다.[1]

---

2) 단지 戊子일 6국의 지상 未는 旬중 공망이다.

그리고 辛未일 12국은 간상 亥에 지상 申이고 삼전이 다시 申亥申이니, 모두 육해를 만든다.

> 五者 支干上下交互作六害 必我先立意害於他人已辯意 而相害我也. 如乙未日 干上子與地支未作六害者 支上卯與干作六害 然後支干上子卯相刑 其例深可惡也. 甲申日干上亥 支上巳 ; 庚寅日干上巳 支上亥 ; 丁卯 己卯日干上辰.

다섯째, 일지와 일간 상하가 교차 육해이다. 만약 내가 먼저 타인을 해하려고 뜻을 세우면, 타인이 먼저 나를 해하게 된다.

<과전도> 乙未일 5국

癸	己	乙
白卯合	合亥后	后未白
未	卯	亥
庚	丙	癸	己
勾子貴	貴申常	白卯合	合亥后
乙辰	子	未	卯

가령 乙未일 5국에서 간상 子와 지지 未가 육해를 만들고, 지상 卯와 일간 辰이 육해를 만든다.

그리고 간상 子와 지상 卯가 다시 서로 형을 하니, 이 예제는 매우 나쁘다.

이 외에도 가령 甲申일 4국에서 간상은 亥이고 지상은 巳이다. 庚寅일 4국에서 간상은 巳이고 지상은 亥이다. 丁卯일과 己卯일 4국에서 간상 辰이다.

【구성이론】 육해(六害)

【정단원리】 육해가 간지에 가하여 발용이고 만약 흉장이 타면 일에서 침해와 시기가 많고 가족이 헤어진다. 여기에 만약 길장이 타면 장애는 있지만 나중에 이룬다.

1) 간상 未와 지상 子가 육해이고, 초전 子와 간상 未가 육해이며, 중전 未와 지상 子가 육해이고, 말전 子와 간상 未가 육해이다.

第76-1法 自身煞煎他人逸樂格
자신살전타인일락격

해설 자신은 극도로 애가 타고, 타인은 편안하게 즐기는 격

> 如辛丑日干上酉與干作六害 支上子與丑卻作六合也. (外有)乙未 乙丑日並干上卯 辛未日干上酉.

가령 辛丑일 2국에서, 간상 酉는 기궁 戌과 육해를 하지만, 지상 子는 지진 丑과 육합을 한다. 이 외에도 乙未·乙丑일에서 간상 卯인 2국, 辛未일에서 간상 酉인 2국이 있다.[1]

〈과전도〉 辛丑일 2국			〈과전도〉 乙未일 2국		
庚	己	戊	戊	癸	甲
陰子空	玄亥白	常戌常	陰戌陰	青卯合	朱午空
丑	子	亥	亥	辰〇	未
丁	丙	庚	己	癸	壬	甲	〇
白酉玄	空申陰	陰子空	玄亥白	青卯合 空寅朱	朱午空 合巳青
辛戌	酉	丑	子	乙辰	卯	未	午

---

1) 乙未일 2국에서 간상 卯와 기궁 辰은 육해를 하지만 지상 午와 지진 未는 육합을 한다. 그리고 辛未일 2국에서 간상 酉와 기궁 戌은 육해를 하지만 지상 午와 지진 未는 육합을 한다. 나를 뜻하는 일간이 상하로 육해가 되니 모망사가 순조롭지 못하지만, 상대방을 뜻하는 일지는 상하로 육합을 하므로 모망사가 순조롭다.

第77法 互生俱生凡事益   匪我求童蒙　南唐有順正之忠
宋祖有褒封之惠

호 생 구 생 범 사 익

몽괘 괘사의 '내가 어리고 몽매한 이를 찾아 가르침이 아니고'처럼, 남당 때에 도리에 바른 충성과, 송나라 때의 크게 기릴만한 은혜를 구하라!

해설 호생과 구생[1]은 모든 일에서 유익하다.

雖有生而作墓敗空亡者 知其人宅盛衰 彼此旺敗

모름지기 생이 묘신·패신·공망을 만든 것이다. 사람과 가택의 번성과 쇠함, 서로의 왕성과 패함을 알 수 있다.

【구성이론】 생(生)

【정단원리】 간상에서 일지를 생하고 지상에서 일간을 생하는 호생은 서로 돕고, 간상에서 일간을 생하고 지상에서 일지를 생하는 구생은 피차 서로가 스스로 유익하다.

---

1) 『육임대전』「과경2」형통과, 정와, "① 조건 : 간상에서 일지를 생하고 지상에서 일간을 생하면 '호생격'이고, 간상에서 일간을 생하고 지상에서 일지를 생하면 '구생격'이다. ② 해설 : … 이 모두는 형통 태평의 상이므로 따라서 형통과이다. … ③ 길흉 : 구생은 인택 모두가 편안하고, 호생은 피차 서로 도와서 화합한다. 삼전에서 차례로 생을 하여 일간과 일지가 생왕하여지니 사람은 형통하고 이로우며 시절의 운수가 열려서 형통하므로 따라서 '형통'이라 한다. ④ 주역괘 : 『역경』의 53번째 점괘와 통하는 과체로서, 복록이 와서 내 몸에 임하는 과이다."

第77-1法 互生格
호생격 서로를 생하는 격[1]

> 干上神生支 支上神生干是也. 此例兩相有益 各有生意.

간상신은 일지를 생하고 지상신은 일간을 생하는 것이다. 이 예는 양쪽이 서로 유익하고 모두에게 생하는 뜻이 있다.

> 如辛卯日 干上亥生支 支上辰生干. 庚戌日 干上巳生支 支上未生干.

〈과전도〉 辛卯일 12국

壬	癸	○	
朱辰	朱合巳	蛇勾午	貴
卯	辰	巳	
丁	戊	壬	癸
玄亥白	陰子空	朱辰朱	合巳蛇
辛戌	亥	卯	辰

가령 辛卯일 12국 간상 亥에서 일지를 생하고 지상신 辰에서 일간을 생한다. 庚戌일 10국 간상 巳에서 일지를 생하고 지상 未에서 일간을 생한다.

---

[1] 『육임수언』「필법보담5」 구생호생피차익, "① 조건 : 호생격은 이른바 간지가 교차하여 서로 생하는 것이다. ② 해설 : 가령 辛卯일 간상 亥에서 일지를 생하고, 지상 辰에서 일간을 생한다. 다시 예를 들어, 庚子일 간상 酉에서 일지를 생하지만 오히려 일지의 패신이고, 지상 丑은 일간을 생하지만 오히려 일간의 묘신이다. ③ 길흉 : 양쪽이 서로 합하여 모두에게 이익이 있다. 모름지기 서로 생을 하지만 오히려 교제하여 패하게 되니, 무익하지 않을 수 없고 오히려 손실만 있다."

> 庚子日 干上酉雖生支 而卻敗其支. 支上丑雖生干 而卻是干之墓. 庚午日 干上卯雖生支 而卻敗其支. 支上丑雖生干 而卻墓其干.

〈과전도〉 庚子일 12국

壬	癸	○	
蛇寅青	朱卯勾	合辰合	
丑	寅	卯	
丁	戊	辛	壬
常酉陰	玄戌玄	青丑空	蛇寅青
庚申	酉	子	丑

庚子일 12국 간상 酉에서 비록 일지를 생하지만 오히려 일지의 패신이고, 지상 丑은 비록 일간을 생하지만 오히려 일간의 묘신이다.

庚午일 6국 간상 卯는 비록 일지를 생하지만 오히려 일지의 패신이고, 지상 丑은 비록 일간을 생하지만 오히려 일간의 묘신이다.

> 丁酉日 干上丑雖生支 而卻墓其支. 支上卯雖生干 而卻敗其干.
> 己酉日 干上辰雖生支 而卻墓其干. 支上午雖生干 而卻剋其支.

〈과전도〉 丁酉일 7국

癸	丁	癸	
常卯空	朱酉貴	常卯空	
酉	卯	酉	
辛	乙	癸	丁
陰丑勾	勾未陰	常卯空	朱酉貴
丁未	丑	酉	卯

丁酉일 7국 간상 丑은 비록 일지를 생하지만 오히려 일지의 묘신이고, 지상 卯는 비록 일간을 생하지만 오히려 일간의 패신이다.

己酉일 4국 간상 辰은 비록 일지를 생하지만 오히려 일간의 묘신이고, 지상 午는 비록 일간을 생하지만 오히려 일지를 극한다.

辛巳日 干上卯雖生支 而卻敗其支. 支上戌雖生干 而卻墓其支.
辛亥日 干上酉雖生支 而卻敗其支. 支上戌雖生干 而自剋其支.

<과전도> 辛巳일 8국

己	○	丁	
后 卯 玄	空 申 朱	蛇 丑 白	
戌	卯	申 ○	
己	○	甲	己
后 卯 玄	空 申 朱	勾 戌 勾	后 卯 玄
辛 戌	卯	巳	戌

辛巳일 8국 간상 卯는 비록 일지를 생하지만 오히려 일지의 패신이고, 지상 戌은 비록 일간을 생하지만 오히려 일지의 묘신이다.

辛亥일 2국 간상 酉는 비록 일지를 생하지만 오히려 일지의 패신이고, 지상 戌은 비록 일간을 생하지만 스스로 일지를 극한다.

壬午日 干上寅生支 支上酉雖生干 而作空亡 又爲敗炁也. 如値此等例 雖有生旺之名 返作衰敗空耗矣.

壬午일 10국 간상 寅은 일지를 생하고 지상 酉는 일간을 생하지만 공망이며 다시 패기이다. 만약 이 예에 해당되면 비록 생왕할지라도 오히려 쇠함과 패함, 텅 빔과 손실을 만든다고 논한다.

第 77-2 法 俱生格
구 생 격   　　　　　모두 생하는 격1)

> 乃干上神生干 支上神生支是也. 此例各有生意 彼此和順 或兩家合本作營生 尤應也. 如逢月生炁 尤的. 支干全受上神生. 丙寅 丁酉日 並干上寅. 庚午 子戌申日 並干乘辰.

간상신에서 일간을 생하고 지상신에서 일지를 생하는 것이다. 이 예는 각각에게 생하는 뜻이 있고, 나와 상대는 화순하므로 양쪽이 밑천을 합쳐서 경영하면 더욱 좋다.

만약 월신살 생기를 만나면 더욱 분명하다.

〈과전도〉丙寅일 4국			
○	壬		己
朱亥貴	后申玄		常巳空
寅	亥○		申
丙	○	○	壬
青寅合	朱亥貴	朱亥貴	后申玄
丙巳	寅	寅	亥○

일지와 일간이 모두 상신의 생을 받는 것이 있다. 丙寅일 4국2)과 丁酉일 6국은 나란히 간상신이 寅이다.

庚午와 庚子와 庚戌과 庚申 5국은 모두 일간에 辰이 탄다.

---

1) 『육임수언』「필법보담5」구생호생피차익, "① 조건 : 구생격은 이른바 간지가 각각 상신으로부터 생을 받는 것이다. ② 예제 : 가령 丙寅일 간상 寅이고 지상 亥이다. 모두에게 생하는 뜻이 있어 서로 화순하다. 다시 예를 들면 乙卯일에서 간상 子는 모름지기 일지를 생하지만 일지의 패신이고 지상 亥는 오히려 장생이니, 가택에는 이롭고 사람에게는 불리하다. 丙子일 간상 寅은 장생이고 지상 酉는 모름지기 일지를 생하지만 일지의 패신이므로, 나에게는 유리하고 타인에게는 불리하다."

2) 간상신 寅에서 일간 丙화를 생하고, 지상신 亥에서 일지 寅을 생한다.

> 丙寅日 干上卯 雖生干而亦敗其干. 支上子 雖生支而亦敗其支.
> 丁卯日 干上卯 雖生干而亦敗其干. 支上亥 雖生支 而奈作旬空. 乙卯日 干上子雖生干 而作空敗 支上亥爲長生. 此一課乃利宅不利人 利彼不利己.

　　丙寅일 3국은 간상 卯에서 비록 일간을 생하지만 역시 일간의 패신이고, 지상 子는 비록 일지를 생하지만 역시 일지의 패신이다.
　　丁卯일 간상 卯는 비록 일간을 생하지만 역시 일간의 패신이고, 지상 亥는 비록 일지를 생하지만 순공이 된다.
　　乙卯일 간상 子는 비록 일간을 생하지만 공망과 패신이고, 지상 亥는 장생이다. 이 일례는 가택에는 이롭지만 사람에게는 불리하고, 타인에게는 이롭지만 나에게는 불리하다.

> 己巳日 干上巳生日 支上卯雖生支 而反敗支. 此一例 乃利己 不利彼 利人不利宅. 丙子日 干上寅實生其干 支上酉雖生支 而返敗其支 又作旬空. 丙午日 干上寅 支上卯 皆作空亡.

　　己巳일 간상 巳에서 일간을 생하고, 지상 卯는 비록 일지를 생하지만 오히려 일지의 패신이다. 이 하나의 과는 나는 이롭지만 타인은 불리하고, 사람은 이롭지만 가택은 불리하다.
　　丙子일 간상 寅은 진실로 일간을 생하고, 지상 酉는 비록 일지를 생하지만 오히려 일지의 패신이고 또한 순공이다.
　　丙午일 간상 寅과 지상 卯는 모두 공망이다.

第77-3法 自在格
자 재 격 [1]   스스로 만족하는 격

愉甲子 乙亥 丙寅 丁卯 戊午 己巳 庚辰 辛未 壬申 癸酉十日
並支加干上而生日也.

〈과전도〉 甲子일 3국

○	壬	庚
玄戌玄	后申白	蛇午青
子	戌○	申
甲	○	○	壬
白子后	玄戌玄	玄戌后	申白
甲寅	子	子	戌○

가령 甲子일 3국, 乙亥일 6국, 丙寅일 4국, 丁卯일 5국, 戊午일 12국, 己巳일 3국, 庚辰일 5국, 辛未일 4국, 壬申일 4국, 癸酉일 5국의 10일은 나란히, 일지가 간상에 가하여 일간을 생한다.

1) 『육임대전』「과경2」형통과, 상왈, "… 일지가 일간에 가하여 일간을 생하면 자재격이다. 타인이 나에게 와서 재물로 나를 돕는다."
『육임수언』「필법보담5」구생호생피차익, "① 조건 : 일지가 일간으로 와서 일간을 생하는 것이다. ② 예제 : 가령 乙亥일 간상 亥가 일간에 가하여 일간을 생한다. 상문(간상)에서 일간을 돕는다. 힘들이지 않고 스스로 생을 받고 있다. 일간이 일지의 생을 취하는 것이다. 가령 庚辰일 지상 申이니, 일간이 일지에 가하여 생을 받는다. 타인을 취하여 생을 받으니 지극히 이익되는 바가 있다."

第78法 互旺皆旺坐謀宜 運籌於帷幄之中 決勝於千里之外.

호 왕 개 왕 좌 모 의   장막 안에서 작전을 짜서 천리 밖의 승리를 결정한다.

해설 호왕과 개왕[1]은 앉아서 도모하는 것이 좋다.[2]

【구성이론】 왕(旺)

【정단원리】 간상이 일지의 왕신이고 지상이 일간의 왕신이면 서로 투자하여 흥왕하고, 간상이 일간의 왕신이고 지상이 일지의 왕신이면 피차 모두 스스로 흥왕하다. 자중하다가 옮기면 타인의 도움을 받지만, 함부로 행동하면 오히려 그물로 변하여 흉하다.

---

1) 『육임대전』정와, "… 간상이 일지의 왕신이고 지상이 일간의 왕신이면 '호왕격'이고, 간상은 일간의 왕신이고 지상이 일지의 왕신이면 '구왕격'이다. 이 모두는 형통 태평의 상이므로 따라서 형통과이다. '구왕'은 도모하는 일에서 어려움을 살펴야 하고, '호왕'은 피차 양쪽이 서로 합쳐서 나아가면 서로에게 흥하고 왕성해 짐이 있다. 삼전에서 차례로 생을 하여 일간과 일지가 생왕하여지니 사람은 형통하고 이로우며 시절의 운수가 열려서 형통하므로 따라서 '형통'이라 한다. 『역경』의 53번째 점괘와 통하는 과체로서 복록이 와서 내 몸에 임하는 과이다."

2) 『육임수언』「필법보담4」왕록주객수상추, "왕신은 甲乙에는 卯, 丙丁戊己에는 午, 庚辛에는 酉, 壬癸에는 子이다. 가령 甲申일 간상은 卯이고 지상은 酉이다. 간지 모두에 왕신이 타니, 타인과 나는 모두 흥왕해진다. 다만 고요하게 듣다가 움직임이 마땅하다. 스스로 무심결에 타인에 의한 도움을 얻는다. 만약 의외로 구하면 '나망살'로 변하여 흉해진다. 가령 甲申일 간상은 酉이고 지상은 卯이니, 간지에 서로 왕신이 탄다. 피차 양쪽이 서로 합심하여 모두 흥왕해진다."

第 78-1 法 互旺格
호 왕 격　　　　　　서로 왕한 격

止甲申 庚寅二日有之. 甲申日干上酉 乃是支之旺神 支上卯乃是干之旺神. 庚寅日干上卯乃是支之旺神 支上酉是干之旺神. 凡値此者 惟宜兩相投奔 各有興旺. 客旺主而主旺客 人旺宅而宅旺人 夫旺妻而妻旺夫 父旺子而子旺父 兄旺弟弟旺兄 朋友彼此皆然.

〈과전도〉 甲申일 6국

丙	癸	戊	
合戌合	陰巳常	青子蛇	
卯	戌	巳	
乙	壬	辛	丙
朱酉勾	玄辰玄	常卯陰	合戌合
甲寅	酉	申	卯

다만 甲申과 庚寅 두 날에만 있다. 甲申일 6국에서 간상 酉는 일지의 왕신이고, 지상 卯는 일간의 왕신이다.

그리고 庚寅일 6국에서 간상 卯는 일지의 왕신이고, 지상 酉는 일간의 왕신이다.

무릇 여기에 해당하면 양쪽이 서로 도모하여 모두 흥왕해진다.

객이 주를 흥왕시키고 주가 객을 흥왕시키며, 사람이 가택을 흥왕시키고 가택이 사람을 흥왕시키며, 남편이 아내를 흥왕시키고 아내가 남편을 흥왕시키며, 부모가 자식을 흥왕시키고 자식이 부모를 흥왕시키며, 형이 아우를 흥왕시키고 아우가 형을 흥왕시키며, 벗들도 서로간에 모두 흥왕시킨다.

第 78-2 法 皆旺格
개 왕 격　　　　　모두 왕한 격

> 支干上皆乘旺神者 乃彼己客主夫婦父子皆然興旺. 凡謀事順利
> 自在不勞其力. 惟宜坐待 不利謀動.

　일지와 일간 위에 모두 왕신이 타는 것이다.
　타인과 나, 손님과 주인, 남편과 아내, 부모와 자식이 모두 흥왕하다. 무릇 모망사는 순조로운 이익이 있으니 애써 힘들이지 않아도 스스로 만족하니, 앉아서 기다리는 것은 옳고 도모하여 움직이면 불리하다.

> 止可就本身之官職 而靜聽遷轉. 或已遭失 而欲復舊事極妙.
> 倘若意外之求 或遠動而謀用 則變爲網羅 纏繞身宅 乃作羊刃
> 殺 反爲災禍. 如或坐待則人口通泰 宅又興隆 并無心中得人照
> 扶而興發所占尤的.

　다만 자신의 관직을 취하는 것을 고요하게 듣다가 옮겨야 하고, 혹 이미 잃어버린 것이 있어서 회복하고자 하는 일에는 지극한 신묘함이 있다. 그러나 만약 뜻밖의 것을 구하거나 멀리 있는 것을 움직여서 도모하면, 천라지망으로 변하여 나의 몸과 가택을 칭칭 감고, 양인살을 만들어서 오히려 재앙이 된다.
　만약 앉아서 기다리면 식구는 형통·태평하고 가택 또한 흥륭해지고, 무심결에 타인의 도움으로 왕성하게 일어난다. 왕성하게 일어나는 정단에서 더욱 분명하다.

甲申日 干上卯 支上酉. 庚寅日 干上酉. 壬申 壬寅日 干上子. 丙申寅日 干上午. 忌空亡.

〈과전도〉 甲申일 12국

壬	癸	○
合辰合	朱巳勾	蛇午靑
卯	辰	巳
辛	壬	乙	丙
勾卯朱	合辰合	陰酉常	玄戌玄
甲寅	卯	申	酉

甲申일 12국에서 간상 卯, 지상 酉이다.[1] 庚寅일 12국에서 간상 酉이다.

壬申일과 壬寅일 12국에서 간상 子이다. 丙申일과 丙寅일 12국에서 간상 午이고 공망을 꺼린다.

---

1) 간상 卯는 일간 甲의 왕신, 지상 酉는 일지 申의 왕신이다.

第79法 干支値絶凡謀決 立三穴而欲晉室 終不能遂其謀

간 지 치 절 범 모 결 세 군데 도망갈 굴을 만들어서 진나라 왕실을 안전하게 하려고 했지만, 결국 그 꾀를 이루지 못했네.

해설 간지가 절신이면 모든 모망사는 끊긴다.[1]

如甲申 甲寅日 返吟 乃支干上皆乗絕神. 又丙申 丙寅日 亦是 返吟 絕神作鬼. 止宜結絕凶事 亦宜釋解官訟. 占病痊. 丙辰 丙戌日 如晝占 亦宜告貴 結絕凶吉二事 皆可.

〈과전도〉甲申일 반음과

庚	甲	庚
白寅后	蛇申青	白寅后
申	寅	申
甲	庚	庚	甲
蛇申青白	白寅后	白寅后	蛇申青
甲寅	申	申	寅

가령 甲申일과 甲寅일 반음과는 일지와 일간상에 모두 절신이 탄다. 그리고 丙寅일과 丙寅일 역시 반음과인데 절신[2]이 귀살을 만든다.

다만 흉사를 끊고 끝맺는 데는 좋고, 또한 관송사를 푸는데도 좋으며, 질병

---

1) 『육임수언』「필법보담5」 간지치절범모결, "① 조건 : 이른바 甲乙의 절은 申에 있는 따위인데, 절신이 간지 위에 임하면 결절사는 마땅하다. ② 예제 : 가령 丙寅일의 반음은 귀살이 절신인데, 다만 결절해야 되는 흉사에는 좋아서 질병 정단은 낫고, 소송 정단은 풀린다. / 戊申일 반음은 재신이 절신인데, 다만 결절해야 하는 재물은 좋지만 처의 질병 정단은 나쁘다. / 丙辰과 壬戌일 반음 정단은 귀인이 절신을 만드니 귀인에게 고하여 결절해야 되는 길사와 흉사는 마땅하다. ③ 길흉 : 아래 예의 정단에서 결절사는 가장 빠른데, 그 이유는 절신이 절항에 들기 때문이다. 그러나 식록사 정단은 마땅하지 못한데, 그 이유는 록신이 절항에 들기 때문이다. 행인 정단은 반드시 오고, 질병 정단은 사망한다."

2) 『육임대전』「권3」, "절신은 구사 결절에 좋다."

정단은 낫는다.

丙辰일과 丙戌일의 반음과에 낮 정단이라면, 귀인에게 요청하는 일은 역시 좋고, 길흉을 결절해야 하는 두 일도 모두 가능하다.

戊庚壬寅 戊庚壬申六日 返吟 緣絕神作日之財神 止宜結絕財物事 惟不利占妻病 必死. 又作月內之死氣者 妻死尤速.

〈과전도〉 戊寅일 7국

戊	○	戊
后寅白	青申蛇	后寅白
申○	寅	申○
乙	辛	○	戊
朱亥勾	常巳陰	青申蛇	后寅白
戌巳	亥	寅	申○

戊寅·庚寅·壬寅·戊申·庚申·壬申의 여섯 날의 반음과는 절신이 일간의 재신이므로 결절해야 되는 재물사는 옳다.

그러나 처의 질병 정단에는 불리하여 여기에 해당하면 필사인데, 다시 월내의 사기[1]를 만들면 처의 사망은 더욱 빠르다.

壬辰 壬戌日 如旦占 亦宜告貴結絕財事. 已上返吟結絕事 極速. 緣絕神投絕鄕故也. 亦不宜占食祿事 緣祿神投絕 如占病 又作死炁必絕食而死.

壬辰과 壬戌일 7국의 낮 정단을 예로 들면, 귀인에게 부탁하여

---

[1] 사기 : 1월 午에서 발생하여 순행 12지이다.

끝맺음하려는 재물사는 역시 좋다.

　위의 반음과의 결절사는 지극히 빠르니, 그 이유는 절신이 절신에 들기 때문이다.

　그러나 식록사를 정단하면 나쁘니, 그 이유는 록신이 절신에 들기 때문이다. 만약 질병 정단을 하여 (월건 신살) 사기를 만들면 반드시 절식하여 사망한다.

外有乙未日　干上申爲乙木之絶.　支上亥　乃未土之絶.　如夜占
卻宜告貴結絶事理.　又辛未日　干上寅　支上亥　如夜占　亦宜結
絶告貴之事.

〈과전도〉 乙未日 9국

己	癸	乙
合 亥 蛇	白 卯 玄	后 未 靑
未	亥	卯

丙	庚	己	癸
貴 申 勾	勾 子 貴	合 亥 蛇	白 卯 玄
乙 辰	申	未	亥

　이 외에도 乙未日 9국이 있는데, 간상 申은 乙목의 절신이고, 지상 亥는 未토의 절신이다.

　만약 밤 정단이면 오히려 귀인에게 부탁하는 결절사는 이치대로 된다.

　또한 辛未日 9국에서 간상은 寅이고 지상은 亥이며 만약 밤 정단을 예로 들면, 귀인에게 부탁하여 결절해야 하는 일은 좋다.

又癸未日　干上巳　支上亥　晝占　亦宜告貴結絶事理.　丁未日　支
干上　皆乘亥.　己未日　干上亥　又干上巳.　己上皆宜結絶　亦不宜

占食祿事. 此內言土有言寄寅者 故以亥爲絶也.

〈과전도〉 癸未일 9국

勾 酉 空	常 丑 陰	貴 巳 朱
巳	酉 ○	丑
辛	○ 乙	己
貴 巳 朱	勾 酉 空	空 亥 常	陰 卯 貴
癸丑	巳	未	亥

그리고 癸未일 9국에서 간상은 巳이고 지상은 亥이며 낮 정단이다. 역시 귀인에게 요청하는 결절사는 좋다.

丁未일 9국의 간지상에는 모두 亥가 탄다. 그리고 己未일 9국의 간상 亥와, 3국의 간상 巳[1]이다.

위의 모두는, 끝맺음 하는 결절사 정단은 좋다. 그러나 생계에 관련된 식록사 정단은 나쁘다. 여기서 이렇게 말한 것은 토의 안에 寅이 붙어 있기 때문이다.

【구성이론】 절(絶)

【정단원리】 간지상에 절신이 타거나 간지상에 교차 절신이 타면 결절사는 좋다. 어떤 일인지는 오행의 생극과 타고 있는 천장으로 판단한다. 귀살이 절신을 만들면 결절해야 될 흉사인 질병의 치유와 소송에는 좋다. 만약 재신이 절신을 만들면 결절해야 할 재물사에는 좋지만 처의 질병 정단에는 나쁘다. 그리고 귀인이 절신을 만들면 귀인에게 요청하여 결절해야 할 길흉사는 좋다.

---

1) 수토동궁의 이론에 의하여 亥가 절신이 된다.

第 79-1 法 絶神加生格
절 신 가 생 격   절신이 장생에 가한 격[1]

> 如庚辰 寅加亥爲用是也. 凡巳加寅 申加巳 亥加申 寅加亥 最不宜占結絶事 緣絶神返坐長生之上 凡占事 卒未了 當必止了又興 或年命乘之.

〈과전도〉庚辰일 10국			
戊	辛		○
后 寅 白	常 巳 陰	青 申 蛇	
亥	寅		巳
乙	戊	癸	甲
朱 亥 勾	后 寅 白	空 未 貴	合 戌 合
庚申	亥	辰	未

가령 庚辰일 10국에서 寅이 亥에 가하여 발용이다. 巳가 寅에 가하고, 申이 巳에 가하며, 亥가 申에 가하고, 寅이 亥에 가하니, 모든 결절사 정단은 가장 나쁘다. 그 이유는 절신이 오히려 장생 위에 앉기 때문이다.

모든 정단사는 결국 끝내지 못하는데, 반드시 멈췄다가 다시 시작해야 한다. 물론 행년·본명에 타도 마찬가지이다.

---

[1] 『육임수언』「필법보담5」간지치절범모결, 절신가생격, "① 조건 : 이른바 일간의 절신을 살펴서 장생의 위에 가하여 발용이 되는 것이다. ② 해설 : 가령 여섯 甲일에서 申이 巳에 가하여 발용이고, / 庚辰일에서 寅이 亥에 가하여 발용이며, / 壬申일에서 巳가 寅에 가하여 발용이고, / 戊辰일에서 亥가 申에 가하여 발용이다. ③ 길흉 : 만약 결절사 정단이면 아직 요결되지 않는다. 반드시 요결은 멈춰 다시 일어나고, 끊기고 요결 되려다가 이어진다. 만약 폐관 정단이라면 반드시 다시 기용되고, 이미 유실되었더라도 옛 일이 부활되는 것이니, 이 절신을 얻으면 묘하게 된다. 그 이유는 절신이 장생의 위에 앉기 때문이다. 모름지기 절하려다가 불절이 되는 것이다."

第 79-2 法 遞互作絕神格

체 호 작 절 신 격   번갈아가면서 서로 절신을 만드는
                                                격1)

> 最宜兩相退換屋宇 或兌替差遣 交代職任等事. 如甲申 庚寅二日 伏吟. 又癸未日 干上亥 支上巳. 丁丑日 干上亥 支上巳. 丁未日 干上亥. 癸丑日 干上巳.

양쪽이 서로 물러나서 가옥을 바꾸거나, 교대파견, 직장교대임무 등의 일에 가장 좋다.

가령 甲申일2)과 庚寅일 두 날의 복음과가 있다.

癸未일 3국에서 간상은 亥이고 지상은 巳이다.3) 丁丑일 9국에서 간상은 亥이고 지상은 巳이다.4) 丁未일 9국에서 간상은 亥이고 지상은 亥이다.5) 癸丑일 9국에서 간상은 巳이다.6)

〈과전도〉 甲申일 1국

庚	癸	甲	
青寅蛇	朱巳勾	后申白	
寅	巳	申	
庚	庚	甲	甲
青寅蛇	青寅蛇	后申白	后申白
甲寅	寅	申	申

---

1) 『육임수언』「필법보담5」 간지치절범모결, "가령 甲申일 복음에서 간상 寅, 지상 申에서, 간지는 서로 절신을 만든다. 가옥을 바꾸거나, 교대파견, 직장교대임무 등의 일에 모두 좋다."

2) 甲申일 1국에서 지상 申은 일간 甲의 절신, 간상 寅은 일지 申의 절신이다.

3) 지상신 巳는 일간 癸의 절신이고, 간상신 亥는 일지 未의 절신이다.

4) 지상신 巳는 일간 丁의 절신이고, 간상신 亥는 일지 丑의 절신이다. 여기서 丁의 절신은 수토동궁의 방법을 적용하였다.

5) 지상신 亥는 일간 丁의 절신이고, 간상신 亥는 일지 未의 절신이다.

第80法 人宅皆死各衰羸　全師皆沒
인 택 개 사 각 쇠 리　모든 군사가 전부 죽었다.

해설 사람과 가택이 모두 사신이면, 사람과 가택이 쇠해지고 파리해진다.[1]

【구성이론】 사신, 사기, 사수기.

【정단원리】 간지상 모두에 사신이 타거나, 교차하여 사신이 타면 하려는 일은 불리하다. 질병 정단은 사망하고, 병문안과 상가집 방문은 나쁘다.

---

6) 지상신 巳는 일간 癸의 절신이고, 간상신 巳는 일지 丑의 절신이다. 여기서 丑토의 절신은 수토동궁의 방법을 적용하였다.

1) 같은 책, 인택개사각쇠라, "이른바 甲乙의 사는 午 따위이다. 만약 간지 위에 사신이 각각 타면 사망과 상 등의 일이 있다. 가령 庚寅일 간상 子, 지상 午가 이것이다. 모든 일은 단지 후퇴가 마땅하고 도모는 불리하다. 질병 정단은 사망한다."

第80-1法 干支上互乘死氣格

간 지 상 호 승 사 기 격   간지에 번갈아 사기가 타는 격[1]

如戊申日 干上子 支上卯. 庚申日 干上子. 庚寅日 干上午 支上子. 甲寅日 干支上子. 已上諸例喩不宜弔喪問病. 如乘月內之死氣尤的. 如占病必死.

〈과전도〉 戊申日 6국			
壬	丁	○	
蛇子靑	空未貴	后寅白	
巳	子	未	
壬	丁	○	庚
蛇子靑	空未貴	陰卯常	合戌合
戊	巳	子	申	卯○

가령 戊申일 6국에서 간상은 子이고 지상은 卯이다.[2] 庚申일 9국에서 간상은 子이다. 庚寅일 3국에서 간상은 午이고 지상은 子이다. 甲寅일 9국에서 간지상은 모두 子이다.

이상의 모든 예에서 상가와 질병은 모두 나쁜데, 만약 월내의 사기가 타면 더욱 분명해진다. 만약 질병 정단이면 필사이다.

---

1) 같은 책, 인댁개사각쇠라, 호승사신가지, "가령 甲申일 간상 子, 지상 午이다. 간지에 각각 사신이 탄다. 정단은 앞의 예와 같다."

2) 간상신 子는 일지 申 기준의 사이고, 지상신 卯는 일간 戊 기준의 사이다. 여기서 지상신 卯를 戊의 사로 본 것은 수토동궁의 방법을 적용한 것이다.

第80-2法 支干全乘死氣格

지 간 전 승 사 기 격   일지와 일간 모두에 사기가 타는 격

> 如庚寅 庚申 辛丑日 並干上子. 乙丑 甲申 甲寅日 干上午. 己未 壬申寅 並干上卯. 丙寅申 丁丑日 並干上酉. 此例止宜休息 萬事不利動謀.

〈과전도〉 庚寅일 9국			
壬	甲		戊
玄辰玄	青申蛇		蛇子青
子	辰		申
戊	壬	○	丙
蛇子青	玄辰玄	白午后	合戌合
庚申	子	寅	午○

가령 庚寅일 9국,[1] 庚申일 9국, 辛丑일 11국은 모두 간상 子이다.

乙丑일 11국,[2] 甲申일 9국, 甲寅일 9국의 간상은 午이다.

己未일 5국, 壬申일 9국, 壬寅일 9국은 나란히 간상은 卯이다. 丙寅일 9국, 丙申일 9국, 丁丑일 11국은 나란히 간상 酉이다.

이 예들은 단지 휴식이 좋다. 그러나 도모하여 움직이면 만사 불리하다.

---

1) 일간 庚의 사기인 子가 간상에 있고, 일지 寅의 사기인 午가 지상에 있다.
2) 辛丑일 11국에서의 지상신 卯와, 乙丑일 11국에서의 지상신 卯와, 己未일 5국에서의 간지상신 卯와, 丁丑일 11국에서의 지상신 卯를 사기로 본 것은, 수토동궁의 방법을 적용한 것이다.

第81法 傳墓入墓分憎愛　當知主客 孰憎孰愛
전묘입묘분증애　마땅히 주객을 알아야 하니, 누구를 미워하고 누구를 사랑해야 하는가?

해설 삼전에서 묘신이 묘신에 들면, 증오와 사랑으로 나눠진다.

> 此等例 詳初傳是何類神而言之. 如是日之財神 祿神 長生 官星等 不可值中末之墓. 如是日之鬼 及盜炁等 卻喜中末墓也. 細具于後.

　이와 같은 예는 초전을 자세하게 보아, 어떤 류신인지에 따라 말해야 한다.[1] 만약 초전이 일간의 재신·록신·장생·관성 등이지만 중말전이 묘신이면 나쁘다.

　그러나 만약 일간의 귀살이나 도기 등이면 오히려 중말전에서의 묘신을 반긴다. 자세한 것은 뒤에서 살핀다.

> 生我者 傳墓入墓 如辛未日 三傳巳戌卯 巳加子 作初傳 乃日之長生 豈宜中傳戌來墓 巳末傳又入戌鄉.

　생아가 묘신으로 전해져서 묘신에 들면 '전묘입묘'이다.
　예를 들면 辛未일 8국에서 삼전은 巳戌卯이다. 子에 가한 초전

---

[1] 같은 책, 전묘입묘별흔비, "이른바 발용의 신이 중전에서 묘신이 되고 말전이 다시 묘향에 들면 '전묘입묘'이다. 스스로 밝음에서 어둠에 드니 사람이 우물에 빠져서 한 발, 한 발 깊어진다. 초전을 봐서 어떤 류신인지에 따라 그 길흉이 정해진다."

〈과전도〉 辛未일 8국		
己	○	丁
玄巳后	勾戌勾	后卯玄
子	巳	戌○
丁	壬	甲	己
后卯玄	空申朱	朱子空	玄巳后
辛戌	卯	未	子

巳가 일간의 장생이지만, 중전에서 묘신 戌이 오고 말전이 다시 戌향으로 드니 어찌 마땅하겠는가?

又己巳卯未亥丑日 並巳加子爲用 大不利占生計 及長上之事. 如辛未日 有官人占之 緣官星德神長生入墓. 如常人占之 返喜鬼入墓也.

〈과전도〉 己巳일 8국		
己	○	丁
玄巳后	勾戌勾	后卯玄
子	巳	戌○
丁	壬	甲	己
后卯玄	空申朱	朱子空	玄巳后
辛戌	卯	未	子

그리고 己巳·己卯·己未·己丑의 8국은 나란히 삼전이 巳가 子에 가하여 발용이니, 생계와 더불어서 지위가 높은 사람이나 윗분의 일은 크게 불리하다.[1]
만약 辛未일에 관직자가 정단하면, 관성과 덕신과 장생이 묘신에 든다. 만약 일반인이 정단하면, 오히려 귀살이 입묘하는 것을 반긴다.

【구성이론】 발용, 묘신.

【정단원리】 초전에 길신인 장생, 록신, 재신이 있지만 중전이 묘신이고 말전이 묘신에 들면 처음은 밝지만 나중이 어두워진다. 그러나 초전이 도기나 귀살인 경우에는 이 것(자명투암)이 좋다.

1) 己未일 8국은 초전 巳가 이미 공망이니 여러 길신이 공망되었다. 더군다나 중말전이 묘신으로 이어지니 더욱 흉하다.

第81-1法 德祿傳墓格

덕 록 전 묘 격   일덕과 일록이 묘신으로 이어지는 격[1]

如丙子日 巳加子 爲用. 癸未 壬子日 巳加子 爲用. 乃財神入墓. 戊子日 巳加子用 乃德祿幷生氣入墓.

〈과전도〉 丙子일 8국

辛	甲	己
常巳空	蛇戌蛇	空卯常
子	巳	戌

甲	己	辛	甲
蛇戌蛇	空卯常	常巳空	蛇戌蛇
丙巳	戌	子	巳

가령 丙子일 8국에서 巳가 子에 가하여 발용이다.[2]

癸未일과 壬子일 8국에서 巳가 子에 가하여 발용이니 재신이 묘신에 든다.[3]

戊子일 8국에서 巳가 子에 가하여 발용이고 일덕과 일록과 생기가 나란히 묘신에 든다.[4]

1) 같은 책, "庚戌일 삼전 申丑午에서 일록이 묘로 이어져서 묘에 든다. 식록 정단은 득하기 어렵다."
2) 일간 丙화의 일록 겸 일덕인 초전의 巳가 중말전에서 묘신으로 이어진다.
3) 일간 癸수의 일재인 초전의 巳가 중말전에서 묘신으로 이어진다. 특히 癸未일의 초전 巳는 일덕에도 해당한다.
4) 초전의 巳는 일간 戊토의 일덕·일록·생기에 해당하지만, 중말전에서 묘신으로 이어진다. 여기서의 생기는 부모효를 가리킨다.

第 81-2 法 長生入墓格
장 생 입 묘 격   장생이 묘신에 드는 격[1]

如庚子 巳加子用. 常人占之 喜鬼入墓.

〈과전도〉 庚子일 8국		
○	戌	癸
常 巳 陰	合 戌 合	陰 卯 常
子	巳 ○	戌
辛	甲	○	戌
貴 丑 空	白 午 后	常 巳 陰	合 戌 合
庚 申	丑	子	巳 ○

가령 庚子일 8국에서 巳가 子에 가하여 발용이다.[2] 일반인이 정단하면 귀살이 묘신에 드는 것을 반긴다.

---

1) 같은 책, 전묘입묘별흔비, "가령 庚子일 삼전은 巳戌卯이다. 巳는 일간의 장생이지만 묘신으로 이어져서 묘신에 드니 어찌 마땅하겠는가? 만약 생계나 존장 등의 일이라면 모두 불리하다. 또한 巳는 관성이므로 재앙이 있는 일반인은 마땅하지 못하다."

2) 초전의 巳화는 일간 庚금의 장생이다. 이미 순공이므로 흉한데 다시 중말전에서 묘신으로 이어지니 더욱 흉하다.

第 81-3 法 脫氣入墓格
탈 기 입 묘 격 　　　탈기가 묘신에 드는 격

乙未日 巳加子用.

〈과전도〉 乙未일 8국		
○	戊	癸
玄巳白	朱戌朱	白卯玄
子	巳○	戌
丁	壬	庚	○
蛇酉合	空寅陰	勾子貴	玄巳白
乙辰	酉	未	子

乙未일 8국에서 巳가 子에 가하여 발용이다.[1]

---

[1] 이 예는 초전의 巳화에서 일간 乙목을 탈기하고, 다시 천반 공망이니 더욱 흉한데, 또다시 중말전에서 묘신으로 이어지니 더더욱 흉하다.

第 81-4 法 財神傳墓格
재 신 전 묘 격   재신이 묘신으로 이어진 격[1]

丙戌日 申加卯. 庚辰日 寅加酉用 乃財入墓. 庚戌日 申加卯用 乃德入墓.

〈과전도〉 丙戌일 8국

甲	己	○
后申合	勾丑陰	玄午靑
卯	申	丑
丙	辛	辛	甲
蛇戌蛇	空卯常	空卯常	后申合
丙巳	戌	戌	卯

丙戌일 8국에서 申이 卯에 가한다.[2]

庚辰일 8국에서 寅이 酉에 가한 재신이 묘신에 든다.[3]

庚戌일 8국에서 申이 卯에 가하니 일덕이 묘신에 드는 격이다.[4]

---

1) 같은 책, "庚辰일 삼전 寅未子에서 재신이 묘신으로 이어져서 묘신에 드니, 구재는 불리하다."

2) 일간 丙화의 처재효인 초전의 申금을 중전에서 묘신 丑이 덮고, 말전에서 다시 묘신 丑에 앉는다. 그리고 말전이 아예 공망되니 재신은 흔적도 없이 사라져 버리는 상이다.

3) 일간 庚금의 처재효인 초전의 寅목이 중전에서 묘신 未로 변질되고, 말전에서 다시 묘신 未에 앉는다. 초전에서 재신 寅목이 공망되니, 재물이 아예 없는 셈이다.

4) 일간 庚금의 일덕인 초전의 申금이 중전에서 묘신 丑으로 변질되고, 말전에서 다시 묘신 丑에 앉는다. 초전의 申금은 일덕 외에 역마와 일록에도 해당되지만 초전이 공망되니, 이들은 아예 없는 셈이다.

第 81-5 法 長生脫氣入墓
장 생 탈 기 입 묘   장생이 탈기하여 묘신에 드는 격

戊戌日 申加卯用.

〈과전도〉 戊戌일 8국

丙	辛	甲
青申蛇	貴丑空	白午后
卯	申	丑

戌	癸	癸	丙
合戌合	陰卯常	陰卯常	青申蛇
戌巳	戌	戌	卯

戊戌일 8국에서 申이 卯에 가하여 발용이다.1)

---

1) 일간의 장생인 초전의 申금은 중말전에서 묘신 丑으로 이어진다. 여기서의 장생 申금은 수토동궁의 방법을 적용한 것이다. 즉 일간을 수로 보고 장생을 申이라고 하였다.

第 81-6 法 鬼入墓格
귀 입 묘 격　　　　　귀살이 묘신에 드는 격[1]

戊辰日　寅加酉用. 巳上如占行人來遲.

〈과전도〉 戊辰일 8국

丙	辛	甲
后 寅 白	空 未 貴	蛇 子 靑
酉	寅	未
○	丁	癸　丙
合 戌 合	陰 卯 常	勾 酉 朱　后 寅 白
戌巳	戌○	辰　酉

戊辰일 8국에서 寅이 酉에 가하여 발용이다. 이 예로 행인 정단을 하면 사람은 지체되어 온다.[2]

---

1) 같은 책, "戊辰일 삼전 寅未子에서 일귀가 묘신으로 이어져서 묘신에 드니 서민이 정단하면 최길하다. 그러나 관직자는 나쁘다."

2) 일간 戊토의 귀살인 초전의 寅목이 중전에서 묘신 未로 변질되고, 말전에서 다시 묘신 未에 앉는다. 이 예로 관직 정단을 하면 관성인 寅목이 중말전에서 죽으니 관직은 오래가지 못한다. 그러나 관재나 구설이면 그것이 중말전에서 죽으니 길하게 된다. 즉 모망사 정단은 흉한 결과를 낳고, 흉사 정단은 길한 결과를 낳는다.

第 82 法 不行傳者考初時
불 행 전 자 고 초 시   삼전이 나아가지 못하는 불행전은 처음을 살펴야 한다.[1]

夫不行傳者 乃中末空亡是也. 中末旣空 但只以初傳斷其凶吉 言其事類. 此例極多 此例極多 不欲細具. 或一日內有三五課者.

무릇 불행전은 중말전이 공망되는 것을 말한다. 중말전이 공망되면 초전으로만 그 길흉을 판단하면 되고, 사류를 따르면 된다.
이러한 예는 매우 많아서, 자세하게 기록하지 못한다. 항상 하루에 세 개에서 다섯 개의 과가 있다.

如甲子日 干上巳 初傳申是日之鬼 中傳亥是日之長生 末傳寅

---

[1] 『육임수언』「필법보담5」 두전불행론발용, 두전불행, "① 조건 : 이른바 초전이 실하고 중말전이 공망된 것이다. ② 해설 : 중말전이 이미 공망이므로 단지 초전으로만 판단하면 된다. 가령 甲子일 삼전 申亥寅에서 초전은 일귀이고, 중말전은 장생과 일덕과 일록이다. 여기서 길신은 모두 공망이고 흉신이 홀로 있으니, 반드시 좋은 일은 없고 나쁜 일만 있다. 만약 요극과 별책 등의 일에서 이 과를 해석하면 이미 힘이 미미하니 좋은 일과 나쁜 일 모두 없고, 무릇 공망이면 우희 모두 불성이다. 근사는 순을 벗어나서 가히 도모할 수 있고, 원사는 결국 성취하기 어렵다. 중말전이 공망이므로 초전으로만 추리하면 되고, 초중전이 공망이면 말전으로만 추리하면 되니, 공망되지 않은 것으로 추리하면 된다. 중말이 공망이면 '단교'라고 하여 일의 도중에 단지 이루기 어렵다. 만약 12신과 12천장이 길하면 지나치게 구속될 필요가 없다. (일설에는 중말전이 모두 공망이면 원대사가 바뀌어 근사로 되고, 움직임 중에 움직이지 못한다고 한다. 사람을 찾는 것은 근처에 있다.)"

> 是日之德祿. 旣長生德祿皆空 豈宜獨存初傳之申金 爲日之鬼
> 而坐實地. 若以初傳用事 必好事無而惡事有也. 已後如値初傳
> 凶者 若是遙尅者好惡俱無 餘皆倣此亦名守株待兔.

〈과전도〉 甲子일 10국

壬	○	丙	
蛇申靑	勾亥朱	白寅后	
巳	申	亥○	

己	壬	丁	庚
陰巳常	蛇申靑	常卯陰	后午白
甲寅	巳	子	卯

甲子일 10국에서 간상은 巳이다. 초전 申은 일간의 귀살이고, 중전 亥는 일간의 장생이며, 말전 寅은 일간의 일덕과 일록이다.

이미 장생과 일덕과 일록이 모두 공망이다. 초전의 申金이 홀로 존재하면서 일간의 귀살이 되어 실지에 앉으니 어찌 마땅하겠는가?

만약 초전을 쓰면 반드시 좋은 일은 없고 나쁜 일만 있다. 이후에 만약 초전이 흉한데 만약 요극과이면 좋은 일과 나쁜 일은 모두 없다.

나머지도 모두 이를 본뜨면 되고, 부르기를 '수주대토'[1]라 한다.

【구성이론】 삼전, 공망.

【정단원리】 초전은 공망이 아니지만 중말전이 공망이면 초전으로만 길흉을 보면 된다. 요극과와 별책과는 그 힘이 더욱 약하여 좋은 일과 나쁜 일 모두 성립되지 않고, 만약 공망이면 길흉사 모두 불성이다. 근사는 순이 바뀐 뒤에 가능하지만 원사는 결국 이루지 못한다. 만약 사람을 찾는데 중말전이 공망이면 멀리서 찾지 말고 근처에서 찾으면 된다.

---

1) 수주대토 : 그루터기에 걸려서 토끼가 잡힌 것을 보고, 그 후부터는 농사일을 걷어치우고 그루터기 앞에 앉아서 토끼가 걸려들기만 기다렸다는 고사로, 한 가지 일에만 얽매여서 발전을 모르는 어리석은 사람을 비유적으로 일컫는 말이다.

第82-1法 獨足卦

독 족 괘   외발로 가는 괘1) 2)

己未日干上酉. 凡占萬事皆不可行. 此一例 乃初中末并支干皆在未上 於七百二十課中 止有此一課 故名獨足. 旣只有一足焉可行乎.

〈과전도〉 己未일 11국		
辛	辛	辛
合酉后	合酉后	合酉后
未	未	未
辛	癸	辛	癸
合酉后	蛇亥玄	合酉后	蛇亥玄
己未	酉	未	酉

己未일 11국에서 간상은 酉이다. 무릇 정단에서 만사 모두 행하지 못한다.

이 일례는 초중말전과 아울러 간지가 모두 未위에 있다. 720과에서 하나의 과만 있으므로 '독족'이라 한다. 하나의 발만 있으니 어찌 갈 수 있겠는가?

1) 『육임대전』「과경1」, "① 조건 : … 무릇 팔전과에서 역으로 세어서 일간에 닿게 하면 중말전이 서로 같으므로 '독족격'이다. ② 해설 : 무릇 삼전이 모두 일신으로 돌아오니 가령 역참에서 넘겨주고 받으려고 하지만 타인에게 전송되지 않고 홀로 발 하나를 펴더라도 행하지 못하므로 '독족격'이라 한다. ③ 길흉 : 매사 움직이고 이동할 수 없으니 스스로 손실만 매우 많다. 그리고 중말전이 모두 공망이어도 역시 이러한데 배를 타는 것이 이롭다."

2) 『육임수언』「필법보담5」두전불행론발용, 독족난행격, "예제 : ① 가령 庚申일은 간상 丑과는 (묘신이므로) 부딪친다. 삼전 卯丑丑에서 丑이 공망이니, 가까스로 발용의 卯만 존재한다. 발 하나로는 행하기 어려우니 비용이 지극히 많이 든다. ② 그리고 己未일 반음은 삼전 巳丑丑이고 위와 같다. ③ 또한 己未일 복음도 같은 예인데 삼전 未丑戌이고 중전은 순공이다. 중전이 순공이니 어찌 말전과 능히 형을 하겠는가? 이미 형을 하지 못하고, 간지 초전은 모두 未위에 있어 발이 하나이므로 어찌 할 수 있겠는가? 무릇 모망하는 모든 것은 이루지 못한다."

> 如欲販商 利行舟而不利陸路. 如欲逃亡者亦然 占病死. 雖衆皆知有獨足例 殊不曾稽考.

만약 장사를 한다면 배편으로 행하면 이롭지만 육로로 행하면 불리하며, 도망하려는 자도 역시 이 방법(배편이용)이 좋다. 질병 정단은 사망한다.

비록 많은 사람들이 모두 독족의 예를 알고는 있지만, 전혀 좀 더 고찰해보지 않았다.

> 己未伏吟卦 亦名獨足. 且己未伏吟 雖有未丑戌爲三傳 緣中傳乃旬內空亡 旣中傳空亡 豈能刑其末傳之戌乎. 且中末旣無 惟支與干並初傳皆在未上 與獨足何異耶. 凡謀 皆不能成也.

〈과전도〉 己未일 복음			
己	○		壬
白 未 蛇	蛇 丑 白	陰 戌 陰	
未	丑○	戌	
己	己	己	己
白 未 蛇	白 未 蛇	白 未 蛇	白 未 蛇
己未	未	未	未

己未일 1국 복음괘 또한 독족이다.

己未일 복음괘는 비록 삼전이 未丑戌이지만, 중전은 곧 旬中 공망으로 이미 중전이 공망이니, 어찌 능히 말전의 戌과 형을 할 수 있겠는가?

중말전이 이미 없는 셈이고[1], 일지와 일간과 초전이 모두 未위에 있으니 어찌 독족과 다르겠는가? 꾀하는 모든 일을 이루지 못한다.

---

1) 중전이 공망이므로 없는 것이 맞지만 말전 戌은 공망이 아니다.

第83法 萬事喜忻三六合 民安物阜 君正臣良
만사희흔삼육합
국민은 편안하고 생필품은 산더미처럼 풍족하며, 임금은 바르고 밝으며 신하는 어질다.

해설 삼육합을 하면 만사 기쁘다.[1] [2]

謂三傳寅午戌等或干支上見未. 三傳亥卯未等或干支上見戌. 三傳申子辰等或干支上見丑. 三傳巳酉丑等或干支上見辰. 巳上乃三合課 又與中間一字作六合者也.

이른바 삼전이 寅午戌이고 간지상에 未가 보이거나, 삼전이 亥卯

---

1) 『육임대전』「과경2」합환과, "① 조건 : 무릇 이 과는 일진의 천간이 합을 하고 다시 지지가 삼합과 육합을 하여 발용이 되고, 점인의 행년과 본명에 모두 길장이 타면 합환과이다. ② 해설 : … 무릇 일진과 행년·본명에 합(육합, 삼합)이 보이면 화합하고, 합한 즉 참신하여 곧 사람을 반겨서 일을 이루니 따라서 합환과이다. ③ 주역괘 : 『역경』의 48번째 정괘와 통하는 과체로서 혼인하여 가정이 원만한 과이다."

2) 『육임수언』「필법보담4」삼육상호격, "① 조건 : 이른바 삼전이 국을 이뤄서 간지상의 어느 한 신과 신장이 육합을 하면 삼합과 육합이 서로라는 뜻의 '삼육상호'라고 부른다. ② 예제 : 가령 丙子일 삼전 申辰子와 간상 丑은 육합이다. / 壬午일 삼전 未亥卯와 지상 戌은 육합이다. / 이 외에 壬午와 壬寅일 간상 未와, / 丙申·丙辰·戊申·戊辰일에서 간상 丑과, / 乙酉일 지상 丑인 일곱 과이다. ③ 길흉 : 모든 일에서 모망사는 장애 없이 모두 이룬다. 『경』에서 이르기를 삼합과 육합이 서로 보이면 기쁨이 있다는 뜻의 '삼육상호견희흔'이라 하였다. 설령 악을 대동했더라도 진노가 되지 않는다. 악을 대동했다는 것은 이른바 일간의 귀살, 탈기를 말하고 해가 되지 않는다. 하물며 일간의 재물과 일간을 생하는 신이면 더 말할 나위가 없다. 만약 공망되더라도 행년·본명과 태세와 월건에서 메우면 가히 쓸 수 있다. 그러나 풀려야 될 근심사와 의혹사는 마땅하지 못하다. 질병 정단은 흉하다."

未이고 간지 위에 戌이 보이거나, 삼전이 申子辰이고 간지상에 丑이 보이거나, 삼전이 巳酉丑이고 간지상에 辰이 보인다.
　이상은 모두 '삼합과'이고, 다시 중간의 한 자가 육합하는 것이다.

> 故經云 三六相呼見喜忻 縱然帶惡不成嗔. 且夫帶惡者 乃金日得寅午戌 土日得亥卯未 木日得巳酉丑 火日得申子辰 縱然三傳剋干 亦不能爲禍 尚可成合.

　따라서 『경』에서 말하기를, 삼육합이면 서로 기쁨을 보고 부르게 되니, 설령 악을 대동했을지라도 진노가 되지 않는다.
　악을 대동한다는 것은 金일에 寅午戌을 얻는 것이고, 土일에 亥卯未를 얻는 것이며, 木일에 巳酉丑을 얻는 것이고, 火일에 申子辰을 얻는 것이다. 설령 삼전에서 일간을 극하더라도 화가 되지 않고 오히려 합이 된다.

> 其餘占雖曰不可行事者 事亦可成就也. 何況三傳生日 或作日之財 又三六相呼 凡謀皆遂 全無障礙. 不然 有人在中相助而成合事. 唯不宜占解釋憂疑事. 如占病 其勢彌篤. 如占行人 忻喜而來.

　이 외의 나머지 정단에서도 비록 '일을 행하지 못한다'고 하더라도 일은 성취된다. 하물며 삼전에서 일간을 생하거나 또는 삼전에서 일간의 재신을 만들고, 다시 삼육합이 서로 호응하면, 무릇 도모하는 것을 모두 이루고 장애는 전혀 없다. 그렇지 않더라도 타인이 중간에서 서로 도와서 일을 이루고 합한다.

다만 근심스럽고 미혹된 일을 해결하는 정단에는 나쁘니, 만약 질병 정단이면 병세는 더욱 위중해지고, 행인 정단이면 기쁘게 온다.

如乙酉日 申加辰用 三傳申子辰水局并來生干 又支上見丑 乃名三合中有六合 爲全吉之課. 兼三傳之天將晝夜 皆是貴勾常土神 并作日之財 儘可求財 捨占財外 大不宜尊長及不利占作生計. 緣天將上神剋生氣故也.

〈과전도〉 乙酉일 9국

甲	戊	壬
貴申勾	勾子貴	常辰常
辰	申	子

甲	戊	己	癸
貴申勾	勾子貴	靑丑后	玄巳白
乙辰	申	酉	丑

가령 乙酉일 9국에서 申이 辰에 가하여 발용이다.

삼전 申子辰 수국에서 나란히 일간을 생하고, 또 지상에는 丑이 보이니, 칭하기를 '삼합 가운데에 육합'이라 하여 온전히 길한 과이다.

겸하여 삼전의 천장은 낮과 밤 모두 천을귀인과 구진과 태상의 토신이 나란히 일간의 재신을 만들고 있으므로 구재는 100% 가능하지만, 재물 정단 외에는 버려야 한다.

존장에 관한 일은 크게 나쁘고 생계를 짓는 정단은 불리하니, 그 이유는 천장상신에서 생기[1]를 극하기 때문이다.

又如丙申子辰三日 干上丑 皆三傳水局來傷日干. 殊不知三合

---

1) 생기 : 여기서는 부모님, 존장, 생계를 뜻하는 부모효인 申子辰을 가리킨다.

六合相呼之格　帶惡不成嗔之義也.　兼干上丑亦可以敵其傳水
凡謀雖有成意　終是可畏.　但顧目下成合　餘畏撥置事也.

〈과전도〉丙申일 5국		
庚	丙	○
合子蛇	后申玄	白辰靑
辰○	子	申
辛	丁	○	庚
勾丑朱	貴酉陰	白辰靑	合子蛇
丙巳	丑	申	辰

다시 예를 들면, 丙申·丙子·丙辰 세 날의 간상이 丑인 5국은, 삼전의 모든 水국에서 일간에게 상해를 가한다.

삼합과 육합은 서로 호흡하는 격이라는 것을 전혀 알지 못하였는바, 위의 예들에서 설령 악신이 끼어 있더라도 진노의 뜻은 성립되지 않는다.

또한 간상 丑으로써 삼전의 수를 대적하여도 된다.

모든 도모사는 비록 이루려는 뜻은 있지만, 결국에는 두렵게 된다. 단지 눈앞의 성사만을 생각하고 나머지를 방치하면 두렵게 된다.

又辛未日干上寅.　壬午日干上卯.　辛亥日干上午.　壬寅日干上
未.　戊申日干上丑.　三合課中又逢天將六合居干支上者　亦可用
但力稍輕.

〈과전도〉辛未일 9국		
○	丁	辛
合亥靑	后卯玄	白未蛇
未	亥○	卯
丙	庚	○	丁
貴寅常	常午貴	合亥靑	后卯玄
辛戌	寅	未	亥○

또한 辛未일에서 간상이 寅인 9국, 壬午일에서 간상이 卯인 9국이 있다.

辛亥일에서 간상이 午인 5국, 壬寅일에서 간상이 未인 5국, 戊申일에서 간상이 丑인 5국이 있다.1)

삼합과 중에서 간지상에 머무는 육합

이라는 천장을 만나면 또한 쓸 수는 있지만, 단지 그 작용은 매우 가볍다.

【구성이론】 합(合)

【정단원리】 삼전이 삼합하여 국을 이루면 주요사를 이룬다. 날이 지나면 바야흐로 능히 완결하는데, 여러 사람과의 관련된 일이다. 만약 간지상의 어느 하나와 삼합에서의 왕신이 육합을 하거나, 또는 간지가 교차육합을 하면 성사에 가장 길하다. 설령 악살을 대동하더라도 진노가 되지 않는다. 그러나 이것은 풀려야 좋은 일인 질병과 소송 등에는 나쁘다.

---

1) 辛未일 9국의 삼전은 亥卯未, 壬午일 9국의 삼전은 未亥卯, 辛亥일 5국의 삼전은 未卯亥, 壬寅일 5국의 삼전은 戌午寅, 戊申일 5국의 삼전은 亥卯未이다. 단지 辛未일 9국은 초중전이 공망이고 辛亥일 5국의 삼전은 중말전이 공망이므로 삼합이 되지 않는다.

第84法 合中犯殺蜜中砒   餌兵勿食
합중범살밀중비
미끼로 내보낸 병사이므로 먹어서는 안 된다.

해설 합 속에 살을 범하고, 꿀 속에 비상이 있다.[1]

```
三傳寅午戌  如支或干上有子  爲自刑  見丑爲六害  見子爲冲.
三傳亥卯未  如干支上有子  爲無禮刑  見辰爲六害  見酉爲冲.
三傳申子辰  如干支上有卯  爲無禮刑  見未爲六害  見午爲冲.
```

〈과전도〉 甲午일 9국

壬	甲	戊
白寅后	后午白	合戌合
戌	寅	午

甲	戊	戊	壬
后午白	合戌合	合戌合	白寅后
甲寅	午	午	戌

이른바 삼전이 寅午戌이고 만약 간지 위에 午가 있으면 자형이고, 丑이 보이면 육해이며, 子가 보이면 육충이다.

삼전이 亥卯未이고 만약 간지 위에 子가 있으면 무례형이고, 辰이 보이면 육해이며, 酉가 보이면 육충이다.

삼전이 申子辰이고 간지상에 卯가 보이면 무례형이고, 未가 보이면 육해이며, 午가 보이면 육충이다.

---

1) 『육임대전』「과경2」 합환과, 상왈, "… 합 속에 형충파해를 꿰차면 합 속에 화를 감추었으니 안으로는 길하고 밖으로는 흉하다. 합 속에 공망이 있으면 일은 힘만 들고 성취하기 어렵다. 삼전이 퇴연주이고 합 속에 암귀를 꿰차서 일간을 극하고 등사 백호 주작이 타면 해가 있으므로 의외의 경망스러운 기도를 해서는 안 되며, 만약 주요한 일을 다른 사람에게 맡기면 수풍정괘의 구이에 상응하여 우물이 골짜기인지라 미물에게 쏨이며 항아리가 깨져서 새는 상이 된다."

三傳巳酉丑 如干支上有酉 爲自刑 見戌爲六害 見卯爲冲. 巳上乃 三合犯殺少人知 惟防好裏定相欺. 笑裏有刀誰會得 事將成合失便宜. 凡占値此者 必至恩中變怨 合中有破 雖是屬我之事 亦被人在中阻隔.

〈과전도〉 丙寅日 9국

癸	乙	己	
貴酉朱	常丑陰	勾巳空	
巳	酉	丑	

癸	乙	庚	○
貴酉朱	常丑陰	合午靑	后戌蛇
丙巳	酉	寅	午

삼전이 巳酉丑이고 만약 일간과 일지 위에 酉가 보이면 자형이고, 戌이 보이면 육해이며, 卯가 보이면 육충이다.

위에서 '삼합범살소인지(삼합이 살을 범하는 과를 아는 사람이 적다)'라고 하여 겉으로는 좋게 지내는 가운데 서로 속임을 방지해야 되고, 웃음 속에 칼이 있으니 누가 알 수 있겠는가? 일은 장차 성합하려다가 갑자기 잃게 된다.

정단하여 이를 얻으면 반드시 은혜가 있는 가운데에 원한으로 변하여 다가오고 화합 중에 깨진다. 비록 나에 속한 일이지만 타인이 중간에 껴서 막히는 일을 당한다.

俗諺云 笑裏刀 蜜裏砒 正此意也. 其中犯殺空亡 徒爲冤憎 下稍成阻 不免先應其事.

속담에서 말하기를 '웃음 속에 칼이 있고 꿀 속에 독이 있다.'라고 한 것은 바로 이러한 뜻이다. 그 중에 범살1)이 공망이면 원망

---

1) 범살 : 자형, 육해, 육충을 가리킨다.

하고 미워하는 일에 장애가 생겨 조금 낫지만, 앞서 말한 웃음 속에 칼이 있는 일을 면하지는 못한다.

【구성이론】 합, 형, 충, 파, 해.

【정단원리】 삼전에서 삼합을 이룬 국과 간지상의 어느 한 신이 형, 충, 파, 해를 하면 은혜가 변하여 원한이 되고, 합 속에 해가 도사리고 있다. 만약 일을 이루고자 하면 범살을 충하여 제거하는 날을 기다려서 이루면 된다. 만약 범살이 공망되거나 또는 행년이나 본명상에서 극제하면 또한 쓸 수 있다.

第 85 法 初遭夾剋不由己
초조협극불유기

指日克汴 而班師之詔屢頒

날짜를 지목해서 급히 변땅을 정벌하라 하더니, 군사를 돌이키라는 조서를 여러 번 내리네.

해설 초전에서 협극[1]을 만나면 부자유스럽게 된다.[2]

> 謂初傳坐於剋方 又被天將所傷 故取名夾剋. 凡占必身不由己 及受人驅策. 尤宜詳其受剋者是何類而言之. 且如夾剋者是財 必財不由己費用. 或是日之同類受夾剋者 乃自身不由己. 惟是日鬼受夾剋者爲妙. 乃當憂不憂之義也.

이른바 초전이 극방에 앉고 다시 천장으로부터 상함을 당하는 것을 '협극'이라 한다.

---

1) 『육임대전』「과경4」앙구과, "무릇 천장에서 신을 극하면 '외전'인데 화환은 쉽게 풀리고, 신에서 천장을 극하면 '내전'인데 화환은 풀리기 어렵다. 초전이 '협극'을 만나는 경우, 동류를 협극하면 몸을 꾀하지 못하며 다른 사람에 의해 축출당하는 계책을 당하고, 재신이 협극되면 재물을 꾀하지 못한다. 그러나 귀살이 협극이면 오히려 길하다. 천장이 내전을 만나면 모망사는 점차 이루지만 다른 사람에 의한 난을 당한다. 천후가 내전이면 처는 불화하고 다병하다. 나머지도 천장으로 자세하게 말하면 된다."

2) 『육임수언』「필법보담5」초조협극불유기, "① 조건 : 이른바 초전이 극하는 방위에 앉고 다시 천장으로부터 상함을 받으면 협극이다. ② 해설 : 만약 재신이면 비용에서 재물을 꾀하지 못하고, 동류이면 동작을 함에 있어서 내 몸을 꾀하지 못하며, 귀살이 협극 받으면 오히려 흉이 변하여 길하게 된다. ③ 예제 : 가령 六壬일 午가 亥에 가하여 발용이다. 주야 천장은 현무와 천후가 탄다. 재물은 비용을 따르지 못한다. 또는 처에게는 늘 병이 있다. / 가령 乙丑일 酉가 巳에 가하여 발용이고 밤 정단에서 등사가 탄다. 귀살이 협극을 받으므로 당면한 우환사는 가히 우환이 되지 않는다."

무릇 정단에서 반드시 나는 부자유스럽고 타인에 의한 축출당하는 계책을 당한다. 극을 받는 것이 어떤 것인지를 마땅히 더욱 자세하게 살펴야 한다. 그리고 만약 협극되는 것이 재신이면 재물을 꾀하지 못하고, 일간의 동류[1]가 협극을 당하면 자신 스스로 꾀하지 못하며, 일간의 귀살이 협극되면 신묘하게 되어 우환을 당하더라도 우환이 되지 않는다.

如六甲日 戌加寅 爲初傳 晝夜天將 皆乘六合木神 此乃夾剋其財. 六壬日 午加亥 爲初傳 晝夜天將 玄武水神及天后水神 此乃夾剋日財 必財不由己而費用.

〈과전도〉 甲子일 5국

○	庚	丙
合戌合	后午白	白寅后
寅	戌○	午
○	庚	壬	戌
合戌合	后午白	蛇申靑	玄辰玄
甲寅	戌○	子	申

가령 여섯 甲일 5국에서 戌이 寅에 가하여 초전이고, 낮과 밤 천장이 모두 육합목신에 타서 재신을 협극한다.

여섯 壬일 6국에서 午가 亥에 가하여 초전이고, 낮과 밤 천장은 현무 수신과 천후 수신이다.[2]

이들이 일간재신을 협극하니, 반드시 재신은 부자유스럽게 소모하게 된다.

---

1) 일간의 형제효를 가리킨다.
2) 甲일 5국에서 초전 戌토를 천장 오행 乙卯목과 지반 오행 寅목에서 상하로 극을 하고 있고, 여섯 壬일 6국에서 초전 午화를 천장 오행 癸亥수·壬子수와 지반 오행 亥수에서 상하로 극을 하고 있다.

> 外有甲辰日 辰加卯 爲初傳 晝夜將 皆是六合木神 夾剋其財.
> 又甲申日 戌加卯同上. 或妻常病.

이 외에도 甲辰일 12국에서 辰이 卯에 가하여 초전이고, 낮과 밤 천장이 모두 육합목신이니, 재신을 협극한다.

그리고 甲申일 6국에서 戌이 卯에 가하는 것도 위와 같다.[1] 또는 처에게 항상 질병이 있다.

〈과전도〉 甲申일 6국

丙	癸	戊
合戌合	陰巳常	青子蛇
卯	戌	巳
乙	壬	辛	丙
朱酉勾	玄辰玄	常卯陰	合戌合
甲寅	酉	申	卯

【구성이론】 귀살, 묘신.

【정단원리】 초전 천반이 지반으로부터 극을 받고 다시 천장으로부터 극을 받으면 협극이다. 협극된 것이 재신이면 재물은 부자유스럽고, 일간과 같은 동류이면 자신이나 형제가 부자유스럽다. 그러나 귀살이면 재앙을 일으키지 못한다.

---

[1] 甲辰일 12국에서는 초전 辰토를 천장오행 乙卯목과 지반오행 卯목에서 상하로 극을 하고 있고, 甲申일 6국에서는 초전 戌토를 천장 오행 乙卯목과 지반 오행 卯목에서 상하로 극을 하고 있다.

第 85-1 法 家法不正格
가 법 부 정 격   가정의 법도가 바르지 못한 격[1]

緣三傳皆受夾剋例 唯乙丑卯亥日 并寅加酉 旦占有之.

〈과전도〉 乙丑일 8국		
丙	辛	甲
空寅陰	后未青	勾子貴
酉	寅	未
癸	丙	庚	〇
蛇酉合	空寅陰	陰午合	合亥蛇
乙辰	酉	丑	午

삼전이 모두 협극을 받는 예는, 오로지 乙丑·乙卯·乙亥일 8국에만 있다. 이들은 나란히 寅이 酉에 가하고, 밤 정단에 있다.[2]

---

1) 『육임대전』「과경4」 앙구과, 상왈, "… 만약 삼전이 하적상이고 일진이 내전이면 가정의 예절이 바르지 못하여서 다퉈서 집을 범하니 추성이 집밖으로 나가고, 질병과 소송은 지극한 액이 된다."

『육임수언』「필법보담5」, 초조협극불유기, 삼전협극격, "① 예제 : 가령 乙丑일 삼전 寅未子이다. 낮 정단에서 寅이 酉에 앉고 태음이 탄다. 未는 寅 위에 앉고 그 위에 청룡이 탄다. 子가 未 위에 앉고 천을귀인이 탄다. ② 해설 : 삼전이 모두 협극을 받으므로 크게 속박을 받아 거동을 하려 하지만 할 수 없다. ③ 길흉 : 모든 정단은 불길하다."

2) 이 세 과는 모두, 초전 寅목은 지반 酉금의 극을 받고, 중전 未토는 지반 寅목의 극을 받으며, 말전 子수는 지반 未토의 극을 받는다.

第85-2法 俯邱仰讎格

부 구 앙 수 격   구부리니 무덤이고 우러러보니 원수가 보이는 격)[1]

> 甲子日夜將 寅加未爲用. 乃俯見邱 仰見讎. 乙巳日酉加丑. 乙未日 卯加未夜.

〈과전도〉 甲子일 6국

丙	癸	戊
白寅后	朱酉勾	玄辰玄
未	寅	酉
癸	戊	辛	丙
朱酉勾	玄辰玄	貴未空	白寅后
甲寅	酉	子	未

甲子일 6국 밤 천장이다. 寅이 未에 가하여 발용인데, 구부리니 무덤이 보이고, 머리를 쳐드니 원수가 보인다.[2]

乙巳일 5국에서 酉가 丑에 가하고,[3] 乙未일 5국에서 卯가 未에 가하고 밤 정단이다.[4]

1) 『육임수언』「필법보담5」초조협극불유기, 부앙구구격, "이 격에는 두 가지 종류가 있다. 첫째, 가령 甲子일에서 寅이 未에 가하여 발용이고 밤 정단에서 백호가 타고 寅의 묘신은 未이다. 구부리면 언덕(묘신)이 보이고 위로는 호랑이에서 극을 하니 위로는 원수가 보인다. 안(묘신)에서는 사람을 기만하고 밖(호랑이)에서는 타인의 제제를 받으니, 그 흉을 가히 알 수 있다. 둘째, 가령 丑일 삼전 寅未子에서 寅이 酉에 가하여 발용인데, 구부리면 원수가 보이고, 寅 위에는 未가 타니 위를 보면 언덕(묘신)이 보인다. 무릇 정단에서 또한 같다."

2) 초전 천반 寅목의 지반은 寅목의 묘신인 未이고, 그 寅목이 중전의 지반으로 내려가서 천반 酉금을 보니 寅목을 극하는 귀살이다.

3) 초전 천반 酉금의 지반은 酉금의 묘신인 丑이고, 그 酉금이 중전의 지반으로 내려가서 천반 巳화를 보니 酉금을 극하는 귀살이다.

4) 초전 천반 卯목의 지반은 卯목의 묘신인 未이지만, 그 卯목이 중전의 지반으로 내려가서 천반 亥수를 보니 卯목을 극하는 것이 아니라 오히려 생하고 있으므로, 이 예제로 부적합하다.

第86法 將逢內戰所謀危　不知禍起蕭牆內　空築防胡萬里城
장봉내전소모위
왕실 안에서 일어나는 화를 알지 못하고, 공연히 오랑캐를 막으려고 만리장성을 쌓았네.

해설 내전을 만나면 도모하는 것은 장차 재앙이 된다.

六合內戰爲發用者 凡用事將成合而被人攪擾也. 如癸巳日晝占 六合加申 申金加於巳火之上. 天后內戰 爲發用者 如丁卯戌加 卯旦占 必妻常作鬧而不足或妻多病.

〈과전도〉 癸巳日 10국

甲	丁	庚
合申	亥	寅
巳	申	亥

壬	○	甲	丁
辰	未	合申	亥
癸丑	辰	巳	申

육합이 내전되어 발용이면, 장차 모든 일을 이룬 뒤에 타인의 훼방을 당한다. 가령 癸巳일 10국 낮 정단에서, 육합이 申에 가하고 申금은 巳화 위에 가한다.[1]

천후가 내전되어 발용이 되는 예로는, 丁卯일 6국에서 戌이 卯에 가한 낮 정단이다. 반드시 처가 항상 소란을 피우거나 또는 다병하다.[2]

夜貴內戰格 : 六癸日卯臨申爲用. 必因貴人而作內亂.

---

1) 지반 巳화에서 천반 申금을 극하고, 다시 申금에서 乙卯목 육합을 극한다.
2) 지반 卯목에서 천반 戌토를 극하고, 다시 戌토에서 壬子수 천후를 극한다.

야귀내전격은 여섯 癸일 6국에서 卯가 申에 임하여 발용이다.1)
반드시 귀인으로 인하여 내란이 일어난 것이다.

騰蛇內戰格 : 丙辰日旦 子臨辰爲用.

등사내전격은 丙辰일 낮 정단 5국에서 子가 辰에 임하여 발용이다.2)

朱雀內戰格 : 丁丑日夜占 乃朱雀乘亥 臨丑爲用.

주작내전격은 丁丑일 밤 정단 3국에서 주작이 亥에 타서 丑에 임하여 발용이다.3)

勾陳內戰格 : 丁丑日晝占 乃勾陳乘卯 臨申爲用.

구진내전격은 丁丑일 밤 정단 6국에서 구진이 卯에 타서 申에 임하여 발용이다.4)

靑龍內戰格 : 壬寅日夜占 乃靑龍乘申 臨巳爲用.

1) 지반 申금에서 천반 卯목를 극하고, 다시 卯목에서 己丑토 귀인을 극한다.
2) 지반 辰토에서 천반 子수를 극하고, 다시 子수에서 丁巳화 등사를 극한다.
3) 지반 丑토에서 천반 亥수를 극하고, 다시 亥수에서 丙午화 주작을 극한다.
4) 지반 申금에서 천반 卯목을 극하고, 다시 卯목에서 戊辰토 구진을 극한다.

청룡내전격은 壬寅일 밤 정단 10국에서 청룡이 申에 타서 巳에 임하여 발용이다.1)

| 白虎內戰格 : 丁亥日晝占 乃白虎乘午 臨亥爲用. |

백호내전격은 丁亥일 낮 정단 6국에서 백호가 午에 타서 亥에 임하여 발용이다.2)

| 太常內戰格 : 丁酉日晝占 乃太常乘卯 臨酉爲用. |

태상내전격은 丁酉일 낮 정단 7국에서 태상이 卯에 타서 酉에 임하여 발용이다.3)

| 玄武無內戰. |

현무는 내전이 없다.

| 天空內戰格 : 如丁丑日 卯加申爲用夜占. |

천공내전격은 가령 丁丑일 6국에서 卯가 申에 임하며 밤 정단이

---

1) 지반 巳화에서 천반 申금을 극하고, 다시 申금에서 甲寅목 청룡을 극한다.
2) 지반 亥수에서 천반 午화를 극하고, 다시 午화에서 庚申금 백호를 극한다.
3) 지반 酉금에서 천반 卯목을 극하고, 다시 卯목에서 己未토 태상을 극한다.

다.1)

> 太陰內戰格 : 壬辰 壬戌日返吟 夜占乃太陰乘巳 臨亥爲用.

태음내전격은 壬辰과 壬戌일 반음과 밤 정단에서 태음이 巳에 타고 亥에 임하여 발용이다.2)

> 夫十一天將皆有內戰. 此例余尙有之 不暇細具. 未免略具一例 餘皆倣此 而逐類言其內戰之意也.

무릇 12천장 중에 현무를 제외한 11천장은 모두 내전이 있다. 이러한 예는 다른 곳에도 아직 더 있으나, 한가하지 못하여 일일이 모두를 기록하지 못한다. 간략하게 일례를 들었다. 나머지도 모두 이와 같고, 류신을 쫓아서 내전의 뜻을 말하면 된다.

【구성이론】 삼전, 귀살.
【정단원리】 지반에서 천반을 극하고 천반에서 다시 천장을 극하는 것이다. 구하는 모망사는 불리하다. 어떤 천장인지에 따라 어떤 일인지를 판단하면 된다.

---

1) 지반 申금에서 천반 卯목을 극하고, 다시 卯목에서 戊戌토 천공을 극한다.
2) 지반 亥수에서 천반 巳화를 극하고, 다시 巳화에서 辛酉금 태음을 극한다.

第 86-1 法 三傳日辰內戰格
삼 전 일 진 내 전 격 삼전과 일진이 내전을 당하는 격)[1]

支干三傳皆下剋上者 凡占 皆是家法不正 或自竊犯或醜聲出於堂中 以致爭競. 斯占極驗. 如癸酉日 癸水剋上神之午火 酉金剋上神之寅木 初傳未加寅 中傳子加未 末傳巳加子 皆下賊上.

일지와 일간과 삼전이 모두 하극상이면, 무릇 정단에서 가정의 법도가 부정하니, 혹 자신이 법도를 어기고나, 혹 추한 소문이 가정 바깥으로 퍼져 다툼에 이르게 되는데, 이 정단에서 지극한 영험이 있다.

가령 癸酉일 8국은 癸수에서 그 상신의 午화를 극하고, 酉금은 상신의 寅목을 극하며, 초전은 未가 寅에 가하고, 중전은 子가 未에 가하며, 말전은 巳가 子에 가하니, 모두 하적상이다.

〈과전도〉 癸酉일 8국		
辛	甲	己
朱未常	白子合	貴巳陰
寅	未	子
庚	○	丙	辛
蛇午玄	空亥勾	玄寅蛇	朱未常
癸丑	午	酉	寅

1) 『육임수언』「필법보담5」 장봉내전소모위, 간지삼전내전격, "① 해설 : 이른바 간지와 삼전이 모두 아래에서 위를 극하면, 가정의 윤리가 두루 바르지 못하여, 이로써 다툼이 일어나는 단서가 된다. ② 예제 : 가령 癸酉일 8국에서 午가 일간에 가하고 寅이 일지에 가한다. 초전에서 未가 寅에 가하고, 중전에서 子가 未에 가하며, 말전에서 巳가 子에 가하니, 모두 아래에서 위를 적을 한다. ③ 길흉 : 따라서 소송 정단에서는 폭로가 되고, 질병 정단은 사망하며, 관직 정단은 연이어서 벼슬을 옮기는 기쁨이 있다."

> 凡占 全無和氣. 占訟被刑. 占病必死 吉事不成. 惟宜占官從微 而迤邐遷轉 大有興盛. 捨此皆凶. 己酉 辛酉日 未加寅. 戊辰日 寅加酉. 皆如前說.

모든 정단에서는 전혀 화사한 기운이 없다. 소송 정단은 형을 당하고, 질병 정단은 필사이며, 길사는 불성이다. 오직 관직 정단을 하면 미천한 직책을 전전하다가 크게 흥성해진다. 이를 제외한 것은 모두 흉하다.

己酉일과 辛酉일 8국에서 未가 寅에 가하고, 戊辰일 8국에서 寅이 酉에 가한다.[1] 모든 것은 앞의 설명과 같다.

---

1) 己酉일과 辛酉일 8국은 과전이 모두 하적상이고, 戊辰일 8국은 제4과만 하적상이다.

第87法 人宅坐墓甘招晦　魯酒薄而邯鄲圍

인 택 좌 묘 감 초 회　　노나라의 술이 싱거움에, 조나라의 서울인 한단이 포위되었네.[1]

해설 사람과 가택이 묘신[2]에 앉으면 좋은 것이 불행을 부른다.

謂天盤支干皆坐於地盤墓上者　乃心肯意肯情願受其暗昧　凡事皆自招其禍　切不可怨天尤人也. 不惟本身甘招其禍　猶且將家宅亦情願假借與人作賤　欲兌賃終不能脫出也.

　이른바 천반 지간이 모두 지반의 묘신 위에 앉는 것이다. 마음으로는 뜻을 수긍하고 정황을 수긍하지만 암매하게 된다.
　모든 일에서 모두 스스로 화를 부르지만, 절대로 하늘을 원망하고 사람을 원망해서는 안 된다.
　단지 나 자신의 장점 만이 화를 초래하는 것이 아니라, 장차 가택도 타인에게 빌려주어 값이 떨어지게 하여야 하는데, 빌려준 사람을 바꾸고자 하나 결국 벗어날 수 없다.[3]

---

1) 전국시대 노나라와 조나라가 강국인 초나라에게 술을 바쳤다. 그런데 초나라 관리가 실수해서 노나라의 싱거운 술과 조나라의 진한 술을 바꿔놓았는데, 초나라 임금이 이를 모르고 조나라 술이 맛있다고 하여서 조나라를 공격하여 조나라 수도인 한단을 포위하게 되었다. 즉 남 때문에 의외의 재난을 당함을 이르는 말.
2) 『육임수언』「필법보담4」 간묘지묘각혼회, "간묘와 지묘는 어둠에 빠지는 신이다."
『육임대전』「권1」, "묘신은 복몰(伏沒)의 신이다."
3) 『육임대전』「과경4」 앙구과, "壬申일에서 亥가 辰에 가하고 申이 丑에 가하므로 간지는 모두 묘신에 앉는다. 마음을 수긍하고 뜻을 수긍하여 사람과 가택은 어두운 화를 달게 받아야 한다."

如壬寅日 亥加辰 寅加未. 壬申日 亥加辰 申加丑. 己未日 未加辰. 丁丑日 未加戌 丑加辰. 庚寅日 申加丑 寅加未. 庚申日 申加丑. 剛日四絶體也.

〈천지반도〉 壬寅일 6국

庚 合子 巳○	辛 朱丑 勾午	壬 蛇寅 未	癸卯 貴申 朱
勾亥 空辰			后○辰 蛇酉
青戌 白卯			陰○巳 貴戌
丁 空酉 寅	丙 常申 白丑	乙 陰未 常子	甲午 玄亥 后

가령 壬寅일 6국에서 亥가 辰에 가하고 寅이 未에 가한다.1) 壬申일 6국에서 亥가 辰에 가하고 申이 丑에 가한다.2)

己未일 10국에서 未가 辰에 가한다.3) 丁丑일 4국에서 未가 戌에 가하고 丑이 辰에 가한다.4)

庚寅일 6국에서 申이 丑에 가하고 寅이 未에 가한다.5) 이는 강일 사절체이다. 그리고 庚申일 6국에서 申이 丑에 가한다.

【구성이론】 묘신(墓神)

【정단원리】 간지가 모두 묘신에 앉으면 모든 일에서 화를 자초하고 암매해진다.

---

1) 壬寅일 6국 천지반도에서, 壬의 기궁인 亥수가 그의 묘신인 辰토에 가하고, 일지 寅목이 그의 묘신인 未토에 임한다.

2) 壬申일 6국 천지반도에서, 壬의 기궁인 亥수가 그의 묘신인 辰토에 가하고, 일지 申금이 그의 묘신인 丑토에 임한다.

3) 己未일 10국 천지반도에서, 己의 기궁인 未토가 그의 묘신인 辰토에 가하고, 일지 未토가 그의 묘신인 辰토에 임한다. 여기서의 묘신은 수토동궁의 방법을 적용하였다.

4) 丁丑일 4국 천지반도에서, 간상에는 丁의 묘신인 戌토가 가하고, 지상에는 일지 丑토의 묘신인 辰토가 임한다. 뒤의 묘신은 수토동궁의 방법을 적용하였다.

5) 庚寅일 4국 천지반도에서, 庚의 기궁인 申금이 그의 묘신인 丑토에 가하고, 일지 寅목이 그의 묘신인 未토에 임한다.

第 87-1 法 互坐丘墓格

호좌구묘격　　간지가 서로 구묘에 앉는 격

干坐於支墓之上 支坐於干墓之上者 乃彼此各招其昏晦 惟不宜兩相投奔必是愚蠢人也.

일간이 지묘 위에 앉고 일지가 간묘 위에 앉으면 피차 각각 자신의 어리석음을 부른다. 이 때문에 양쪽이 서로 싸우면 안 좋으니, 그렇게 하면 반드시 어리석고 꿈틀거리기만 할 줄 아는 사람이다.

如丁丑日 未加辰 丑加戌. 戊寅日 巳加未 寅加辰. 甲申日 寅加丑 申加未. 庚寅日 申加未 寅加丑. 戊申日 巳加丑 申加辰. 餘傳內雖有所喜之神 其年命上卻剋去者 乃心多退懶 自不肯向前.

〈과전도〉丁丑일 10국

壬	甲		庚
青午合	蛇戌后		白辰青
卯	未		丑
甲	丁	庚	癸
蛇戌后	陰丑常	白辰青	勾未朱
丁未	戌	丑	辰

가령 丁丑일 10국에서, 未가 丑의 묘신인 辰에 가하고 丑이 丁의 묘신인 戌에 가한다.[1]

戊寅일 3국에서, 巳가 寅의 묘신인 未에 가하고, 寅이 戊의 묘신인 辰에 가한

---

1) 수토동궁의 방법을 적용하였다. 즉 '未가 丑의 묘신인 辰에 가하고'에서 未의 묘를 수와 같은 동궁으로 보았으므로 辰이 된다.

다.1) 甲申일 12국에서, 寅이 申의 묘신인 丑에 가하고, 申이 甲의 묘신인 未에 가한다.

庚寅일 12국에서, 申이 寅의 묘신인 未에 가하고 寅이 庚의 묘신인 丑에 가한다. 戊申일 3국에서, 巳가 申의 묘신인 丑에 가하고 申이 戊의 묘신인 辰에 가한다.2)

이 외에도 삼전 내에 비록 기쁜 신이 있더라도 행년과 본명 위에서 오히려 그것을 극하여 없앤다면, 심기가 쇠하고 나태해지므로 스스로 앞으로 향하지 못한다.

---

1) 수토동궁의 방법을 적용하였다. 즉 '寅이 戊의 묘신인 辰에 가한다.'에서 寅의 묘를 수와 같은 동궁으로 보았으므로 辰이 된다.
2) 수토동궁의 방법을 적용하였다.

第88法 干支乘墓各昏迷1)
간 지 승 묘 각 혼 미   간지에 묘신이 타면 각각 혼미해진다.2)

如支干全被上神墓者 其人如雲霧中行 其家宅敝而自塵暗 凡彼此占不亨快. 經云 墓覆日辰 人宅昏沉. 壬申日 干上辰 支上丑. 壬寅日 干上辰 支上未. 己未日 干支上辰. 丙寅日 干上戌 支上未. 丙申日 干上戌 支上丑. 乙丑日 干上未. 已上諸例 乃干支兩課皆見墓神.

가령 일지와 일간이 모두 각각의 상신으로부터 묘신을 당하는 것이다. 그 사람은 마치 운무 속을 가는 것과 같고, 그 가택은 피폐해져서 저절로 먼지와 어둠에 더럽혀진다.

무릇 상호간3)의 정단에서 형쾌하지 못하다. 『경』에서 말하기를 '묘신이 일진을 덮으면 사람과 가택은 혼침해진다'고 하였다.

---

1) 『육임수언』「필법보담4」 간묘지묘각혼회, 간지승묘격, "① 예제 : 가령 壬申일 간상은 辰이고 지상은 丑, 丙寅일 간상은 戌이고 지상은 未이니 간지 모두에 묘신이 탄다. ② 해설 :『경』에서 말하기를 묘신이 일진을 덮으면 사람과 가택은 혼침해진다. 또 말하기를 간지에 묘를 모두 만나면 하는 바는 모두 불통하다. 만약 6처의 신에서 충을 하여 구하거나, 공망에 해당하면, 가히 꺼리지 않는다."

2) 『육임대전』「과경4」 앙구과, "丙寅일 8국에서 간상은 丙의 묘신인 戌이고 지상은 寅의 묘신인 未이니 간지에 묘신이 탄다. 사람과 가택은 모두 형통하지 않고 이롭지 못하다. 이러한 예는 재앙과 화를 반드시 저지르는 허물이 있으므로 앙구라고 한다. 『역경』의 41번째 괘명인 해괘와 통하는 과체로서 내외 능욕의 과이다."

3) 피차 : 인간관계는 주객 관계가 아닌 것이 없으므로, 간지를 잘 살피면 모든 대인관계에서의 슬기로운 처세가 가능하다.

〈과전도〉 壬申일 8국

戊	癸		丙
后辰	后空酉	勾 蛇寅	玄
亥○		辰	酉
戊	癸	乙	庚
后辰	后空酉	勾朱丑	常玄午蛇
壬亥	辰	申	丑

壬申일 8국에서 간상은 辰이고 지상은 丑이다. 壬寅일 8국에서 간상은 辰이고 지상은 未이다. 己未일 4국에서 간지상은 辰이다.[1] 丙寅일 8국에서 간상은 戌이고 지상은 未이다.

丙申일 8국에서 간상은 戌이고 지상은 丑이다. 乙丑일 10국에서 간상은 未이고 지상은 辰이다.[2]

위의 모든 예는, 일간과 일지 양 과에 모두 묘신이 보인다.

經云 干支墓全逢 所爲皆不通 兩處欲剋害 猶忌合墓神. 如甲申日干上未 如用夜貴. 則兩處皆空 足以解疑.

『경』에서 말하기를 '간지가 묘신을 모두 만나면, 도모하는 것은 모두 불통하고, 두 곳이 극해(剋害)이면 오히려 묘신이 합을 하는 것을 꺼린다'고 하였다.

예를 들어 甲申일 8국 간상 未에서 만약 밤 귀인을 쓰면, 이미 양 처 모두 공망이므로 의혹은 충분히 풀린다.

【구성이론】 묘신(墓神)

【정단원리】 간지상신에 묘신이 타면 하려는 바는 불통이다. 만약 6처에서 묘신을 충하여 깨트리거나 묘신이 공망이면 이를 꺼리지 않는다.

---

1) 수토동궁의 방법을 적용하였다.
2) 수토동궁의 방법을 적용하였다.

第88-1法 互乘墓神格

호 승 묘 신 격   서로가 상대방에게 묘신을 덮어씌운 격)[1]

干乘支之墓 支乘干之墓者 此例我欲昏昧他 卻被他已昏昧我也. 道典云 天網恢恢 疎而不漏.

일간에는 일지의 묘신이 타고, 일지에는 일간의 묘신이 타는 것이다. 이 예에서 내가 타인을 혼미하게 하려고 하면, 오히려 타인이 나를 씌워서 내가 혼미해진다. 『도전』에서 말하기를 '하늘이 친 그물은 넓고 넓어서 그물눈은 성기지만 악인이 빠져 나가지를 못한다.'고 하였다.

戊寅日 干上未 支上辰. 戊申日 干上丑 支上辰.

〈과전도〉 戊寅일 11국

庚	壬	○	
合辰合	青午蛇	白申后	
寅	辰	午	
癸	○	庚	壬
空未貴	常酉陰	合辰合	青午蛇
戊巳	未	寅	辰

戊寅일 11국에서 간상 未이고 지상 辰이다.[2] 戊申일 5국에서 간상 丑이고 지상 辰이다.

---

1) 『육임수언』「필법보담4」간묘지묘각혼회, 간지호묘격, "① 예제 : 가령 甲申일 2국에서 간상 丑은 지묘이고 지상 未는 간묘이다. ② 해설 : 교섭에서 나는 상대를 몽매하게 하고, 타인은 나를 몽매하게 한다. 사람과 주택이 묘신에 앉은 것을 알 수 있다."

2) "지상 辰이다."에서 수토동궁의 방법을 적용하여 戊의 묘신을 辰으로 보았다.

辛未日 干上辰 支上丑. 甲申日 干上丑實 支上未空. 庚寅日 干上未空 支上丑實. 乙未日 干上辰空 支上未實.

〈과전도〉 辛未일 7국		
己	乙	戊
玄巳后	蛇丑白	陰辰陰
亥○	未	戌○
戌 ○	乙	辛
陰辰陰 勾戌勾	蛇丑白	白未蛇
辛戌	辰	未	丑

辛未일 7국에서 간상 辰이고 지상 丑이다. 甲申일 2국에서 간상 丑은 실하지만 지상 未는 공망이며, 庚寅일 2국에서 간상 未는 공망이지만 지상 丑은 실하다.

乙未일 1국에서 간상 辰은 공망이고 지상 未는 실하다.[1]

---

1) 戊寅일 11국, 戊申일 5국, 辛未일 7국, 乙未일 1국의 묘신은 수토동궁의 방법을 적용하였다. 그리고 甲申일 2국과 庚寅일 2국은 공망이 되었다.

第 88-2 法 欲弃屋宇格
욕 기 옥 우 격   장차 가옥을 버려야 되는 격

凡干加支 求宅必得. 緣己身入宅故也. 或被支所剋或被脱 雖目下强得其屋 後無益也. 凡支加干得之 尤不費力 緣宅來就人故也. 亦不可受宅剋 墓脱.

무릇 일간이 일지에 가하면,[1] 가택을 구하면 반드시 취한다. 그 이유는 나 자신이 입택하기 때문이다. 그러나 만약 일지로부터 극을 당하거나 탈기되면,[2] 비록 눈앞에서 강제로 그 가옥을 얻지만 나중에는 무익하다.

무릇 일지가 일간에 가하는 것을 얻으면 더욱 힘들이지 않아도 된다. 그 이유는 가택이 와서 사람을 취하기 때문이다. 그러나 가택에서 일간을 극하거나, 묘신이 일간을 덮거나, 일간을 탈기하지 않아야 한다.

如我有屋宅欲出兌者 如値支加干 乃屋欲戀人 (或干加支 乃屋尙戀宅). 二項皆不能脱也. 其支干相加宅生其人 切不可棄之 後有長進 如被剋脱墓者 終被屋所累矣.

1) 가택 정단에서, 일간은 사람이고 일지는 가옥이다.
2) 甲申일 7국은 기궁 寅이 지상으로 가서 일지 申금으로부터 극을 당하고, 甲午일 5국은 기궁 寅이 지상으로 가서 일지 午화에 의하여 탈기당한다.

만약 내가 소유하고 있는 가옥을 바꾸고자 한다. 만약 일지가 일간에 가하면 가택은 아직도 사람을 아쉬워하고 있고, (일간이 일지에 가하면 사람은 아직도 가옥을 아쉬워하고 있다.) 두 항목1)은 모두 집을 버릴 수 없다.

일지와 일간이 서로 가하여 가택에서 일간을 생하면2) 절대로 버려서는 안 되니, 나중에 그 집에서 크게 발전한다.

만약 일간이 극을 당하거나, 일간이 탈기를 당하거나, 일간을 묘신이 덮으면, 결국에는 가옥으로 인하여 능욕을 당하게 된다.3)

---

1) 가령 甲子일 11국은 일간 寅목이 일지 子에 가하고, 3국은 일지 子가 일간 甲에 가한다.
2) 가령 甲子일 3국에서 일지 子가 간상으로 와서 사람을 뜻하는 일간 甲목을 수생목하고 있다.
3) 甲申일 7국은 일지 申이 간상으로 와서 일간을 극하고, 甲申일 9국은 일지 수가 간상으로 와서 일간을 탈기하며, 乙未일 10국은 일지 未가 간상으로 와서 일간을 묘신으로 덮는다.

第89法 任信丁馬須言動

如占訪人 雖不藏匿 必在他處相見 有倉卒之軍旅

임 신 정 마 수 언 동

만약 방문점을 치면, 그 사람이 일부러 숨은 것은 아니나, 반드시 다른 곳에서 서로보게 된다. 혹은 생각지 않은 군대를 보게 된다.

해설 자임과 자신에 정마가 타면 모름지기 행동을 한다.

夫任信者 伏吟卦也. 如剛日名自任 可委任於他人. 柔日名自信 可取信於自己. 凡值伏吟卦 切不可便言伏匿而不動. 於傳中及支干上 有旬內丁神 或乘天馬驛馬者 必靜而求動 不可不知.

무릇 자임과 자신은 복음괘를 말한다. 만일 강일이면 '자임'이라 부르며 타인에게 위임하면 되고, 유일은 '자신'[1]이라 부르며 스스로를 믿으면 된다.

무릇 복음괘이면, 절대로 숨는다고 말하지 말아야 하며 움직여서는 안 된다. 삼전과 간지 위에 순내 정신이 있거나 또는 천마[2]와 역마가 타면, 반드시 고요하게 있다가 움직여야 하니 이를 몰라서는 안 된다.

---

1) 강일 : 甲·丙·戊·庚·壬을 가리키고, 유일은 乙·丁·己·辛·癸를 가리킨다.
2) 『육임대전』「권1」, "천마는 寅월 午에서 순으로 6양이다."

如壬辰 戊午 丙辰 甲寅 庚申 癸未 癸丑 己酉 辛亥 巳上俱丁神在傳. 如占訪人 必出外干事. 如先允許 後必改易 故名無任無信也.

가령 壬辰·戊午·丙辰·甲寅·庚申·癸未·癸丑·己酉·辛亥일 이상은 모두 정신이 삼전에 있다.

만약 타인을 방문하면 반드시 중요한 용무로 밖으로 나갔고, 만약 먼저 만날 것을 허락을 했다면 나중에는 반드시 고쳐서 바꾸게 되니, 따라서 임(任)이 없고 신(信)이 없다고 하는 것이다.

〈과전도〉 壬辰일 1국

丁		壬	丙
常亥空		蛇辰蛇	白戌白
亥		辰	戌
丁	丁	壬	壬
常亥空	常亥空	蛇辰蛇	蛇辰蛇
壬亥	亥	辰	辰

天馬逐月推之 如卦內無天馬 驛馬 旬丁者 如始欲謀事儘伏儘匿 終不可動謀矣. 如已嘗得人先蒙允許後 後必有信也. 凡占靜中求動終是靜. 或動中求靜終是動. 諸占不易之故也.

천마는 월건을 쫓아서 헤아린다. 만약 복음괘 내에 천마·역마·순내 정마가 없으면, 비록 일을 도모하려 하지만 모두 엎드리고 숨어서, 필경에는 움직일 것을 도모하지 못하게 된다.

만약 내가 사람을 얻으려면 먼저 윤허받는 일을 무릅쓴 뒤에 얻으나, 뒤에는 반드시 신임을 된다. 모든 정단에서 고요한 가운데에 동을 구하지만 결국에는 고요하게 되고, 또는 동한 가운데에 고요를 구하지만 결국에는 동하게 된다. 이러한 이유는 모든 정단에서 변하지 못하기 때문이다.

> 伏吟卦內無丁馬 卻占人本命行年上乘魁罡及丁馬者 亦主動尤速. 又乙酉 己丑 癸巳三日伏吟 如占人年命是亥乃丁馬. 又如占身動最急.

　복음괘 내에 정마가 없더라도 정단인의 본명과 행년 위에 괴강(辰戌)과 정마가 타면 동함은 더욱 빠르다.
　또한 乙酉, 己丑, 癸巳 3일의 복음에서 만약 정단인의 행년과 본명 亥는 곧 정마이니, 또한 만약 내가 움직이는 정단이면 가장 급하다.

> 又乙卯 己未 癸亥三日伏吟 如人年命是巳 亦丁馬交加 身動尤急. 非伏吟而乘丁馬者 亦主動. 如癸亥日 干上巳 爲財動 餘同.

〈과전도〉 乙卯일 1국

		壬	乙	辛	
勾辰	勾后	酉玄	青	卯合	
		辰	酉	卯	
	壬	壬	乙	乙	
勾辰	勾辰	后酉玄		后酉玄	
乙辰	辰	酉		酉	

　그리고 乙卯, 己未, 癸亥 3일의 복음에서 만약 정단인의 행년과 본명이 巳이면 역시 정마가 서로 가하니 움직이는 것은 더욱 빠르다.
　복음은 아니지만 정마가 타면 역시 급히 움직이게 된다.
　만약 癸亥일에 간상이 巳이면 재물이 움직이게 되며, 나머지도 마찬가지이다.

> 又癸酉 己未 丙子 戊寅 辛巳 丁亥 甲午 庚戌九日(伏吟) 占行人必中路被阻. 緣中傳空亡 而不能刑至末傳 故前後難進退爾. 餘占必先有允而後無實惠也.

〈과전도〉 癸酉일 복음

乙	○	辛
勾 丑 陰	白 戌 白	陰 未 勾
丑	戌○	未
乙	乙	癸	癸
勾丑陰	勾丑陰	常酉空	常酉空
癸丑	丑	酉	酉

그리고 癸酉·己未·丙子·戊寅·辛巳·丁亥·甲午·庚戌의 9일 복음과는, 행인 정단이라면 반드시 여행 도중에 장애를 입게 된다.

그 이유는 중전이 공망이지만 형을 하지 못하고 말전에 이르기 때문이다. 따라서 전후로의 진퇴는 어렵다.[1]

나머지 정단에서도 반드시 처음은 비록 허락이 되더라도 나중에는 오히려 실질적인 혜택이 없다.

> 六丁加天馬 或天馬加六丁 必非小動也. 如甲子日卯加甲 十一月占也. 餘皆倣此言之. 如值丑爲本命 乃名本命戀宅 乃無動意. 此法極驗.

여섯 丁이 천마에 가하거나 또는 천마가 여섯 丁에 가하면, 반드시 작은 움직임이 아니다.

---

[1] 여행 중간에 막힘이 있는 것은 중전이 공망되어 형을 하지 못하기 때문으로 기술되어 있지만, 원인은 중전이 공망이기 때문이다. 참고로 여행 정단에서의 초전은 여행의 초기이고, 중전은 여행의 중기이며, 말전은 말기이다. 따라서 중전 공망은 여행 중기에 막힘이 있는 것이다.

〈과전도〉 甲子일 6국		
丙	癸	戊
白寅后	朱酉勾	玄辰玄
未	寅	酉
癸	戊	辛	丙
朱酉勾	玄辰玄	貴未空	白寅后
甲寅	酉	子	未

가령 甲子일 6국에서 卯가 甲에 가하고 11월 정단이다. 나머지도 모두 이와 같다.

만약 본명이 丑이면 이름하여 '본명이 집을 그리워한다.'라고 하여 전혀 움직이려는 뜻이 없다.

이 법은 지극히 효과적이다.

伏吟卦 六丙日吉. 緣初傳爲德祿 中傳爲財 末傳爲長生. 各忌空亡.

〈과전도〉 丙寅일 6국		
己	壬	丙
勾巳空	蛇申玄	白寅合
巳	申	寅
己	己	丙	丙
勾巳空	勾巳空	白寅合	白寅合
丙巳	巳	寅	寅

복음괘에서 여섯 丙일이 길하다. 그 이유는 초전이 일덕과 일록이기 때문이고, 중전은 재신이며, 말전이 장생이기 때문이다. 그러나 각각 공망을 꺼린다.

伏吟卦六戊日伏吟凶. 緣初傳巳火剋中傳申金 中傳剋末傳寅木 而傷日干 似乎無和氣也. 且戊日伏吟 切不可被時師惑 作甲戊庚三奇言之. 且初傳天盤乃巳火 地盤乃戊土 豈可言三傳甲戊庚耶. 此之不可不知者也.

복음괘의 여섯 戊일 복음은 흉하다. 그 이유는 초전의 巳화는 중전의 申금을 극하고, 중전은 말전 寅목을 극해서 일간을 상하기 때문인데, 흡사 (못생긴 여자처럼) 화사한 기운이 없다.

그리고 戊일 복음에서 현대인이 甲戊庚 삼기를 만들어서 사람들을 미혹시켜서는 절대로 안 된다. 초전 천반이 巳화이고 지반이 戊토이니, 어찌 삼전이 甲戊庚이라고 말할 수 있겠는가? 따라서 이를 몰라서는 안 된다.

【구성이론】 정마, 천마, 역마.
【정단원리】 복음과는 본래 고요를 유지하라는 과이지만, 만약 과전에 정마나 역마나 천마가 타거나, 정단인의 행년이나 본명상에 정마나 괴강(辰戌)이 타면 고요한 가운데에 조심스럽게 움직여도 좋다.

第90法 來去俱空豈動宜
래 거 구 공 기 동 의 [1]

復七日來復 虛張攻勢
복괘에 "7일 뒤에 회복한다"고 했지만, 허풍치며 공격하는 태세일 뿐이다.

해설 오고 감이 모두 공망이면 어찌 동하는 것이 옳겠는가!)

夫來去者 返吟卦也. 緣初傳與末傳 初中末往來交互也. 故凡占得返吟卦 切不可便言凡事往來動移 內有三傳皆空亡者 雖有動意 實不動也. 尤詳其空亡 有用及無用言之.

무릇 래거란 반음괘[2]를 말하는데, 그 이유는 초전·말전이, 그리고 초·중·말전이 교대로 왕래하기 때문이다. 따라서 정단에서 반음괘를 얻으면, 절대로 매사 왕래하여 움직이고 이동하라고 말해서는 안 된다.

반음 내에 삼전이 모두 공망되는 것이 있으면, 비록 움직이려는 뜻은 있지만 실제로는 움직이지 못한다. 더욱 자세한 것은 공망을 유용과 무용으로 나눠서 말해야 한다.

---

1) 『육임수언』「필법보담1」 왕래겸취지역마, "왕래란 이른바 삼전사과가 반복 왕래하므로 반음이다. ① 반음유극례, 이른바 반음과에서 극적, 비용, 섭해를 취하여 발용을 삼는데, 반음에 극이 있는 경우이다. ② 무친과, 이른바 반음에 극이 없으면 일지의 역마를 발용하는데, 중전은 지상신, 말전은 간상신을 쓰고, 무친이다."

2) 『육임대전』「과경1」 반음과, "① 조건 : 무릇 이 과는 12신이 각각 충위에 머무는 상극을 취하여 발용하므로 반음과이다. ② 해설 : 모든 신이 오히려 그 근본 위치가, 감리가 쉽게 바뀌고 진태가 호환하니, 일진 음양이 왕래 극적하고 반복되고 신음한다. ③ 길흉 : 모든 정단에서 왔던 자는 가려하고 떠난 자는 돌아오려 한다. 그리고 득실은 하나로 정해지지 않고, 옛일을 회복하는 데에는 이롭다. ④ 주역괘 : 『역경』의 51번째 진괘와 통하는 과체로서 거듭하여 우레에 놀라는 과이다."

己酉返吟 三傳卯酉卯 此乃鬼皆空亡 正宜處難中解禍. 餘占空空. 然乙丑日 三傳戌辰戌 此傳財俱空亡 止宜占病 不宜問婚妻及財凶.

〈과전도〉 己酉일 반음과

○	己	○
玄卯白	合酉蛇	玄卯白
酉	卯○	酉
癸	丁	○	己
后丑青	青未后	玄卯白	合酉蛇
己未	丑	酉	卯○

己酉일 반음의 삼전인 卯酉卯는 귀살이지만 모두 공망이므로, 어려움에 처한 가운데에서도 마땅히 화는 풀린다. 나머지 정단은 아무것도 없이 비어 있다.

그리고 乙丑일의 삼전은 戌辰戌인데, 이 삼전 재신은 모두 공망이다. 이는 질병 정단에는 좋지만, 혼처와 재물을 물으면 나쁘다.

戊辰日 返吟三傳巳亥巳 此乃生氣落空亡 不利長上. 或六月十二日占之 尊長病死尤的. 戊寅午戌申子 己亥 庚戌 甲辰等日 返吟皆空 更宜逐類推之.

〈과전도〉 戊辰일 반음과

○	己	○
朱亥勾	常巳陰	朱亥勾
巳	亥○	巳
○	己	○	戊
朱亥勾	常巳陰	合戌合	玄辰玄
戌巳	亥○	辰	戌○

戊辰일 반음과의 삼전은 巳亥巳이다. 이는 생기이지만 공망에 빠지므로 존장에게는 불리하다. 만약 6월과 12월에 정단하면 존장이 병사하는 것은 더욱 확실하다.

戊寅·戊午·戊戌·戊申·戊子·己亥·庚戌·甲辰일 등의 반음은 모두 공망이므로 마땅히 다시 사류를 쫓아서 추측해야 된다.

【구성이론】 일덕, 일록, 역마, 재신, 묘신, 절신.

【정단원리】 반음과에서 공망을 만나고 중말전 모두 충신이면, 온 사람은 가려고 하고 합한 사람은 장차 떠나려고 한다. 반음과는 많이 움직이지만 만약 공망이면 그렇게 논하지 않는다. 귀살이 공망이면 의혹이 풀리지만, 재신이 공망이면 구재는 불리하고, 일록이 공망이면 식록사가 불리하다.

第90-1法 德喪祿絕格
덕 상 록 절 격 　 일덕이 상을 당하고 식록이 끊기는 격[1]

> 乃吠日返吟者. 是若陰日子加巳 乃四絕體也.

이 격은 화일(陽日) 반음과를 말한다. 만약 음일에 子가 巳에 가하면, 넷이 끊어지는 사절체[2]이다.

---

[1] 『육임수언』「필법보담2」사절음건록절기, "① 조건 : 이른바 음일의 록신이 절지에 임하면 사절이다. ② 해설 : 가령 乙의 록은 卯에 있는데 申에 가하면 목이 끊기고, 丁己의 록은 午에 있는데 亥에 가하면 화가 끊기며, 辛의 록은 酉에 있는데 寅에 가하면 금이 끊기고, 癸의 록은 子에 있는데 巳에 가하면 수가 끊기니, 음 천간의 록이 모두 절지에 임한다. 다만 구사의 결절에는 마땅하지만, 식록 정단에는 마땅하지 않고 공망이면 더욱 흉하다. ③ 예제 : 가령 丁亥일의 삼전 午丑申에서 午는 일록이지만, 절과 공망에 임하니 어찌 마땅하겠는가? 말전 申금이 재신이지만 다시 초전으로부터 극을 받고, 중전이 묘신이며, 교차하여 육합을 하고 공망되니, 거래하여 재물을 구하는 정단은 모두 불길하다."

[2] 사중신인 子午卯酉가 반대 계절의 사맹인 巳亥申寅에 가하는 것이다. 즉 子는 巳에, 卯는 申에, 午는 亥에, 酉는 寅에 가하는 것이다.

第 90-2 法 移遠就近格
이 원 취 근 격   먼 곳에서 옮겨서 가까운 데로 온 격

天罡乘青龍 六合在日上 乃眞斬關卦. 如占時爲發用者 名動中不動. 尋遠在近處 兼中末空亦然. 如初見太歲 中末見月建或日辰 亦名移遠就近 將緩爲速.

천강(辰)이 청룡에 타고 육합이 일상에 있으면 진참관괘이다. 만약 점시가 발용이면 '동중부동'이라 하여, 먼 데서 찾으나 가까이 있다. 아울러 중말전이 공망이어도 역시 이러하다.

만약 초전에 태세가 보이고 중말전에 월건이나 일건이 보이면, 역시 '이원취근'이라 하여 장차 늦던 것이 빠르게 된다.

又如己丑日 干上辰 支上戌 雖干支上全乘魁罡 緣干上墓覆 又是柔日昴星伏匿 萬狀終不能動.

〈과전도〉 己丑일 4국			
戌	壬	丙	
貴子勾	勾辰常	陰戌朱	
卯	未	○	丑
壬	己	丙	○
勾辰常	蛇丑青	陰戌朱	白未后
己未	辰	丑	戌

또한 가령 己丑일 4국에서 간상은 辰이고 지상은 戌이다.

모름지기 간지상에 모두 괴강이 타고, 간상을 묘신이 덮으며, 또한 유일묘성과는 엎드려 숨는 것이니, 모든 형상이 움직이지 못하는 형상이다.

庚寅日 干上辰 支上戌 亦是眞斬關卦 必主動. 緣中末空亡 反不能動. 又干上戌 支上辰 同後二. 假令乃言斬關卦之義 非返吟也. 須知.

〈과전도〉 庚寅일 5국

戊	甲	壬
蛇子青	青申蛇	玄辰玄
辰	子	申

壬	戊	丙	○
玄辰玄	蛇子青	合戌合	白午后
庚申	辰	寅	戌

庚寅일 5국에서 간상 辰 지상 戌은 '진참관괘'이고 반드시 움직인다. 그러나 중말전이 공망이므로 오히려 움직이지 못한다.

또한 11국에서 간상 戌과 지상 辰은 뒤의 둘과 같다. 여기서는 참관괘의 뜻을 말하는 것이지, 반음을 말하는 것이 아님을 알아야 한다.

似返吟卦 癸未日 干上寅 雖不係返吟卦 緣三傳申寅申往來皆在支干上 似乎與返吟相類也. 如占事 雖不免往來交通下 稍全無一事 緣始末皆空 又是柔日昴星 故伏匿也. 如用晝貴 三傳合玄后陰私萬狀 兼支干上皆乘脫炁 占事不出旋窩.

〈과전도〉 癸未일 12국

○	戊	○
合申青	玄寅后	合申青
未	丑	未

戊	己	○	○
玄寅后	陰卯貴	合申青	勾酉空
癸丑	寅	未	申○

반음괘와 유사한 것으로는 癸未일 12국에서 간상 寅이다. 비록 반음괘에 속하지는 않지만, 삼전 申寅申이 왕래하여 모두 일지와 일간 위에 있으니, 흡사 반음과의 상과 유사하다.

만약 일을 정단하면 모름지기 왕래하고 교통하기는 하나 차츰 온전한 일이 하나도 없음을 면하지 못한다. 그 이유는 처음과 마지막이 모두 공망이기 때문이다.

　그리고 유일의 묘성이므로 엎드려서 숨는다. 만약 낮 귀인을 쓰면 삼전은 육합과 현무와 천후이므로 음사는 천태만상이고, 겸하여 지간상 모두에 탈기가 타니, 정단사는 소굴을 선회하면서 벗어나지 못한다.

> 諸返吟卦 占事難成而覆破 訪人差迭 復被誘差迭.

　모든 반음괘의 정단사는 이루기도 어렵지만 깨진 일은 덮어주고, 타인을 방문하는 것은 차질이 생기며, 유혹을 받는 일도 차질이 생긴다.

第91法 虎臨干鬼凶速速　剋干客敗 傷支主輸
호 임 간 귀 흉 속 속　일간을 극하면 객이 패하고, 일지를 상하면 주인이 패해 쫓겨난다.

해설 백호가 일간에 임하면 귀살의 흉은 대단히 빠르다.[1]

謂日干之鬼上乘白虎者 凡占 凶禍速中又速.

이른바 일간의 귀살 위에 백호가 타면, 무릇 정단에서의 흉화는 신속한 가운데에서도 더욱 신속하다.

如六己日 卯加未 夜占. 六壬日 戌加亥 旦夜占. 六癸日 戌加丑 晝占. 此三干乃虎鬼臨干者.

〈과전도〉 己巳일 5국

丁	○	辛
卯白	亥	未
未	卯	亥○

丁	○	乙	癸
卯白	亥	丑	酉
己未	卯	巳	丑

가령 여섯 己일 5국에서 卯가 未에 가하고 밤 정단이다.[2] 여섯 壬일 2국에서 戌이 亥에 가하고 낮과 밤 정단이다. 여섯 癸일 4국에서 戌이 丑에 가하고 낮 정단이다.

위의 세 일간은 백호귀살이 일간에 임

---

1) 이 격은 본 법의 【제4법】 '최관사자부관기'와 동일한 성격이다. 승진이나 임명 그리고 부임 등의 정단에서 백호가 귀살에 타서 간상이나 행년·본명에 임하면 빠르게 추진된다. 그러나 흉사정단은 흉이 신속하게 닥친다.

2) 가령 己巳일 5국 밤 정단에서 백호가 일간의 귀살 卯에 타서 발용이 되어 일간 己 토를 극하고 있다.

한다.

> 六甲日 申乘白虎 旦將順行有之 但不臨干 而在五處. 六戊日 寅乘白虎 夜將順行有之 亦不臨干. 六庚日 午乘白虎 旦將逆行 不臨干 而在五處. 若乙 丙 丁 辛四干 無此例. 唯宜詳其虎鬼 或空亡 或鬼坐鬼方 或坐生方 及虎之陰神能制虎者. 雖目前値其災禍 後卻無畏也.

　여섯 甲일에서 낮 천장이 순행하고 申에 탄 백호가 일간에 임하지는 않지만 다만 다섯 곳에는 있다. 그리고 여섯 戊일에서 밤 천장이 순행하고 寅에 탄 백호가 역시 일간에 임하지는 않는다. 그리고 여섯 庚일에서 낮 천장은 역행하고 午에 탄 백호가 일간에 임하지는 않지만 다섯 곳에는 있다.
　단지 乙·丙·丁·辛 네 일간에는 이러한 예가 없다.
　다만 귀살백호가 공망되는지, 또는 귀살이 귀살방위에 앉거나 또는 생하는 방위에 앉는지, 백호의 음신에서 백호를 제극하는지를 당연히 잘 살펴야 한다.

> 如甲子日申加戌 晝將上乘白虎作中傳誠爲可畏. 殊不知申坐戌空 又賴虎之陰神上乘午火而制虎鬼. 經云：虎之陰神還制虎生者安寧病者愈. 此虎鬼論如小人稍得其勢 卽爲禍患極速. 倘受制伏 隨卽縮首拘捉 灰飛煙滅 而不能爲害也.

　甲子일 3국에서 申이 戌에 가하고, 낮 천장은 그 위에 백호가 타서 중전에 드니 참으로 두렵다. 그러나 申이 공망된 戌에 앉은 것과, 또한 백호의 음신 위에 탄 오화에서 백호귀살을 억제하고 있다는 것을 알지 못하였다.

『경』에서 말하기를 '백호의 음신이 돌아와서 백호를 억제하면, 건강인은 안녕하고 병자는 치유된다'고 하였다.

이 백호귀살의 이론에서, 만약 소인이 바야흐로 그 세력을 얻으면 화환은 지극히 빠르다. 그러나 제복을 받으면 목을 움츠리고 자세를 굽히지만 재가 되어 날아가고 연기로 사라지듯 해가 되지 않는다.

〈과전도〉 甲子日 3국

	壬	庚	
玄戌玄	后申白	蛇午靑	
子	戌○	申	
甲	○	○	壬
白子后	玄戌玄	玄戌后	申白
甲寅	子	子	戌○

又如甲子日 申加午 晝將 上乘白虎作末傳 其申不空 誠爲可畏 尤賴申金坐於午火之上. 經云 鬼坐鬼方無所畏.

〈과전도〉 甲子日 11국

戊	庚	壬	
辰	午	申白	
寅	辰	午	
戊	庚	丙	戊
辰	午	寅	g辰
甲寅	辰	子	寅

다시 예를 들면 甲子일 11국에서 申이 午에 가하고 낮 천장 백호가 그 위에 타서 말전이 되지만, 그 申은 공망이 아니므로 참으로 두려우나, 오히려 申금은 午화 위에 앉아 있다는 것이다.

『경』에서 말하기를 '귀살이 귀살 방위에 앉으면 전혀 두려울 것이 없다.'라고 하였다.

又如戊寅日 寅加亥 夜將上乘白虎作中傳 縱干上有申金 緣作空亡 而不能剋其寅鬼 誠爲凶也. 殊不知寅木坐於亥水之上 寅木受亥水作長生 不來爲害. 經云 鬼自就生不來侵.

다시 예를 들면 戊寅일 10국에서 寅이 亥에 가하고 밤 천장 백호가 그 위에 타고 말전에 든다.

비록 간상에 申금이 있지만 공망이므로 그 귀살 寅을 극하지 못하니 참으로 흉하다. 그러나 오히려 寅목이 亥수 위에 앉아서 寅목이 亥수로부터 장생을 받으므로 해가 되지 않는 것을 몰랐다.

『경』에서 말하기를 '귀살이 스스로 생을 취하면 침입해 오지 않는다.'라고 하였다.

〈과전도〉 戊寅일 10국

○	乙	戊	
申	亥	寅 白	
巳	申 ○	亥	

○	乙	辛	○
申	亥	巳	申 蛇
戊 巳	申 ○	寅	巳

其餘虎鬼無制不空等 占訟被刑. 占病作死炁必死. 所占萬事禍不可逃. 唯有官人占之赴任 卻名催官符 赴任極速 反不宜受制及空. 餘倣此.

이 외에도 백호귀살을 제압하는 것이 없거나 공망되지 않으면, 소송 정단은 형을 받게 되고, 질병 정단에서 사기를 만들면 필사이다.

정단한 만 가지 일에서 화를 피하지 못한다. 단지 관직자가 부임 정단을 하면 '최관부'라고 하여 부임은 지극히 빠르지만, 오히려 제압받거나 공망되면 나쁘다. 나머지도 이와 같다.

【구성이론】 백호, 귀살, 역마.

【정단원리】 일간의 백호가 귀살에 타면(호귀) 재앙은 신속하게 발생한다. 만약 호귀가 공망이거나 귀살이 지반으로부터 극을 받거나, 호귀가 음신으로부터 극을 받으면 재앙은 없다. 수험생이나 관직자가 호귀를 얻으면 부임은 신속하다.

第 91-1 法 馬載虎鬼格
마 재 호 귀 격   역마가 백호귀살을 태운 격[1]

乃虎鬼作日之驛馬是也 凶禍尤速. 占訟必得罪於遠方 極妙.

백호귀살이 일간의 역마를 만드는 것으로써, 흉화는 더욱 빠르다. 소송 정단은 반드시 죄형을 먼 곳에서 받는데, 이것은 지극히 신묘하다.

如戊辰日 夜將 得寅加未 作末傳 乃鬼乘白虎 又是驛馬. 又戊辰日 寅加酉 夜. 又戊辰日 寅加亥 夜.

〈과전도〉 戊辰일 6국

甲	辛	丙
子	未	寅白
巳	子	未
甲	辛	○	庚
子	未	亥	午
戊巳	子	辰	亥○

가령 戊辰일 6국에서 밤 천장이고, 寅이 未에 가하여 말전이 되어 귀살에 백호가 타고 다시 역마이다.

또한 戊辰일 6국에서 寅이 酉에 가하고 밤 정단이다. 그리고 戊辰일 10국에서 寅이 亥에 가하고 밤 정단이다.

---

1) 『육임수언』「필법보담3」, 호귀재마흉위심, 위호승역극간자, "① 조건 : 이른바 백호가 역마에 타서 일간을 극하는 것이다. ② 예제 : 가령 여섯 甲일 삼전 辰午申 낮 정단에서 申에 백호귀살이 타고 다시 역마이니 흉화는 가장 빠르다. ③ 길흉 : 소송 정단에서 반드시 원방에서 죄를 받지만, 단지 旬중의 공망이면 가히 이를 면한다. 만약 관직자라면 부임은 지극히 빠르지만, 오히려 공망이면 그렇지 못하다."

> 戊子日 寅加未 夜. 甲寅日 申加午 晝. 甲寅日 伏吟 晝. 甲寅日 申加戌 晝. 甲午日 申加午 晝. 甲戌 戊申二日 雖有因虎鬼 空亡 不足論也.

　戊子일 6국에서 寅이 未에 가하고 밤 정단이다. 甲寅일 11국에서 申이 午에 가하고 낮 정단이다. 甲寅일 복음이고 낮 정단이다. 甲寅일 3국에서 申이 戌에 가하고 낮 정단이다. 甲午일 11국에서 申이 午에 가하고 낮 정단이다.
　甲戌과 戊申의 두 날은 모름지기 백호귀살이 공망되어 있으므로 흉한 작용은 충분하지 못하다.

第 92 法 龍加生炁吉遲遲

용 가 생 기 길 지 지

청룡이 생기에 가하면 길한 작용은 늦게 나타난다.[1]

謂青龍乘生干之神 又作月內之生炁者 雖目下未足崢嶸 卻徐徐而發福也. 此例喻君子欲施惠於人 未嘗啟齒 緩而作吉 尤奈歲寒爾.

이른바 청룡이 일간을 생하는 신에 타고 다시 월내의 생기에 해당하는 것이다. 비록 당장에는 드러나지 않더라도 서서히 발복하게 된다.

이 예는 군자가 사람들에게 은혜를 베풀려고 하지만 아직은 나이가 어리고 때가 되지 않았으므로 늦춰야 길하다. 더군다나 추운 날임에랴?

---

[1] 『육임수언』「필법보담3」 용승생기존영일, "이른바 청룡이 월내 생기에 타서 일지나 일간을 생하면 공명은 현달하고 가도는 번영·번창한다. ① 청룡이 일간을 생하는 격은 이른바 청룡이 월내 생기에 타서 일간신을 생하는 것이다. ❶ 가령 여섯 丙일과 여섯 丁일 간상 寅이고 밤 천장에 3월 정단이다. ❷ 여섯 戊일 간상 午이고 낮 천장에 7월 정단이다. ❸ 여섯 己일 간상 巳이고 낮 천장에 6월 정단이다. 그러나 공망을 꺼린다. 나머지에는 예가 없다. ② 청룡이 일지에 가하는 격은 이른바 청룡이 일간을 생하는 신에 타고 다시 월내의 생기에 해당하는 것이다. 비록 당장에는 드러나지 않더라도 서서히 발복하게 된다. 이 예는 군자가 사람들에게 은혜를 베풀려고 하지만 아직은 때가 되지 않았으므로 늦춰야 길하다. 더군다나 어찌 추운 날 뿐이겠는가?"

如六丙日 寅加巳 夜將 乘青龍 三月占 尤的. 六丁日 干上寅 夜將 三月占. 內丙午 丁未日 空亡 不中用.

〈과전도〉 丙寅일 4국

	○	壬	己	
	朱亥貴	后申玄	常巳空	
	寅	亥○	申	
	丙	○	○	壬
	青寅合	朱亥貴	朱亥貴	后申玄
	丙巳	寅	寅	亥○

가령 여섯 丙일 4국에서 寅이 巳에 가하고 밤 천장 청룡이 탄다. 3월 정단이면 더욱 분명하다.[1]

여섯 丁일 6국에서 간상은 寅이고 밤 천장이며 3월 정단이다. 비록 여기에는 속하지만 丙午일과 丁未일은 공망이므로 쓰지 못한다.

六戊日 干上申 晝將 乘青龍 九月占. 內戊寅日 申空. 六己日 干上巳 晝將 六月占. 內己亥日 巳空. 餘干無例.

여섯 戊일 10국에서 간상은 申[2]이고 낮 천장에 청룡이 타며 9월 정단이다. 비록 여기에는 속하지만 戊寅일에서의 申은 공망이다.
여섯 己일 3국에서 간상은 巳이고 낮 천장이며 6월 정단이다. 비록 여기에 속하지만 己亥일에서의 巳는 공망이다. 나머지 일간에는 이러한 예가 없다.

【구성이론】 청룡, 생기, 장생.
【정단원리】 일간의 생기에 청룡이 타서 간상에 보이고 다시 월내 생기이면, 반드시 공명은 높아지고 세상에 드러난다.

1) 일간 丙화를 생하는 寅은 3월의 월내 신살 생기가 된다.
2) 수토동궁의 방법을 적용하였다.

第 93 法 妄用三傳災福異
망용삼전재복이   삼전을 망령되게 쓰니 재앙과 복이 다른 것이다.

> 時師起三傳 尚有錯誤 想災福應無的驗也. 且問三傳錯誤者 何如.

현재 송나라 육임선생들은 삼전을 일으키는 방법에 아직도 착오가 있으므로, 재앙과 복이 응하여서 적중되는 작용이 없는 것이다. 그럼 삼전의 착오는 무엇을 말하는가?

> 辛酉日 干上亥 旣是辛日 豈可便以亥加戌 爲初傳乎. 又如乙酉日亥加辰 旣是乙日 豈可便以亥加辰 爲初傳乎. 乙巳日 干上卯 旣是乙日 豈可便以卯加辰 爲初傳乎. 戊寅日 第四課 申加巳 有剋.

〈과전도〉 辛酉일 12국

	癸	○	○	
玄	亥	白陰	子空	后丑青
	戌	亥	子 ○	
	癸	○	壬	癸
玄	亥	白陰子空	常戌常	玄亥白
	辛戌	亥	酉	戌

예를 들면 辛酉일 12국에서 간상은 亥이다. 즉 辛일에서 어찌 亥가 戌에 가하여 초전이 되겠는가?

그리고 乙酉일 6국에서 亥가 辰에 가한다. 乙일에서 어찌 亥가 辰에 가하여 초전이 되겠는가?

또한 乙巳일 2국에서 간상은 卯이다. 乙일에서 어찌 卯가 辰에 가하여 초전이 되겠는가?

戊寅일 10국 제4과에서 申이 巳에 가하고 극이 있다.

又如甲辰日 干上戌 時師皆以戌加寅 涉害爲用. 三傳戌午寅皆
作脫炁. 凡占謀用無成 有憂皆散 殊不知乃擇此爲用 非涉害
也. 何故 緣甲木與子水比和 戌土畏甲木而不比 乃子申辰作三
傳 皆來生日. 凡占欲成合 而不利解釋災禍 但凶吉二事 皆成
也. 後學何得以知之.

〈과전도〉 甲辰일 5국		
壬	戌	甲
青子蛇	蛇申青	玄辰玄
辰	子	申
庚	丙	壬	戌
合戌合	后午白	青子蛇	蛇申青
甲寅	戌	辰	子

또한 甲辰일 5국에서 간상은 戌이다. 현재 송나라 (육임) 선생은 모두 戌이 寅에 가한 것으로써 섭해를 썼다.

삼전인 戌午寅 모두에서 일간을 탈기한다. 무릇 정단에서 도모하는 것은 이룸이 없고, 우환이 있는 것은 모두 흩어진다.

섭해가 아닌, 비화되는 것을 발용[1]하는 방법을 전혀 알지 못하였다. 그 이유를 들면 甲木과 子水는 비

---

1) 사과에서 비화되는 것을 발용으로 올리는 예

甲子순	戊辰6국 · 戊辰7국
甲戌순	甲戌5국 · 丙子6국 · 戊寅10국 · 庚辰6국
甲申순	甲申5국 · 甲申11국 · 乙酉6국 · 丁亥5국 · 戊子4국 · 庚寅3국
甲午순	戊戌5국 · 庚子3국
甲辰순	甲辰5국 · 乙巳2국
甲寅순	乙卯3국 · 乙卯9국 · 辛酉12국 · 壬戌8국

화되지만 戌토는 甲목이 두려워서 불비가 되고, 다시 子申辰(수국)이 삼전이 되어 모두에서 일간을 생해오기 때문이다.

무릇 정단에서 이루려고 하지만 오히려 풀려야 될 재앙에 불리하다. 모든 길흉사는 모두 성립되니, 후학이 어찌 이를 알 수 있으랴!

그리고 甲戌일 11국에서 간상은 辰인데, 子가 戌에 가하여 발용이 되는 것이지, 辰이 寅에 가하여 발용이 되는 것은 아니다.

> 又甲戌日 干上辰 乃子加戌爲用 非辰加寅用也. 又戊辰戊戌日返吟. 丙子 戊辰日 干上子 (內)戊子一日 干上寅. 庚辰 丁亥二日 干上卯. 壬戌 甲申 干上辰. 庚子 干上午. 乙卯日 干上申. 乙卯日 干上寅. 庚寅日 干上午. 甲申 干上戌. 各有其說也.

또한 戊辰일·戊戌일의 반음과, 丙子일·戊辰일 6국에서 간상 子와 함께, 여기에 속하는 것에 戊子일 4국 하루가 있는데 간상은 寅이다.

庚辰일 6국과 丁亥일 5국의 간상 卯, 壬戌일 8국·甲申일 11국에서 간상 辰, 庚子일 3국에서 간상 午, 乙卯일 9국에서 간상 申, 그리고 乙卯일 3국에서 간상 寅, 庚寅일 3국에서 간상 午, 甲申일 5국에서 간상 戌 모두에는 이러한 설이 있다.

第 94 法　喜懼空亡乃妙機　強敵宜落空亡
희 구 공 망 내 묘 기　　강적은 공망에 떨어지는 것이 좋다.

해설 희신과 구신이 공망이면 묘한 기틀이 된다.

> 凡空亡有要見 有不要見者 後學不辯一例而言之 誠可惜哉.

무릇 공망에서 중요하게 보아야 할 것이 있고, 중요하게 보지 않아도 될 것이 있다. 후학이 변별하지 못하고 한 가지 예로만 말하니, 참으로 애석한 일이 아닌가!

> 且夫天盤作空亡者 謂之遊行空亡 其吉凶有七八分. 如地盤作空亡者 謂之落底空亡 其吉凶有十分. 此不可不知之. 且言要空亡者 乃剋盜墓神 及神遙剋日. 已上皆要空亡.

또 대개 천반이 공망되면 소위 '유행공망'이라 하여 그 길흉은 열에 칠 팔이 되고, 만약 지반이 공망되면 소위 '락저공망'이라 하여 그 길흉은 열에 열이 되니, 이를 몰라서는 안 된다.

그리고 무릇 공망이 되면 좋은 것은 극(剋)과 도(盜)와 묘신(墓神)과 일간을 요극하는 신인데, 이들은 모두 공망이 되면 좋다.

> 唯生我者 及救神 并天德生氣財官 及日遙尅神1) 并不宜空亡
> 皆返爲凶兆. 尤有遇不遇者 有五等於後.

    그러나 오로지 나를 생하는 자와, 구신과 천덕·생기·재신·관성 및 일간에서 요극하는 신은 모두 공망이 되어서는 안 된다. 공망이 되면 이 모두는 흉한 징조가 된다. 또한 만나는 것과 만나지 못하는 것은, 뒤에서 다섯 가지로 배열한다.

    【구성이론】 공망
    【정단원리】 공망은 좋은 작용을 할 수도, 나쁜 작용을 할 수도 있다. 귀살, 도기, 묘신은 공망이 좋고, 재신, 구관에서의 관성, 일덕, 일록, 장생, 구제신은 모두 공망이 나쁘다.

---

1) 일요극신 : 곧 재성을 가리킨다.

第 94-1 法 見生不生格

견 생 불 생 격   생하는 신이 있더라도 나를 생하지 못하는 격

> 甲乙日以亥爲生 其亥水居申上 他自戀生不來生我. 或是亥水居於辰戌丑未之上 爲土所制 縱日辰行年上見之 亦不能生我. 至於亥入空亡則大凶.

甲乙일에서는 亥를 장생으로 삼는다. 이 亥수가 申 위에 머물면 나와 상대가 서로를 연모하여 생하므로 나를 생하여 오지 못한다.
혹은 亥수가 辰戌丑未 위에 머물면 토가 亥수를 극제하므로, 설령 일진과 행년상에 보일지라도 나를 생하지 못한다. 만약 亥가 공망에 들면 대흉하다.

> 如生我者空亡 占父母上人病 主不救. 占干上位 亦是徒然. 略擧一例 十干倣此 各令占之亦如上說.

만약 나를 생하는 오행이 공망이면 부모와 웃어른 질병 정단에서 구제되지 못한다. 상위(上位)의 정단 또한 이러하다.
간략하게 일례를 들어 보았다. 십간은 이를 본뜨면 되고, 각각으로 하여금 정단을 해도 또한 위의 설명과 같다.

第94-2法 見剋不剋格
견 극 불 극 격
극하는 신이 보이더라도 나를 극하지 못하는 격

> 如甲乙日以申酉爲剋 其金居巳午火上 他自受剋 何暇剋我. 又申酉坐辰戌丑未上 他自戀生 亦不來剋我. 鬼陷空亡亦不能爲害. 唯鬼作空亡加日辰傳年命上 無制伏者極凶. 或失人口 或犯官司 取費百出. 十干倣此.

　　가령 甲乙일에서는 申酉가 극인데 그 금이 巳午화 위에 머물면, 그 금이 스스로 극을 받으니 어찌 나를 극할 겨를이 있겠는가?
　　또한 申酉가 辰戌丑未 위에 앉을 경우, 남이 스스로 연모하여 생을 받으니 또한 나를 극하여 오지 못한다.
　　그리고 귀살이 공함되면 해가 되지는 않지만, 공망된 귀살이 일진과 삼전과 행년·본명 위에 가하여 제복이 없다면 극도로 흉하여서, 가족을 잃거나 또는 관사를 범하고는 많은 비용이 나간다. 이 외의 다른 십간도 이를 본뜨면 된다.

第94-3法 見財無財者
견 재 무 재 자
재신이 보이더라도 재신이 없는 것으로 보는 격

> 如甲乙日 以辰戌丑未爲財 其財居寅卯上 不可取財也. 或財作空亡 雖得 反有所費 財陷空亡 亦不得 尤費財. 如財居申酉脫氣之上 反有所費.

가령 甲乙일에는 辰戌丑未가 재신인데 만약 재신이 寅卯 위에 있으면 재물을 취하지 못한다.[1] 재신이 천반에서 공망되면 비록 얻을지라도 오히려 지출이 더욱 많으며,[2] 재신이 지반에서 공함되면 역시 얻지 못하고 오히려 재물의 손비만 심하다.[3]

만약 재신이 탈기하는 申酉위에 머물면 오히려 비용만 나간다.[4]

---

[1] 가령 甲申일 11국 초전에 비록 재신인 辰토가 있지만 지반 寅목으로부터 극을 당하므로 취하지 못한다.

[2] 가령 甲寅일 4국 초전에 비록 재신인 丑토가 있지만 순공이므로 취하지 못하고 오히려 비용만 나간다.

[3] 가령 甲午일 8국 말전에 비록 재신인 戌토가 있지만 지반공함이므로 취하지 못하고 오히려 비용만 나간다.

[4] 가령 甲午일 11국 제4과에 비록 재신인 戌토가 있지만 지반 申금에 앉으므로 취하지 못하고 오히려 비용만 나간다.

> 十干倣此. 戊辰日 干上酉. 壬午日 干上未. 壬寅日 干上子. 庚子日 干上酉. 丙午日 干上午. 己酉日 干上申.

나머지 십간도 이와 같다. 가령 戊辰일 9국에서 간상 酉이거나,1) 壬午일 5국에서 간상 未이거나,2) 壬寅일 12국에서 간상 子이거나,3) 庚子일 12국에서 간상 酉이거나,4) 丙午일 12국에서 간상 午이거나,5) 己酉일 12국에서 간상 申이다.6)

---

1) 초전에 있는 재신인 子수가 지반 辰토로부터 극을 받고 있다.
2) 중전에 있는 재신인 午화가 지반 戌토에 의해 탈기되고 있다.
3) 중전에 있는 재신인 巳화는 천지반이 공함되고 말전에 있는 午화는 지반이 공함되고 있다.
4) 위에서 설명한 예에 해당되지 않는다. 초전의 재신 寅목과 중전의 재신 卯목은 재신 기준의 극지나 탈지가 아니며 또한 공망도 되지 않기 때문이다.
5) 위의 설명에 부합되지 않는다. 전체적으로 살펴보면 먼저 제4과가 발용된 요극과이므로 취하기 어려운 재물이 되었고, 둘째는 다시 상호나망이므로 취득에 어려움이 있으며, 셋째로는 삼전이 申酉戌 방합하여 지나치게 큰 재물이 되었으므로 봄과 여름 정단을 제외한 계절에 정단하면 더욱 취득하기 어려운 재물이 된다.
6) 초전에 있는 재신인 亥수가 지반 戌토로부터 극을 당하므로 취하지 못한다.

第 94-4 法 見救不救者

견 구 불 구 자   비록 구신이 보이더라도 구하지 못하는 격

> 如甲乙日 傳內先有申酉金 於日辰上見巳午火乃爲救神. 其巳午火居亥子上 或作空亡或陷空亡

가령 甲乙일의 삼전 내에 먼저 申酉가 있고 나중에 일진 위에 巳午화가 있으면 곧 구신이 된다. 그러나 그 巳午화가 亥子 위에 있거나,1) 천반공망2) 또는 지반공망이 된다.3)

> 或在寅卯上 他自貪生 此不能爲救也. 如此反爲災咎. 如不見日鬼 其救神卽盜神也. 餘八干倣此.

만약 寅卯위에 있으면 타인과 내가 생을 탐하므로4) 구하지 못

---

1) 가령 甲午일 7국에서, 초전에는 일간귀살인 申금이 있고 제4과에는 이를 제극하는 午화가 있으므로 구신이 된다. 하지만 이 午화는 子수에 앉아 있으므로 구신의 작용을 하지 못한다.

2) 가령 甲申일 9국에서, 중전에는 일간귀살인 申금이 있고 간상에는 이를 제극하는 午화가 있으므로 구신이 된다. 하지만 이 午화는 旬中 공망이므로 구신의 작용을 하지 못한다.

3) 가령 甲午일 11국에서, 말전에는 일간귀살인 申금이 있고 간음에는 이를 제극하는 午화가 있으므로 구신이 된다. 하지만 이 午화는 旬中 공망인 辰에 앉아 있으므로 구신의 작용을 하지 못한다.

4) 가령 甲子일 9국의 간상에 있는 구신 午화가 지반 寅목으로부터 생을 받는다. 따라

하게 될 뿐만 아니라 오히려 재앙과 허물이 된다. 만약 일간귀살이 보이지 않으면 그 구신은 도신이 되고 만다.1)

나머지 여덟 일간도 이와 같다.

서 구신의 작용을 하지 못한다.

1) 가령 甲午일 9국에서, 과전에는 일간귀살인 申酉금이 전혀 보이지 않고, 간상과 중전에는 구제신만 보인다. 이런 경우에 제극할 귀살이 없으므로 오히려 일간의 힘만 빼는 작용을 할 뿐이다. 특히 이 예제는 일간·일지·삼전이 모두 寅午戌 삼합하여 일간을 설기하므로 그 흉은 더욱 심하다.

〈과전도〉 甲午일 9국

壬	甲	戊
白寅后	后午白	合戌合
戌	寅	午

甲	戊	戊	壬
后午白	合戌合	合戌合	白寅后
甲寅	午	午	戌

第 94-5 法　見盜不盜者

견 도 불 도 자　　도신이 보이더라도 도신이 되지 않는 경우가 있다.

如甲乙日　見巳午火居亥子之鄕　或入空亡之內　皆是盜我之氣 不得也反變成吉. 十干日同. 今人不看如何　見生便言生　見財 便說財　見鬼便言有鬼　有救便言救　不知其所立之地　所行之方 如何耳不爲分別. 惜哉.

　가령 甲乙일에서, 巳午화가 亥子향에 거주하거나[1] 공망에 드는 것이 보이면,[2] 이 모두는 나의 기운을 훔친다. 이를 얻지 않으면 오히려 반대로 길하게 된다. 십간일은 모두 마찬가지이다.

　현재 송나라 사람은 어찌 되었는지를 살피지 않는다. 생을 보면 곧 생이라 말하고, 재신을 보면 곧 재신이라고 말하며, 귀살을 보면 곧 귀살이 있다고 말하고, 구신이 있으면 곧 구함이 있다고 말한다. 각 신의 서 있는 지반과 가는 곳의 방위를 몰라서 어떤 결과를 이루는지를 분별하지 못하니, 참으로 애석하구나!

---

1) 예를 들면 甲戌일 8국에서, 중전에 있는 도신 巳화는 지반 子에 의하여 파손이 되었다. 따라서 도신의 작용을 한다.
2) 예를 들면 甲午일 8국에서, 중전에 있는 도신 巳화는 천반공망이다. 따라서 도신의 작용을 한다.

第94-6法 德貴合局生身格

덕 귀 합 국 생 신 격   일덕과 천을이 국을 이루어서 일간을 생하는 격

亦貴德臨身消除禍患格.

이는 곧 '천을귀인과 일덕귀인이 내 몸에 강림하여 화환을 소멸시켜 제거하는 격'이다.

如乙酉日 干上申晝占 雖三傳水局生日 緣天將晝夜皆貴勾常土神 使水局不能生其乙木. 如用夜貴尚賴貴臨本身 尤能勉強倚貴 而求生計.

〈과전도〉 乙酉일 9국			
甲	戊		壬
貴申勾	勾子貴		常辰常
辰	申		子
甲	戊	己	癸
貴申勾	勾子貴	青丑后	玄巳白
乙辰	申	酉	丑

가령 乙酉일 9국에서 간상은 申이고 낮 정단이다.

비록 삼전 申子辰 수국에서 일간을 생하지만, 천장은 낮과 밤 모두 천을귀인과 구진과 태상의 토신이므로,1) 수국에서 乙목을 생하지 못하게 한다.

만약 밤 천을귀인을 쓰면 또한 천을귀인이 본신에 임하므로, 오히려 천을귀인에게 단단히 의탁하라고 권하면 생계를 구하게 된다.

---

1) 삼전의 申子辰 수국에서 일간을 수생목하려 하지만, 타고 있는 천장오행 토에서 이를 극하므로 생을 제대로 하지 못한다.

第 94-7 法 長上災凶格
장 상 재 흉 격
장상에게 재앙되고 흉이 되는 격

> 乃長生空亡者例. 戊寅日申爲長生 作空亡. 庚子日巳爲長生 作空亡. 壬午日申爲長生 作空亡. 甲子日亥爲長生 作空亡. 丙午日寅爲長生 作空亡. 月內生氣 亦忌空亡.

〈과전도〉 戊寅일 10국		
○	乙	戊
青申蛇	朱亥勾	后寅白
巳	申○	亥

○	乙	辛	○
青申蛇	朱亥勾	常巳陰	青申蛇
戊巳	申○	寅	巳

장생이 공망이 되는 예에는, 戊寅일에서 申은 장생이지만 공망이고,[1] 庚子일에서 巳는 장생이지만 공망이며, 壬午일에서 申은 장생이지만 공망이다.

또한 甲子일에서 亥는 장생이지만 공망이고, 丙午일에서 寅은 장생이지만 공망이다.

그리고 월내의 생기[2] 또한 공망을 꺼린다.

---

1) 여기서의 장생은 수토동궁의 방법을 적용하였다. 戊寅일은 甲戌순에 속하고 공망은 申酉이다.

2) 가령 甲子일 4국에서, 간상의 亥는 일간의 장생이면서, 12월에 정단하면 월신살 생기에도 해당된다. 일간의 장생과 월신살 생기가 공망되니 흉하다. 월신살 생기는, 寅월 子에서 시작하여 순행 12지이다.

第 94-8 法 喜懼格
희구격　　　　기쁘기도 하고 두렵기도 한 격

> 一則以喜 一則以懼者例. 謂干上長生三傳皆鬼.

한번은 기쁘고 한번은 두려운 예가 있다. 이른바 간상은 장생이지만 삼전이 모두 귀살이 되는 경우이다.[1]

---

1) 육임 720과에서 삼전이 귀살국이고 간상이 12운성의 장생이 되는 예는 없다. 다만 삼전이 귀살국이고 간상이 부모효에 해당하는 예는 다음과 같다.

① 乙丑·乙酉·乙巳 5국은 삼전 巳酉丑 종혁에서 일간을 극하므로 두렵지만, 간상의 부모효 子에서 관귀효의 기운을 설기하여 일간 乙목을 생하니 기쁘다.

② 그리고 庚寅·庚午 5국은 삼전 염상에서 일간을 극하므로 두렵지만, 간상의 부모효 辰토에서 관귀효의 기운을 설기하여 일간 庚금을 생하니 기쁘다.

③ 이 외에도 戊子일 12국에서, 삼전의 寅卯辰이 방합하여 모두 일간의 귀살이 되니 매우 두렵다. 그러나 비록 장생은 아니지만 일간의 부모효인 간상의 午화에서 삼전에 있는 귀살의 힘을 설기하여 일간을 생하니 이번에는 기쁘다. 午화가 공망이므로 午 월장 기간, 또는 午년, 또는 午월에 정단하면 공망으로 보지 않으므로 이 때에는 이 설명에 부합된다.

〈과전도〉 戊子일 12국

庚	辛	壬	
蛇 寅 靑	朱 卯 勾	合 辰 合	
丑	寅	卯	
○	○	己	庚
靑 午 蛇	空 未 貴	貴 丑 空	蛇 寅 靑
戊	巳	午○	子	丑

第 95 法 六爻現卦防其剋
육 효 현 괘 방 기 극

육효가 괘로 드러나면 극을 방지해야 된다.

【구성이론】 육친, 삼합국.

【정단원리】 삼전이 삼합하여 국을 이루어서 일간의 어느 효에 해당하면 극을 당하는 효의 육친에 해당하는 사람 또는 일에 불리하다. 삼합을 이룬 국이 처재효이면 부모가, 부모효이면 자손이, 자손효이면 남편 또는 구관이, 관귀효이면 나 또는 형제가, 형제효이면 처가 불리하다. 만약 간상의 신에서 변화를 시키면 해가 되지 않는다.

第95-1法 財爻現卦 必憂父母
재효현괘 필우부모

해설 처재효가 괘로 드러나면 반드시 부모님이 우려된다.

謌云 三傳俱作日之財 得此須憂長上災. 年命日辰乘干鬼爭 知此類不爲乖. 如辛未日干上午 三傳卯亥未木局 三傳皆作日之財. 雖憂父母 賴干上先有午火生其父母爻竊其財爻 此名傳財化鬼.

『가』에서 노래하기를 삼전이 모두 일간의 재신을 만든 이것을 얻으면, 모름지기 장상에게 재앙이 우려된다. 그러나 행년·본명과 일진에 일간의 관귀효가 타서 다투면, 이러한 것이 어긋나지 않음을 알아야 한다.

〈과전도〉 辛未일 5국

丁	○	辛
后 卯 合	合 亥 白	白 未 后
未	卯	亥 ○

庚	丙	丁	○
常午貴	貴寅勾	后卯合	合亥白
辛戌	午	未	卯

가령 辛未일 5국에서 간상은 午이고 삼전은 卯亥未 목국이다.

삼전이 모두 일간의 재신이니 모름지기 부모님이 우려되지만, 간상에 있는 午화에서 먼저 부모효를 생하고 재효를 훔치는 덕을 보니 이를 '전재화귀'라고 부른다.

人但知言父母等類 而不知言傳財化鬼 如欲占財 則有災禍耳. 餘日辰年命上無官鬼爻者 乃可言父母災也. 亦必支干年命上

> 先有父母爻 後被傳財剋者 始可言父母長上災. 如無父母爻 則亦不言此例.

　사람들은 다만 부모와 같은 종류만 알고 삼전의 재물이 귀살로 되는 것을 알지 못하여, 만약 재물을 정단하면 곧 재앙이 된다고 말한다.

　나머지 일진과 행년·본명 위에 관귀효가 없으면 부모님에게 재앙이 있다고 말할 수 있다. 또한 반드시 일지와 일간, 행년과 본명 위에 먼저 부모효가 있다면, 나중에 삼전에 있는 재신으로부터 극을 받으니, 비로소 부모장상에게 재앙이 있다고 말할 수 있다. 그러나 만약 부모효가 없다면 이와 같이 말할 수 없다.

> 如丁丑日干上先見卯爲父母爻 豈應三傳金局之財來傷卯木 此例方可言長上災. 或求財而妨生計 或被惡妻逆其翁姑. 此二事尤的.

〈과전도〉 丁丑일 5국

辛	丁	○
巳	丑	酉
酉○	巳	丑

己	乙	○	辛
卯	亥	酉	巳
丁未	卯	丑	酉○

　가령 丁丑일 5국에서 간상에 먼저 보이는 卯목은 부모효이다. 삼전 금국의 재신에서 卯목을 상해오니, 바야흐로 장상에게 재앙이 없다고 어찌 말할 수 없겠는가?

　만약 구재이면 생계[1]를 방해받거나, 악처로 인하여 시부모에게 해악을 입힌

---

[1] 삼전의 재국에서 간상의 부모효를 극하므로 부모효가 상한다. 따라서 부모효가 뜻하는 생계에 문제가 생긴다고 표현한 것이다. 오행 이론에서의 나를 살리는 존재를 육친에 비유하면 부모가 되고, 이를 달리 표현하면 생계가 되는 것이다.

다.1) 이 두 가지 일은 대단히 확실하다.

> 又有己丑日干上午. 庚辰日 干上未. 丁酉日 干上卯. 戊戌日 干上午. 如前說. 必待財旺月乃憂長上 其財休囚卻爲財也.

그리고 己丑일 2국 간상 午, 庚辰일 2국 간상 未, 丁酉일 5국 간상 卯, 戊戌일 12국 간상 午는, 모두 앞의 설명과 같다.2)
반드시 재신이 왕해지는 달이 되면 장상에게 우환이 있고, 그 재신이 휴수하면 오히려 재물이 된다.

> 外有乙亥日 欲賴支上申生父母爻而竊其財爻. 殊不知申空亡 仍主父母之災.

이 외에도 乙亥일 4국이 있다. 지상 申에서 삼전의 처재효를 훔쳐서 부모효를 생하고 싶지만 申이 공망인 것을 전혀 알지 못하였다. 이로 인하여 부모님에게 재앙이 있다.3)

---

1) 육친으로 비유하면 재신은 처가 되고, 나를 생하는 신은 부모가 된다. 재신에서 부모효를 극한다는 것은, 처로 인하여 곧 부모가 상하게 된다고 볼 수 있다.
2) 己丑일 2국의 삼전 子亥 재신에서 공망된 간상의 부모효를 극하고, 庚辰일 2국의 삼전 卯寅 재신에서 간상의 부모효 未土를 극하며, 丁酉일 5국의 삼전 재국에서 간상의 부모효 卯목을 극하고, 戊戌일 12국의 삼전 재국에서 간상의 부모효 午화를 극한다.
3) 관귀효가 공망이므로 재신의 기운을 설기하여 약화시키지 못하고, 바로 부모님에게 화가 미친다.

〈과전도〉 乙亥일 4국

丁	甲	癸
青丑蛇	朱戌陰	后未白
辰	丑	戌

丁	甲	○	辛
青丑蛇	朱戌陰	貴申常	玄巳青
乙辰	丑	亥	申○

第 95-2 法 父母爻現卦 必憂子息
부 모 효 현 괘 필 우 자 식

해설 부모효가 괘로 드러나면 반드시 자식이 우려된다.

> 謌云 父母現卦子孫憂 日辰年命細參求. 同類比肩居在上 兒男
> 昌盛不爲讎. 如戊寅日 干上丑 三傳戌午寅火局皆作父母爻.
> 雖憂子息 賴干上先有丑土生其子息 竊其父母.

『가』에서 노래하기를 부모효 괘로 드러나면 자손이 우려되나, 일진과 행년·본명을 자세하게 살펴서 구해야 된다. 동류인 비견이 천반에 머물러 있으면, 어린 사내는 번창왕성하지 원수가 되지 않는다.

《과전도》 戊寅일 5국

甲	壬	戊
合戌合	白午后	后寅白
寅	戌	午

丁	○	甲	壬
貴丑空	勾酉朱	合戌合	白午后
戌巳	丑	寅	戌

가령 戊寅일 5국에서 간상은 丑이다. 삼전 戌午寅화국은 모두 부모효를 만드니 비록 자식이 우려되지만, 간상에 있는 丑토에서 먼저 그 자식을 생하고 부모효를 훔치는 덕을 본다.

第 95-3 法 若子息爻現卦 必憂官事
약 자 식 효 현 괘   필 우 관 사

해설 자식효가 괘로 드러나면 반드시 관사가 우려된다.

> 謌云 子息見時官事無 古法流傳實不虛. 豈知四處財爻現 官遷訟罪病難甦. 己巳日 干上亥 三傳酉丑巳金局 皆作子息爻. 雖憂官職 緣干上先有亥水 生其官鬼 竊其子息爻. 餘如前說 官訟則忌.

『가』에서 노래하기를 '자식효가 보이면, 관직사는 없다'하니 고법에서 전해 오는 것은 사실이며 거짓이 아니다. 네 곳[1])에 재효가 나타나면 관직은 옮기고, 소송은 죄를 받으며, 질병은 소생하기 어렵다는 것을 어찌 알겠는가?

〈과전도〉 己巳일 9국

癸	乙	己	
合酉蛇	后丑青	白巳玄	
巳	酉	丑	
○	丁	癸	乙
蛇亥合	玄卯白	合酉蛇	后丑青
己未	亥○	巳	酉

가령 己巳일 9국에서 간상은 亥이고 삼전 酉丑巳금국은 모두 자식효를 만든다. 비록 관직은 근심되지만 간상에 먼저 있는 亥수가 관귀를 생하고 자식효를 훔친다.[2])

나머지도 앞의 설명과 같다. 그러나 관청의 소송에서는 꺼린다.

---

1) 사처 : 일간, 일지, 본명, 행년을 가리킨다.
2) 간상의 亥수가 甲子순의 공망이므로 이러한 작용은 나타나지 않는다. 단지 亥년 亥월 亥월장이면 공망이 메워지므로 이 설명에 부합된다.

第 95-4 法 官鬼爻現卦 憂己身及兄弟
관 귀 효 현 괘   우 기 신 급 형 제

해설 관귀효가 괘로 드러나면 반드시 자신과 형제가 우려된다.

> 謌云 官星鬼賊作三傳 本身兄弟不宜占. 父母之爻如透出 己身
> 昆仲總安然.

『가』에서 노래하기를 '관성귀적이 삼전을 만들면, 나와 형제는 정단에서 좋지 못하다. 그러나 만약 부모의 효가 투출하면 자신과 형제는 모두 편안하다.'

> 如乙丑日 干上子 三傳巳丑酉金局皆鬼爻. 雖憂己身及兄弟 奈
> 干上先有子水 生其己身兄弟 竊其官鬼爻也. 餘倣此.

〈과전도〉 乙丑일 5국			
己	乙		癸
玄巳青	青丑蛇		蛇酉玄
酉	巳		丑
甲	壬	癸	己
勾子貴	貴申常	蛇酉玄	玄巳青
乙辰	子	丑	酉

가령 乙丑일 5국에서 간상은 子이고, 삼전 巳丑酉금국은 모두 관귀효이다.

비록 자신과 형제가 우려되지만, 간상에 있는 子수가 먼저 자신과 형제를 생하고 관귀효를 훔친다. 나머지도 이와 같다.

第 95-5 法 同類現卦 必憂妻及去財
동류현괘 필우처급거재

해설 동류가 괘로 드러나면 반드시 처와 재물이 사라질 우려가 있다.

> 謌云 干支同類在傳中 錢財耗散及妻凶. 支干上神乘子息 妻宮無恙反財豐.

『가』에서 노래하기를 '간지가 동류이면, 돈과 재물이 손실되어 흩어지고 처에게 흉이 있다. 만약 간지상신에 자식이 타면 처에게 질병은 없고, 재물은 오히려 풍족해진다'.

> 如丙寅日 干上丑 三傳戌午寅 皆是日之同類. 雖憂妻位及損耗錢財 奈干上先有丑土生其財爻 竊其比肩. 餘倣此.

〈과전도〉 丙寅일 5국			
○		庚	丙
蛇戌后	玄午白	青寅合	
寅		戌○	午
乙	癸	○	庚
勾丑朱	貴酉陰	蛇戌后	玄午白
丙巳	丑	寅	戌○

가령 丙寅일 5국에서 간상은 丑이고 삼전 戌午寅은 모두 일간의 동류이다.

비록 처가 우려되고 돈과 재물이 손실되지만, 간상에 있는 丑토에서 먼저 재효를 생하고 비견을 훔친다.

나머지도 이와 같다.

第 95-6 法 六爻相生而成者 乃三傳生起干上之爻象者

육 효 상 생 이 성 자

처재효, 관귀효, 부모효, 형제효, 자손효, 삼전 午丑申의 여섯 효가 서로 생하여 무리를 이루고, 삼전에서 간상에 있는 효를 생하여 일으키는 상

第 95-6-1 法 傳財化鬼者
전 재 화 귀 자   삼전의 처재국이 귀살로 변하는 격

如辛未日干上午 三傳卯亥未 生起干上之午鬼.

〈과전도〉 辛未일 5국		
丁	○	辛
后卯合	合亥白	白未后
未	卯	亥○
庚	丙	丁 ○
常午貴	貴寅勾	后卯合 合亥白
辛戌	午	未 卯

가령 辛未일 5국에서 간상은 午이다. 삼전 亥卯未에서 간상의 午화 귀살을 생하여 일으킨다.[1]

---

[1] 구관 정단이면 길하지만 이 외의 거의 모든 정단은 흉하다.

第95-6-2法 傳鬼化父母者
전 귀 화 부 모 자　삼전의 귀살국이 부모로 변하는 격

| 如乙巳日　干上子　三傳酉巳丑　生起干上之子水父母爻. |

〈과전도〉 乙巳일 5국		
己	乙	癸
蛇酉玄	玄巳青	青丑蛇
丑	酉	巳
壬	戊	癸	己
勾子貴	貴申常	青丑蛇	蛇酉玄
乙辰	子	巳	丑

가령 乙巳일 5국에서 간상은 子이다. 삼전 酉巳丑에서 간상의 子수 부모효를 생하여 일으킨다.[1]

---

1) 거의 모든 정단에서 길하다. 설령 흉사 정단일지라도 부모효 子수에서 귀살의 기운을 빼서 일간을 생하므로 초흉후길하다.

第 95-6-3 法 傳父母化兄弟

전 부 모 화 형 제   삼전의 부모국이 형제로 변하는 격

如戊午日 干上丑 三傳戌午寅 生起干上之丑 爲兄弟爻.

〈과전도〉 戊午일 5국		
壬	戌	甲
合戌合	白午后	后寅白
寅	戌	午
○	辛	甲	壬
貴丑空	勾酉朱	后寅白	合戌合
戌巳	丑○	午	寅

가령 戊午일 5국에서 간상은 丑이다. 삼전 戌午寅에서 간상의 丑토인 형제효를 생하여 일으킨다.[1]

---

[1] 간상의 형제효 丑이 공망이므로 이 예제로 부적합하다. 그러나 공망이 메워지면 가능하여, 형제와 관련된 일은 길하다.

第 95-6-4 法 傳兄弟化子息

전 형 제 화 자 식   삼전의 형제국이 자식으로 변하는 격

如丁亥日 逢墓干上戌 三傳午戌寅 生起干上之戌土 爲子息 乃不爲墓.

〈과전도〉 丁亥일 10국			
○	丙		庚
青午合	蛇戌后	玄寅白	
卯	未○		亥
丙	己	庚	癸
蛇戌后	陰丑常	玄寅白	空巳勾
丁未	戌	亥	寅

가령 丁亥일 10국은 간상에서 묘신 戌을 만난다. 삼전 戌午寅에서 간상의 戌土를 생하여 일으키니, 자식이 되는 것이지 묘신이라 하지 않는다.[1]

---

[1] 삼전 戌午寅에서 초전·중전이 공망이므로, 火국에서 간상의 戌土를 생하지 못한다. 다만 공망이 메워지면 이 예로 적합하다. 그리고 이 설명에서 묘신이 생을 받으면 묘신이 아니라는 것을 논하고 있다.

第 95-6-5 法 傳子息化財爻

전 자 식 화 재 효   삼전의 자손국이 재신으로 변하는 격

如甲寅日 干上戌 三傳戌午寅 生起干上之戌土爲財.

〈과전도〉 甲寅일 5국

壬	戌	甲
合戌合	后午白	白寅后
寅	戌	午

壬	戌	壬	戌
合戌合	后午白	合戌合	后午白
甲寅	戌	寅	戌

가령 甲寅일 5국에서 간상은 戌이다. 삼전 戌午寅에서 간상의 戌土 재신을 생하여 일으킨다.[1]

己上如或占訟 或父母 兄弟 子孫 妻妾 己身有病 如逐類現卦 雖曰不吉 其各類如干令得地 反不爲凶. 如位死絶 又坐剋方 死而無疑.

위에서 만약 소송 정단을 하여, 부모·형제·자손·처첩·자신에게 질병이 있을 때, 만약 무리를 좇아서 괘로 드러나면 불길하다고 말할 수 있으나, 그 각 류가 만약 일간에 임하여 득령하고 득지하면 오히려 흉이 되지 않는다.

---

1) 구재 정단이면 자손국의 생을 받아서 재물을 얻는다.

만약 그 자리가 사(死)나 절(絶)에 서고, 다시 극하는 지반에 앉으면 사망은 의심의 여지가 없다.

三傳內現類 而傳自墓剋者例皆是 午丑申作三傳者. 如乙亥酉未巳卯五日 並午加亥爲用. 如有官人占之 不可得官. 如常人占之 返宜急難除禍. 緣末傳之申金爲官鬼 被初傳午火所剋 又被中傳丑來墓申 兼末之申金 自坐於丑墓之上 其申金全無氣象.

〈과전도〉 乙亥일 6국

壬	丁	○	
陰午空	靑丑后	貴申勾	
亥	午	丑	
乙	壬	壬	丁
合亥蛇	陰午空	陰午空	靑丑后
乙辰	亥	亥	午

삼전 내에 드러난 류신이 삼전에서 스스로 묘신과 극이 되는 것을 예로 들면, 午丑申이 삼전을 만드는 것이다.

가령 乙亥·乙酉·乙未·己卯 다섯 날 6국은 나란히 午가 亥에 가하고 발용이다. 만약 관직자가 정단하면 관직을 얻지 못한다.[1]

만약 일반인이 정단하면 오히려 빠르게 어려움은 줄고 재앙은 사라진다. 그 이유는 말전에 있는 申금이 관귀효인데 초전 午화로부터 극을 받고, 또한 중전 丑이 申의 묘신으로 돌아오며, 더불어서 말전의 申금이 스스로 묘신 丑 위에 앉으므로 이 申금은 아예 기운이 사라지기 때문이다.

---

[1] 첫째 이유는 관성 申이 말전에서 공망이고, 둘째 이유는 관성 申금이 초전 午화로부터 극을 받기 때문이다.

> 又如丙辰 丁亥二日 亦是午丑申爲三傳 乃申金財全無氣象. 亦緣初被剋中墓也. 己亥日 長生無氣. 庚辰日 德祿無氣. 辛亥日 兄弟爻無氣. 六壬日 長生無氣. 已上皆是午丑申爲三傳者.

〈과전도〉 丙辰일 6국		
戊	〇	庚
玄午白	勾丑朱	后申玄
亥	午	丑〇
〇	己	癸	戊
合子蛇	陰未常	朱亥貴	玄午白
丙巳	子〇	辰	亥

丙辰과 丁亥 두 날 6국 또한 삼전은 午丑申이다. 재신인 申金은 전혀 기운이 없는 상이다. 그 이유는 초전 午火로부터 극을 당하고, 중전 丑土로부터 묘신을 당하기 때문이다.

己亥일 6국에서 장생은 기운이 없고,[1] 庚辰일 6국에서는 일덕과 일록이 없고 기운이 없다.[2] 그리고 辛亥일 6국에서 형제효는 기운이 없고,[3] 여섯 壬일에서 장생은 기운이 없다. 이상 모두는 삼전이 午丑申이다.

---

[1] 일간 己土의 장생인 寅木이 그의 묘신인 未土에 앉기 때문이다.
[2] 일간 庚金의 일록인 申金이 공망되고 다시 그의 묘신인 丑土에 앉기 때문이다.
[3] 일간 辛金의 형제효인 申金은 그의 묘신인 丑土에 앉고, 酉金은 절지 寅木에 앉음과 동시에 다시 공망에 앉기 때문이다.

第 95-7 法 支干同類格
지 간 동 류 격   일지와 일간이 동류인 격

> 難求財 緣支干各相爭奪. 惟有十二日 甲寅 乙卯 庚申 辛酉 丙午 丁巳 壬子 癸亥 己丑 己未 戊辰 戊戌.

구재는 어렵다. 그 이유는 간지가 서로 쟁탈하기 때문이다. 오로지 甲寅[1]·乙卯·庚申·辛酉·丙午·丁巳·壬子·癸亥·己丑·己未·戊辰·戊戌 열 두 날에만 있다.

〈과전도〉 甲寅일 1국

甲	丁	庚
青 寅 蛇	朱 巳 勾	后 申 白
寅	巳	申

甲	甲	甲	甲
青 寅 蛇	青 寅 蛇	青 寅 蛇	青 寅 蛇
甲寅	寅	寅	寅

---

1) 가령 甲寅일 1국에서, 일간 甲목과 일지 寅목은 동일 오행이다. 따라서 구재에서 불리하다.

第 95-8 法 白蟻食尸格
백 의 식 시 격   흰개미가 시신을 갉아먹는 격

壬癸日申坐丑上 夜將 上乘白虎. 此乃父母爻 乘白虎 坐墓 必
父母墓中生白蟻 或興禍端. 如父母在主病災 更作月內死氣 死
神. 占父母病必死.

〈과전도〉 壬申일 6국

庚	乙	壬	
玄午后	朱丑勾	白申玄	
亥○	午	丑	

庚	乙	丁	○
玄午后	朱丑勾	貴卯朱	青戌白
壬亥	午	申	卯

壬癸일 6국에서 申이 丑위에 가한 곳
에 밤 천장인 백호가 그 위에 탄다.
이 부모효에 백호가 타서 묘신에 앉아
있다. 따라서 반드시 부모님 묘지 속에
흰개미가 생긴 것이고, 이로 인하여 화
를 일으키는 원인이 된다.
만약 부모님이 병환 중인데 다시 월내
의 사기나 사신이 되면 부모님 질병 정
단은 필사한다.

又六戊日 午加戌 晝將 上乘白虎. 六己日 巳坐戌 旦將 (上)乘
白虎. 皆如前說. 餘干逐類而推之.

그리고 여섯 戊일 5국에서 午가 戌에 가한 곳에 낮 천장인 백호
가 그 위에 탄다.[1] 여섯 己일 6국에서 巳가 戌에 가하고 낮 천장

---

1) 가령 戊寅일 5국의 제4과와 중전에는 일간 戊토 기준의 부모효인 午화에 백호가 타

〈과전도〉 戊寅일 5국		
壬	戊	甲
合戌合	白午后	后寅白
寅	戌	午
○	辛	甲	壬
貴丑空	勾酉朱	后寅白	合戌合
戌巳	丑○	午	寅

백호가 그 위에 탄다.[1]

　모두 앞의 설명과 같다.

　나머지 일간도 류신을 따라 이와 같이 추리하면 된다.[2]

서 묘신에 앉는다. 만약 1월 정단이면 사기에 해당하고, 2월 정단이면 사신에 해당한다. 만약 묘지 정단이면 부모님 묘소에 흰개미가 생긴 것이고, 부모님 질병 정단이면 반드시 사망한다.

1) 일간 乙일 기준의 부모효인 巳화에 백호가 타고 묘신에 앉는다.

2) ① 가령 甲子일 6국 제4과에 형제효 寅에 백호가 타서 묘신 未에 앉아 있다. 따라서 반드시 형제 묘지 속에 흰개미가 생긴 것이고, 이로 인하여 화를 일으키는 원인이 된다. 만약 형제가 병환 중인데 다시 월내의 사기가 되는 戌월이나 사신이 되는 亥월 정단이라면 형제 질병 정단은 반드시 사망한다. ② 이 외에 戊辰일 6국 밤 정단에서 말전 남편을 뜻하는 관귀효 寅에 백호가 타서 묘신 未에 앉아 있다. ③ 또한 庚午일 6국 밤 정단에서 아내를 뜻하는 처재효 寅에 백호가 타서 묘신 未에 앉아 있다.

第95-9法 懶去取財格
나 거 취 재 격   나태로 인해 취했던 재물을 놓치는 격

六甲日干上寅或卯 縱傳內見財爻. 如求財必心多退悔 懶去取財 恐爭奪也. 餘日逐類看所乘何神 而言其事類.

〈과전도〉 甲子일 12국

戊	己	庚
合辰合	朱巳勾	蛇午靑
卯	辰	巳

丁	戊	乙	丙
勾卯朱	合辰合	空丑貴	靑寅蛇
甲寅	卯	子	丑

여섯 甲일에서 간상이 寅 또는 卯인 1국 또는 12국[1]의 삼전 내에 재효가 있다.

만약 구재이면 반드시 여러 번 물러나서 후회하게 된다. 나태로 인해 취했던 재물이 나가 버리거나 쟁탈당하는 위험이 있다.

나머지 날도 어떠한 신이 타고 있는 곳을 살펴서 류신을 쫓으면 사류를 알 수 있다.

---

[1] 甲子일 12국에서 삼전은 辰巳午이다. 초전의 재신 辰은 상하 협극이므로 취하지 못하고, 중말전은 일간의 자손효이므로 큰 손실을 입게 된다. 그러나 1국은 삼전에 재신이 보이지 않는다.

第95-10法 德喪祿絕格 陽日返吟 陰日四絕體
덕상록절격 양일 반음과와 음일 반음과는 사절체이다.

해설 덕은 상을 당하고 록은 끊기는 격[1]

---

1) 가령 庚辰일 7국의 중전 申은 일간의 덕·록이지만 절신인 지반 寅에 앉아 있으므로 덕은 상을 당하고 록은 끊긴다. 그리고 辛巳일 7국의 초말전의 巳는 일간의 덕이지만 절신인 亥에 앉아 있으므로 덕은 상을 당하고, 진궁에 있는 酉는 일간의 록이지만 절신인 卯에 앉아 있으므로 록은 끊긴다.

〈과전도〉 庚辰일 7국

戊	○	戊
后寅白	青申蛇	后寅白
申○	寅	申○
戊	○	甲	庚
后寅白	青申蛇	合戌合	玄辰玄
庚申	寅	辰	戌

〈과전도〉 辛巳일 7국

辛	乙	辛
玄巳后	合亥青	玄巳后
亥	巳	亥
庚	甲	乙	辛
陰辰陰	勾戌勾	合亥青	玄巳后
辛戌	辰	巳	亥

第96法 旬內空亡逐類推

財空軍儲乏　鬼空敵人遁　救空謀策拙　比空贊佐慵　生空防失患

순 내 공 망 축 유 추

재신이 공망이면 군수품이 떨어진다. 귀살이 공망이면 적군이 숨는다. 구신이 공망이면 모망하는 것은 졸책이 된다. 비겁이 공망이면 협조를 하지 않는다. 생이 공망이면 잃는 근심을 방지해야 된다.

해설 순내의 공망을 따라서 유추한다.

甲子旬 戌亥空亡. 甲子 乙丑日 妻財及父母空. 丙寅 丁卯日 墓貴及官鬼空. 戊辰 己巳日 兄弟及妻財空. 庚午 辛未日 父母及子息空. 壬申 癸酉日 官鬼及兄弟(空). (又)壬日 德祿皆空. 已上縱戌亥在六處 亦不可用.

甲子순에는 戌亥가 공망이다.

甲子일과 乙丑일에는 처재와 부모가 공망이고, 丙寅일과 丁卯일에는 묘신이 된 천을귀인과 관귀가 공망이며, 戊辰일과 己巳일에는 형제와 처재가 공망이다.

庚午일과 辛未일에는 부모와 자식이 공망이고, 壬申일과 癸酉일에는 관귀와 형제가 공망이다. 그리고 壬일에는 덕신과 록신이 모두 공망이다.

이상에서 설령 戌亥가 6처에[1] 있더라도 역시 쓰지 못한다.

---

1) 6처 : 일간, 일지, 초전, 중전, 말전, 행년·본명을 가리킨다.

> 甲戌旬 申酉空亡. 甲戌 乙亥日 官鬼空. 丙子 丁丑日 妻財空. 戊寅 己卯日 子息空. 庚辰日 德祿空. 辛巳日 兄弟己身空. 壬午 癸未日 父母空. 已上縱申酉在傳年命日辰上 亦不中用.

甲戌순에는 申酉가 공망이다.
甲戌일과 乙亥일은 관귀가 공망이고, 丙子일과 丁丑일은 처재가 공망이며, 戊寅일과 己卯일은 자식이 공망이다.
庚辰일에는 덕신과 록신이 공망이고, 辛巳일에는 형제와 자신이 공망이며, 壬午일과 癸未일에는 부모가 공망이다.
이상에서 설령 申酉가 삼전과 행년·본명과 일진 위에 있더라도 또한 쓰지 못한다.

> 甲申旬 午未空亡. 甲申 乙酉日 子息 墓 妻財空. 丙戌 丁亥 兄弟子息空. 戊子 己丑日 父母兄弟空. 丙己日祿空. 庚寅 辛卯 官鬼父母空. 辛巳日 旦貴空. 壬辰 癸巳 妻財官鬼空. 內甲戊庚三日 夜貴空.

甲申순에는 午未가 공망이다.
甲申일과 乙酉일은 자식과 묘지와 처재가 공망이고, 丙戌일과 丁亥일은 형제와 자식이 공망이며, 戊子일과 己丑일은 부모와 형제가 공망이다.
庚寅일과 辛卯일은 관귀와 부모가 공망인데, 辛卯일은 낮 귀인이 공망이다. 壬辰일과 癸巳일은 처재와 관귀가 공망이다.
순내에서 甲戊庚 세 날은 밤 귀인이 공망이다.

> 甲午旬 辰巳空亡. 甲午 乙未 妻財子息空. 丙申 丁酉日 子息兄弟空. 戊戌 己亥 兄弟父母空. 庚子 辛丑 父母官鬼空 及長生空. 辛日 官德空. 壬寅 癸卯日 墓及官鬼妻財空 并晝貴尤不得力. 內丙戊日 德祿空.

甲午순에는 辰巳가 공망이다.

甲午일과 乙未일은 처재와 자식이 공망이고, 丙申일과 丁酉일은 자식과 형제가 공망이며, 戊戌일과 己亥일은 형제와 부모가 공망이다.

庚子일과 辛丑일은 부모와 관귀 및 장생이 공망인데 辛일은 관성과 덕신이 공망이다.

壬寅일과 癸卯일은 묘지 및 관귀와 처재가 공망이며 아울러 낮 귀인은 더욱 힘을 얻지 못한다. 이 중에서 丙일과 戊일은 덕신과 록신이 공망이다.

> 甲辰旬 寅卯空亡. 甲辰 乙巳日 兄弟己身并祿空. 甲日 德空. 丙午 丁未日 父母空. 戊申 己酉 官鬼空 內己日德空. 庚戌 辛亥 妻財空 內辛日夜貴空. 壬子 癸丑 子息空. 止宜脫禍.

甲辰순에는 寅卯가 공망이다.

甲辰일과 乙巳일은 형제와 자신과 더불어서 록신이 공망인데, 甲일은 덕과 록이 공망이다. 丙午일과 丁未일은 부모가 공망이다.

戊申일과 己酉일은 관귀가 공망인데, 이 중에서 己일은 일덕이 공망이다.

庚戌일과 辛亥일은 처재가 공망인데, 이 중에서 辛일은 밤 귀인이 공망이다.

壬子일과 癸丑일은 자식이 공망이지만, 단지 화를 벗어나는 일에는 좋다.

> 甲寅旬內 子丑空亡. 甲寅 乙卯日 父母妻財空. 丙辰 丁巳日 官鬼子息空. 戊午 己未 妻財兄弟空. 庚申 辛酉日 子息及父母 或墓空. 壬戌 癸亥 兄弟官鬼空. 甲 戊 庚 乙 己五日 旦貴空.

甲寅순에는 子丑이 공망이다.

甲寅일과 乙卯일은 부모와 처재가 공망이고, 丙辰일과 丁巳일은 관귀와 자식이 공망이며, 戊午일과 己未일은 처재와 형제가 공망이다.

庚申일과 辛酉일은 자식, 부모, 묘지가 공망이고, 壬戌일과 癸亥일은 형제와 관귀가 공망이다.

이 중에서 甲·戊·庚·乙·己 다섯 날은 천을귀인이 공망이다.

> 自古十惡大敗日 乃無祿之日也. 且甲辰 乙巳 壬申 丙申 丁亥 庚辰 戊戌 癸亥 辛巳 己丑 此十日內 祿神空亡 故也.

예로부터 십악대패일은 록이 없는 날이다. 무릇 甲辰·乙巳·壬申·丙申·丁亥·庚辰·戊戌·癸亥·辛巳·己丑의 열흘은 록신이 공망이기 때문이다.

【구성이론】 공망, 일록.
【정단원리】 공망된 효에 관련된 모망사는 불리하다.

第 97 法 專筮不入仍憑類

전 서 불 입 잉 빙 류   전적으로 삼전에 들지 않더라도 류신에 의거하면 된다.[1]

> 如占失脫 雖玄武 並脫氣 日鬼不在六處 亦宜用此類而言其方所色目也. 其餘所占萬類 皆如其法也.

가령 실탈 정단에서 비록 현무와 함께 일간의 탈기와 일귀가 6처에 있지 않더라도 이들 류신을 활용해서 그 방위와 사물의 종류와 이름을 말하는 것이 마땅하다.
만 가지 정단에서 그 방법은 모두 같다.

---

[1] 류신이 6처에 있는 것을 요구하지만, 만약 없을 경우에는 류신으로 삼재를 형성하여 삼전을 만들어서 길흉을 추리하면 된다는 이론이다.

98 法 分占現類勿言之　凡行師之日 以干爲三軍 支爲營壘

분 점 현 류 물 언 지　무릇 군대를 행할 때에, 일간은 삼군이고 일지는 군영이다.

해설 정단에 따라 분류해야지, 나타난 류신에 따라 말하면 안된다.

> 如前賢有諸祕法 用之極靈. 且如白虎臨寅 在支上發用者 必宅中屋梁摧折之驚. 斯法極驗. 設有占課 君子問求財事 卜得此課 切不可言其梁棟摧折 大抵與求財異. 如此條貫犯之極多 時師不可不爲自警. 擧此一隅 餘其可知之.

　본래 선현에게는 수없이 많은 비법이 있었고, 쓰임새는 지극히 신령스러웠다. 예를 들면 백호가 寅에 임하고 지상에서 발용이 되면, 반드시 가택 내 가옥의 들보가 꺾이는 놀람이 있는데, 이 법은 지극히 영험하다.

　정단한 과를 설정함에, 만일 군자가 구재사를 묻는 일에서 정단하여 이 과를 득하였다고 하여, 마룻대가 꺾이고 서까래가 부러진다고 말해서는 절대로 안 되니, 구재와는 다른 것이다.

　가령 이 조목과 같이 고집해서 실수를 범한 경우가 지극히 많으니, 현재의 송나라 선생은 스스로 경계하지 않으면 안 된다. 위에서 하나의 법을 예로 들었으니, 나머지도 가히 알 수 있을 것이다.

第99法 常流不應逢吉象

貴課利貴人 不利小人. 太平時雖有破敵之策 而無所用之日

상류불응봉길상 귀한 과는 귀인에게는 이롭지만 소인에게는 불리하다. 마찬가지로 태평한 시절에는 비록 적을 깨는 책략이 있더라도, 소용이 없는 시절도 있다.

해설 인은 길한 상을 만나더라도 길하게 작용하지 않는다.[1]

諸龍德 鑄印 高蓋乘軒 斲輪 官爵 富貴 三光 三奇 三陽之吉 泰卦 但有官君子占之 則爲吉兆或遷官轉職 或面君而奏事也.

용덕[2]·주인[3]·고개승헌[4]·착륜[5]·관작[6]·부귀[7]·삼

---

1) 제99법은 같은 과전도에서 묻는 일과 신분에 따라 정단을 달리해야 한다는 것을 당부하고 있다.
2) 『육임대전』「과경1」 용덕과, "① 조건 : 태세겸월장에 천을귀인이 타서 발용이면 용덕과이다. ② 길흉 : 정단하는 일에서는 임금의 은택으로 말미암아 모든 복신이 함께 돕는다."
3) 『육임대전』「과경2」 주인과, "① 조건 : 戌이 巳에 가하여 삼전 중에 있으면 주인과이다. ② 길흉 : 정단하는 일에서 임금의 작위를 손에 쥐니 관직과 권력을 쥔다."
『육임수언』「필법보담6」 토가화하주인, "巳戌卯가 3전이면 주인이다."
4) 『육임대전』「과경2」 헌개과, "승광이 발용이고 태충과 신후를 만나면 헌개과이다."
5) 『육임대전』「과경2」 착륜과, "卯가 庚에 가하거나 卯가 辛에 가하여 발용이면 착륜과이다."
『육임수언』「필법보담6」 목피근시륜가치, "卯戌巳가 하나의 삼전이면 착륜이다."
6) 『육임대전』「과경2」 관작과, "무릇 이 과는 태세와 월건 그리고 행년·본명의 역마가 발용이고 다시 천괴(戌)와 태상이 입전하면 관작과이다."

광1)·삼기2)·삼양3)은 모두 길하고 태평한 괘이다. 오로지 관직자나 군자가 정단했을 때에만 길한 조짐이 되어, 관직 승진과 직위의 변경 또는 임금을 만나서 아뢰는 일에서 길하다.

> 如常人占得上項吉卦 恐致災咎臨身 返太難壓. 喩常流百姓 旣不趣事 貴人兼以本身無官無祿 豈宜占得面君及見貴之卦乎. 必因訟而名達朝廷 不然必到訟庭面見太守而遭罪. 占病必見閻王. 如得遠干出外 可免病訟.

만약 서민이 정단하여 위 항목의 길한 괘를 얻으면, 재앙과 허물이 몸에 임하여 위험이 닥치고 오히려 큰 재난으로 굴복한다. 대개 일반 서민은 일을 주도하지 못하며, 나 자신은 귀인과 같

---

7) 『육임대전』「과경2」부귀과, "① 조건 : 무릇 이 과는 왕상기에 천을귀인이 타는 것을 얻고, 그 상하가 상생하며, 다시 일진과 행년·본명에 임하여 발용이 되면 부귀과이다. ② 길흉 : 정단하는 일에서 가도(家道)는 번영하고 창성하며 관직은 영예가 높다."

『육임수언』「필법보담6」봉록봉마시영기, ① 간상에 일지의 역마가 타고 지상에 일간의 록신이 타면 부귀과이다. ② 관직이 더해지고 록봉이 오른다. 일반인은 경영에서 이익을 얻는다. 만약 행년·본명상에 타더라도 역시 쓸 수 있다.

1) 『육임대전』「과경1」삼광과, "① 「정와」일진과 발용이 왕상하고 여기에 길장이 타는 것이다. ② 길흉 : 정단하는 일은 만사 모두 힘들이지 않게 이루는데 길하고 이로움이 있다."

2) 『육임대전』「과경1」삼기과, "① 조건 : 순삼기나 일삼기가 발용 또는 입전하면 삼기과이다. ② 길흉 : 정단하는 일은 백가지 재앙이 사라지고 흩어져서 매사 길하고 이롭다."

3) 같은 책, 삼양과, "① 조건 : 천을귀인이 순행하고 일간과 일진이 유기하면서 귀인의 전에 머물며 왕상한 기로 발용이 되면 삼양과이다. ② 길흉 : 정단하는 일은 매사 길경하고 구하는 것은 모두 이룬다."

이 관직과 국록이 없으므로 정단하여 임금을 만나고 귀인을 알현하는 괘를 득한 것이 어찌 마땅한 일이겠는가?

반드시 송사로 인해 이름이 조정에 알려지거나, 그렇지 않으면 반드시 소송이 조정에 도달하여 태수를 만나서 죄를 언도받는다.

만약 질병 정단이면 반드시 염라대왕을 만나게 된다. 그러나 만약 먼 곳으로 외출하면 질병과 소송을 면할 수 있다.

第100法 已災凶逃返無疑
이 재 흉 도 반 무 의
이미 재앙과 흉이 지나갔다면 오히려 두려워하지 않아도 된다.[1]

凡値喪魂 魄化 天禍 天寇 伏殃 天獄 天網四張 天地二煩諸凶否卦 如已見病訟災迍之後 占得前項諸凶卦 其災却可消除 禍害之意返 不足爲慮. 如未見病訟之前 占得此者 必病訟喪禍併至 更無疑也.

무릇 상혼[2]·백화[3]·천화[4]·천구[5]·복앙[6]·천옥[7]·천망사

---

[1] 정단에서 주의할 사항을 말하고 있다. 묻는 용건이 이미 있었던 일이라면 지나간 일이니 유념치 말라는 내용이다. 그러나 아직 발생하지 않은 일이라면 대비를 해야 된다. 그 일이 과거사인지 현재 또는 미래사인지는 응기의 이론으로 알 수 있다.

[2] 『육임대전』 「과경3」 삼음과, 상왈, "상혼살은 정월 未에서 일으켜서 역행사계이다."

[3] 『육임대전』 「과경3」 백화과, "① 조건 : 백호가 월신살인 사신과 사기를 꿰차서 일진과 행년에 임하여 발용이면 백화과이다. ② 길흉 : 이 신에 백호가 타서 일간을 극하면 정단에서 몸은 재앙을 입고, 지진을 극하면 가정은 재앙을 입는다."

[4] 『육임대전』 「과경3」 천화과, "① 조건 : 사립일에 정단하여 오늘의 간지가 어제의 간지에 임하거나 또는 어제의 간지가 오늘의 간지에 임하면 천화과이다. ② 길흉 : 정단하는 일은 움직이면 흉한 재액이 있으므로 망령된 행동을 해서는 안 된다."

[5] 『육임대전』 「과경3」 천구과, "① 조건 : 사리일에 정단하여 월수가 이진에 가한 것을 얻으면 천구과이다. ② 길흉 : 정단하는 일은 파괴되고 어지러워서 떠남이 많다."

[6] 『육임대전』 「과경4」 복앙괘, "천귀는 사중신(酉午卯子)를 쫓는다. 월건 寅에 酉에 머물러서 역으로 계속하여 찾으면 된다. 행년과 일상에서 모두 발용이 되어 오면, 복병으로 인하여 상하고 난으로 사람이 살상당하는 재앙이 있다."

[7] 『육임대전』 「과경3」 천옥과, "① 조건 : 사수기인 묘신이 발용이고 두(斗)가 일본(장생)을 묶으면 천옥괘이다. ② 길흉 : 정단하는 일에서는 우와 환이 모두 있지만 풀기

장[1]·천지이번[2]은 모두 흉한 『역경』의 12번째 비괘이지만, 만약 질병과 소송으로 재앙을 겪은 후라면, 정단에서 전 항의 모든 흉괘를 얻었더라도 그 재앙이 오히려 사라졌으므로, 재앙과 상해의 뜻은 오히려 걱정하지 않아도 된다.

만약 아직 질병과 소송 전인데 정단에서 이를 얻으면, 반드시 질병과 소송과 상(喪)의 화가 함께 닥치는 것은 더욱 의심의 여지가 없다.

> 至天罡之神臨身命行年 靜者主動 動者主靜. 如占訟入獄者 卽出獄也. 及問罪犯曾與不曾 然後言之 餘占凶者卻吉 占吉者卻凶.

'천강(辰)'이라는 신이 일간이나 본명·행년에 임하면, 고요한 경우는 움직이게 되고, 움직인 경우는 고요하게 된다.

만약 소송으로 교도소에 수감된 사람이면 출소하게 되고, 죄의 문초에서 범법을 더 저질렀는지 않았는지는 그 다음이라고 말할 수 있다.

나머지 정단에서도, 흉하면 오히려 길하게 되고 길하면 오히려 흉하게 된다.

어렵다."
1) 『육임대전』「과경3」, 천망과, "① 조건 : 이 과는 점시와 용신에서 동시에 일간을 극하면 천망과이다. ② 길흉 : 정단하는 일은 매사 높이 오르고 멀리 나아가지 못한다."
2) 『육임대전』「과경3」 이번과 "① 조건 : 사중월장이 사정을 만나고 사평일에 정단하여 일수와 월수가 사중에 가하는 것을 얻고, 두강이 丑未를 묶으면 이번과이다. ② 길흉 : 정단하는 일에 재화가 있다."

第 100-1 法 結絶格1)
결절격　　　　　매듭을 짓는 격

> 六丙日 干上亥 或常問 必主病訟. 如已見凶災 返宜結絶舊事.
> 又作晝貴 尤宜告貴人 而結絶凶事.

　여섯 丙일 7국에서 간상은 亥이다. 만약 일상적인 물음이라면 반드시 질병과 소송을 뜻하지만, 만약에 이미 흉한 재액을 보았다면 오히려 옛일을 매듭짓게 된다.
　그리고 낮 귀인을 쓰면 귀인에게 부탁하는 일은 더욱 마땅하여, 흉사를 쉽게 매듭짓게 된다.

---

1) 『육임대전』「과경1」반음과, "① 조건 : 무릇 이 과는 12신이 각각 충위에 머물고 상극을 취하여 발용하므로 반음과이다. ② 해설 : 모든 신이 오히려 그 근본 위치가, 감리가 쉽게 바뀌고 진태가 서로 바뀌니 일진 음양이 왕래 극적하고 반복되고 신음한다. ③ 길흉 : 모든 정단에서 왔던 자는 가려하고 떠난 자는 돌아오려 한다. 그리고 득실은 하나로 정해지지 않고, 옛일을 회복하는 데에는 이롭다. ④ 주역괘 : 『역경』의 51번째 진괘와 통하는 과체로서 거듭하여 우레에 놀라는 과이다."

第 100-2 法 以凶制凶格
이 흉 제 흉 격 　 흉으로 흉을 제압하는 격

> 六癸日 辰加丑 此乃墓神覆剋日 誠爲凶也. 如夜將又乘蛇 尤凶. 以末戌乘白虎沖辰 爲之破墓沖鬼 以凶制凶 凶卽散而無咎也. 又四癸日 戌加丑 晝將亦賴末之蛇沖虎 辰沖戌 尤宜解憂. 外無癸酉 癸亥日也.

여섯 癸일 10국에서 辰이 丑에 가하는 것에서, 이는 묘신인 辰이 일간 癸수를 덮고 다시 극하므로 정녕 흉하다. 만약 밤 천장이면 여기에 다시 등사가 타니 더욱 흉하다. 그러나 말전에 있는 戌에 백호가 타서 辰을 충하니, 이른바 '묘신을 깨트리고 귀살을 충을 한다.'라고 하여, 흉으로써 흉을 제압하니 흉은 곧 흩어지고 재앙이 되지 않는다.

그리고 네 癸일 4국에서1) 戌이 丑에 가하고 낮 천장인데, 역시 말전의 등사가 백호를 충하고 辰이 戌을 충을 하니, 더욱 마땅히 우환은 풀린다. 이 외의 癸酉일과 癸亥일에는 없다.2)

---

1) 癸卯·癸巳·癸未·癸丑 네 날을 말한다. 단지 癸卯·癸巳일 4국은 말전 辰에 등사가 타서 간상의 묘신 겸 귀살인 戌을 충하고 싶지만 말전이 천반 또는 지반 순공이므로 이러한 작용을 하지 못한다.

2) 癸酉일과 癸亥일 4국은 과전 내에는 비록 충신인 辰이 없지만, 행년 또는 본명이 未라면 그 상신인 辰에 등사가 타므로 능히 쓸 수 있다.

부록

* 필법부 100부의 요약
* 육임의 명칭과 서적소개
* 찾아보기
* 참고문헌

부 록

 필법부 100법의 요약

　제 1법에서 제 100법의 목차는 『사고전서』 판본 『육임대전』의 목차를 따랐다. 그리고 1-4 주야귀인임간지, 3-6 점무거, 4-1 최관부, 4-2 은주거천, 4-3 사시반본살 … 등을 속격(屬格)으로 넣은 것은 하나의 법(法) 안에서 독자적인 이론을 구성하고 있기 때문이라고 판단된다.

　제 1법에서 제 100법의 제목과 조건 및 길흉 그리고 일상생활에서의 적용을 정리하면 아래 표와 같다. 적용란에서의 범사는 일상에서의 모든 일을 가리킨다.

각 법	제목	조건	길흉	적용
제 1법	전후인종승천길	초말전에서 일간·연명을 인종	시험 합격, 관직자 승진·발탁·추천	求官
1-1	공귀격	초말전에서 간상의 일간을 인종	승진·발탁	구관
1-2	양귀인종천간격	초말전에 귀인이 타서 일간을 인종	천거는 성사	구관
1-3	초말인종지지격	초말전에서 일지를 인종	이사와 보수에 길	가택
1-4	주야귀인임간지	간지상의 두 귀인이 연명을 공협	귀인사 성취	귀인사
1-5	이귀공연명격	간지상의 두 귀인이 연명을 공협	귀인사 길	귀인사

	1-6	간지공정일록격	간지가 일록을 공협	식록사 길	생계
	1-7	간지공야주귀격	간지가 귀인을 공협	귀인사 길	귀인사
	1-8	초중공지반귀인격	초중전에서 지반귀인을 공협	귀인사 성사	귀인사
제 2법		수미상견시종의	순수와 순미가 간지에 임	길사는 더욱 길 흉사는 더욱 흉	구관 기타
	2-1	천심격	년월일시가 사과에 임	공적인 일은 길 사적인 일은 흉	구관 음사
	2-2	회환격	삼전의 신이 사과에 모두 강림	길사 성합 흉사 성합	길사 흉사
제 3법		염막귀인고갑제	염막귀인에서 일간·연명을 생	시험합격, 관직자는 사직	구관
	3-1	두귀상가격	丑未가 서로 가임하여 일간·연명에 임	장원급제, 수석합격	고시
	3-2	아괴성	酉가 일간·연명에 가임	높은 성적으로 합격	고시
	3-3	덕입천문격	일덕이 천문(亥)에 가임	높은 성적으로 합격	고시
	3-4	진주작격	주작이 午를 타서 태세를 생	높은 성적으로 합격	고시
	3-5	원소근단격	사하가 사상으로 탈기	합격 후 질병 초래	고시
	3-6	점무거	申이 午에 가임	합격	고시
제 4법		최관사자부관기	일귀에 백호가 타서 일간·연명에 임	신속 부임	구관
	4-1	최관부	일간과 연명상의 관성을 생	관직 정단에 길	구관
	4-2	은주거천	6처에 부모효 가임	생계 지역으로 적합	이사
	4-3	사시반본살	삼전의 관성 실령	부임 지체	부임
제 5법		육양수족수공용	과전이 모두 6양	공사에 길 사사에 흉	범사
	5-1	육양격	과전이 모두 6양	공사에 길 사사에 흉	범사

5-2	패려격(도발사)	삼전이 퇴간전	모망사 장애	범사
5-3	오양격	과전이 5양	공사에 길 사사에 흉	범사
제 6법	육음상계진혼미	과전이 모두 음	범사 흉	범사
6-1	육음격	과전이 6음	음사 길, 공사 흉	범사
6-2	오음격	과전이 5음	음사 길, 공사 흉 소인 길, 군자 흉	범사
6-2	원소근단격	5음+근단원소	환자 사망, 범사 흉	질병 범사
제 7법	왕록임신도망작	왕록이 일간에 임	靜守 吉	직업
7-1	록피현탈격	록에 현무·백호 승	직록을 뺏김	직업
제 8법	권섭부정록임지	일록이 지상에 임	직위는 바르지 못함	직장
제 9법	피난도생수기구	기궁이 생을 받는 지반에 임	피흉취길	범사
9-1	피난도생격	삼전이 모두 흉신 천반 부모효 선택	삼전이 모두 흉 부모효 방위로 이주	생계
9-2	피난도생득재격	삼전이 모두 흉신 지반 처재효 선택	삼전이 모두 흉 처재효 방위로 이주	생계
9-3	사익취손격	간상 부모효 일지 자손효	간상의 부모효 취득 불가	생계
9-4	사취개불가격	과전이 모두 흉 기궁하신도 흉	진퇴양난	생계
9-5	묘작태양격	묘신作월장	흉화위길	생계
제 10법	후목난조별작위	卯加申酉·庚辛加卯+ 卯공망	다른 사업이 길	직업
10-1	부근불리격	卯加申酉·庚辛加卯+ 申酉공망	모망사 불성	범사

제 11법	중귀수창전불외	6처에 귀살 제극신 가임	흉화위길	흉사
11-1	가인해화격	과전의 귀살을 지상 에서 극	식구가 흉을 구제	흉사

11-2	인귀위생격	과전의 귀살을 이끌어 일간을 생	흉화위길	흉사
11-3	전귀위생격	삼전의 무리귀살에서 간상신 생, 다시 일간 생	흉화위길	흉사
11-4	귀덕임신소제만화격	천을+일덕이 일간·연명에 가임	흉화위길	흉사
11-5	천장위구신격	귀살인 12지 + 이를 극하는 천장	천장에서 12신의 흉을 구제, 흉화위길	흉사
11-6	탈기위구격	귀살인 천장+이를 극하는 12지	천장의 해를 12지에서 구함, 흉화위길	흉사
제 12법	수우호가호위의	기궁에서 일상의 귀살 제극	靜守 吉	범사
12-1	호가호위격	기궁에서 일상의 귀살 제극	정수 길	범사
제 13법	귀적당시무외기	귀살 득령	무해	흉사
제 14법	전재태왕반재휴	삼전의 재물이 태왕	오히려 무재	구재
14-1	진퇴연여위재격	2국과 12국에서 삼전이 모두 재신	신왕은 득재 가능 신약은 득재 불가	구재
14-2	재신공망격	6처에서 재신 공망	무재	구재
제 15법	탈상봉탈방허사	일간→간상신→천장 탈기	모든 일은 공허	범사
15-1	무의탈모격	일간을 여러 곳에서 탈기	모든 일은 공허	범사
15-2	탈도격	일간→간상신→천장 현무	모든 일에서 흉	범사
제 16법	공상승공사막추	간상 공망+천공	모든 일은 공허	범사
16-1	탈공격	간상 탈기+천공	모든 일은 공허	범사
제 17법	진여공망의퇴보	진여가 공망	퇴보가 옳음	모망
17-1	탈공격	간상 공망+삼전합국 탈기	모든 일은 공허	소송 질병

제 18법	답각공망진용의 공망	제2국 삼전이 모두 공망	전진이 길	모망
18-1	심사격	특정 육친이 공망, 길신 공망	특정 육친은 사망, 길사 불성	질병 모망
18-2	답각공망격	차례로 순중 공망	무 성취	범사
제 19법	태재생기처회잉	태재+생기	본처의 임신	임신
19-1	손태격	태재+생기+공망	임신된 태아 사망	임신
19-2	첩잉격	태신+생기	첩의 임신	임신
19-3	사잉격	태신에 현무 승	혼외 임신	임신
19-4	호태격	간지 교차태신 부부 연명태신	본처 임신	임신
19-5	우자격	육합승신+사기가 육합을 극	태아 위험	임신
19-6	우모격	천후승신+사기가 천후를 극	임신부 위험	임신
19-7	자련모복격	기궁이 지상에 加, 일지가 간상에 가	임신은 길 출산은 흉	임신
19-8	손잉격	태신 공망 혹 극	임신은 길 출산은 흉	임신
19-9	월염살	① 사기+월염이 임신부 연명에 임 ② 생기+월염이 임신부 연명에 임	① 출산 흉 ② 출산 길	임신
19-10	양신이혈법	혈지-혈기+양신에서 태신을 극	임신은 흉 출산은 길	임신
19-11	삼현태격	① 생현태 ② 병현태 ③ 쇠현태	① 가문 흥왕 ② 자식 병약 ③ 자식 병약	출산
19-12	묘성격	① 양일 ② 음일	① 여아 ② 남아	출산
19-13	태수극절격	태신이 절신인 일간에 가임	당일 출산	출산
19-14	소산법	임신부 연명상신에서 태신을 극	유산	임신

19-15	태신좌장생격	태신이 장생에 임	임신은 길 출산은 흉	임신 출산
19-16	복태격	卯이 태신에 가임	임신	임신
19-17	복공격	卯이 공함	임신은 흉 출산은 길	孕産
19-18	전상격	① 일간이 수극 ② 일지가 수극	① 태아 손상 ② 임신부 손상	잉산
19-19	협정삼전격	간지가 삼전에 의해 끼임	출산에서 재액	출산
제 20법	태재사기손태추	태재+사기	태아 사망	임신

제 21법	교차상합교관리	일진 교차상합	거래 왕래에 길	對人
21-1	교차장생	일진 교차장생	사업에 길	구재
21-2	교차합재	일진 교차재합	왕래 구재에 길	구재
21-3	교차탈	일진 교차탈기	상호 왕래에 흉	대인
21-4	교차해	일진 교차상해	상호 교제에 흉	대인
21-5	교차공	일진 교차공망	소득 불가	대인
21-6	교차형	일진 교차형	서로 쟁투	대인
21-7	교차충	일진 교차충	서로 이별	대인
21-8	교차극	일진 교차극	서로 관재를 입음	대인
21-9	교차삼교	교차삼교+삼전삼교	간음 또는 이삼사	대인
21-10	교차삼합	삼전삼합+간지삼합	대인교역사 길 해산사는 흉	대인
제 22법	상하개합양심제	간지육합+간지상신육합	남녀·상하 화합	대인
22-1	간지상회격	기궁이 지상으로 가서 일지와 육합, 일지가 간상으로 와서 일간과 육합	서로 화합	대인
22-2	상하구합격	기궁과 그 상신, 일지와 그 상신이 육	서로 화합	대인

		합		
22-3	독지간상신작육합격	간상신과 지상신이 육합	서로 화합	대인
22-4	교호육합격	간지 교차육합	서로 화합	대인
22-5	외호리사아격	간지상신 육합 간지는 육해	외면은 화합 내면은 불합	대인
22-6	일진인근격	일지가 간상으로 와서 지상신과 육합, 일지와 기궁은 동류	서로 화합	대인
22-7	간지상회격	일지가 간상으로 와서 지상신과 육합, 일지와 기궁은 비동류	서로 화합	대인
제 23법	피구아사지전간	지상발용, 말전귀일	나는 유리, 타인 불리	대인
제 24법	아구피사간전지	일상발용, 말전귀지	나는 불리 타인 유리	대인
제 25법	금일봉정흉화동	庚辛일에 정마를 만남	각종 재액 관직자는 유리	범사 구관
25-1	화귀사작극택격	火鬼에 蛇 혹 雀이 타서 일지를 극	가택에 화재	가정
25-2	인택리화격	간상서 일간을 극 庚일에 정마 승	사람과 가택에 재앙	가정
25-3	사호둔귀격	木일에 庚+백호 金일에 丁+등사	지극한 흉괴 발생	범사
25-4	흉괴격	월염·대살·천목·묘신·정신이 간지와 연명에 임	괴이한 흉재 발생	범사
25-5	마재호귀격	虎鬼가 역마에 승	흉은 신속 발생	범사
25-6	사호승정격	蛇虎가 정마에 승	일간을 극하면 본신에, 가택을 극하면 가택에 재앙 발생	범사
제 26법	수일봉정재동지	壬癸일에 정마를 만남	재물 획득, 처 획득, 기혼남은 이별	구재 혼인

26-1	재승정마격	재신에 역마 혹은 정마 승	처 혹은 재물 취득	구재 혼인
26-2	우녀상회격	子加丑, 丑加子	혼인은 성립	혼인
제 27법	전재화귀재휴멱	財生鬼殺하여 尅日干	재앙을 만남	범사
27-1	전재화귀격	재신에서 귀살을 생조	재앙이 닥침	범사
27-2	인재치화격	재신이 부모를 극	처로 인해 나와 부모에게 재앙	가정
27-3	재둔귀격	재신에 둔귀 임	음식·처·재물로 인한 재앙	범사
27-4	차전환채격	간지상에 재신	돈을 돌려 받음	차전
제 28법	전귀화재전험위	삼전귀살이 재물을 보호	득재	구재
28-1	취환혼채격	삼전의 자손효에서 간상의 재신을 생	돈을 돌려 받음	차전
28-2	구재급취격	묘신이 된 재신과 재신에서 기궁을 극하는 재물	신속하게 취해야 함	구재
28-3	공재격	재신이 공망	득재 불가	구재
28-4	위중취재격	지진이 일재이지만 그 상신은 귀살	위험한 재물	구재
제 29법	권속풍영거협택	삼전에서 지진을 탈기하여 일간을 생	나는 유리 타인 불리	對人
29-1	인왕기택격	삼전에서 일간은 생, 일지는 극	나는 유리 타인 불리	대인
29-2	췌서괘	① 일지가 간상으로 와서 일간으로부터 수극 ② 일간이 지상으로 가서 일지를 극	정옥이 없음	가정
제 30법	옥택관광치인쇠	삼전이 일간을 탈기하여 일지를 생	나는 불리, 타인 유리	대인
30-1	매택비환격	삼전이 지진은 생, 일간은 극	가족에 재앙	가정

30-2	사수충택격	백호승신에서 지상신을 극	가운이 쇠퇴	가정
30-3	혈염극택격	혈지 혈기 월염이 지상에 임하여 일지를 극	가정·사업장은 흉	가정 사업
제 31법	삼전체생인거천	초⋯중⋯말→일간 말⋯중⋯초→일간	모든 일에서 유리	범사
31-1	장생재신격	천장에서 재신을 생	구재에 더욱 유리	구재
31-2	지간상생격	지상서 간상신 생조, 간상서 일간 생	초흉후길	범사
31-2	양면도격	귀살을 제극 또는 살인생일	흉화위길	범사
제 32법	삼전호극중인기	초→중→말→일간 말→중→초→일간	모든 일에서 불리	범사
32-1	구재대획격	일간→초→중→말	대재를 획득	구재
32-2	토장조재격	火일 토의 천장에서 금국을 생조	구재는 더욱 길, 단지 부모사는 흉	구재 부모
32-3	작귀격	주작이 귀살에 타서 일간을 극	관직자는 탄핵과 관재가 닥침	관재
32-4	삼전내전격	삼전 모두 하적상 초극중, 중극말	가정에 관재	관재
제 33법	유시무종난변이	초전장생 말전묘신, 초전묘신 말전장생	유시이나 결국 무결실, 고진감래	범사
33-1	사손취익격	흉신과 길신이 병존	3전의 길신을 선택	범사
제 34법	고거감래락리비	初苦末甘, 初甘末苦	苦盡甘來, 甘盡苦來	범사
34-1	일희일비격	길신에서 일간을 극 흉신에서 일간을 생	다행 중 불행, 불행 중 다행	범사
34-2	락리생우격	간상은 일간을 생하고 지상이 일지를 생하고, 교차 흉신	초길후흉	범사
34-3	은다원심격	일간서 초전을 생하지만, 초생중, 중생말, 말극일간	투자는 결국 재앙으로 닥침	범사

34-4	불행중행 행중불행격	백호가 장생에 승, 청룡이 묘신에 승	불행 중 다행, 다행 중 불행	범사
제 35법	인택수탈구초도	구탈, 교차탈	타인에 의한 손실, 가정 도난, 질병 허탈	범사
35-1	재공승현격	발용에서 재신 공망 +현무	실탈, 사기	범사
35-2	귀탈승현격	귀살·자손효에 현무 승	실탈, 사기	범사
제 36법	간지개패세경퇴	간상이 패신, 지상도 패신	기혈쇠약, 가택붕괴	가정
36-1	파패신임택격	지상이 패신겸파쇄	가정 예의문란 붕괴	가정
제 37법	말조초혜삼등론	① 말생초 일간 생 ② 말생초 일간 극 ③ 말생초 일재	① 길 ② 흉 ③ 구재에 길	범사
37-1	포계불투격	귀살이 공망	무흉	흉사
37-2	왕주악인격	재신이 공망	부추긴 사람은 악인	범사
37-3	알구화출격	재신에 귀인이 승, 귀살을 생	귀인에 의한 재물로 재앙이 닥침	범사
37-1	자초기화격	연명상에서 초전의 귀살을 생조	스스로 재앙을 자초	범사
제 38법	폐구괘체양반추	종음에서 도둑체포, 순미가 순수에 가임	도둑이 있는 곳, 범사 흉함	도둑 범사
38-1	록작폐구	일록에 芉수 가임, 록에 백호·현무 승	직업·생계는 흉	생계 직장
38-2	재작폐구혹식신공망	재에 芉수 가임	직업·생계는 흉	생계 직장
제 39법	태양조무의금적	현무가 월장에 승	도둑은 잡힘	도난
39-1	천망사장격	점시와 초전에서 극	도둑은 잡힘	도난
39-2	적향방연좌자례	현무승신이 지반과 육합	도둑은 여러 명	도난
39-3	착적불여간적격	도적인 귀살이 있는 경우	인성으로 귀살을 탈기하여 일간을 생하면 좋음	도난 흉사

39-4	유도하착적	도둑을 찾을 때	유도살 아래에 있음	도난
39-5	적착적자	귀살이 형충	도둑은 잡힘	도난
제 40법	후합점혼기용매	간지 위에 천후 육합이 승	연애결혼 함	혼인

제 41법	부귀간지봉록마	간상 지마, 지상 일록	군자는 승진, 첨봉·일반인은 이사·질병·관재	구관
제 42법	존숭전내우삼기	삼전에 삼기	관직자는 승진 일반인은 무 재앙	구관
제 43법	해귀송직작굴단	귀인이 묘신·육해·공망 등 흉	소송은 곡단, 귀인사 불길	구관 기타
제 44법	과전구귀전무의	과전이 모두 귀인	귀인사는 의지 불가	귀인사
제 45법	주야귀가구양귀	주야 귀인이 상가	귀인에게의 요청사 길, 귀인 알현사는 불가	귀인사
45-1	귀부간지격	간상과 지상에 귀인	양 귀인에 의해 성취	귀인사
45-2	양귀공해격	간지상의 귀인이 공망과 육해	신위가 부정, 귀인 요청사 흉	가정 귀인
제 46법	귀인차질사참치	주귀는 야지에 임, 야귀는 주지에 임	귀인 알현은 불가	귀인사
46-1	귀인순치격	귀인 순행	귀인 알현은 순조	귀인사
46-2	귀인역치격	귀인 역행	귀인 알현은 불가	귀인사
제 47법	귀수재옥의임간	귀인이 辰戌에 임	귀인사 불가	귀인사
제 48법	귀승천을내신기	귀인이 귀살에 타서 일간에 임	귀수가 있음	귀수
48-1	공망귀인격	귀인이 공망	귀수, 소송 대흉	귀수 소송
48-2	귀인작묘격	귀인이 묘신에 승	귀인에 의한 해를 당함	귀인사

48-3	귀인탈기격	귀인이 탈기에 승	귀인에 의한 손실, 귀수	귀인사
제 49법	양귀수극난간귀	양 귀인 모두 수극	귀인 요청사 불가	귀인사
49-1	백호혹승임축격	백호가 丑에 승 또는 임	귀인사 불가, 소송 흉	귀인사 소송
49-2	귀인기탄격	주작에서 귀인을 극	귀인 요청사 불가	귀인사
49-3	진주작격	주작이 午를 타서 태세 또는 일간 생	조정으로의 조정사 길	귀인사
제 50법	이귀개공허희기	양 귀인 모두 공망	귀인에게의 요청사 불가	귀인사

제 51법	괴도천문관격정	戌加亥	모든 모망사 불통	범사
제 52법	강색귀호임모위	辰加寅	모든 재액을 면함. 문상·합약·부작에 길	범사
52-1	귀색귀호격	귀인이 寅에 임	모망사 도모 길	범사
52-2	신장살몰격	신장, 살몰, 귀등천문	모든 모망사 형통, 이익	범사
제 53법	양사협묘흉난면	양 등사가 묘신을 낌	질병은 치료불가 출산은 흉, 관재는 입옥	질병 출산 관재
제 54법	호시봉호력난시	유일 호시격 내에 백호가 승	지극히 큰 경공사	범사
제 55법	소모다졸봉나망	간지상에 천라지망	모든 일에서 불 형통	범사
제 56법	천망자과이초비	묘신이 일간을 덮고 그 묘신이 본명	매사 혼미, 수명이 줌	범사
56-1	정신부일격	흉신+정마+월염+천목	몸이 쇠약	신택
제 57법	비유여이득부족	과전에 공망이 많음	소득은 적고 지출은 많음	범사
57-1	탐타일립미 실각 반년량격	초전의 小財, 중말전의 실탈	소탐대실	사업

제 58법	용파신심무소귀	초전의 길신이 파손, 중말전 공망	이익이 없음	도모사
제 59법	화개부일인혼회	화개겸묘신이 일간에 임	매사 혼미	범사
제 60법	태양사택옥광휘	월장이 가택에 임	가옥에 광영이 있음	가택

제 61법	간승묘호무점병	일묘에 백호가 타서 일간에 임	범사 혼미	범사
61-1	호귀가간격	호귀가 일간에 임	흉이 발생	범사
제 62법	지승묘호유복시	백호가 묘신에 타서 지상에 임	복시가 존재 가정에 喪弔가 발생	주택
62-1	귀호극지격	백호가 귀살에 타서 일지를 극	가정에 흉이 발생	가정
62-2	묘문개격	卯酉일에 등사나 백호가 타서 지상에 임	상조가 발생	가정
62-3	사묘극지격	등사가 묘신에 타서 일지를 극	가정에 괴이사 발생	가정
제 63법	피차전상방양손	간상은 일간을 극, 지상은 일지를 극	주객, 신택 모두에 재앙 발생	가정
제 64법	부부무음각유사	간상은 일지, 지상신은 일간을 극	부부 불화	가정
64-1	진해리괘	일간은 지상신, 일지는 간상신 극	부부 이별	가정
제 65법	간묘병관인택폐	묘신작관신 발용	인택에 화가 발생	가정
65-1	묘신부일작생기격	묘신이 생기로 일간에 임	창고를 짓는 일과 파견을 득	범사
제 66법	지분재병여정계	일지의 묘신이 일간의 재신	사업은 원금을 잃고, 여행에서 장애 발생	사업, 여행
66-1	의혹격	卯酉일에 행년이 卯酉에 임	여행객에게 장애 발생	여행

제 67법	수호극신위병증	백호로부터의 수극 오행	백호의 극을 받은 오행의 장부에 질병 발생	질병
67-1	운량신격	자손효	자손효가 있으면 치료됨	질병
67-2	록량신격	일록	일록 공망, 록폐구, 록이 수극이면 구병은 아사	질병
67-3	생사격	생기, 사기	생기가 사기를 극하면 치료됨, 생기 공망은 흉	질병
67-4	호묘격	백호가 일묘에 승	암(癌)	
67-5	호승정귀격	① 백호가 정마귀살에 승 ② 6처에 귀살만 있을 때	① 병증을 알 수 있다. ② 귀살의 극을 받는 오행에 질병 발생	질병
67-6	착륜과	卯加申, 戌加卯	손발에 질병 발생	질병
67-7	공록격	일록공망+동시에 일록 수극	아사	질병
67-8	록신폐구격	록신폐구에 백호 승	아사	질병
67-9	육편판격	육합이 사기인 申에 타서 卯에 임	사망. 만약 생기가 申에 타면 불사	질병
67-10	백호입상차격	申(백호)이 巳(상차)에 승	질병은 흉	질병
67-11	인입귀문격	본명 申이 寅에 임	필사	질병
67-12	수혼신	묘신에 현무 승	사망	질병
67-13	욕분살	천반 욕분에 亥后 승, 지반 욕분상에 亥子 승	소아병은 사망	질병
67-14	한열격	귀살인 巳午가 亥子에 가임	폐결핵	질병
67-15	연희치병격	未에 태상이 타서 일간을 극	잔치로 얻은 질병	질병
67-16	인처치병격	壬癸일 정마이고 천반에 귀살	처로 인하여 득병	질병

67-17	혈염병호작귀격	백호가 병부에 타서 일간을 극	건강이 우려	질병
제 68법	제귀지위내양의	백호를 극하는 오행	백호의 극신이 치료 방법, 훌륭한 의사	질병
68-1	천의작호귀격	천의가 호귀에 해당	무능한 의사	질병
68-2	병체난담하격	삼전이 모두 재신	형제효가 있으면 치료는 가능	질병
제 69법	호승둔귀앙비천	백호가 둔귀에 승	재앙이 심함	흉사
69-1	명암이귀격	천반과 둔반 모두에 귀살	재앙이 심함	흉사
제 70법	귀임삼사송재수	귀살이 3·4과에 임	관재, 병재 연속 됨	흉사
70-1	세파작귀임지격	세파가 귀살이 되어 일지에 가임	관재 발생	관재
70-2	천귀작일귀격	천귀가 일귀에 승	전염병	질병
70-3	주구상회격	午加辰	관재 발생	관재

제 71법	병부극택전가환	병부가 가택에 임하여 일지를 극	가족의 질병이 발생	질병
71-1	의성합구제사격	병부가 가택에 임하여 일간이나 일지를 생, 또는 일재이거나 귀인 승	구사는 성사	舊事
제 72법	상조전봉괘효의	간지상에 상문과 조객을 모두 만남	상(喪)을 당함	질병
72-1	내외효복격	사기인 일귀에 태상이 승	외가의 부고	가정
72-2	효백개처두격	처의 연명 위에 화개에 태상이 탄 일간귀살이 다시 사기와 조객에 해당	남편은 사망	질병
72-3	묘문개격	세묘겸일묘가 卯酉에 임한 곳에 등사가 타고 월염	거듭 상을 당함	질병

제 73법	전후핍박난진퇴	삼전이 모두 공망	진퇴 모두 어렵다.	범사
73-1	전상좌극격	사과가 모두 공망	식구와 가택, 나와 상대는 모두 모망 불가	범사
73-2	고조격병회환격	고조격, 회환격	모망과 진퇴는 불가	범사
제 74법	공공여야사휴추	삼전이 모두 공망	모망사는 불가	범사
74-1	사과전공격	사과가 모두 공망	일을 도모할 수 없음	모망사
제 75법	빈주불투형재상	간상과 지상에 모두 형(刑)	주객은 불화, 쟁투	대인
75-1	금강격	삼전이 巳酉丑		
75-2	화강격	삼전이 寅午戌		
75-3	수류추동격	삼전 申子辰		
75-4	목락귀근격	삼전이 亥卯未		
75-5	사승살격	간상酉 지상午, 간상午 지상酉	서로 쟁경, 다툼	대인
75-6	조형장덕격	6처에서 간지와 형이나 극을 만듦	길신이 무력해짐	범사
제 76법	피차시기화상수	① 간지상하 육해 ② 간지상신 육해 ③ 간지의 천반끼리 지반끼리 육해 ④ 간지와 삼전 육해 ⑤ 간지교차 육해	① 서로 시기 불화 ② 서로 시기 ③ 서로 더욱 시기 ④ 시기 더욱 심함 ⑤ 서로 가해	대인 모망사
76-1	자신살전 타인일락격	기궁과 그 상신은 육해, 일지와 그 상신은 합(合)	나는 흉, 상대는 길	대인
제 77법	호생구생범사익	호생, 구생	범사 유익	범사
77-1	호생격	간상신은 일간 생 지상신은 일지 생	서로 유익	대인
77-2	구생격	간상은 일지 생 지상은 일간 생	서로 유익	대인
77-3	자재격	일지가 간상으로 와	앉아서 이익 됨	대인

			서 생조		
제 78법	호왕개왕좌모의	호왕, 개왕	座守가 길	
78-1	호왕격	간상은 일간의 왕 지상은 일지의 왕	서로 왕성	대인
78-2	개왕격	간상은 일간의 왕 지상은 일지의 왕	나와 상대는 모두 흥왕	대인
제 79법	간지치절범모결	간지상에 절신이 가임	흉사는 끝맺음, 식록사와 처의 질병은 흉	결절사
79-1	절신가생격	절신이 장생에 가임	결절사는 흉, 모망사는 구사일생 복구	복구사
79-2	체호작절신격	교차절신	교대파견, 직장교대 길	교체사
제 80법	인택개사각쇠리	구사(俱死), 교차사	질병, 병문안 흉	對人
80-1	간지상호승사기격격	교차사	문상과 질병 흉	대인
80-2	지간전승사기격	간상에 일사, 지상에 지사	모망사 불리	범사

제 81법	전묘입묘분증애	① 초전이 길신일때 중말전 묘신 ② 초전이 흉신일때 중말전 묘신	① 초길후흉 ② 초흉후길	범사
81-1	덕록전묘격	초전은 덕과 록, 중말전은 묘신	초길후흉	생계
81-2	장생입묘격	초전은 장생, 중말전은 묘신	초길후흉	생계
81-3	탈기입묘격	초전은 탈기, 중말전은 묘신	초흉후흉	범사
81-4	재신전묘격	초전은 재신, 중말전은 묘신	초길후흉	구재
81-5	장생탈기입묘	초전의 장생이 무력,	초흉후흉	범사

			중전 묘신		
81-6		귀입묘격	귀살이 입묘	행인은 지체	행인
제 82법		불행전자고초시	중말전이 모두 공망	초전으로만 길흉 판단	범사
82-1		독족괘	간지와 초중말전은 동일 12지	병자는 사망, 수로로 이동, 범사불성	범사
제 83법		만사희흔삼육합	삼합삼전의 一神이 간지상과 육합	모망사 모두 성취	범사
제 84법		합중범살밀중비	삼합삼전의 一神이 간지상과 형충파해	성취 도중에 실패	모망
제 85법		초조협극불유기	초전이 협극	길신협극은 흉, 흉신협극은 길	범사
85-1		가법부정격	삼전이 모두 하적상	가도부정, 질병과 소송 흉, 매사 불길	범사
85-2		부구앙수격	초전의 지반은 묘신, 위는 귀살	내우외환	범사
제 86법		장봉내전소모위	길신이 내전	성취 후 실패	모망
86-1		삼전일진내전격	삼전과 일진이 모두 하적상	소송은 형책, 질병은 필사, 길사는 불성	범사
제 87법		인택좌묘감초회	간상신과 지상신이 모두 묘신에 앉음	범사 암매	범사
87-1		호좌구묘격	일간은 지묘, 일지는 간묘에 앉음	범사 암매	범사
제 88법		간지승묘각혼미	간상에 간묘, 지상에 지묘	인택 모두 암매	범사
88-1		호승묘신격	간상의 지묘, 지상의 간묘	주객은 서로 암매	對人
88-2		욕기옥우격	① 기궁이 지상으로 가서 수극, 수탈 ② 일지가 간상으로 와서 극, 탈, 묘신	입택은 불리	가택
제 89법		임신정마수언동	복음과에 정마, 역마, 천마	조심스럽게 도모	범사

제 90법	래거구공기동의	반음과	도모는 불가	모망
90-1	덕상록절격	반음과의 덕과 록	쓸 수 없음	모망
90-2	이원취근격	초전태세, 중전 월건, 말전일건	늦춰진 일이 빠르게 성취	모망

제 91법	호임간귀흉속속	백호가 귀살에 승	범법자는 형책, 병자는 사망. 대기자는 신속 부임	흉사 부임
91-1	마재호귀격	호귀가 역마에 승	흉화는 신속	흉사
제 92법	용가생기길지	청룡이 생기에 승	길기가 서서히 발현	범사
제 93법	망용삼전재복이	삼전을 정하는 법		
제 94법	희구공망내묘기	길흉신 공망	길신공망은 흉, 흉신공망은 길	범사
94-1	견생불생격	장생 또는 극지에 앉은 부모효	일간을 생하지 못함	길사
94-2	견극불극격	장생 또는 극지에 앉은 귀살	일간을 극하지 못함	흉사
94-3	견재무재자	재신이 극지나 탈기에 앉거나 공망	무재(無財)	구재
94-4	견구불구자	극지나 공망에 앉은 구제신	구제는 불가	구제
94-5	견도불도자	극지나 공망에 앉은 구제신	탈도가 심함	실탈사
94-6	덕귀합국생신격	일덕·일귀가 일간에 가임	우환을 제거	우환사
94-7	장상재흉격	장생 공망	부모님의 우환 발생	부모사
94-8	희구격	삼전 귀살, 간상 장생	초흉후길	범사
제 95법	육효현괘방기극	국을 형성한 효	그 효의 극을 받는 육친이 손상	가정
95-1	재효현괘 필우부모	재국 형성	재국에 무 관성이면 부모 손상	가정

95-2	부모효현괘 필우자식	부모국 형성	부모국에 무 형제면 자손 손상	가정
95-3	약자식효현괘 필우관사	자손국 형성	자손국에 무 처재면 관직은 불길	구관
95-4	귀귀효현괘 우기신급형제	관귀효국 형성	관귀국에 무 부모이면 나와 형제는 손상	가정
95-5	동류현괘 필우처급거재	형제국 형성	형제국에 무 자손이면 처와 재물 손상	가정
95-6	육효상생이성자	삼전이 국을 이루어서 간상을 생	길 또는 흉하게 됨	범사
제 96법	순내공망축유추	모망 류신 공망	해당 모망사 불성	범사
제 97법	전서불입잉빙류	류신이 과전에 없을 때	천지반도에 있는 류신을 씀	범사
제 98법	분점현류물언지	하나의 류신에서	묻는 용건에 따라 다르게 해석	범사
제 99법	상문불응봉길상	길한 과	길한 과가 군자에겐 길, 일반인에겐 흉	범사
제 100법	이재흉도반무의	지나간 일의 흉신	불흉	범사
100-1	결절격	반음과	매듭을 지음	범사
100-2	이흉제흉격	흉신인 묘신	충신으로 흉을 제거	흉사

육임의 명칭과 서적소개

1. 육임의 명칭

① 육임대전 제요 : 오행은 水에서 비롯되었으므로 수에 속하는 십간 중에서 壬癸를 취한다. 이 중에서 癸가 아닌 壬을 쓴 이유는, 음(癸) 거론으로 인하여 양(壬)이 일어났기 때문이고, 一이 아닌 六을 쓴 이유는 하도에서의 一(성수)을 거론하니 六(생수)이 그 안에 내재되어 있기 때문이라고 하였다.

② 청나라 장횡의 대육임설약 자서 : 육임을 쓰게 된 이유에 관하여 고찰된 바는 없다. 그러나 뜻하는 바를 살펴보면, 오행에서의 水인 壬이 하늘(乾金)에 머물면서 하늘(金乾)의 기미를 누설(金生水)하므로 壬이 수(數)의 비롯이 되었다고 하였다.

③ 청나라 건륭 41년(1776), 엽회정의 육임시사 : 엽회정은 10천간 중에서 壬을 취하는 두 가지 이유를 들고 있다. 첫째, 하늘에서 양수인 壬을 生하기 때문이고, 둘째, 壬(亥)이 역괘의 으뜸인 건궁에 속하기 때문이라는 것이다.

④ 송나라 축필 : 건(乾)의 외괘가 여섯 壬에 들기 때문에 壬을 쓰게 되었고, 만 가지 조화가 비롯되는 水 중에서 六이 성수이기 때문에 六을 쓰게 되었다고 하였다.

2. 육임의 발달과 관련서적 소개

일반적으로 육임의 성립 시기를 고대 황제로 보는 설이 유력하다는 것이, 청조 옹정제(1725년) 때에 완성된 고금도서집성 예술전과 청조 건륭제(1741년) 때에 완성된 사고전서의 『육임대전 제요』에서 나타난다.

이후 춘추전국시대와 한대로 육임의 맥이 이어져 갔으며, 삼국·위진남북조 시대에는 육임이 크게 성행하여 당시의 많은 문인·명사들이 육임으로 시절을 보냈다고 한다.

『육임대전의 제요』에서 『수지』·『당지』·『송지』에서 육임에 관련된 책이 다수 있었다는 것이 기록된 것으로 보아, 수나라와 당나라를 거쳐 송나라로 맥이 이어졌음을 알 수 있다.

육임은 당대 이후에도 성행하였는데, 북송 때의 소언화와 능복지 그리고 명말 청초의 진공헌은 중세의 대표적인 육임가이다. 육임은 오대, 송대, 금대에 가장 발달한 것으로 보인다.

송나라의 인종은 육임을 특히 좋아하였고, 그 당시 육임을 믿는 사람이 매우 많았다. 송나라 원진과 묘공달이 유명한데, 묘공달이 지은 『대육임묘공귀찰각』이 현대에 전해지고 있다. 송대 휘종·고종 때의 소언화와 이종 때의 능복지가 그 성명을 드날렸다. 한편 마단임은 『문헌통고』에서 "근세에는 시초점과 거북점의 도가 시들하고 육임술이 매우 성행한다."라고 하였다. 금나라 때에는 육임과 삼명술이 사천대의 고시 과목으로 채택되었다.

원나라 때에는 류병충과 야율초재 등의 명인이 나왔다. 명말에는 곽재래가 교감한 『육임대전』이 사고전서와 고금도서집성 예술전에 수록되어 있다. 또한 명말에는 황종의가 『역학상수론』에서 기을림삼식에 대하여 토론하였다. 다음 장에 시대별 주요 명인과 서책을 표로 정리하였다.

	명인	서책	내용
고대	황제		구천현녀가 황제에게 육임을 전수한 이후로, 주대의 강태공에 의해 구종십과체가 완성되었고 이때부터 비로소 12천장을 쓰기 시작하였다.
주대	강태공		
춘추전국시대		금궤옥형경	저자 미상의 금궤옥형경이 간행되어 고금도서집성예술전에 수록되어 전해져 오고 있다.
한대		황제용수경	육임식반이 일반적으로 널리 사용되었고, 저자 미상의 황제용수경이 출간되어 고금도서집성예술전에 수록되어 전해져 내려오는데, 진나라 갈홍의 포박자 하람편에 용수경의 이름이 있고, 수서경적지에 황제용수경 2권의 이름이 수록되어 있다. 이로써 짐작하면 육임의 점법은 이미 한대에 성행했음을 알 수 있다.
수대		용수경, 황제수삼자현녀경	저자 미상의 용수경이 간행되어 고금도서집성예술전에 수록되어 전해져 내려오고 있고, 최근 중국의 인민중국출판사에서 이 시대에 출간된 황제수삼자현녀경이 출간되었다. 한편 수서의 오행대의 편에는 육임의 용어와 해설이 일부 실려 있다.
당대	서도부	육임심경 임귀	사대부들 간에 육임이 크게 유행한 시기였다. 서도부는 육임심경을 저술하였는데, 주된 내용은 구종십과체와 육임대전 과경의 일부에 해당되는 내용 및 12천장의 이론이 기술되어 있다. 일상생활에서 점을 칠 때 길흉을 판단할 수 있는 이론으로 구성되어 있다. 또한 서도부는 임귀를 남겼는데 이 책에는 사과와 삼전을 살피는 방법과 함께 구재, 혼인, 농사, 출행에 대한 길흉을 판단할 수 있는 이론이 수록되어 있다.
송대	소언화	육임구감 육임단안	휘종과 남송 고종 때의 소언화가 육임구감과 '육임점험'이라 불리는 육임단안을 저술하였다.
	능복지	대육임필법부	남송 이종 때의 능복지는 육임구감의 설을 계

			승하여 대육임필법부를 완성하였는데, 이를 계기로 육임학의 큰 약진을 가져왔다. 이 서책은 우리나라의 규장각과 국립중앙도서관에도 목판본으로 소장되어 있다.
	축필	육임대점	축필은 육임대점을 저술하였는데, 이 책에는 점시 채택에서의 차객법에 대한 내용을 포함하여, 개인의 1년 운을 보는 방법과 국가의 1년 운을 보는 방법이 기술되어 있다.
	묘공달	대육임묘공귀찰각	묘공달은 상권 십이시조현변화론, 중권 사복기례결, 하권 팔괘속십이장물류결로 구성된 대육임묘공귀찰각을 지었다.
원·명대	진공헌	육임지남	진공헌은 육임지남을 저술하였다. 이 책의 특징은 육임에 대한 전반적인 이론 및 임상 예제가 다수 실려 있다.
	곽재래	육임대전	고금도서집성 예술전에는 육임의 옛 서적이 열거되어 있고, 사고전서에는 곽재래가 교감한 육임대전이 수록되어 전한다.
청대	엽회정	육임시사	단행본으로는 건륭 41년(1776)에 엽회정의 육임시사가 출간되었는데, 월장과 기궁 및 태산을 포함한 주요 인사의 길흉에 대한 이론으로 구성되어 있다.
	장순희	육임심원	가경 15년(1811)에는 장순희의 육임심원이 출간되었는데, 육임의 기본 이론과 함께 육임 점학과는 성격이 다른 육임 명학의 이론이 실려 있다.
	유적강	육임수언	도광 7년(1827)에는 유적강이 육임수언을 저술하였는데 이 책에서는 필법부와 내용상 깊은 연관이 있는 필법보담이 권1에 실려 있고, 권3과 권4에는 인사별 주요 이론이 있으며, 부록에는 인사별 풍부한 예제가 실려 있다.
	금정음	대육임비본	건륭 41년(1776)에는 금정음이 17권으로 구성된 대육임비본을 찬집하였는데, 오요권형편에는 필법부를 간략하게 소개한 육임필법략설이 수록되어 있고, 권16에는 육임심경이 수록되어 있다.

	정수훈	임학쇄기, 육임고점과고	광서 7년(1881)에는 정수훈이 임학쇄기와 육임고점과고를 편찬하였고, 당조 서도부의 육임심경을 중간하였다.
오사청		제일선본육임고 판상중하집	청말의 오사청 가문에는 가장본 수 권이 있다. 먼저 제일선본육임고판상중하집에는 육임대전에 있는 내용이 거의 수록되어 있다. 이 중 권10~11에 대육임필법부가 들어있다.
		육임요결	육임요결은 육임의 720과인 갑자일 제1국에서 계해일 제12국의 해설이 실려 있다.
		대육임영각경	대육임영각경에는 구종십과체의 조건과 해설이 자세하게 수록되어 있다.
		육임존험	육임존험에는 음택점, 이사점, 혼인점, 임신·출산점, 질병점, 출행점, 행인점, 선거점, 시험·관직점, 구재점, 소송점, 은둔점, 도적점 등, 실제로 점친 예로 구성되어 있어 육임술 연구에 도움을 주고 있다.
		진본술수총서점 복지속	이 외의 가장본에는 육임옥조정진경과 진본술수총서점복지속이 있다.

과전도 찾아보기

甲戌일 3국 58
甲戌일 4국 210
甲戌일 5국 484
甲戌일 6국 437
甲戌일 11국 221

甲申일 1국 512
甲申일 2국 313
甲申일 3국 275
甲申일 4국 176
甲申일 6국 504,538
甲申일 8국 119,364
甲申일 9국 230,320
甲申일 10국 492
甲申일 12국 361,506
甲申일 반음과 507

甲午일 3국 58
甲午일 4국 261
甲午일 7국 470
甲午일 9국 533,588
甲午일 12국 123

甲寅일 1국 610
甲寅일 2국 335
甲寅일 3국 285
甲寅일 5국 607
甲寅일 11국 201

甲寅일 12국 372

甲子일 1국 28,440
甲子일 2국 211,331
336,444
甲子일 3국 74,77
130,272,502,572
甲子일 4국 257,414
甲子일 5국 199,399,537
甲子일 6국 283,540,561
甲子일 7국 445
甲子일 8국 405
甲子일 9국 301,323
401,406
甲子일 10국 115,286
525
甲子일 11국 78,349
411,480,572
甲子일 12국 613

甲辰일 2국 256
甲辰일 3국 285
甲辰일 5국 235,579
甲辰일 6국 478
甲辰일 8국 422
甲辰일 9국 229

庚戌일 3국 282
庚戌일 5국 485
庚戌일 6국 87

庚午일 1국 31
庚午일 3국 279,490

庚午일 5국 97,263
庚午일 6국 191
庚午일 7국 427
庚午일 8국 85
庚午일 11국 32

庚寅일 4국 262
庚寅일 5국 568
庚寅일 6국 362
庚寅일 9국 515
庚寅일 10국 160

庚子일 4국 264
庚子일 5국 84
庚子일 8국 167,331,519
庚子일 9국 79,114,271
庚子일 11국 56
庚子일 12국 498

庚辰일 2국 194
庚辰일 3국 280
庚辰일 4국 197,265
庚辰일 7국 614
庚辰일 8국 21,220,248
庚辰일 10국 511
庚辰일 11국 263

癸卯일 8국 425
癸卯일 11국 47,64

癸未일 5국 370
癸未일 6국 369
癸未일 8국 29,375

癸未일	9국	509		己巳일	8국	517	戊寅일 7국	508
癸未일	12국	358,568		己巳일	9국	139,599	戊寅일 9국	137
				己巳일	10국	267,426	戊寅일 10국	573,591
癸巳일	2국	467		己巳일	11국	116,276	戊寅일 11국	553
癸巳일	5국	98		己巳일	12국	45,357		
癸巳일	10국	145,541					戊子일 12국	106,156
				己酉일	2국	358		370,592
癸酉일	3국	431		己酉일	4국	168		
癸酉일	5국	186,264		己酉일	7국	31,273,375	戊辰일 1국	244
癸酉일	8국	252,545		己酉일	반음과	564	戊辰일 4국	146
癸酉일	복음	560					戊辰일 5국	111,157,177
				己丑일	2국	213	戊辰일 6국	574
癸丑일	8국	468		己丑일	4국	567	戊辰일 8국	252,523
癸丑일	10국	433		己丑일	5국	437	戊辰일 9국	151,428
癸丑일	12국	125		己丑일	9국	209,225	戊辰일 반음과	564
				己丑일	11국	346	戊辰일 복음과	259,268
癸亥일	2국	68		己丑일	12국	92		
癸亥일	4국	260					丙戌일 7국	250
癸亥일	5국	462		己亥일	3국	281	丙戌일 8국	351,521
癸亥일	7국	459		己亥일	8국	25	丙戌일 9국	242
癸亥일	8국	238						
癸亥일	10국	94		戊戌일	8국	460,522	丙申일 5국	93,531
				戊戌일	12국	420	丙申일 6국	450
己卯일	2국	311					丙申일 9국	249
己卯일	8국	321		戊申일	2국	127	丙申일 10국	233,266
己卯일	9국	219		戊申일	5국	108		
己卯일	11국	62		戊申일	6국	514	丙午일 2국	128
				戊申일	11국	373	丙午일 4국	368,476
己未일	5국	386					丙午일 9국	380
己未일	11국	526		戊午일	4국	258		
己未일	복음	527		戊午일	5국	605	丙寅일 2국	93
							丙寅일 4국	82,185,500
己巳일	5국	111,570		戊寅일	5국	598,612		577

丙寅일 5국	601	辛巳일 2국	68,135	乙未일 10국	227
丙寅일 6국	561	辛巳일 5국	101,199,312	乙未일 12국	447,460
丙寅일 9국	534	辛巳일 7국	614		
丙寅일 10국	309,374	辛巳일 8국	499	乙巳일 2국	473
丙寅일 복음과	165			乙巳일 3국	475
		辛酉일 2국	136	乙巳일 5국	604
丙子일 2국	420	辛酉일 4국	461	乙巳일 10국	219,366
丙子일 3국	394	辛酉일 7국	493		
丙子일 6국	95,247	辛酉일 8국	222,284	乙酉일 2국	67
丙子일 8국	518	辛酉일 9국	318,392,465	乙酉일 3국	464
丙子일 9국	228,388	辛酉일 10국	182	乙酉일 6국	479
		辛酉일 12국	578	乙酉일 8국	175
丙辰일 5국	224	辛酉일 복음과	163	乙酉일 9국	41,231
丙辰일 6국	609				530,590
丙辰일 8국	246	辛丑일 2국	495	乙酉일 10국	416
丙辰일 11국	451	辛丑일 5국	75	乙酉일 복음과	173
		辛丑일 11국	161,240		
辛卯일 2국	71			乙丑일 1국	335
辛卯일 3국	418	辛亥일 2국	37	乙丑일 3국	254
辛卯일 4국	493	辛亥일 5국	214,458	乙丑일 5국	170,179,600
辛卯일 8국	227	辛亥일 9국	112,164	乙丑일 6국	421
辛卯일 11국	65,121	辛亥일 12국	105,118	乙丑일 8국	539
辛卯일 12국	497			乙丑일 9국	99,152,483
		乙卯일 1국	559	乙丑일 10국	404
辛未일 2국	72	乙卯일 2국	66,129	乙丑일 11국	334
辛未일 5국	172,329	乙卯일 4국	381		
	397,457,594,603			乙亥일 3국	270
辛未일 6국	294,412,462	乙未일 2국	34,69,495	乙亥일 4국	597
辛未일 7국	554	乙未일 3국	146,359	乙亥일 5국	388,492
辛未일 8국	517	乙未일 5국	481,494	乙亥일 6국	608
辛未일 9국	531	乙未일 6국	423	乙亥일 11국	203
辛未일 10국	383	乙未일 8국	520		
辛未일 12국	117,356	乙未일 9국	254,509	壬戌일 4국	243

壬戌일 5국	216	丁卯일 5국	38,486		**법명 찾아보기**	
壬戌일 6국	153	丁卯일 6국	307			
壬戌일 10국	92	丁卯일 11국	374			
壬申일 6국	148,611	丁未일 5국	232	가법부정격	539	
壬申일 8국	379,552	丁未일 9국	104	가인해화격	94	
壬申일 9국	206	丁未일 반음과	116	간묘병관인택폐	403	
壬申일 10국	181			간승묘호무점병	383	
壬申일 12국	468	丁巳일 1국	30	간지개패세경퇴	274	
		丁巳일 2국	126	간지공야귀주귀격	31	
壬午일 2국	50,344	丁巳일 12국	441	간지공정일록격	30	
壬午일 5국	162			간지상호승사기격	514	
壬午일 8국	81,479	丁酉일 7국	498	간지상회격	175,185	
		丁酉일 9국	216	간지승묘각혼미	551	
壬寅일 4국	83	丁酉일 11국	27,46,315	간지치절범모결	507	
壬寅일 5국	52			강색귀호임모위	345	
壬寅일 6국	131,548	丁丑일 5국	595	개왕격	505	
壬寅일 9국	226	丁丑일 6국	89	견구불구자	587	
壬寅일 12국	466	丁丑일 9국	217,226	견극불극격	584	
壬寅일 반음과	376	丁丑일 10국	549	견도불도자	589	
壬寅일 복음	376	丁丑일 11국	340	견생불생격	583	
		丁丑일 복음과	166	견재무재자	585	
壬子일 3국	390			결절격	626	
壬子일 8국	23	丁亥일 8국	26,396	고거감래락리비	258	
壬子일 9국	102	丁亥일 10국	80,356,606	고조격병회환격	471	
壬子일 11국	255	丁亥일 11국	189,318	공공여야사휴추	472	
壬子일 12국	123,184			공귀격	21	
	461			공록격	422	
				공망귀인격	330	
壬辰일 1국	558			공상승공사막추	119	
壬辰일 3국	43,237			공재격	228	
壬辰일 6국	134,141			과전구귀전무의	315	
壬辰일 10국	90,348					

관귀효현괘	600	귀탈승현격	273	묘문개격	392,464
괴도천문관격정	343	귀호극지격	390	묘성격	147
교차공	164	금강격	483	묘신부일작생기격	405
교차극	167	금일봉정흉화동	190	묘작태양격	85
교차삼교	168			무의탈모격	116
교차삼합	170	나거취재격	613		
교차상합교관리	158	내외효복격	457	백의식시격	611
교차장생	160			백호입상차격	426
교차충	166	답각공망격	130	백호혹승임축격	335
교차탈	162	답각공망진용의	126	병부극택전가환	452
교차합재	161	덕귀합국생신격	590	병체난담하격	441
교차해	163	덕록전묘격	518	복공격	153
교차형	165	덕상록절격	566,614	복태격	152
교호육합격	179	덕입천문격	44	부구앙수격	540
구생격	500	독족괘	526	부귀간지봉록마	308
구재급취격	227	독지간상신작육합격	177	부근불리격	89
구재대획격	248	동류현괘	601	부모효현괘	598
권섭부정록임지	73	두귀상가격	42	부부무음각유사	398
권속풍영거협택	230			분점현류물언지	620
귀덕임신소제만화격	99	락리생우격	262	불행전자고초시	524
귀부간지	320	래거구공기동의	563	불행중행	268
귀색귀호격	348	록량신격	412	비유여이득부족	368
귀수재옥의임간	327	록신폐구격	423	빈주불투형재상	477
귀승천을내신기	329	록작폐구	294		
귀인기탄격	336	록피현탈격	71	사과전공격	475
귀인순치격	324			사묘극지격	394
귀인역치격	325	마재호귀격	201,574	사손취익격	256
귀인작묘격	331	만사희흔삼육합	528	사수충택격	237
귀인차질사참치	322	말조초혜삼등론	278	사승살격	488
귀인탈기격	332	망용삼전재복이	578	사시반본살	54
귀임삼사송재수	447	매택비환격	236	사익취손격	83
귀입묘격	523	명암이귀격	445	사잉격	136
귀적당시무외기	106	목락귀근격	486	사취개불가격	84

사호둔귀격	198	양귀공해격	321	육효현괘방기극	593
사호승정격	203	양귀수극난간귀	333	은다원심격	267
삼전내전격	251	양귀인종천간격	23	은주거천	53
삼전일진내전격	545	양면도격	244	의성합구제사격	454
삼전체생인거천	239	양사협묘흉난면	351	의혹격	408
삼전호극중인기	245	양신이혈법	143	이귀개공허희기	339
삼현태격	145	염막귀인고갑제	40	이귀공년명격	29
상문불응봉길상	621	오양격	59	이원취근격	567
상조전봉괘호의	455	오음격	63	이재흉도반무의	624
상하개합양심제	173	옥택관광치인쇄	234	이흉제흉격	627
상하구합격	176	왕록임신도망작	66	인귀위생격	95
생사격	414	왕주악인격	282	인왕기택격	232
세파작귀임지격	449	외호리사아격	181	인입귀문격	427
소모다졸봉나망	360	욕기옥우격	555	인재치화격	220
소산법	150	욕분살	429	인처치병격	433
손잉격	141	용가생기길지	576	인택개사각쇠리	513
손태격	134	용파신심무소귀	373	인택리화격	197
수류추동격	485	우기신급형제	600	인택수탈구초도	269
수미상견시종의	33	우녀상회격	212	인택좌묘감초회	547
수우호가호위의	103	우모격	139	일진인근격	183
수일봉정재동지	205	우자격	138	일희일비격	260
수호극신위병증	409	운량신격	411	임신정마수언동	557
수혼신	428	원소근단격	47,64		
순내공망축유추	615	월염살	142	자련모복격	140
신장살몰격	349	위중취재격	229	자신살전타인일락격	495
실각반년량격	372	유도하착적	304	자재격	502
심사격	128	유시무종난변이	253	자초기화격	286
		육양격	56	작귀격	250
아괴성	43	육양수족수공용	55	장봉내전소모위	541
아구피사간전지	188	육음격	61	장상재흉격	591
안희치병격	431	육음상계진혼미	60	장생입묘격	519
알구화출격	283	육편판격	424	장생재신격	242
약자식효현괘	599	육효상생이성자	602	장생탈기입묘	522

재공승현격	272	주야귀인임간지상	27	탈기입묘격	520
재둔귀격	221	중귀수창전불외	90	탈도격	117
재승정마격	209	지간동류격	610	탈상봉탈방허사	113
재신공망격	112	지간상생격	243	탐타일립미	372
재신전묘격	521	지간전승사기격	515	태수극절격	148
재작폐구혹식신공망	296	지분재병여정계	406	태신좌장생격	151
재효현괘필우부모	594	지승묘호유복시	387	태양사택옥광휘	380
적착적자	305	진여공망의퇴보	122	태양조무의금적	298
적향방연좌자례	302	진주작격	45,338	태재사기손태추	157
전귀위생격	97	진퇴연여위재격	110	태재생기처회잉	131
전귀화부모자	604	진해리괘	401	토장조재격	249
전귀화재전험위	223				
전묘입묘분증애	516	차전환채격	222	파패신임택격	276
전부모화형제	605	착륜격	421	패려격역명도발사	58
전상격	154	착적불여간적격	303	폐구괘체양반추	287
전상좌극격	470	천귀작일귀격	450	포계불투격	281
전서불입잉빙류	619	천망사장격	301	피구아사지전간	186
전자식화재효	607	천망자과이초비	364	피난도생격	77
전재태왕반재휴	108	천심격	35	피난도생득재격	81
전재화귀격	218	천의작호귀격	440	피난도생수기구	76
전재화귀자	603	천장위구신격	101	피차시기화상수	491
전재화귀재휴멱	214	첩잉격	135	피차전상방양손	396
전형제화자식	606	체호작절신격	512	필우관사	599
전후인종승천길	19	초말인종지지격	25	필우자식	598
전후핍박난진퇴	466	초조협극불유기	536	필우처급거재	601
절신가생격	511	초중공지반귀인격	32		
점무거	49	최관부	52	한열격	430
정신부일격	366	최관사자부관기	50	합중범살밀중비	533
제귀지위내양의	435	췌서괘	233	해귀송직작굴단	313
조형장덕격	490	취환혼채격	225	행중불행격	268
존숭전내우삼기	310			혈염극택격	238
주구상회격	451	탈공격	121,125	혈염병호작귀격	434
주야귀가구양귀	317	탈기위구격	102	협정삼전격	156

호가호위격	104
호귀가간격	386
호묘격	416
호생격	497
호생구생범사익	496
호승둔귀앙비천	443
호승묘신격	553
호승정귀격	418
호시봉호력난시	355
호왕개왕좌모의	503
호왕격	504
호임간귀흉속속	570
호좌구묘격	549
호태격	137
화강격	484
화개부일인혼회	378
화귀사작극택격	194
회환격	37
효백개처두격	459
후목난조별작위	87
후합점혼기용매	306
흉괴격	200
희구격	592
희구공망내묘기	581

각주 기타 찾아보기

12지에 배당 된 28수	212
28수	41
간기격	310
계절별 재왕	109
고개승헌	621
곡직격	486
곽광	364
관신	403
관작	621
교차희격	159
구진	451
귀살	107
금일정마격	189
납음	155
내전격	541
대살 찾는 법	200,366
대육임묘공귀촬각	43
득령과 실령	107
묘신 찾는 법	200
무음괘	398
문왕	343
반초	40
백화	386,624

병부	434,452
복앙	624
부귀	621
비렴 찾는 법	366
사과에서 비화되는 것을 발용	580
사기 찾는 법	141
사살몰	350
사절체	361
사호둔귀격	198
삼광	621
삼기	622
삼양	622
상문과 조객	456
상호나망	360
상혼	624
생기 찾는 법	141
생기와 사기	131,415
생아자	128
서도부	288
소언화	315
소하	244,259
수일정재격	205
수주대토	525
수토동궁	53
순기격	310
앙구과	245
양신	143
연여과의 삼전 공망	472
염막귀인	40
오묘살	350

오행대의 43	천귀 452	『대육임입성대전검』 67
오행에 백호가 탄 경우 410	천라지망 360	72
용덕 621	천망사장 624	『도전』 270,553
운량신 411	천목 찾는 법 200,366	『육임심경』 22,288,399
월염 찾는 법 141,200	천사 찾는 법 487	408,438
유도 찾는 법 304	천옥 624	『역경』 19,55,61,83,87
육십갑자납음 155	천의 438	110,122,145,213,233
육해 182	천지이번 625	287,301,306,308,310
일간별 태재 130	천차살 408	339,343,355,357,364
일지 태신 131	천화 624	387,398,402,408,421
일진인근격 185		477,496,503,528,551
입옥 327	태신 130	563,625,626
		『천문류초』 212,378
	파망괘 301	
자로 91	팔전일 171	
자신 557	패기 찾는 법 274	
자임 557	편지귀인 316	
자형격 478	피난도생 78	
장생과 묘신 22,253	핍박 468	
재신폐구 296		
전묘입묘 516	한나라 108	
정와 503	행인 정단 189	
주문왕 343	혈기 혈지 143	
주이부시격 33	협극 536	
주인 621	형충파해 38	
주작 451	호시 91,419	
죽을 곳을 찾는 격 128	화개 378	
지의 438	화귀살 194	
진부귀괘 308	화재가 나는 계절별 일진 194	
	황은 찾는 법 487	
착륜 621		
천강색귀호 346	『가』 594,598~601	
천구 624		

참고문헌

1. 원전류

금정음집,『대육임비본』, 대북, 무릉출판공사, 1999.
곽재래교감,『육임대전』, (문연각사고전서·자부술수류).
            『대육임진본 1~4』, (고금도서집성·예술전 제715~744권)
            『육임필법정문』, (규장각 마이크로필름본).
            『대육임필법부』, (국립중앙도서관 마이크로필름본).
손빈저,『육임신과금구결』, 대북, 육림출판사, 1996.
서도부저,『대육임심경』, 대북, 무릉출판공사, 1995.
          『임귀』, 북경, 북경이공대학, 중국, 2008.
소언화저, 북경,『육임단안』, 주해, 2007.
엽회정저,『육임시사』, 대북, 집문서국, 65.
오사청저,『대육임영각경』(오사청가장본), 대북, 희대서판공사, 73.
          『육임요결』(〃), 대북, 희대서판공사, 73.
          『육임존험』(〃), 대북, 희대서판공사, 73.
          『육임옥조정진경』(〃), 대북, 희대서판공사, 73.
          『진본술수총서점복지속』(〃), 대북, 희대서판공사, 73.
오사청집,『제일선본육임고판상중하집』(〃), 희대서판공사, 73.
원수산저,『대육임탐원』, 대북, 무릉출판공사, 2003.
장순희저,『육임심원』, 대북, 집문서국, 65.

장덕관저, 『육임변의』, 대북, 팔괘재도서공사, 2000.
진공헌저, 『육임지남』, 대북, 무릉출판공사, 1999.
축필저, 『육임대점』. 출판사명 불명, 출판년도 불명.
유적강저, 『육임수언』. 출판사명 불명, 출판년도 불명.
이지함편, 『입수법』, (장서각 마이크로필름본).
이순지저, 『천문류초』, (국립중앙도서관 마이크로필름본).
저자미상, 『용수경』, (고금도서집성·예술전 제716권)
　　　　　『금궤옥형경』, (고금도서집성·예술전 제715권)
　　　　　『내학』, (규장각 마이크로필름본).
　　　　　『육임단경비결후집』, (규장각 마이크로필름본).
　　　　　『육임과경집』, (규장각 마이크로필름본).

2. 단행본류

곽어청편교, 『비장대육임대전』, 대북, 무릉출판공사, 1995.
노양재·진자미 공저, 『대육임현대응용학』, 북경, 중국철학문화협진회, 2004.
북해한인저, 『대육임심법지요』, 대북, 무릉출판공사, 2006.
이봉주해, 『어정육임직지』, 북경, 해남출판사, 2002.
아부희작저, 『천문역학육임신과 감정비건』, 대북, 무릉출판공사, 1995.
　　　　　『육임신과 초학상해』, 대북, 무릉출판공사, 1994.
　　　　　『천문역학 육임신과』, 일본, 경도서원간, 1957.
　　　　　『세밀감정극비전』, 일본, 경도서원간, 1957.
위천리저, 『육임점복강의』, 대북, 무릉출판공사, 2005.
왕뢰지저, 『대육임실점백례정해』, 북경, 향항중국철학문화, 2007.

　　　　　『대육임현대예측지남』, 북경, 중국철학문화협진회, 2006.
양경반편저,『육임단안상해』, 북경, 주해출판사, 2007.
장문천저,『임학대성육임약』, 대북, 집문서국, 1996.
장성달·장경선합저,『육임금구결대게비』, 대북, 중국철학문화협진회,
　　　　2007.
장정주저,『대육임현대예측지남』, 북경, 중국철학문화협진회, 2006.
　　　　　『육임실점상해』, 대북, 무릉출판공사, 1999.
진검저,『주해대육임점험지남』, 대북, 무릉출판공사, 2003.
진서생저,『대육임필법부정주상해』, 대북, 무릉출판공사, 2008.
　　　　　『대육임예측학』, 대북, 무릉출판공사, 2005.
주량휘저,『육임실점상해』, 대북, 무릉출판공사, 1999.
　　　　　『육임집요』, 대북, 무릉출판공사, 1994.
　　　　　『진본술수총서』, 대북, 신문풍출판사, 2007.
팔육거사저,『대육임추명학』, 북경.

후기

    고전을 대하면 왠지 가슴이 설렌다. 그 이유는 고전을 통해 책 저자를 만나 그의 진리를 배울 수 있기 때문이다. 그러나 이러한 기쁨도 잠시일 뿐, 막상 번역을 시작하면 결코 쉽지 않은 일이라는 것을 체감한다. 이를 위해서는 먼저 한문을 국문으로 바꾸는 번역 능력을 갖추고 여기에 전문지식을 꿰고 있을 때에만 가능한 일인데다 다시 긴 시간 동안 많은 공을 들여야만 하기 때문이다.

    이러한 이유 때문인지 고전의 원문을 싣고 번역 해설한 육임책은 아직 없다. 그러나 누군가는 해야 할 작업이기에 수면을 줄이고 소식을 하면서 작업을 시작하였다. 작업하는 동안에 대략 900여 년 전의 송나라 사람인 능복지의 숨결을 느끼고자 노력하였다. 그의 필법부는 후학을 위한 자상한 책이다. 육임의 고전 중에서 이 책만큼 자상한 해설을 한 책은 드물다. 연인처럼 자상한 그의 육임 해설을 대하면서 원문의 한 자, 한 자를 토씨 하나 놓치지 않고 해석하기 위해 노력하였고, 각 법에 관련된 이론의 좀 더 높은 신뢰성을 위해 관련 문헌을 육임의 주요 경전에서 발췌하였다.

    이렇게 하기를 기나긴 시간을 달려왔는데도 엊그제 시작한 기분이다. 아무튼 이 책이 능복지의 가르침이 제대로 전달되는 매개체가 되었으면 한다. 그리만 된다면 육임 정론(定論)에 의한 육임 통변의 열쇠를 쥘 수 있기 때문이다. 그리하여 많은 분들이 몸소 육임의 정수를 체득(體得)하여 이웃에게 희망을 주는 인도자가 되길 소망해 본다.

만약 여건이 주어진다면 다음 두 권의 책을 출간하고 싶다. 먼저 육임의 주요 경전에 속하면서 조선 영조 54년에 왕명에 의해 간행된 바 있는 육임대전 내의 『과경(課經)』의 전문(全文)이다. 다음으로 육임 720과 해설서인 청나라 강희제 때의 고궁 진본인 『육임직지』, 촉한의 제갈량이 지은 것으로 알려진 『대육임입성대전검』, 청말의 오사청이 지은 『육임요결』을 번역 해설하여 한 권의 책으로 묶어서 출간하고 싶다. 앞의 책은 육임의 서책 중에서 '經' 자를 쓴 유일한 책인 만큼 육임학사에서 중요한 서책이기 때문이고, 뒤의 책은 실제 생활에서 길흉을 잘 통변할 수 있게 구성된 서책이기 때문이다.

끝으로 이 책이 나오는 데에 도움을 주신 모든 분들께 마음 속 깊이 감사드린다. 먼저 『육임심경』을 저술한 당나라의 서도부와 이 책의 저자인 능복지 그리고 『육임대전』을 편찬한 곽재래와 『육임수언』의 저자인 유적강 등 육임 선현께 감사드린다. 그리고 수 개월간 석사 논문지도를 해 주신 원광대 동양학대학원의 교수님들과, 이 책의 출판을 흔쾌히 허락해 주신 대유학당 사장님께 감사드린다.

庚寅년 登明氣에
이우산 합장

대유학당 출판물 안내

자세한 사항은 대유학당으로 문의해 주십시오.
전화 : 02-2249-5630 / 02-2249-5631
입금계좌 : 국민은행 807-21-0290-497 예금주-윤상철
홈페이지 : www.daeyou.net   서적구입 : www.daeyou.or.kr

분류	도서명	저자	가격
주역	▶주역입문2	김수길·윤상철 지음	15,000원
	▶미래를 여는 주역	김석진 지음	8,000원
	▶대산주역강해(상/하)	김석진 지음	30,000원
	▶주역전의대전역해(상/하)	김석진 번역	70,000원
	▶주역인해	김수길·윤상철 번역	12,000원
	▶대산석과(주역인생 60년)	김석진 지음	20,000원
주역 활용	▶황극경세(전3권)	윤상철 번역	150,000원
	▶하락리수(전3권)	김수길·윤상철 번역	90,000원
	▶하락리수 CD	윤상철 총괄	400,000원
	▶대산주역점해	김석진 지음	27,000원
	▶매화역수	김수길·윤상철 번역	20,000원
	▶후천을 연 대한민국	윤상철 지음	16,400원
	▶주역신기묘산	윤상철 지음	20,000원
	▶육효증산복역(상/하)	김선호 지음	40,000원
	▶우리의 미래(대산 선생이 바라본)	김석진 지음	10,000원
음양오행학	▶오행대의(전2권)	김수길·윤상철 번역	35,000원
	▶음부경과 소서 심서	김수길·윤상철 번역	22,000원
	▶전정판 천문류초	김수길·윤상철 번역	20,000원
	▶태을천문도	윤상철 총괄	100,000원
	▶연해자평(번역본)	오청식 번역	50,000원

출판안내

분류	책명	저자	가격
예언 꿈	▸ 예언의 허와 실	현오스님 지음	9,600원
	▸ 꿈! 미래의 열쇠	현오스님 지음	20,000원
	▸ 꿈과 마음의 비밀	현오/류정수 지음	9,000원
	▸ 옴! 그림으로 푼 천수경	대명스님 지음	12,000원
기문 육임	▸ 기문둔갑신수결	류래웅 지음	16,000원
	▸ 육임입문123(전3권)	이우산 지음	50,000원
	▸ 육임입문 720과 CD	이우산 감수	100,000원
	▸ 육임실전	이우산 지음	30,000원
	▸ 육임필법부	이우산 번역	35,000원
사서류	▸ 집주완역 대학	김수길 번역	20,000원
	▸ 집주완역 중용(상/하)	김수길 번역	40,000원
	▸ 강독용 대학/중용	김수길 감수	11,000원
	▸ 부수활용 성어사전	유화동 지음	35,000원
	▸ 소리나는 통감절요	김수길·윤상철 번역	10,000원
자미두수	▸ 자미두수 전서(상/하)	김선호 번역	100,000원
	▸ 실전 자미두수(전2권)	김선호 지음	36,000원
	▸ 심곡비결	김선호 번역	43,200원
	▸ 자미두수 입문	김선호 지음	20,000원
	▸ 자미두수 전문가용 CD	김선호/김재윤	400,000원
	▸ 중급자미두수(전2권)	김선호 지음	40,000원

손에 잡히는 경전시리즈

❶ 주역점
❷ 주역인해(원문+정음+해석)
❸ 대학 중용(원문+정음+해석)
❹ 경전주석 인물사전
❺ 도덕경/음부경
❻ 논어(원문+정음+해석)
❼ 절기체조
❽ 맹자 1(원문+정음+해석)
❾ 맹자 2(원문+정음+해석)
❿ 그림천수경/금강경(근간)

각권 288~336p 10,000원

근간안내

▸ 아버지가 들려주는 28수 이야기 ······ 윤상철 지음

대육임필법부

추천사	3	
머리말	5	
학술적 가치	8	
대육임필법부의 특징	10	
일러두기	14	

01~
- 1법 전후인종승천길 19
- 2법 수미상견시종의 33
- 3법 염막귀인고갑제 40
- 4법 최관사자부관기 50
- 5법 육양수족수공용 55
- 6법 육음상계진혼미 60
- 7법 왕록임신도망작 66
- 8법 권섭부정록임지 73
- 9법 피난도생수기구 76
- 10법 후목난조별작위 87

11~
- 11법 중귀수창전불외 90
- 12법 수우호가호위의 103
- 13법 귀적당시무외기 106
- 14법 전재태왕반재휴 108
- 15법 탈상봉탈방허사 113
- 16법 공상승공사막추 119
- 17법 진여공망의퇴보 122
- 18법 답각공망진용의 126
- 19법 태재생기처회잉 131
- 20법 태재사기손태추 157

21~
- 21법 교차상합교관리 158
- 22법 상하개합양심제 173
- 23법 피구아사지전간 186
- 24법 아구피사간전지 188
- 25법 금일봉정흉화동 190
- 26법 수일봉정재동지 205
- 27법 전재화귀재휴멱 214
- 28법 전귀화재전험위 223
- 29법 권속풍영거협택 230
- 30법 옥택관광치인쇠 234

31~
- 31법 삼전체생인거천 239
- 32법 삼전호극중인기 245
- 33법 유시무종난변이 253
- 34법 고거감래락리비 258
- 35법 인택수탈구초도 269
- 36법 간지개패세경퇴 274
- 37법 말조초혜삼등론 278
- 38법 폐구괘체양반추 287
- 39법 태양조무의금적 298
- 40법 후합점혼기용매 306

41~
- 41법 부귀간지봉록마 308
- 42법 존숭전내우삼기 310
- 43법 해귀송직작굴단 313
- 44법 과전구귀전무의 315
- 45법 주야귀가구양귀 317
- 46법 귀인차질사참치 322
- 47법 귀수재옥의임간 327
- 48법 귀승천을내신기 329
- 49법 양귀수극난간귀 333
- 50법 이귀개공허희기 339